침묵의 나선

침묵의 나선

Die Schweigespirale

사람들은
실수보다 고립을
더 두려워한다

엘리자베스 노엘레 노이만 김경숙 옮김

사이

일러두기

- 이 책은 독일어로 출간된 『*Die Schweigespirale*』를 저자가 직접 영문으로 편집한 『*The Spiral of Silence: Public Opinion—Our Social Skin*』의 2nd Edition(The University of Chicago Press 출간)을 저작권사의 동의하에 우리말로 옮긴 것입니다.
- 이 책의 본문에 나오는 표와 그림에서 제시하고 있는 데이터들은 모두 저자가 설립하고 몸 담은 독일 알렌스바흐 여론 조사 연구소의 자료들입니다.

개인에게
압력을 행사하는
강력한 힘

본 개정판은 1984년에 나온 초판 내용을 대부분 그대로 포함하고 있
으며 여기에 약간의 수정만을 가했다. 그리고 1984년부터 지금까지
진행되어온 연구, 새롭게 발견된 사항들, 그동안 발전한 내용들을 간
추려 세 개의 챕터를 새로 추가했다.

 1980년대 초부터 우리는 〈여론〉이라는 개념이 처음에 생각했던 것
보다 훨씬 역사가 깊다는 것을 알게 되었다. 여론이라는 개념이 등장
한 것은 무려 2천 년 전으로 거슬러 올라간다. B. C. 50년에 키케로가
아티쿠스에게 보낸 편지에는 무작정 여론publicam opinionem을 좇았
던 자신의 실수를 사과하는 내용이 나온다. A. D. 4세기 중국의 문헌
에서도 〈공공의〉라는 의미의 한자와 〈의견〉이라는 의미의 한자가 동
시에 사용된 것이 발견된다.

갈등을 해결하고, 정부를 실각시키기도 하고, 여론을 거스르는 개인들에게는 그가 죽어서 사회 집단으로부터 떨어져 나갈 때까지 압력을 행사하는 강력한 세력으로서의 여론의 효과는 갈수록 더 많은 새로운 영역들에서 발견되고 있다. 현재뿐만 아니라 성경 속의 이야기에서도, 호메로스의 서사 작품에서도, 고대의 불문율에서도, 동화 속에서도 우리는 〈여론의 힘〉을 발견할 수 있다. 최근에는 동유럽에서 일어난 마르크시즘의 몰락을 통해 역사는 우리에게 여론에 대한 엄청난 교훈을 준 바 있다. 아리스토텔레스는 "신민의 지지를 잃은 왕은 더 이상 왕이 아니다."라고 주장했다. 그들은 더 이상 왕이 아니고, 더 이상 통치자가 아니며, 더 이상 지배자도 아니다. 이들 통치자들이 동유럽에서 물러나는 것을 보면서 우리는 괴테가 한 다음의 말을 떠올린다.

"그리고 당신은 그것(여론의 힘)을 바로 눈앞에서 목도했다고 말할 수 있다."

만일 우리가 여론의 힘을 이해한다면, 우리는 스스로를 여론의 압력으로부터 완전히 독립된 훌륭한 시민이라고 착각하지는 못할 것이다. 그리고 때로 어떤 상황에서 여론을 받아들이지 않을 수 없는 이들에 대한 평가에 보다 신중을 기하게 될 것이다.

1992년 8월
독일 알렌스바흐 연구소에서
엘리자베스 노엘레 노이만

"사람들은
실수보다 고립을
더 두려워한다."

그 발레곡은 지안 카를로 메노티 작곡이었고 어느 일요일에 시카고 대학 인터내셔널 하우스에서 공연되었다. 나는 시카고 대학에서 영문학 박사 과정을 밟고 있는 크리스 밀러와 대화를 나누다가 그 발레 공연에 대한 얘기를 듣게 되었다. 당시 나는 영어 실력을 향상시키기 위해 그녀와 만나 영어로 대화를 나누는 게 일상이다시피 했다. 그녀는 친구 한 명과 함께 그 발레 공연의 감독을 맡고 있었을 뿐만 아니라 공연에서 합창단과 함께 노래도 부르고 춤도 추기로 되어 있었다. 나는 당연히 그 공연을 관람했다.

　때는 1980년 봄이었고, 당시 나는 객원교수로 시카고 대학에서 생애 두 번째로 정치학을 가르치고 있었다. 그런데 무엇 때문에 그 발레가 지금 불현듯 머리에 떠오르는 것일까? 당시에 나는 그 공연을 보러 가면서 그것을 통해 여론Public Opinion에 관한 교훈을 얻을 수 있으리라는 생각은 꿈에도 하지 않았다. 그런데 정확히 그런 일이 일어났다. 아니, 그 이상이었다. 후에 어느 비평가는 시카고 대학 교지인 《시카고 마룬Chicago Maroon》에 감상평을 실으면서 자신은 그 공연을 보고 울었노라고 했다. 물론 나 또한 그와 똑같은 경험을 했음을 인정하지 않을 수 없다. 어쨌든 지금부터 내가 무엇을 말하고자 하는지를 보여주기 위해 여기서 그 발레의 내용을 잠깐 소개하겠다.

이상한 사내,
백작과 백작부인, 그리고 마을 사람들
—

아마도 이탈리아였을 것으로 기억되는 한 작은 마을에 정직한 마을 사람들과, 그 지방에서 대대로 작위를 물려받은 백작, 그리고 백작부인이 살고 있었다. 또한 그 마을 바깥쪽 언덕 위에 자리 잡은 성에는 생각하는 것이 아주 특이한 낯선 남자가 살았다. 그는 끊임없이 마을 사람들을 놀라게 했다. 아니, 그랬다기보다 마을 사람들은 한편으로는 그를 재미있어 하고 다른 한편으로는 그를 못마땅해 하기도 하면서 그와 항상 일정한 거리를 유지하며 지냈다고 말하는 편이 더 정확할 것이다.

그러던 어느 일요일, 이 남자는 쇠사슬에 묶인 유니콘unicorn 한 마리를 끌고 마을에 나타난다. 마을 사람들은 그저 그를 보며 고개를 절레절레 저을 뿐이었다. 그런데 얼마 지나지 않아 백작과 백작부인 역시 유니콘을 쇠사슬 줄에 묶어 끌고 다니는 모습이 마을 사람들의 눈에 띈다. 그 일을 계기로 해서 그 마을의 모든 사람들은 유니콘을 한 마리씩 갖게 된다.

다음 일요일, 성에 사는 그 이상한 남자는 이번에는 고르곤gorgon[1]을 한 마리 데리고 갑자기 마을에 나타난다. 그러자 사람들은 그에게 유니콘은 어떻게 했느냐고 묻는다. 그 남자는 유니콘이 지겨워져서 후추를 쳐서 석쇠에 구워버렸다고 말한다. 모두들 깜짝 놀란다. 하지만 백작과 백작부인 역시 고르곤을 끌고 나타나자 사람들의 놀라움은 부러움으로 바뀌고 졸지에 마을에는 고르곤 열풍이 급속히 번진다.

세 번째 일요일, 성에 사는 그 남자는 이번에는 갑자기 만티코어manticore[2]를 한 마리 데리고 나타나더니 이전의 고르곤은 죽었다고 사람들에게 말한다. 처음에 마을 사람들은 그의 충격적 행동에 분개한다. 하지만 결국 상황은 이전과 똑같은 방식으로 전개된다. 즉 백작과 백작부인이 사람들 몰래 고르곤을 죽이고, 마을 사람들 또한 다시금 그 선례를 따르고, 그러자 마을에는 갑자기 만티코어가 유행한다.

시간이 흐른다. 성에 사는 그 이상한 사내는 더 이상 나타나지 않는다. 사람들은 만티코어 역시 도살당했을 거라고 확신한다. 그래서 마을 사람들은 이런 죄악에 종지부를 찍기 위해 위원회를 만들어 성으

---

1 그리스 신화에 등장하는 세 명의 자매 괴물로, 머리카락이 무수히 많은 뱀으로 이루어진 여자의 모습을 하고 있다.
2 인도, 말레이시아, 인도네시아의 삼림 지대에 사는 인간을 잡아먹는 괴물의 일종으로, 사자의 모습으로 노인의 얼굴과 귀를 갖고 있으며, 세 줄로 줄지어선 이빨은 빈틈없이 들어맞으며, 꼬리 끝에는 무수한 독침이 달린 둥근 덩어리가 있다. 이 독침이 독화살처럼 사방으로 날아서 인간을 죽인다.

로 몰려간다. 그러나 성으로 들어서는 순간, 눈앞에 펼쳐진 광경을 보고 그들은 모두 그 자리에 얼어붙는다. 세 동물인 유니콘과 고르곤, 만티코어가 모두 함께 있는 가운데 그 이상한 사내가 죽어가고 있었던 것이다. 여기서 유니콘은 그의 젊은 시절의 삶을, 고르곤은 그의 중년기를, 그리고 만티코어는 그의 노년을 상징한다.

마을 사람들은 그의 생각을 받아들일 때만큼이나 빠르게 그의 생각들을 머릿속에서 지워버렸다. 그들은 그의 행동이 한낱 일시적인 변덕에 지나지 않았다고 했다. 하지만 성 안의 그 사내에게 그 생각들은 자기 인생의 신수를 그대로 보여 주는 것이었다. 지안 카를로 메노티가 자신의 발레 작품에 붙인 제목은 「유니콘, 고르곤, 그리고 만티코어」, 혹은 「어떤 시인의 세 번의 일요일」이다. 그렇다면 이제부터 나는 왜 그 작품에 「여론」이라는 제목을 붙였어도 좋았을 거라고 생각하는지 그 이유를 설명해 보고자 한다.

사람들은 고립되지 않기 위해, 여론에 동조하거나 침묵해 버린다

—

우리는 누구나 성 안에 살던 그 시인을 지지한다. 심지어《시카고 마룬》의 비평가조차 공연을 보고 눈물을 흘렸노라고 했다. 그 시인은 강하고, 독립적이고, 상상력이 풍부한 인간의 이미지를 대변한다. 그리고 백작과 백작부인은 우리 모두에게 친숙한 존재들이다. 그들은 자기만의 생각이랄 것은 없이 피상적으로 유행을 선도하는 트렌드

세터trend-setter지만 어딜 가든 리더가 되고 싶어 하는 사람들이다. 마지막으로 우리가 가장 경멸하는 사람들은 군중을 무작정 따라가는 사람들, 즉 처음에는 어떤 사람이 자신들과 다르다는 이유로 그를 웃음거리로 삼다가도 이내 그 새로운 유행을 받아들이고 결국엔 자기 자신들에게 도덕적 정당성을 부여하는 사람들이다.

이것이 하나의 관점이며, 성에 사는 이상한 사람들, 고독을 즐기는 외톨이들, 예술가들, 그리고 학자들은 지금까지 항상 이렇게 세상을 바라보았다.

하지만 나는 백작과 백작부인, 그리고 마을 사람들의 입장에서 그들의 편을 들어주고 싶다. 우리가 그 시인의 편을 들어주는 것은 우리의 사회적 본성social nature을 부정하는 것이다. 우리는 사회 속에서 살아가는 사람들이 공동체의 결속을 위해 기울여야 하는 노력에 대해서는 생각조차 하지 않는다. 우리가 풍부한 역사적, 문화적 전통과 법으로 보호되는 제도를 가지려면, 그리고 우리가 가진 것을 계속 지켜나가면서 공동체의 입장에서 행동하고 결정할 수 있으려면 우리에게는 적응을 위한 끊임없는 노력과 심지어는 〈동조성conformity〉이 요구되지만 우리는 마치 그렇지 않은 것처럼 행동한다.

우리 스스로에게 〈동조하길 강요〉하는 이 사회적 본성을 우리가 인정하고 싶어 하지 않는다는 것을 보여주는 언급은 수없이 많다.

존 로크John Locke는 여론의 법, 평판의 법, 유행의 법에 관해 이야기하는데, 사람들은 사실 그 어떤 신법이나 국가법보다 이런 것들에 더 주의를 기울인다. 왜냐하면 만일 한 개인이 유행의 법을 따르지 않으면 자신이 처한 사회적 환경에서 공감과 존경을 잃게 되고 그러면 대번에 고통을 받게 될 것이 빤하기 때문이다. 그러나 왜 여론의 법, 평판의 법, 유행의 법에 더 주의를 기울이는 행동이 사회 공동체의 존속을 위해 중요한지 그 이유를 밝히는 데에는 지금까지 거의 관심이 없었던 것처럼 보인다. 그러기는커녕 유행과 관계된 모든 것들이 부정적인 특성을 지닌 것으로 여겨진다. 유행을 탄다거나, 유행의 어리석음, 유행의 일시적 휩쓸림 등의 표현은 모두 유행이 지닌 부정적인 특성을 드러낸다. 유니콘과 고르곤, 만티코어를 줄에 묶어 끌고 다니는 것은 그저 유행에 뒤처지지 않는 방법일 뿐이다.

우리는 자신의 사회적 본성에 대해 전혀 모르는 것처럼 행동한다. 모방이라는 주제는 프랑스의 사회학자 가브리엘 타르드Gabriel Tarde 가 그것에 대해 글을 쓴 이후부터 학술적인 관심을 받게 되었지만, 모방 행동은 거의 전적으로 배움을 위한 동기 부여의 결과로 설명되어 왔을 뿐이다. 그러니까 모방이란 자기 스스로 보다 효율적으로 옳은 답을 찾아가는 하나의 방법으로서, 한 사람에서 다른 사람으로 경험이 이전되는 것을 의미한다. 하지만 배움에 대한 동기가 모방 행동을 촉발하는 경우도 종종 있지만 그보다는 〈고립되지 않으려는 동기〉, 〈주변부에 있고 싶지 않다는 동기〉가 훨씬 더 강한 것처럼 보인다. 18세기 말엽 프랑스에서 왜 아무도 더 이상 교회를 옹호하려 들지 않았는지 그 이유를 설명하면서 토크빌은, 사람들은 "실수보다 고립을 더 두려워한다."라고 썼다. 침묵의 나선spiral of silence에 대한 토크빌의 묘사는 식물학자의 묘사만큼이나 자세했다. 오늘날엔 사람들이 뭔가 잘못됐음을 분명히 알고 있을 때조차 만일 여론(고립에 대한 두려움 없이 사람들 앞에서 자신 있게 펼쳐 보일 수 있는 의견과 행동)이 자신의 생각과 다르고, 좋은 취향과 도덕적으로 올바른 견해에 대한 사회적 합의가 자신들의 생각이나 의견과 배치되면, 그들이 〈침묵을 지킬 거라는〉 사실을 입증할 수 있다.

내가 백작과 백작부인의 편을 드는 것은 그들이 없었으면 시인의 생각이 결코 유포될 수 없었을 것이기 때문이다. 그들은 시인과 마을 사람들의 중간에 선 조정자이며, 마치 오늘날의 언론인들이 흔히 그렇듯이 사회가 필요로 하는 오피니언 리더의 역할을 한다. 그리고 마을 사람들, 즉 대중을 무작정 따라가는 사람들이 느끼고 바라는 것에 대해 우리는 무엇을 알고 있는가? 그들의 내면이 어떤지에 대해 우리는 무엇을 아는가? 그들은 대중 속에서 〈고립〉되는 것을 원치 않는다. 사회 분위기가 승인하지 않는 일이라면 만 명 중에 단 한 명도 관심조차 보이지 않을 거라고 존 로크는 말한다. 더 이상 아무도 유니콘을 끌고 다니지 않는데 어떻게 당신 혼자 계속 유니콘을 끌고 다닐 수 있겠는가? 성에 사는 이상한 사내들과 고독한 사람들로만 이루어진 사회가 있다고 상상해 보자. 사회적 본성이나 고립에 대한 두려움이 없는 이런 사회는 확실히 불가능하다. 우리가 인간의 사회적 본성에 공감하지 않을 수는 있지만, 대중에 동조하는 사람들을 부당하게 대하지 않기 위해서는 사회적 본성을 이해하려고 노력해야만 한다.

우리는 속마음을 겉으로 드러내는 데 익숙지 않다
—

나는 발레 공연 다음날 있었던 수업에서 학생들에게 대략 이런 식으로 그 발레를 설명하고자 했었다.

시카고에 체류하는 동안 친구들과 학생들, 그리고 동료들과 주고받은 대화 덕분에 내가 얼마나 많은 아이디어와 통찰력, 토론의 기회를 갖게 되었는지는 이루 말할 수가 없다. 발레에 대해 내가 했던 이야기 역시 이를 입증하는 한 예다. 학생들이 이의를 제기할 때의 발언조차 내게는 매우 유익했다. 예를 들면, 그들은 내가 여론과 사적인 견해의 관계에 대해, 즉 개인이 공개적으로 말하는 것과 사적으로 생각하고 말하는 것의 관계에 대해 충분히 주의를 기울이지 않았다고 생각했다. 여기에는 문화적 차이가 있을 수 있다. 우세한 여론과 개인적 신념 사이의 갈등을 처리하는 방법은 문화마다 다를 수 있다. 어떤 문화에서는 한 입으로 두말하는 것에 대해 비교적 쉽게 생각할지도 모른다. 만일 그렇다면 여론과 사적인 견해의 관계를 조사하는 것은 무엇보다 특히 방법론적인 측면에서 심각한 문제를 야기한다. 독일에서는 개개인들이 겉과 속, 즉 공개적으로 표명하는 의견과 사적인 견해가 일치되게 하려는 경향이 강하지 않나 생각된다. 이것은 종종 엄청난 자기 설득을 요구하는데, 왜냐하면 우리는 자신의 사적인 입장과 공적인 입장을 겉보기에 똑같이 일치시키는 것, 속마음을 그대로 밖으로 드러내는 것에 익숙하지 않기 때문이다.

인간의 사회적 본성을 경멸적인 감정 없이 기꺼이 받아들이는 마음에도 아마 문화적으로 차이가 있을 것이다. 예를 들어 일본인들은 주변 사람들의 견해에 응당한 주의를 기울이는 것을 자신의 약점을 드러내는 거라고 느끼지 않는다. 반면 내가 몸담고 있는 알렌스바흐 연구소의 조사에 따르면 독일인들은 오래전부터 이렇게 말해 왔다.

"나는 다른 사람들이 뭐라고 말하든 신경 쓰지 않습니다."

하지만 전반적으로 각기 다른 시대, 각기 다른 지역에서 여론의 역할에 대해 느끼는 유사성이 아직까지는 차이보다 훨씬 큰 것 같다.

지안 카를로 메노티의 발레를 감독하고 거기다가 노래와 춤까지 보여주었던 크리스 밀러는 현재 캘리포니아 주 클레어몬트의 포모나 대학에서 영문학 조교수로 재직 중이며 이 책의 영문판 편집을 전적으로 맡아주었다. 유타 주의 브리검 영 대학교에 커뮤니케이션 연구 교수로 있는 나의 동료 고든 뷔팅은 서독 마인츠 대학교 출판 연구소에 초빙 교수로 가 있는 동안 알렌스바흐 여론 조사 연구소에서 영문 파트를 맡고 있는 세 연구원, 볼프강 코시닉 팀장을 비롯한 마리 지빈스키, 마리아 마르첼의 도움을 받아가며 이 책의 번역문 초안을 준비해 주었다. 그리고 시카고 대학교에서 행동과학을 가르치며 『몰입의 즐거움』을 쓴 미하이 칙센트미하이 교수는 영어와 독일어에 모두 능통한데 그가 처음부터 끝까지 원고를 철저히 검토해 다시 한 번 편집해 주었으며, 나는 그와 함께 최종본에 대한 편집을 마무리했다. 자신들의 학술적 연구로 바쁜 가운데도 이 영문판의 성공적 출간을 위해 수고를 마다하지 않았던 친구들과 동료들에게 고마운 마음을 어떻게 다 전해야 할지 모르겠다.

1983년 봄
미국 시카고에서
엘리자베스 노엘레 노이만

1
—
침묵의
가설

1965년의 선거 전야에, 독일의 제2텔레비전 방송 ZDF는 새로운 아이디어를 하나 내놓았다. 그것은 바로 다음날인 선거 당일(9월 19일)에 본Bonn에 있는 베토벤 홀에서 선거 파티를 열자는 것이었다. 그 아이디어는 결국 실행되어 무대에서의 보고에 이어 만찬이 제공되었고, 댄스 오케스트라의 연주가 있었으며, 초대 손님들은 긴 연회 테이블에 앉아 있었다. 연회장은 사람들로 꽉 들어차 있었다. 무대 바로 아래 오른쪽으로는 칠판을 걸어놓은 조그만 연단이 하나 있었다. 이틀 전에 두 여론 조사 기관에서 보내온 두 통의 문서를 바로 그 연단에서 공증인이 개봉할 예정이었는데, 하나는 알렌스바흐 연구소에서 보낸 것이고 나머지 하나는 엠니드EMNID에서 보낸 것으로 두 기관은 서로 경쟁 관계에 있었다. 그리고 두 기관의 대표가 그 자리에 초대되어 칠판 위에 미리 그려놓은 도표 안에 자신들이 예상하는 선거 결과를 기입하기로 되어 있었다. 와지직거린 마이크 소리, 의자 끄는 소리, 사람들이 먹고 마시는 소리 등으로 상내가 소란스러운 가운데 나는 칠판에 이렇게 썼다.

"기독교민주연합Christian Democratic Union / 기독교사회연합Christian Social Union 49.5퍼센트, 사회민주당Social Democratic Party 38.5퍼센트……."

그 순간 내 등 뒤에 있던 수백 명의 사람들에게서 괴성이 터져 나왔고 그 소리는 이내 엄청난 아우성으로 번져 갔다. 나는 마치 순간적으로 귀가 멀어 아무 소리도 들리지 않는 사람처럼 나머지 부분을 마저 기입했다.

"자유민주당Free Democratic Party 8.0퍼센트, 기타 4.0퍼센트."[3]

연회장 안은 분노로 들끓었고 주간지 《디 차이트Die Zeit》의 발행인인 게르트 부체리우스는 내게 이렇게 소리쳤다.

"엘리사베스, 이제 내가 어떻게 당신을 지켜줄 수 있겠소!"

그렇다면 내가 몸담고 있는 알렌스바흐 연구소는 선거가 대섭선이

---

3 기독교민주연합, 즉 기민련은 독일의 주요 정당 가운데 보수적인 편에 속한다. 기독교사회연합, 즉 기사련은 바이에른 주에서 기민련의 자매 정당이다. 사회민주당, 즉 사민당은 독일의 정치 스펙트럼에서 좌파를 대변한다. 자유민주당은 이 두 주요 정당과 비교했을 때 보다 중도적이다. 이 책에서는 이후 기독교민주연합은 기민련으로, 기독교사회연합은 기사련으로, 사회민주당은 사민당으로 표기한다(저자 주).

라고 말하면서 수개월 동안 의도적으로 사람들을 기만해온 것일까? 선거 파티가 있기 불과 이틀 전에 《디 차이트》는 "사민당이 승리한다고 해도 전혀 놀랍지 않을 것."이라는 제목으로 나와의 인터뷰를 기사화했다. 그날 밤 늦게, 공식적인 개표 집계가 우리 알렌스바흐 측의 예측에 점점 근접해 가자 기민련의 한 정치인은 텔레비전에 나와서 시청자들을 향해 껄껄 웃으면서, 자기는 실제 상황이 어떤지 이미 알고 있었지만 빈틈없는 사람이어서 입 다물고 있었을 뿐이라고 말했다.

"사랑과 전쟁은 수단을 가리지 않습니다……."

《디 차이트》는 내가 한 이 말을 그대로 실었다. 나는 정확히 그렇게 말했다. 그러나 그 인터뷰 기사는 2주 넘게 편집자의 서류철 안에서 잠자고 있던 것이었다. 9월 초에 양 진영은 우열을 가리기 힘든 백중세처럼 보였다. 하지만 그날 베토벤 홀에 모였던 사람들이 보았던 것은 선거 사흘 전에 놀랍게도 우리 알렌스바흐 연구소의 데스크에서 받아보았으나 공표할 수 없었던 선거 결과 예측이었다. 만일 우리가 선거 전에 그것을 발표했더라면 기민련 쪽에 유리하게 밴드왜건 효과bandwagon effect[4]를 일으켜서 선거 결과에 영향을 미치려는 야심찬 시도로 보였을 것이다.

---

4 밴드왜건(대열의 앞에서 행렬을 선도하는 악대차)이 연주하면서 지나가면 사람들이 궁금하여 모여들기 시작하고 그 몰려가는 사람들을 바라본 더 많은 사람들이 그 행렬에 무언가 있다고 생각하여 무작정 뒤따르면서 군중들이 더욱더 붙어나는 것에 비유하여 붙여진 이름으로 〈남이 하니까 나도 한다〉는 식의 의사결정을 의미한다. 특정 대상에 대한 수요가 많아지면 다른 사람들도 따라한 덕에 그 수요를 보다 증가시키는 편승 효과로도 볼 수 있다.

1965년 선거를 전후해서 일어났던 이 같은 상황은 이미 수세기 전부터 인식되고 그 이름이 부여되었으나 여전히 이해하지 못하고 있는 것. 바로 〈여론의 힘〉 때문이었다. 여론의 영향으로 수십만의, 아니 실제로 수백만의 유권자들이 훗날 이른바 〈막판 뒤집기last minute swing〉라 불리게 된 이 현상에 동참했던 것이다. 유권자들이 마지막 순간에 대중에 동조하면서 다른 주요 정당과 엇비슷한 위치에 있던 기민련의 지지율을 밀어 올려, 공식 선거 결과로 보고되었듯이 8퍼센트 이상 그들이 앞서도록 만들었다.(그림 1)

측정 기술에 비해
측정된 사실에 대한 이해는 한참 뒤떨어져 있다
—

비록 1965년에는 우리가 미처 깨닫지 못했지만 그때도 이미 우리는 유권자들의 극적인 의사 변화를 이해할 수 있는 열쇠를 손에 쥐고 있었다. 1968년판 『국제사회과학백과사전International Encyclopedia of the Social Sciences』에 실린 여론에 관한 논문에서, 뉴욕 콜롬비아 대학교에서 커뮤니케이션 연구와 저널리즘을 가르치는 필립스 데이비슨 교수는 이렇게 썼다.

"그럼에도 불구하고 여론의 내적 구조에 대한 지식은 여전히 제한적이며 측정할 수 있는 것에 비해 훨씬 뒤처져 있다."

그것이 바로 1965년의 우리 상황이었다. 우리는 많은 것을 측정할 수 있었지만 이해는 그에 미치지 못했다. 앞서 살펴본 바와 같이

그림 1 **1965년 선거의 미스터리**

투표 의사는 수개월간 거의 변화가 없었으며 기민련/기사련과 사민당이 거의 백중세를 보여왔다.
그러나 그와 동시에, 결국에는 기민련/기사련이 승리할 거라는 생각이 유권자들 사이에 확산되었
다. 어떻게 그런 일이 일어난 것일까? 나중에 우리는 선거에서 승리가 예상되는 쪽으로 밴드왜건
효과가 나타났음을 알 수 있었다.

- 투표 의사: 기민련/기사련 ■■■, 사민당 ▭▭
- 예상: "선거에서 어느 당이 승리하겠습니까?"
- 기민련/기사련이 승리할 것이다. ■■■
- 사민당이 승리할 것이다. ▭▭

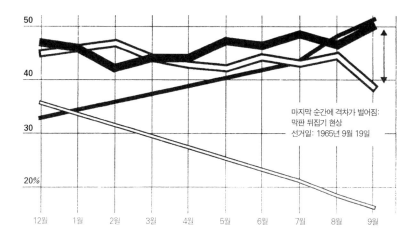

1964년 12월부터 1965년 9월 선거 당일까지 두 다수당은 자신들에게
투표할 의사를 가진 유권자 숫자에서 거의 대등한 백중세를 유지하
고 있었고, 이 수치는《슈테른Stern》을 통해 정기적으로 대중에게 발표
되었다. 하지만 그와 반면에 또 다른 일련의 데이터는 완전히 별개의
일정한 동향을 보여주었다. 질문은 다음과 같았다.

"물론 아무도 결과를 알 수 없지만, 당신은 어떻게 생각하십니까?

선거에서 어느 당이 승리할 것 같습니까?"

1964년 12월에는 사민당이 승리할 것 같다고 생각하는 사람들의 숫자가 살짝 앞서기는 했지만 기민련이 승리할 것 같다고 생각하는 사람들의 숫자와 큰 차이가 없었다. 그런데 그 이후부터 예측이 방향을 바꾸기 시작하더니 기민련의 승리에 대한 예상은 수그러들 줄 모르고 치솟는 반면, 사민당의 승리를 예상하는 비율은 감소했다. 1965년 7월에 이르자 기민련이 확실히 앞서가는 가운데 8월에는 기민당의 승리 예상이 거의 50퍼센트에 육박했다. 더 나아가, 유권자가 어느 쪽에 투표할 의사를 갖고 있느냐에 대한 추정과, 어느 정당이 승리하리라고 예상하는가에 대한 측정은 전혀 별개인 듯 보였다. 그리고 바로 마지막 순간에, 사람들은 밴드왜건에 올라탔다. 마치 급류에 휩쓸리기라도 한 것처럼 3-4퍼센트의 유권자들이 대다수가 승리를 예상하는 정당 쪽으로 올라타 버렸다.

어떤 연구든 의문에서 출발한다
—

우리에겐 여전히 풀리지 않는 의문이 있었다. 유권자의 투표 의사 voting intention가 변함이 없었음에도 어떻게 선거에서 이길 것 같은 정당에 대한 예상이 그렇게 완전히 바뀔 수 있었을까? 그러다가 1972년의 연방 선거에 가서야 비로소 우리는 필요한 종류의 관측을 얻기 위해 특별 고안한 설문지로 여론 조사 시스템을 갖출 수 있었다. 1972년의 선거는 선거 운동 기간이 불과 몇 주밖에 안 될 정도로 촉박하게 공고되어서 사실 우리의 목적에 별로 적합한 선거는 아니었다. 하지만 우리는 이미 우리가 사용하고자 하는 가설을 공식화했고 1972년 여름 도쿄에서 개최된 세계심리학회에서 그 가설을 발표한 바 있었다.

공교롭게도 1972년의 선거 운동은 1965년의 선거와 아주 유사하게 펼쳐졌다. 어느 당에 투표하겠느냐는 투표 의사를 묻는 질문에서는 두 다수당이 비슷비슷했던 반면에, 사민당이 승리할 거라는 예상은 단 한 차례 기세가 꺾였던 것을 제외하고는 날로 증가하는 추세였다. 마치 이 두 가지가 전혀 관련이 없는 별개의 현실처럼 느껴졌다. 그리고 역시 이번에도 마지막 순간에 막판 뒤집기가 일어났고 사람들은 승리가 예상되는 정당, 즉 이번에는 사민당 쪽으로 밴드왜건에 편승했다(그림 2).

여론의 분위기는 누가 말하고, 누가 침묵하느냐에 좌우된다

내가 처음으로 이 가설을 생각해낸 것은 1960년대 말과 1970년대 초의 학생운동에서였다. 아마도 한 학생 덕분이었다고 생각한다. 어느 날 나는 강의실 밖 복도에서 그녀를 만났고 그녀가 윗옷에 기민련 배지를 달고 있는 것을 보았다.

"네가 기민련 지지자인 줄은 몰랐는걸."

내가 말했다.

"아니에요. 이걸 달면 어떨지 궁금해서 한 번 달아봤을 뿐이에요."

정오에 그녀를 또 만났는데 이번에는 배지를 달고 있지 않았다. 나

그림 2 1965년의 현상이 1972년에 되풀이되다

투표 의사는 기민련/기사련과 사민당이 지속적으로 백중세를 보이고 있지만 여론의 분위기는 달라지고 있다. 즉, 기민련/기사련의 승리에 대한 예상은 줄어드는 반면 사민당의 승리 예상은 증가하고 있다. 결국 승리 예상률이 점점 증가하는 정당 쪽으로의 밴드왜건 효과가 나타난다.

- 투표 의사: 기민련/기사련 ▦▦▦ , 사민당 ▭
- 예상: "선거에서 어느 당이 승리할 것 같습니까?"
- 기민련/기사련이 승리할 것이다. ▬▬
- 사민당이 승리할 것이다. ▭▭

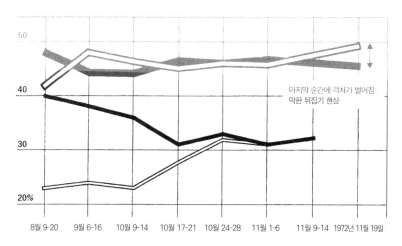

는 그 이유를 물어보았다.

"너무 끔찍했어요. 그래서 떼어버렸어요." 그녀가 말했다.

이 일은 새로운 동방정책Ostpolitik[5]이 추진되기 시작하면서 벌어졌던 소란스런 상황을 생각해 보면 일어날 법한 일이었다. 사민당 지지자와 기민련 지지자는 수적으로는 비슷했을지 몰라도 열정과 행동력 혹은 자신들의 신념을 표현하고 과시하려는 자발성은 완전히 달랐다. 오로지 사민당의 배지와 상징물만이 공개적으로 드러났기에 두 정당의 상대적 힘에 대한 평가가 정확하지 못한 것은 당연했다. 이 지점에서 특이한 역학관계가 생겨났다. 새로운 동방정책이 옳다고 믿는 이들은 결국에는 모두가 자신들의 신념을 받아들이게 될 거라고 생각했다. 그래서 그들은 자신들의 생각을 공개적으로 드러냈고 자신 있게 자기 견해를 방어했다. 반면 동방정책에 반대하는 사람들은 스스로 배제되었다고 느꼈다. 그래서 그들은 움츠러들었고 입을 굳게 다물었다.

바로 이러한 자제로 인해, 목소리를 내는 사람들의 견해는 실제보다 더 강해 보이고 그 반대의 의견은 약해 보였다. 하나의 맥락 속에서 이루어진 관측은 또 다른 상황으로 퍼져나가서, 사람들에게 자신의 견해를 분명히 밝히거나 혹은 입 다물고 침묵하거나 둘 중 하나를 선택하도록 부추겼다. 나선형으로 진행되는 그 과정에서 결국 하나의 견해는 공적 상황을 장악하는 반면, 다른 견해는 지지자들의 침묵으로 인해 대중의 인식 밖으로 밀려나게 된다. 이것이 바로 우리가 〈침묵의 나선〉이라 부를 수 있는 과정이다.

처음에는 이 모든 것이 그저 하나의 가설에 불과했다. 그러나 그것이 1965년에 일어났던 일들을 설명하는 데 도움이 되었다. 선거 운동이 펼쳐졌던 1965년 여름 내내 대중의 관심이 온통 루드비히 에르하

5 1969년 서독 사민당의 빌리 브란트 총리가 추진한 동구 공산권 국가와의 관계 정상화를 위한 외교 정책을 말한다. 당시 브란트 수상은 취임 연설에서 "동독의 존재를 독일 내의 제2의 국가로 인정하여 동등한 자격으로 동독 정부와 만날 용의가 있다."라는 동방정책을 발표하였다. 이 정책을 기반으로 서독은 동독을 정식 국가로 승인한 나라와는 외교 관계를 맺지 않기로 한 할슈타인 원칙을 폐기하고 루마니아와 유고슬라비아 등과 국교를 회복하는 등 동구 공산권 국가들과의 외교를 적극 추진하였다.

르트 총리와 영국 여왕의 연합 활동에 집중되면서 정부에 대한 지지가 최고조에 달했다. 당시 대중적으로 인기가 있던 에르하르트는 총리로서 처음으로 의회 선거 운동을 준비 중이었고, 여왕은 아름다운 여름 날씨에 시내 전역을 이곳저곳 여행하면서 수차례나 에르하르트 총리를 만나고 환대를 받았다. 텔레비전 뉴스는 도처에서 두 사람이 만나는 장면을 내보냈다. 기민련과 사민당에 대한 유권자의 신호도는 거의 대등한 상황이었지만 그런 분위기에서는 권력을 쥐고 있는 기민련을 지지한다고 말하는 것이 보다 즐거운 일이었기에 사람들은 기민련에 대한 지지를 마음 편히 공개적으로 드러낼 수 있었다. 연방 의회 선거에서 기민련이 승리하리라는 예상이 가파르게 상승한 것은 바로 이 같은 여론의 분위기를 반영한 것이었다.

막판에 동조하는 사람들

—

1965년 선거와 1972년 선거에서 투표 의사는 이 같은 여론 분위기에 휩쓸리지 않았다. 하지만 실제로는, 선거가 치러졌던 두 해를 보면 결과는 그와 정반대였다. 투표 의사는 선거일 직전에 변화를 가져온 여론의 분위기에 거의 영향받지 않고 처음부터 끝까지 그대로 유지되었다. 이것은 바람직한 징조로 볼 수도 있다. 투표 의사는 폭풍우 속의 풍향계처럼 빙빙 도는 것이 아니라 상당한 안정성을 보이기 때문이다. 사회심리학자로 선거를 연구해온 오스트리아계 미국인 폴 F. 라자스펠트Paul F. Lazarsfeld가 한 번은 안정성의 단계에 대해 이야기

한 적이 있는데, 그는 투표 의사란 새로운 경험, 관찰, 정보, 견해 등에 대응하여 매우 느리게 변화하는 견고한 것이어서 안정성 단계의 맨 위에 위치한다고 말했다. 그러나 마지막 순간에 가서는 〈여론의 분위기〉가 영향력을 행사했다. 두 차례의 선거를 통해 우리는 여론의 압박이 가해지는 쪽으로 막판 변화가 일어나는 것을 보았고 그것은 유권자 3-4퍼센트의 이동이라는 실질적인 변화로 나타났다. 라자스펠트는 1940년 미국 대통령 선거에서 나타난 밴드왜건 효과에 대해 이미 주목한 바 있었다. 우리는 누구나 승리하는 편에 서고 싶어 하고 승자에 속하고 싶어 한다. 밴드왜건 효과는 대개 이런 식으로 설명되었다. 우리가 언제나 승자의 편에 서기를 원한다고? 아마 대부분의 사람들은 그렇게 가식적이지 않을 것이다. 권력집단과 달리 대부분의 사람들은 승리를 통해 공직이나 권력을 기대하지 않는다. 우리가 지금 다루고 있는 것은 그보다 더 소박한 어떤 것, 즉 스스로 고립을 피하려는 욕구, 분명 우리 모두가 공유하고 있는 욕구이다. 오전 내내 기민련 배지를 달고 다녔던 그 여학생처럼 그 누구도 고립되기를 원하지 않는다. 아파트 계단에서 스쳐가는 이웃이 당신을 외면한다거나, 직장 동료가 당신을 피해 저리로 가버린다거나, 당신 옆자리에 아무도 앉으려 하지 않는 고립된 상황을 원하는 사람은 아무도 없을 것이다. 우리는 이제 겨우, 한 개인을 감싸고 있는 것은 따뜻한 공감의 기운이 아니라 자신을 회피하는 집단임을 느끼게 하는 수많은 신호들 중 일부를 주시하기 시작했다.

우리는 1972년의 선거를 전후해서 동일한 사람들에게 질문을 한 결과, 자신이 비교적 고립되었다고 느끼는 사람들이—조사 과정에서 우리는 "저는 아는 사람이 별로 없습니다."라는 말로 이런 사람들을 알아본다―선거에서의 막판 변화에 동참할 가능성이 가장 높은 사람들이라는 사실을 알 수 있었다. 자기 확신이 비교적 약하고 정치에 관심이 적은 사람들 또한 선거 막바지에 돌아설 가능성이 높다. 이들은 자존감이 낮기 때문에 스스로 승자의 편에 서거나 밴드왜건 행렬의 선두에 서서 트럼펫을 부는 것은 생각조차 해보지 않는다. 이렇게 그저 사람들을 따라가는 상황을 〈대중에 동조한다고〉 표현할 수 있을 것이다. 그러나 정도의 차이만 있지 이는 모든 인류에게 해당된다. 다른 사람들이 자기에게서 돌아서고 있다고 생각하면 너무나 괴롭기 때문에, 마치 굴레가 씌워진 것처럼 쉽게 자기 스스로의 감수성에 의해 그 쪽으로 끌려가고 조종될 수 있다.

〈고립에 대한 두려움〉이 침묵의 나선 현상을 작동시키는 동력인 듯하다. 무리에 동조하는 것은 비교적 기분 좋은 상태지만, 만일 당신이 널리 갈채를 받는 것처럼 보이는 신념에 공감할 수 없어서 무리에 낄 수 없다면 차선책으로 침묵을 지킴으로써 최소한 다른 사람들이 당신을 참고 받아들이게 할 수는 있다. 토머스 홉스는 1650년에 출간된 『법의 요소The Elements of Law』에서 침묵의 의미에 대해 언급한 바 있다. 그는 침묵이 곧 〈동의의 표시〉로 해석될 수 있다고 했는데, 왜냐하면 우리가 어떤 것에 동의하지 않을 때 "아니오."라고 말하기는 쉽기 때문이라고 했다. "아니오."라고 말하는 것이 쉽다고 한 점에서는 홉스가 분명 틀렸지만 침묵을 동의로 볼 수 있다고 했던 그의 말은 옳다. 침묵이 유혹적인 것은 바로 그래서이다.

침묵의 나선 현상을 밝은 빛 속으로 끌어내기

—

침묵의 나선이라는 가설에서 상상하는 과정이 현실적이고 타당한지를 살펴보는 데는 두 가지 방법이 있다. 만일 이와 같은 것이 실제로 존재한다면, 그리고 이데올로기와 사회운동 등이 유행하거나 완전히 사라지는 과정이 정말로 이와 같다면, 수백 년 전부터 이를 주목하고 언급한 저술가들이 틀림없이 있었을 것이다. 철학자, 법학자, 역사가들처럼 인간에 대해, 그리고 인간이 살아가는 세상에 대해 숱한 저술을 남겼던 섬세하면서도 생각이 깊은 사람들이 이러한 현상을 간과했을 가능성은 별로 없어 보인다. 과거 위대한 사상가들의 저술을 살펴보기 시작하면서, 나는 1856년에 출간된 프랑스 혁명에 대한 토크빌의 역사서에서 침묵의 나선 현상이 갖는 역학관계에 대한 정확한 설명을 발견하고 이에 고무되었다. 토크빌은 18세기 중반 프랑스 교회의 쇠퇴에 대해, 그리고 프랑스 사람들 사이에서 종교에 대한 경멸이 마치 보편적인 유행처럼 번져가던 과정에 대해 상세히 기술하고 있다. 가장 주요한 요인은 프랑스 교회의 침묵이었다고, 그는 우리에게 말한다.

"교회의 교리에 대한 믿음을 간직하고 있는 사람들은 실수를 저지르는 것보다 고립되는 것을 더 두려워하고, 자기 홀로 충성하게 될 것을 걱정하여 자기도 다수와 똑같이 느낀다고 말하게 되었다. 그래서 실제로는 단지 일부의…… 국가의 의견에 불과했던 것이 전체의 의사로 여겨지게 되었고, 이런 이유로 심지어 겉으로만 그런 척 가장한 사람들에게조차 이 의견은 거부할 수 없는 불가항력으로 자리 잡게 되었다."

   과거의 문헌들로 거슬러 올라가면서 나는 인상 깊은 견해와 발언들이 여기저기 사방에 흩어져 있음을 발견했다. 그 중에는 장 자크 루소, 데이비드 흄, 존 로크, 마틴 루터, 마키아벨리, 존 후스, 심지어 고대 그리스 로마 시대 저술가들이 남긴 문장과 말도 있었다. 그러나 그것들이 중요한 주제로 다루어진 적은 없었고 부차적으로 언급된 경우가 더 많았다. 나의 조사는 술래잡기 같았지만 침묵의 나선의 실제 모습은 점점 더 확고하게 확립되어 갔다.

   침묵의 나선이라는 가설의 정당성을 실험하는 두 번째 방법은 그것을 경험에 의거해서 실증적으로 조사하는 것이다. 만일 침묵의 나선이라는 현상이 존재한다면 그것은 분명 측정이 가능할 것이다. 최소한 오늘날은 그래야만 한다. 대표 표본 여론 조사에서 검증 도구들이 사용된 지가 50년이 넘었는데 아직도 이런 종류의 사회심리적 현상이 관찰 불가라는 것은 있을 수 없는 일이다. 다음 장에서는 침묵의 나선 현상을 냉철하게 조명해 보기 위해 우리가 개발한 여러 도구들에 관해 설명하겠다.

2

조사 연구의 도구를 이용한 실험

도구instrument라는 단어는 그것이 작은 기계든 아니면 전파 망원경처럼 엄청나게 큰 공학 기구든 간에 우리 눈에 보이는 어떤 장치를 말한다. 그러나 설문지 속에 나타나는 것, 면담 조사에서 일련의 질문들로 제시되는 것 역시 설사 그것이 게임처럼 보인다고 해도 엄연히 관찰을 위한 하나의 도구이다. 사회의 단면을 대표하는 사람들이 그러한 설문에 답함으로써 드러내 보이는 반응은 그들의 행동의 동기와 행동 양식의 실체를 보여주는 것이며, 이 동기와 행동 양식이 바로 침묵의 나선과 같은 과정이 일어나는 토대가 되는 것이다. 그와 같은 과정을 가설화하는 것은 사람들이 자신이 속한 사회적 환경을 관찰하고 있고, 자기 주변 사람들의 생각을 의식하고 추세의 변화를 인식하고 있으며, 어떤 견해가 세력을 얻어가고 결국 지배적인 견해가 될 것인지를 인식하고 있다는 주장을 기본적으로 깔고 있다. 우리는 이러한 주장을 입증할 수 있을까?

"제가 그걸 어떻게 알아요?"

—

1971년 1월에 알렌스바흐 연구소의 조사팀은 침묵의 나선이라는 가설을 본격적으로 다뤄보기 시작했다. 첫 번째 설문에는 다음의 세 가지 질문이 포함되었다.

- 동독에 관한 질문:
  "만일 당신이 결정을 해야 한다면, 서독이 독일민주공화국(동독)을 제2의 독일 국가로 승인해야 한다고 하겠습니까, 아니면 승인해서는 안 된다고 하겠습니까?"
- "이번에는 당신의 개인적 의견과 상관없이, 당신은 서독의 대부분의 사람들이 동독 승인에 찬성한다고 생각하십니까, 아니면 반대한다고 생각하십니까?"
- "당신은 앞으로 어떻게 될 거라고 보십니까? 일 년이 지나면 사람들의 견해는 어떻게 될 거라고 보십니까? 동독 승인에 찬성하는 사람들이 지금보다 더 많아질 것으로 보십니까, 아니면 적어질 것으로 보십니까?"

"이번에는 당신의 개인적 의견과 상관없이, 당신은 대부분의 사람들이 ……에 찬성한다고 생각하십니까, 반대한다고 생각하십니까?" "앞으로 어떻게 될 거라고 생각하십니까? 일 년이 지나면 사람들의 견해는 어떻게 될 거라고 보십니까?" 이런 질문을 받고, "사람들이 어떻게 생각하는지, 장차 어떻게 될지 제가 어떻게 압니까? 저는 예언자가 아니라고요!"라고 대답했다고 하더라도 무리가 아니었을 것이다. 하지만 사람들은 그런 식으로 대답하지 않았다. 마치 세상에서 그만큼 자연스러운 일은 없다는 듯이, 16세 이상 인구를 대표하는 사람들 중 80-90퍼센트가 주변 사람들이 갖는 견해에 대해 자기 나름의 생각을 얘기해 주었다(표 1).

미래에 대한 사람들의 전망은 다소 확신이 떨어지기는 하지만 여론이 장차 어떻게 발전할까를 묻는 질문에 사람들은 그저 멍한 표정만 짓지는 않았다. 1971년 1월에 동독 승인에 관한 여론이 어떻게 전개될 것인가 하는 설문에 대해 딱 5분의 3이 자기 나름의 예상을, 그것도 아주 명확하게 밝혔다. 동독 승인에 대한 지지가 더 늘어날 거라고 전망한 사람이 전체의 45퍼센트인 것에 비해, 줄어들 거라고 예측한 사람은 16퍼센트에 불과했다(표 2).

이 상황은 1965년에 우리가 관찰한 결과를 연상케 한다. 즉 "당신은 선거에서 어느 당이 승리할 거라고 생각하십니까?"라는 질문에 대부분의 응답자들은 "그걸 제가 어떻게 아나요?"라고 대답하지 않았다. 유권자의 투표 의사에 대한 여론 조사에서는 몇 달째 우열을 가리기 힘든 상황이 지속되었기에 사실 모르겠다는 대답이 더 합당했을지도 모른다. 그런데 오히려 선거 결과에 대한 질문에 사람들은 점

표 1   여론의 추이에 대한 환경적 관측

대부분의 사람들은 논란의 대상이 되는 어떤 이슈를 놓고 대다수의 인구가 어느 편에 설지에 대해 기꺼이 자기 생각을 밝힌다. 1971년에서 1979년 사이에 1천 명 혹은 2천 명의 응답자를 대상으로 실시했던 약 50가지의 표본 조사 가운데 열두 가지 경우를 〈표 1〉에서 제시하고 있다. 이 중 첫 번째 질문은 다음과 같은 형태로 제시되었다. "이번에는 당신의 개인적 의견과 상관없이, 당신은 대부분의 서독 사람들이 동독 승인에 찬성한다고 생각하십니까, 혹은 반대한다고 생각하십니까?" 그 밖의 질문들도 이와 유사한 형식이었다.

사안	자신의 예상을 밝힌 응답자의 비율 (퍼센트)
대부분의 서독 사람들은,	
동독 승인에 찬성합니까 혹은 반대합니까?(1971년 1월)	86
마약과 환각제의 확산을 예방하기 위한 조치를 취해야 한다는 데 찬성합니까 혹은 반대합니까?(1971년 1월)	95
대기의 질과 수질 보호를 위한 보다 엄격한 법률 제정에 찬성합니까 혹은 반대합니까?(1971년 3월)	75
낙태에 의한 임신 중절의 허용에 찬성합니까 혹은 반대합니까?(1972년 4월)	83
사형 제도에 찬성합니까 혹은 반대합니까?(1972년 6월)	90
프란츠 요제프 슈트라우스의 정치적 영향력이 확대되는 것에 찬성합니까 혹은 반대합니까?(1972년 10-11월)	80
단식 투쟁 중인 재소자에게 강제 급식을 실시하는 것에 찬성합니까 혹은 반대합니까?(1975년 2월)	84
독일 공산당원의 판사 임용에 찬성합니까 혹은 반대합니까?(1976년 4월)	82
기민련을 선호합니까?(1976년 8월)	62
사민당을 선호합니까?(1976년 8월)	65
새로운 원자력 발전소 건설을 찬성합니까 혹은 반대합니까?(1977년 9월)	85
비흡연자 앞에서 흡연자가 담배를 피워도 된다고 생각합니까?(1979년 3월)	88
총 55가지 사안에 대해 구체적으로 답한 응답자의 평균 비율	82

표 2 여론의 추이에 대한 의사 표명

1971년 1월에는, 앞으로 여론이 어떻게 전개될지에 대해 사람들이 얼마나 기꺼이 자신의 의견을 표명하는지를 측정했다. 이 조사에 사용된 것은 동독 승인 문제였다. 질문은 다음과 같았다. "앞으로 어떻게 되리라고 생각하십니까? 일 년 후에는 사람들의 생각이 어떨 것 같습니까? 동독 승인에 찬성하는 사람이 지금보다 더 많아질 것으로 보십니까? 아니면 더 적어질 것으로 보십니까?"

	16세 이상의 응답자
	(퍼센트)
일 년 후에는 동독 승인에 찬성하는 사람이 늘 것이다	45
일 년 후에는 동독 승인에 반대하는 사람이 늘 것이다	16
모르겠다	39
	100
	응답자수 = 1979

점 더 분명하게 자신이 예상하는 바를 얘기했고 그러한 예상은 마지막 순간에 투표자들에게 변화가 나타나면서 아닌 게 아니라 효력을 발휘했다. 1965-1971년의 관찰을 이어가 보면 우리는 결국 동독의 승인에 찬성하는 방향으로 침묵의 나선이 작동되리라고 기대할 수 있을 것이다.

새롭게 발견된 인간의 능력,
여론의 분위기를 감지하는 능력

—

최초에 우리가 했던 연구 조사로 잠시 돌아가 그것이 침묵의 나선에 대한 가설을 어디까지 사실로 확인해 주는지 살펴보기로 하자. 1971년 1월의 첫 시도 이후 수많은 설문 조사들이 이어졌다. 1965년에도 그랬듯이 그 조사를 통해 우리는, 사람들에게는 분명 다수의 의견과 소수의 의견에 대해 뭔가 분위기 같은 것을 감지하는 능력이 있다는 것, 찬성과 반대 의견의 빈도 분포frequency distribution가 어떠한지를 알아차리는 능력이 있다는 것, 그리고 그들이 감지하는 것은 발표되는 여론 조사의 수치와는 완전히 별개라는 사실을 일관되게 확인할 수 있었다(표 3).

1976년 선거가 있던 해에 우리는 1965년에 실시한 바 있던, 그리고 1971년부터 계속 실시해온 조사에서 〈여론의 영향력을 감지하는 정도〉를 측정하는 데 사용해온 두 개의 질문과 그 결과를 체계적으로 비교해 보았다. 두 질문은 "선거에서 어느 당이 승리하겠습니까?"와 "대부분의 사람들은 ……에 대해 어떻게 생각합니까?" 하는 것이었다. 두 가지 접근 방법이 끌어낸 결과는 비슷했지만, "당신은 대부분의 사람들이 X당을 좋아한다고 생각하십니까? 혹은 그렇지 않다고 생각하십니까?"라는 질문은 "어느 당이 승리하겠습니까?"라는 질문보다 더 민감하고, 따라서 더 훌륭한 측정 도구라는 사실이 드러났다. 정당의 세력을 평가함에 있어서도 이 질문은 다른 측정 도구들, 즉 "어느 당이 선거에서 승리하겠습니까?" 혹은 "대부분의 사람들은 어

표 3 앞으로의 여론 추이에 대한 사람들의 예상

어느 진영이 더 강해지고 어느 진영이 더 약해질 것인가? 대부분의 사람들은 논란 중인 두 진영 중 어느 쪽의 세가 더 커질 것인가에 대해 과감히 자기 생각을 말할 것이다. 1971년부터 1979년까지 전인구를 대표하는 1천-2천 명의 응답자를 대상으로 실시한 약 25가지 조사 가운데 6가지 사례를 뽑아보았다. 질문 내용은 다음과 같다. "현재 상황이 어떻다고 생각하십니까? 지금부터 일 년 후 여론은 어떻게 될까요? ……에 대해 찬성하는 사람이 지금보다 더 많아질까요, 아니면 더 적어질까요?"

사안	가까운 장래(일 년)에 여론이 어떻게 전개될 것인가를 예상해준 응답자의 비율 (퍼센트)
동독 승인을 찬성하는 사람이 늘어날까요 아니면 줄어들까요?(1971년 1월)	61
성취 사회를 찬성 혹은 반대하는 사람이 늘어날까요 아니면 줄어들까요?(1972년 8월)	68
젊은이들의 비혼 동거를 찬성하는 사람이 늘어날까요 아니면 줄어들까요?(1973년 2월)	79
프란츠 요제프 슈트라우스의 정치적 영향력이 확대되는 것에 찬성하는 사람이 늘어날까요 아니면 줄어들까요?(1977년 3-4월)	87
사형 제도에 대한 찬성 혹은 반대하는 사람이 늘어날까요 아니면 줄어들까요?(1977년 7-8월)	87
새로운 원자력 발전소 건설을 찬성하는 사람이 늘어날까요 아니면 줄어들까요?(1979년 3월)	81
27가지의 각 사안에 대해 장차 여론이 어떻게 전개될지 구체적으로 답한 응답자의 평균 비율	75

떻게 생각할까요?"라는 질문과 대체로 평행선을 그리며 나란히 움직이기는 했지만 그 진폭이 확실히 더 크다는 것을 알 수 있었다(그림 3).

정치적 견해의 동향에 대한 응답자들의 예상이 놀랍게 요동치는 것

그림 3 "선거에서 어느 당이 승리하겠습니까?"

이것은 여론의 동향을 측정하기 위한 유권자 조사에 수십 년간 사용되어온 질문이다. 여론의 동향을 보여주는 또 다른 지표인 "대부분의 사람들은 기민련/기사련을 좋아합니까?"라는 질문은 같은 것을 측정하지만 조금 더 정확하다. 즉, 여론의 변화가 좀 더 강하게 나타난다.

- 지표 1: 다가오는 의원 선거에서 기민련/기사련이 승리할 것이다. ▬▬▬
- 지표 2: 대부분의 사람들은 기민련/기사련을 좋아한다. ▭▭

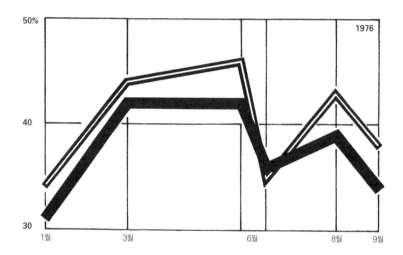

을 보고 우리는 과연 그들의 관찰이 정확한 것인지 매우 궁금해졌다. 그래서 1974년 12월에 이 문제에 대한 체계적인 조사에 착수했다. 폴 라자스펠트의 안정성 단계에 따르면, 투표 의사는 15개월 동안 계속 미미한 오르내림만을 보였을 뿐 큰 변화는 없었다. 기민련에 투표할 의사를 가진 유권자의 경우 최고일 때와 최저일 때의 차이가 결코 6퍼센트를 넘은 적이 없었고, 사민당의 경우는 그 차이가 겨우 4퍼센트에 불과했다. 그러나 같은 시기에 응답자들이 감지하는 여론 분위기에는 극심한 동요가 일어났다. 투표 의사와 달리 승리의 전망을 묻는 질문에 대한 응답은 변화의 폭이 24퍼센트에 달했다. 그러나 이것은 그때그때 제멋대로 바뀌는 것이 아니었다. 오히려 우리는 그것이 유권자들의 실제 투표 의사에 때때로 나타나는 〈약간의〉 변화에서 촉발된다는 것을 알 수 있었다(그림 4, 5). 알쏭달쏭한 의문은 이것이었다. 투표 의사가 약간씩 오르내리는 것을 전체 모집단이 어떻게 감지할 수 있었을까? 우리는 관찰을 계속해 나갔다. 예를 들어, 니더작센 주나 라인란트팔츠 주 같은 연방에서 일어난 사건들이 우리의 조사 대상에 포함되었다(그림 6). 영국 갤럽조사연구소는 정치적 분위기를 감지하는 영국 국민들의 능력을 조사해 주었다. 영국 국민들의 투표 의사는 서독 사람들의 투표 의사만큼 확고하지는 않은 것 같았지만 그들 역시 여론의 분위기를 감지하는 능력이 있어 보였다(그림 7).

여론의 분위기를 감지하는 우리의 능력은 얼마나 많은 이슈들을 아우르고 있는가? 사람들의 관찰 범주에는 꾸준히 수백 가지 사안들이 포함되는 것으로 추정된다. 1971년 3월부터 우리는 사형 제도에 대한 사람들의 태도와, 사형 제도에 대해 사람들이 감지하는 여론의 분위기가 어떻게 다른지 자료를 비교하기 시작했다. 1972년에서 1975년 사이에는 침묵의 나선 이론을 검증하는 것보다 더 긴급한 과제들이 있어서 그 시기의 데이터는 빠져 있다. 그러나 1971년에서 1979년 사이에 실시된 여섯 번의 측정은 여론의 실제 변화가 여론 분위기에 대한 사람들의 감지에 확실히 반영되었음을 확인시켜 준다(그림 8과 9).

가끔은 여론 동향에 대한 감지가 실패하기도 하는데, 대개는 사람들의 감지 능력이 매우 잘 작동되기 때문에 그들이 여론 분위기를 잘못 인식하여 그래프가 뒤틀리는 사례들을 살펴보는 일은 무척 흥미

그림 4 **정당 지지자 숫자에 미묘한 변화만 있어도**
훨씬 더 많은 사람들이 이를 여론 분위기의 변화로 감지한다

- 투표 의사: 기민련/기사련 ▬▬▬
- 여론 분위기의 감지: "나는 대부분의 사람들이 기민련/기사련을 좋아한다고 생각한다." ▥▥▥

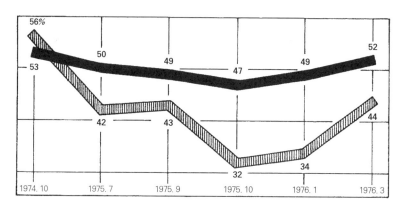

그림 5 **뚜렷하게 드러난 여론 분위기**

투표 의사를 묻는 전통적인 질문은 투표 의사가 얼마나 동요하는지는 보여주지 못한다.

- 예: 사민당 1974-1976년 · 투표 의사: 사민당 ▬▬▬
- 여론 분위기에 대한 감지: "나는 대부분의 사람들이 사민당을 좋아한다고 생각한다." ▥▥▥

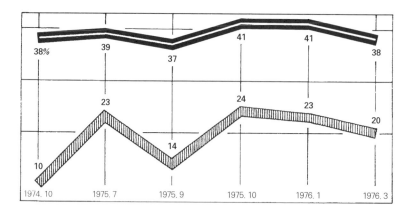

그림 6 라인란트팔츠 주 의회 선거에서의 갑작스런 악천후

- 투표 의사: 기민련 ▬▬▬
- 여론 분위기의 감지: "나는 라인란트팔츠 주의 대부분 사람들이 기민련을 좋아한다고 생각한다."
  ▭

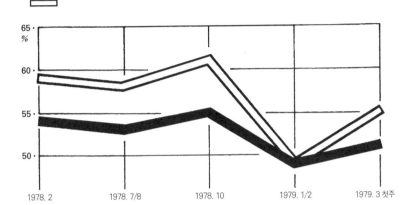

그림 7 영국에서도 역시 여론 분위기를 감지하는 유사 통계적 능력을 확인하다

질문: "만일 내일 의원 선거가 실시된다면 당신은 어느 정당을 지지하겠습니까?"
"당신이 어떻게 느끼느냐와 상관없이, 당신은 영국 사람들 대부분이 보수당과 뜻이 통하고 보수당에 호감을 갖고 있다고 믿습니까, 아니면 그렇지 않다고 믿고 계십니까?"

- 나는 보수당을 지지할 것이다. ▬▬▬   • 대부분의 사람들이 보수당에 우호적이다. ▬▬▬

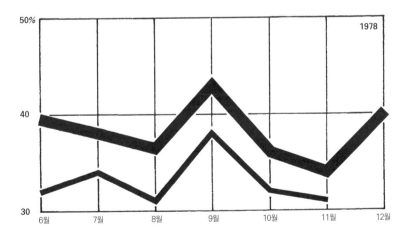

자료 출처: 갤럽 정치 지표

그림 8　개인적 의견과 여론의 분위기

사람들은 사형 제도에 대한 찬성 여론이 증가했는지 감소했는지를 어떻게 아는가?

- 개인적 의견: "나는 사형 제도에 찬성한다." ▬▬▬
- 여론 분위기: "대부분의 사람들은 사형 제도에 찬성한다." ▭▭

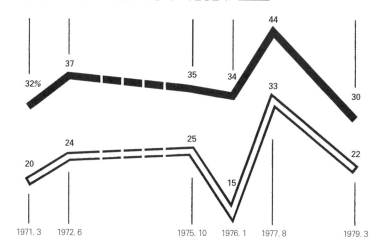

그림 9　대조 시험:
사형 제도 반대 여론의 증가와 감소에 대한 유사 통계적 감지 능력

- 개인적 의견: "나는 사형 제도에 반대한다." ▬▬▬
- 여론 분위기: "대부분의 사람들은 사형 제도에 반대한다." ▭▭

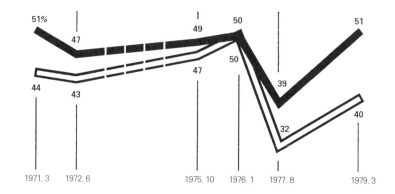

롭다. 이러한 경우는 사람들이 여론의 분위기에 대한 판단의 근거로 삼는 신호들이 혼선되어 혼란을 준 것임에 틀림없다. 우리가 그 신호들에 관해 아는 것이 너무나 없기 때문에 이러한 〈왜곡〉 자체가 일어나는 이유에 대해서는 설명하기가 쉽지 않다. 이 문제는 22장에서 더 깊이 다룰 것이다.

열차 상황 테스트

하지만 그럼에도 불구하고 우리는 1965년으로 돌아가 그때 우리가 지켜보았던 왜곡 현상을 감히 설명해 보고자 한다. 당시 어느 당이 승리할 것인가에 대한 예상치는 실제 유권자들의 투표 의사가 전개되는 양상보다 훨씬 웃도는 것으로 나타났다. 침묵의 나선이라는 가설은, 이러한 왜곡은 사람들이 여론 동향을 판단하는 근거로 삼는 신호들이 보이는 곳에서 양 진영 사람들이 자기 의견을 표현하고 견해를 공개적으로 드러낼 용의—실제로는 열의—가 다르기 때문에 생겨난다고 설명한다. 침묵의 나선이라는 가설이 성립되려면 우리는 두 가지 전제에 대한 실증적 증거들을 찾아야만 한다. 첫 번째 전제는 사람들에게는 경쟁 관계에 있는 두 정당의 세력을 직감적으로 파악하는 능력이 있다는 것이다. 이 전제를 뒷받침하는 증거들은 바로 앞에서 제시한 바 있다. 두 번째 전제 조건에 대해서는 앞으로 좀 더 실증적 조사가 진행되어야 하겠지만, 그것은 겉으로 분명하게 드러나는 다양한 진영들의 세력, 그 강함과 약함에 사람들이 실제로 자신의 행동을 맞추느냐 하는 것이다.

1972년 1월에 알렌스바흐 연구소에서 실시한 설문 조사에는 특별한 질문 하나가 처음으로 등장했는데, 이 질문은 우리가 아는 한 독일에서나 다른 어디에서도 단 한 번도 제시된 적이 없었다. 육아 방식에 관해 묻는 그 질문은 가정주부들에 대한 면담 조사 과정에서 등장한 것이었다. 조사 진행자는 응답자에게 두 가정주부가 대화를 나누는 모습을 담고 있는 그림을 하나 보여준 후 다음과 같이 질문했다.

"두 어머니가 아주 버릇없는 아이를 때려야 하는지 아닌지에 관해 토론하고 있습니다. 당신은 위쪽 어머니와 아래쪽 어머니, 두 사람 중 어떤 쪽의 의견에 동의하십니까?"(그림 10)

그림 속의 한 여성이 이렇게 말한다.

"아이를 때리는 것은 기본적으로 잘못된 것입니다. 어떤 아이라도 때리지 않고 키울 수 있어요."

1972년 1월에, 모집단을 정확하게 반영하는 전체 응답자의 40퍼센트가 이 의견에 동의했다. 그림 속 다른 한 여성은 이렇게 말한다.

"때리는 것도 양육 과정의 일부입니다. 절대 아이에게 해가 되지 않습니다."

47퍼센트의 주부가 이 의견에 동의했다. 나머지 13퍼센트는 마음을 정하지 못했다. 그러나 다음 질문이 결정적이었다.

"만일 당신이 다섯 시간 동안 기차 여행을 해야 하는 상황이라고 했을 때 열차의 칸막이 객실에 함께 탄 여자 승객이……"

여기서 질문은 두 갈래로 나뉘는데 체벌은 기본적으로 나쁘다고 대답한 응답자에게는 "만일 그 동승객이 때리는 것도 양육의 한 방법이

그림 10 **육아 방식에 관한 논쟁에서 자발적으로 의견을 표명하거나
침묵하는 경향에 관한 실험**

두 가지 입장을 보여주기 위해 면담 조사에서 사용된 그림

라고 생각하는 사람이라면⋯⋯."이라는 문장을, 그리고 체벌이 필요
하다고 대답한 응답자에게는 "(그 동승객이) 때리는 것은 기본적으로
잘못된 것이라고 생각하는 사람이라면⋯⋯."이라는 문장을 제각기

제시했다. 이렇게 되면 둘 중 어떤 경우든 응답자는 자신과 전혀 다른 의견을 대표하는 동승객을 만나게 되는 셈이다. 마지막 질문은 다음 과 같이 두 경우 모두 동일한 형태로 마무리되었다.

"당신은 칸막이 객실에 함께 탄 승객의 견해를 더 잘 이해하기 위 해 그녀와 대화를 나눠볼 의향이 있습니까, 아니면 그럴 필요가 없다 고 생각하십니까?"

이와 같은 〈열차 상황 테스트train test〉는 그때부터 다양한 문제들을 놓고 반복적으로 시행되었다. 한 번은 기민련과 사민당에 대한 사람 들의 견해를 보여주는 대화가 제시되기도 했고, 남아프리카의 인종 차별, 젊은이들의 비혼 동거, 원자력 발전소 건설, 외국인 노동자, 낙 태, 불법 마약류의 위험성, 급진주의자의 공직 채용 여부 등이 주제로 다루어지기도 했다.

여기서 확인해 보아야 할 가설은 자신의 견해와 신념을 자진해서 옹호하고 나설 열의가 각 진영마다 다르냐 하는 것이었다. 자신의 입 장을 내세움에 있어 더 높은 열의를 보이는 진영은 더 강한 인상을 줄 것이고 다른 사람들에게 더 강한 영향력을 행사할 것이다. 이들에게 영향을 받은 사람들은 이를 계기로 확연히 더 강해 보이거나 점점 늘 어나는 것처럼 보이는 지지자들의 대열에 합류하게 될지도 모른다. 개별적인 여러 사례에서 이 같은 현상들을 관찰할 수는 있겠지만 어 떻게 하면 과학적인 실험 요건을 충족시키는 방법으로 그 과정을 측 정할 수 있을까? 측정은 반복해서 이루어질 수 있어야 하고, 끊임없 이 재검사될 수 있어야 하며, 조사자의 주관적 느낌과는 무관하다는 사실이 확인되어야 한다. 그리고 측정할 수 있는 조건을 만들어 놓고 현실을 가상해 보아야 한다. 면담 조사에서 충족되어야 할 조건이란 다음과 같은 것을 말한다. 즉 조사는 언제나 한결같은 과정으로 진행되어야 하고, 질문은 미리 정해진 문구와 순서에 따라 큰 목소리로 해야 하며, 모집단을 완벽하게 대표하는 5백, 1천 혹은 2천 명의 응답자들에 대해 수백 명의 조사원이 질문을 하게 함으로써 특정 조사원이 조사 결과에 결정적 영향을 미칠 수 없도록 해야 한다. 그렇지만 이런 종류의 면담 조사가 나타내주는 상황이란 얼마나 허약하단 말인가. 그것은 얼마나 우리의 삶과 경험과 현실 감각으로부터 동떨어진 것인가!

공적인 상황을 가정해 보기
—

우리의 첫 번째 과제는 면담 조사에서 공적인 상황을 가정해 응답자가 공개적으로 특정한 방식의 행동을 할 용의가 있는지를 조사해 보는 것이었다. 분명 사람들은 어떤 입장이 강세를 보이고 어떤 입장이 약세인지를 단지 가족 간의 대화만으로 결정하지는 않는다. 그래서 우리는 그들의 보편적인 공개적 행동을 파악하기 위해 가족의 범주를 넘어서는 상황을 가정해 보아야 했다. 아무리 아는 사람이 별로 없는 외톨이라도, 우리가 막판 변화의 분석에서 보았듯이, 주위의 신호들signals을 감지할 수 있었다. 나아가서 어떤 정당, 개인, 혹은 특정한 견해를 찬성하거나 반대하는 여론의 분위기가 달라지고 있을 때, 모든 인구 집단, 연령 집단, 직업 집단이 모든 곳에서 거의 동시에 그 변화를 감지하는 것처럼 보인다(그림 11-13). 이는 오직 신호들이 완전히 개방되고 공개될 때라야만 가능하다.

가족이나 1차 집단(혈연, 지연 등에 의해 자연 발생적으로 생겨난 집단으로 친밀감과 대면 접촉을 바탕으로 한다.)에서의 행동은 공공장소에서의 행동과 같을 수도 있고 다를 수도 있다. 그러나 침묵의 나선 이론에 있어 이는 사실 부차적인 문제이다. 응답자의 성향이 말을 하는 편인지 혹은 침묵하는 편인지를 보여주는 면담 조사에서 응답자들에게 어떤 상황을 상상해 보도록 하는 과정에서 우리는 이내 그 사실을 터득했다. 우리는 응답자들이 모르는 사람들도 일부 섞여 있는 상태에서 여러 다른 손님들과 함께 어딘가에 초대되는 장면을 상상해 보라고 했다. 이 자리에서 대화가 논쟁적인 주제로 넘어가고 어떤 구체적인 이슈에 대한 질문이 제시된다고 해보자. 그렇다면 응답자는 현재 진행 중인 대화에 기꺼이 참여할 것인가, 아니면 대화에 끼고 싶어 하지 않을 것 같은가? 하지만 이 질문은 효과적이지 못했다. 설정이 충분히 공적이지 않았고, 주인이나 다른 손님들이 강력하게 의견을 피력하면 응답자들이 예의를 차려야 한다는 생각에 반응을 자제하게 되기 때문이었다.

그래서 우리는 열차 상황 테스트를 시도해 보았다. 이 실험에서는 예컨대 공공도로와 다소 비슷한 공적인 환경이 제시되었기에 누구나 등장이 허용되고, 응답자가 그 이름이나 평소 사고방식을 알 리 없는 사람들이 등장한다. 동시에 여기서는 자기를 거의 드러내지 않아도 되기 때문에 아무리 수줍은 사람도 그럴 마음만 있으면 대화에 참여할 수 있다. 그러나 이러한 면담 조사가 정말로 공적인 상황에서, 즉

그림 11　여론 분위기의 변화는 모든 인구 집단에서 감지된다
(공적인 상황에서의 표현)

- 사례: "서독은 동독을 승인해야 한다."(1968년 9월에서 1970년 9월-1971년 1월까지)
- 여론 분위기 변화 이전: 1968년 9월　■■
- 여론 분위기 변화 이후: 1970년 9월-1971년 1월　☐

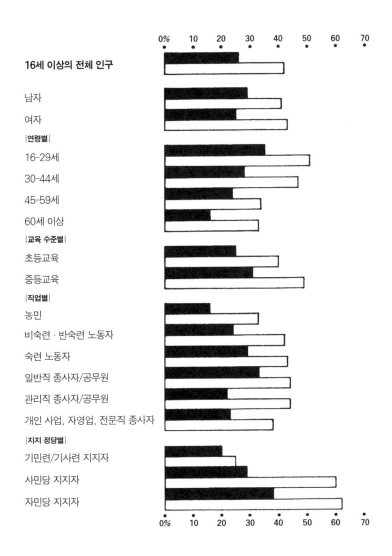

그림 12 여론 분위기의 변화는 모든 인구에 영향을 미친다

- 사례: 빌리 브란트 총리의 정책에 대한 찬성(1973년 5-6월에서 1974년 1월까지)
- 여론 분위기 변화 이전: 1973년 5-6월 ■■■
- 여론 분위기 변화 이후: 1974년 1월 ▭

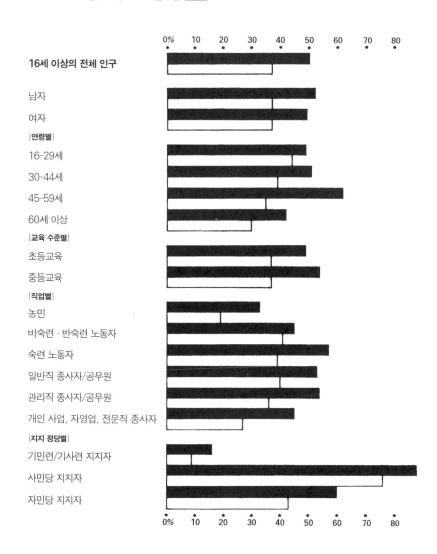

그림 13   여론 분위기의 변화는 도처에 스며든다

- 사례: 사형 제도에 찬성하는 사람들(1975-1976년 가을, 겨울에서 1977년 여름까지)
- 여론 분위기 변화 이전: 1975-1976년 가을과 겨울 ■
- 여론 분위기 변화 이후: 1977년 여름 □

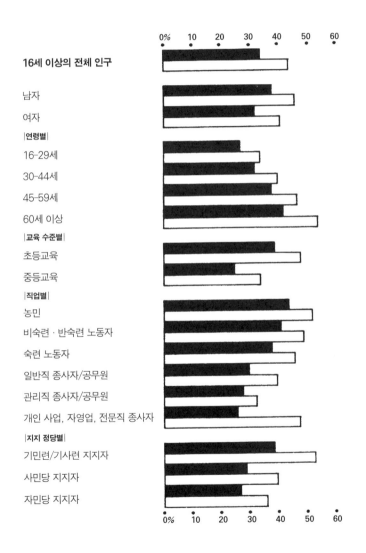

거리에서, 식료품점에서, 혹은 어떤 공식적인 행사의 관중으로서 사람들이 하는 자연스런 행동을 그대로 나타낼 수 있을까? 면담 조사는 다른 사람이 없는 상태이거나 혹은 어쩌면 가족 몇 명이 함께 있는 자리에서 이루어질 수도 있다. 이 상황에서 사람들은 자신의 본마음대로 반응할까? 아니면 가상의 상황이라는 것이 본심에 따라 반응하게 하는 자극으로는 너무 미약한 것일까?

두 번째 전제 조건이 확인되다:
승리를 확신하는 사람들은 목소리를 내고,
패배를 예상하는 사람들은 침묵하는 경향이 있다

—

1972년, 1973년, 1974년의 설문 조사에서 실시했던 열차 상황 테스트를 차례로 평가해본 결과, 다양한 진영의 사람들이 특정한 주제에 관해 기꺼이 말하고자 하는 열의나 침묵을 지키고자 하는 경향은 측정될 수 있다는 것이 분명해졌다. 선거가 있었던 1972년은 그러한 실험을 위한 이상적인 조건과 이슈들을 제공했다. 1971년 노벨 평화상 수상자이기도 한 빌리 브란트 서독 총리는 전성기를 누렸지만, 브란트로 대표되는 동방정책에 대한 의견은 명확하게 둘로 나뉘어 있었다. 브란트 총리의 정책을 지지하는 쪽과 반대하는 쪽 중에 어느 쪽이 공공연하게 더 강력한지를 인식하는 데는 특별히 발달된 감지 능력이 필요하진 않았다. "당신은 대부분의 서독 사람들이 동독과의 조약 체결에 찬성한다고 생각합니까, 반대한다고 생각합니까?" 1972년

3월에 실시했던 조사에서 응답자의 51퍼센트가 "대부분이 찬성한다."고 대답했고 "대부분 반대한다."고 대답한 응답자는 8퍼센트였다. 27퍼센트는 "대략 반반"이라고 했고 14퍼센트는 "알 수 없다."는 대답으로 이 사안에 대한 대답을 회피했다.

1972년 10월, 선거 운동이 이미 진행 중인 상황에서 열차 상황 테스트가 한 설문 조사에 포함되었다.

"만일 당신이 다섯 시간 동안 기차 여행을 하게 되었는데 같은 칸막이 객실의 동승객이 브란트 총리를 〈열렬히 지지하는〉(두 번째 조사에서는 이 질문이 〈매우 반대하는〉이라고 바뀌었다.) 말을 하기 시작한다면, 당신은 그의 견해를 더 자세히 알아보기 위해 그 사람과 이야기를 해보겠습니까, 아니면 그럴 필요가 없다고 생각하십니까?"

브란트 총리를 지지하는 사람들(반대자들보다 2배가 많았다.) 중 50퍼센트가 대화를 하겠다고 대답한 반면, 브란트 총리의 반대자 중에는 35퍼센트만이 그러겠다고 대답했다. 브란트 총리의 지지자 중에 42퍼센트, 그리고 반대자 중에 56퍼센트는 대화할 필요가 없다고 대답했다(표 4). 이와 같이 브란트의 지지자들은 반대자들에 비해 실제 숫자에서도 훨씬 우세했지만 그 이상으로 자신들의 견해를 전달하고자 하는 열의 또한 훨씬 높았기 때문에 그들의 힘은 크게 증대되었다.

선거 운동용 배지 또한 의견을 표명하는 방식이다

—

이 가설과 관련해서 우리는 〈의견을 표명하는 것〉과 〈침묵하는 것〉이

표 4　열차 상황 테스트

1972년 10월에 브란트 총리를 주제로, 최소한의 공적인 상황에서 사람들이 자신의 의견을 표명하고자 하는 열의와 침묵하고자 하는 경향 또는 침묵에 대한 선호도를 조사했다.

	다수: 브란트를 지지하는 사람 (퍼센트)	소수: 브란트에 반대하는 사람 (퍼센트)
열차 내 동승객과 브란트 총리에 관해,		
기꺼이 대화를 하시겠습니까?	50	35
그럴 필요 없다고 생각하십니까?	42	56
잘 모르겠다	8	9
	100	100
	응답자수=1011	502

가장 넓게 보아 어떤 의미를 갖는지 이해해야 한다. 선거 운동용 배지를 다는 것, 자동차 범퍼에 자신이 지지하는 정당의 스티커를 붙이는 것, 이런 것들은 모두 의견을 표명하는 하나의 방식이다. 하지만 아무리 확고한 신념을 갖고 있다 할지라도 이러한 일들을 하지 않는다면 그것은 침묵을 지키는 것과 같다. 특정한 정치적 편향을 지닌 것으로 유명한 신문을 공공연히 들고 다니는 것은 일종의 의견 표명이지만, 그 신문을 가방에 넣는다거나 덜 편파적인 신문 밑에 깔아놓아서 안 보이게 하는 것은 침묵하는 방식이다(물론 일부러 숨기려고 해서가 아니라 어쩌다가 밑으로 들어갔을 수도 있다). 전단을 나누어주는 것 또한 의견 표

명의 한 방식이며 벽보를 붙이거나 상대측 벽보를 찢고 훼손하거나 다른 당 스티커가 붙은 자동차의 타이어를 펑크 내는 것도 마찬가지로 의견을 표명하는 하나의 방식이다. 1960년대에 청년들이 어깨까지 머리를 늘어뜨리고 다녔던 것도 그들의 의견을 표명하는 방식이었듯, 오늘날 동유럽 국가들에서 청바지를 입는 것 역시 의견 표명의 한 방식이다.

열차 상황 테스트가 아니더라도 1972년 선거에서 우리는 대립하고 있는 한쪽이 더 적극적으로 공개적으로 목소리를 내면 그 반대편은 꼭 수적으로 열세가 아니어도, 아니 심지어 우세일 때조차 침묵을 지킨다는 사실을 경험적으로 충분히 확인한 바 있다. 미국의 전 부통령 애그뉴Agnew의 〈침묵하는 다수silent majority〉에 대한 불평이 유명해진 것은 그 말이 많은 사람들이 느끼는 현실을 꼬집었다는 점에서 그럴 만도 했다. 그때까지 분명하게 명시된 적이 없어 사람들이 충분히 의식하지는 못했지만, 침묵하는 다수는 이미 그들 자신이 동참해온 현실이었던 것이다.

1972년 연방 선거가 끝나고 실시된 한 설문 조사는 지지자 수가 실제로 줄곧 비슷했던 두 정당의 세력을 사람들이 얼마나 불평등하게 감지했는지 마치 그림을 보듯 생생히 보여주었다. 12월에 실시된 설문 조사의 질문은 다음과 같았다.

"각 정당마다 벽보와 선거 운동 배지, 차량 범퍼용 스티커 등이 있습니다. 당신이 느끼기에 어느 정당의 지지자들이 가장 많은 범퍼 스티커, 벽보, 선거 운동용 배지를 부착해서 지지를 보여주었다고 생각합니까?"

응답자의 53퍼센트가 "사민당이 더 많은 지지를 받았다."고 대답한 반면, "기민련이 더 많은 지지를 받았다."고 대답한 응답자는 9퍼센트에 불과했다. 두 번째 질문은 똑같은 사안을 조금 다른 각도에서 물어보았다.

"어떤 정당이 선거를 잘 치르느냐는, 지지자들을 선거 운동에 참여하도록 만드는 능력에 크게 좌우됩니다. 그런데 당신이 느끼기엔 지난 선거 운동에서 어느 당의 지지자들이 더 바람직한 모습을 보여주었고 개인적으로 더 열심히 참여했다고 생각하십니까?"

이에 대해 응답자의 44퍼센트는 "사민당 지지자들"이라고 대답했고 "기민련 지지자들"이라고 대답한 응답자는 8퍼센트였다. 이 같은 조사 결과에서 우리가 알 수 있는 것은, 1972년 가을 그 당시에 기민련을 지지하는 사람들은 같은 지지자 중에 기민련의 선거 운동용 배지, 범퍼 스티커 등을 부착하고 있는 사람을 눈 씻고 봐도 찾기가 어려웠다는 사실이다. 이 모든 것들이 침묵 속으로 빠져들었고 이러한 상황으로 말미암아 기민련의 신념에 공감하면서 같은 지지자들에게서 모종의 표식을 찾던 사람들은 진정한 고립감과 소외감을 느꼈을 것이었다. 침묵의 나선이 이때만큼 팽팽하게 휘감긴 적은 아마 없었을 것이다.

처음에는 여론의 분위기를 가시화하기 위한 노력으로 얻어진 이 같은 단편적인 증거들만 가지고는 다소 애매모호한 그림밖엔 나오지 않았다. 선거 운동용 배지를 달고 범퍼 스티커를 부착하는 이런 일들은 단지 취향의 문제가 아닐까? 그런 행위가 내키는 사람들도 있고 그렇지 않은 사람들도 있을 것이다. 보다 보수적인 성향의 유권자들은 조용하고 내성적인 경향이 있어서 자신의 신념을 떠벌리고 싶어 하지 않는 게 당연하지 않을까? 열차 상황 테스트를 보더라도 여행을 하면서 대화를 즐기는 사람이 있는가 하면 그렇지 않은 사람도 있다. 그렇다면 열차 상황 테스트를 정녕 침묵의 나선 효과처럼 영향력의 확산이 일어나는 과정이라고 간주할 수 있을까?

말 많은 집단이 자기편일 때의 이점
—

우리의 조사 결과는 주제나 신념과 상관없이 남들보다 유독 말하기를 좋아하거나 과묵한 사람이 있다는 명제를 뒷받침해 준다. 이것은 모든 인구 집단에 고루 해당된다. 공적인 상황에서 논쟁적인 주제를 놓고 토론이 벌어졌을 때 여자보다는 남자가, 나이 든 사람보다는 젊은 사람이, 그리고 사회적 계층이 낮은 사람들보다는 높은 사람들이 더 적극적으로 대화에 참여하는 경향이 있다(표 5).

성별, 연령별, 계층별로 토론 참여의 경향이 다르다는 사실은 다양한 관점에 대해 대중의 관심을 환기시킴에 있어 확실히 중요하다. 만일 어떤 진영이 젊은 층과 교육 수준이 높은 사람들을 많이 끌어들인다면 사람들은 그 진영이 결국에는 더 호평을 받고 널리 받아들여질 거라고 생각할 가능성이 높다. 그러나 이것이 다는 아니다. 그 밖에도 자신의 의견을 표명하는 자발성에 영향을 미치는 또 다른 요소가 있다. 그것은 바로 그 시대의 풍조, 〈시대정신〉, 좀 더 선구적이고 합리적으로 보이는 사람들에 대한 당신의 평가가 당신 자신의 신념과 일

표 5   인구 집단별로 본 논쟁적 주제에 대한 토론 참여의 자발성

	기꺼이 토론하겠다 (퍼센트)*	토론하고 싶지 않다 (퍼센트)	잘 모르겠다 (퍼센트)	응답자수
16세 이상의 전체 인구	36	51	13	9966
남자	45	45	10	4631
여자	29	56	15	5335
|교육 수준별|				
초등교육(8-9년의 학교 교육)	32	54	14	7517
중등교육(10년 이상의 학교 교육)	50	42	8	2435
|연령별|				
16-29세	42	47	11	2584
30-44세	39	50	11	2830
45-59세	35	52	13	2268
60세 이상	27	56	17	2264
|직업별|				
농민	19	63	18	621
비숙련 · 반숙련 노동자	28	54	18	2289
숙련 노동자	37	51	12	2430
일반직 종사자/공무원	41	49	10	2628
관리직 종사자/공무원	47	44	9	1051
개인 사업, 자영업, 전문직 종사자	40	49	11	927

치하느냐 하는 것, 또는 단순히 〈더 나은〉 사람들이 당신과 한편이라는 느낌이다(표 6).

	기꺼이 토론하겠다 (퍼센트)*	토론하고 싶지 않다 (퍼센트)	잘 모르겠다 (퍼센트)	응답자수
월소득 수준별 **				
8백 마르크 미만	26	56	18	1448
8백-989마르크	32	53	15	1875
1천-1,249마르크	35	52	13	2789
1,250-1,999마르크	42	48	10	2979
2천 마르크 이상	48	43	9	866
거주지별				
촌락	32	52	16	1836
소도시	37	52	11	3164
중도시	36	51	13	1797
대도시	38	49	13	3160
지지 정당별				
기민련 지지자	34	55	11	3041
사민당 지지자	43	47	10	4162
자민당 지지자	48	44	8	538

* 열차 객실에서 다음과 같은 주제에 관해 기꺼이 토론할 용의가 있다고 대답했던 사람들의 퍼센트: 사회주의의 서독 내 확산, 독일 공산당에 대한 불법화, 빌리 브란트 연방 총리에 관한 문제, 젊은이들의 비혼 동거.

** 1983년 기준으로 약 2.50마르크＝1달러

표 6 인구 집단별 자기 확신과 사회 분위기의 지표가 되는 대화 참여의 자발성

1972년에서 1978년에 걸친 비교는 적극적으로 의견을 표명하려는 사람들의 경향이 대체로 증가하고 있음을 보여주었다. 그리고 이 증가세는 특히 기민련 지지자들에게서 두드러지게 나타났다.

	논쟁적 주제에 대해 열차 객실 내 동승객과 기꺼이 대화하겠다		
	1972/73 (퍼센트)	1975/76 (퍼센트)	1977/78 (퍼센트)
16세 이상의 전체 인구	36	37	44
남자	45	43	52
여자	29	32	37
|연령별|			
16–29세	42	41	51
30–44세	39	41	49
45–59세	35	35	42
60세 이상	27	30	33
|교육 수준별|			
초등교육(8–9년의 학교 교육)	32	34	39
중등교육(10년 이상의 학교 교육)	50	46	53

시대정신과 함께 간다는 느낌이 사람들의 입을 열게 한다

—

1972년 가을, 빌리 브란트 총리를 지지하는 사람들은 나이가 많든 적든 남자든 여자든 교육 수준이 높든 낮든 상관없이 브란트 총리에 반대하는 사람들보다 공적 상황에서 더 자발적으로 브란트 총리에 관한 대화에 참여하는 성향을 보였다(표 7).

	논쟁적 주제에 대해 열차 객실 내 동승객과 기꺼이 대화하겠다		
	1972/73 (퍼센트)	1975/76 (퍼센트)	1977/78 (퍼센트)
|직업별|			
농민	19	30	29
비숙련 · 반숙련 노동자	28	29	35
숙련 노동자	37	37	44
일반직 종사자/공무원	41	41	48
관리직 종사자/공무원	47	46	54
개인 사업, 자영업, 전문직 종사자	40	40	47
|거주지별|			
촌락	32	37	41
소도시	37	36	46
중도시	36	38	45
대도시	38	37	44
|지지 정당별|			
기민련 지지자	34	38	44
사민당 지지자	43	40	47
자민당 지지자	48	38	49

자료 출처:

1972–73년 열차 객실에서의 대화 주제: 사회주의의 서독 내 확산, 독일 공산당에 대한 불법화, 빌리 브란트 연방 총리, 젊은이들의 비혼 동거.

총 응답자수: 9,966명

1975–76년 열차 객실에서의 대화 주제: 단식 투쟁 중인 재소자에 대한 강제 급식, 사형 제도, 프란츠 요제프 슈트라우스의 정치적 영향력 확대 허용 여부, 스페인 통치 방식, 사민당에 대한 선호, 기민련/기사련에 대한 선호, 비혼 동거, 비흡연자 앞에서의 흡연 문제.

총 응답자수: 14,504명

1977–78년 열차 객실에서의 대화 주제: 사형 제도, 새 원자력 발전소 건설, 테러리스트에 대한 사형 선고, 테러리스트에 대한 동정, 러시아와 동유럽 국가들을 제외한 유럽합중국 문제.

총 응답자수: 10,133명

표 7   모든 인구 집단에서 지배적 견해를 지지하는 사람은 소수 의견을 지지하는 사람들보다 자신의 의견을 표명하고자 하는 경향이 강하다

사례: 1972년 빌리 브란트 총리의 정책에 대한 지지자와 반대자

| | 열차 객실 내 동승객과 기꺼이 대화하겠다 | |
	지배적 견해의 대변자들: 브란트 지지자들 (퍼센트)	소수 견해의 대변자들: 브란트 반대자들 (퍼센트)
16세 이상의 전체 인구	49	35
남자	57	44
여자	42	27
|연령별|		
16-29세	53	43
30-44세	47	37
45-59세	55	30
60세 이상	42	34
|교육 수준별|		
초등교육(8-9년의 학교 교육)	45	29
중등교육(10년 이상의 학교 교육)	61	51
|직업별|		
농민	39	13
비숙련 · 반숙련 노동자	40	24
숙련 노동자	45	30
일반직 종사자/공무원	57	43
관리직 종사자/공무원	62	47
개인 사업, 자영업, 전문직 종사자	55	49
|거주지별|		
촌락	46	28
소도시	46	42
중도시	48	40
대도시	54	36

	열차 객실 내 동승객과 기꺼이 대화하겠다	
	지배적 견해의 대변자들: 브란트 지지자들 (퍼센트)	소수 견해의 대변자들: 브란트 반대자들 (퍼센트)
|지지 정당별|		
기민련 지지자	46	36
사민당 지지자	52	35

브란트 지지자들의 비율 집계를 위한 기초 표본수: 1,011명
브란트 반대자들의 비율 집계를 위한 기초 표본수: 500명

    자, 이제 열차 상황 테스트의 유용성이 입증되었다. 우리는 이 실험 도구를 가지고 이후 수년에 걸친 일련의 조사들을 수행할 수 있었고 이를 통해 현재 논란 중인 문제에 대해 어느 쪽이 의견을 표명하고 어느 쪽이 침묵을 지키는지를 밝힐 수 있었다. 기차 여행을 하면서 사민당에 대해 대화를 하고 싶다고 대답한 사람은 사민당 지지자의 54퍼센트인 반면, 기민련 지지자들 가운데는 44퍼센트만이 기민련에 관해 얘기하고 싶다고 했다. 이후 연방 총리가 바뀌어 헬무트 슈미트가 총리가 된 후에는 그의 지지자들 중 47퍼센트가 그에 관해 대화하고 싶다고 말했지만 그의 반대자들 가운데는 28퍼센트만이 대화를 원했다. 단식 투쟁 중인 재소자에 대한 강제 급식 문제도 찬성자들 중 46퍼센트는 자신의 의견을 기꺼이 표명하고자 했지만 반대자 중에서 자기 생각을 말하겠다는 응답자는 33퍼센트뿐이었다.

여론의 변동은 여론 연구에 도움이 된다

—

우리는 그때 독일에서 〈추세의 전환Tendenz-wende〉이라고 일컬었던 시점, 즉 정치적 태도의 강도가 확 달라지는 선회 지점에 다다른 것이다. 이때까지만 해도 우리는 왜 좌파적 입장을 지지하는 사람들이나 정치 지도자들이 대화나 토론에 참여하고자 하는 열의가 더 높은지를 알지 못했다. 어쩌면 정치적 분위기가 그들에게 더 호의적이기 때문일 수도 있겠고, 좌파적 입장을 선호하는 사람들이 논쟁을 좀 더 좋아한다는 단순한 이유 때문이라고 볼 수도 있었을 것이다.

하지만 위의 두 번째 가능성은 그 이후 계속해서 이루어진 두 가지 관찰에 의해 사실이 아님이 증명되었다. 첫째, 1974년에서 1976년 사이의 이른바 정치적 전환기에는 사민당 지지자들이 사민당에 관한 대화나 토론에 참여하려는 경향이 감소했다. 토론에 기꺼이 참여하겠다는 응답자가 1972년에는 54퍼센트였는데 1976년에는 48퍼센트로 줄어드는 변화를 통해 우리는 이를 확인할 수 있었다. 그러나 이러한 전반적인 변화는 특정 정당의 지지자들을 대상으로 실시한 열차 상황 테스트에서 응답자들이 단어 선택에 따라 돌연 민감한 차이를 보였던 것에 비하면 그다지 두드러진 것도 아니었다. 그들의 반응은 대화를 먼저 시작한 열차 동승객이 사민당에 대해 호의적으로 이야기하는지 얕보는 투로 이야기하는지에 따라 상당한 편차를 보였다. 1974년에 사민당 지지자들은 동승객의 견해에 거의 영향을 받지 않는 것처럼 보였다. 그래서 동승객이 사민당을 칭찬할 때 사민당 지지자들의 56퍼센트가 대화에 참여하겠다고 했고 비판할 때조차 대화에 참여하겠다는 지지자가 52퍼센트에 달했다. 그러나 1976년에는 자신과 생각이 같은 동승객과는 60퍼센트가 대화하겠다고 한 반면, 그 동승객이 사민당을 반대할 경우에는 대화에 참여할 의향이 32퍼센트까지 내려앉았다! 반면 기민련 지지자들의 경우에는 딱 정반대였다. 1974년에 그들은 열차 동승객이 기민련에 우호적이냐 비우호적이냐에 따라 기꺼이 대화에 참여하려는 의향이 완전히 달라지는 모습을 보이면서 그들이 대화의 성격에 상당히 민감하다는 것을 보여주었으나, 1976년에는 동승객의 견해 따위는 전혀 중요하지 않았다.

우리는 1972년과 1973년의 경험을 거울삼아 응답자가 특정 인물이나 견해, 특정 노선의 지지자 혹은 반대자와 대면하느냐의 설정에 따라 조사 결과가 달라지지 않도록 열차 상황 테스트에서 사용되는 언어를 단순화하고자 했다. 그때까지의 조사 결과는 이런 환경적인 측면은 응답자가 말을 하거나 침묵할 가능성에 별 영향을 미치지 않는다는 것을 보여주었다. 1975-1976년이 되기 전까지 우리는 실험에서 이런 변수들을 제거하는 것이 시기상조라는 것을 깨닫지 못했다. 앞에서 설명했듯이, 이미 침묵의 나선 효과가 실제로 나타나서 한쪽 당파는 대중의 관심을 전적으로 끌어모으고 다른 한쪽은 완전히 껍질 속으로 오므라들었을 때, 그리고 응답자가 말을 하거나 침묵하고자 하는 경향이 일정한 수준인 경우에 한해서 응답자는 그 상황에서 적을 만나든 동지를 만나든 상관없이 대화에 참여하거나 침묵을 지키게 되는 것이다. 하지만 이렇게 안정화된 상황 이외에 미해결의 논쟁, 아직 결론이 나지 않은 논의들, 혹은 언제든 갈등이 표면을 뚫고 분출될 가능성이 있는 사례들이 있다. 차후의 연구 결과로도 밝혀졌듯이 이 모든 경우에서 열차 객실 내 대화 경향이 설정에 따라 달라지는 민감도는 상당한 수준이며 그렇기에 이 실험은 많은 사실들을 드러내줄 수 있다.

좌파 쪽 사람들이
여론의 분위기에 영향을 덜 받는다는 생각에 대한 반박
—

좌파 성향의 응답자들이 토론에 참여하는 경향이 더 높다는 추정을 반박하는 두 번째 발견은 밴드왜건 효과처럼 수십 년간 선거를 연구해온 학자들이 관심을 가져온 한 가지 현상을 연구하는 과정에서 비롯되었다. 선거 전에는 일부 유권자들이 선거에서 승리가 예상되는 쪽으로 막판에 투표 의사를 바꾸는 경향이 있다면, 선거가 끝난 후에는 승리한 당에 표를 던졌노라고 주장하는 사람이 실제 투표자 수보다 많아지는 경향이 있다. 밴드왜건 효과와 마찬가지로 이는 승자의 편에 서기 위한 노력으로 해석될 수 있으며, 이러한 과정은 자신이 실제로는 다른 쪽에 표를 던졌다는 사실을 선택적으로 망각함으로써 일어난다.

　이러한 현상을 조사해 보기 위해서 우리는 알렌스바흐 연구소의 옛 기록들을 뒤져 1949년에 치러졌던 최초의 연방 선거로 돌아가서 그때부터 쭉 훑어 나오기 시작했다. 그러나 우리는 매 선거마다 선거가 끝나고 나서 승리한 쪽에 표를 던졌노라고 주장하는 사람이 실제 득표수보다 더 많아진다는 간단한 법칙을 뒷받침해줄 만한 데이터를 찾을 수 없었다. 대부분의 경우 어느 쪽에 투표했는가에 대해 사람들이 제공한 정보는 공식적인 선거 결과 발표와 상당 부분 일치했다(그림 14, 15).

하지만 한 번은 1965년에 두 주요 정당, 즉 선거에서 패배한 사민당이나 승리한 기민련/기사련 어느 쪽에도 투표하지 않았노라고 주장하는 사람들이 믿기지 않을 정도로 많았다. 또 1969년과 1972년에는 사민당을 찍었다고 말한 사람들의 숫자가 사민당이 실제로 얻은 득표율보다 훨씬 많았다. 그러나 동일한 응답자에게 시간이 지난 후 같은 질문을 다시 물어보는 패널 메소드panel-method 방식의 조사를 실시한 결과 우리는 두 가지 놀라운 사실을 발견했다. 첫 번째는 선거 직후의 조사에서 어떤 정당을 찍었다고 했던 응답자가 일정한 시간이 지나고 실시된 조사에서는 실은 그 정당이 아닌 다른 정당에 투표했노라고 말을 바꾸는 경우, 그 이동이 꼭 승리한 정당(사민당) 쪽으로가 아니라 자신이 속한 집단의 다수 의견 쪽으로 이루어졌다는 사실이다. 가령 젊은 층의 응답은 사민당 쪽으로 이동했지만 나이 든 유권자들은 기민련 쪽으로 움직였다. 노동자들의 대답은 사민당 쪽으로 움직였지만 자영업 종사자들은 기민련 쪽으로 쏠렸다. 이는 승자의 편에 속하고 싶어 하는 경향보다 자신이 속한 사회적 환경으로부터 〈고립되지 않으려는 의지〉가 더 강하다는 사실을 보여주는 것이다. 1972년 선거에서 대부분의 인구 집단이 전반적으로 사민당을 지지하는 투표를 했기에 선거 직후의 설문 조사에서 사민당에 투표했다는 사람들이 그 당의 실제 득표율보다 눈에 띄게 늘었다.

그림 14 여론의 분위기를 측정하는 방법

• 〈높음〉이란 어떤 정당의 실제 득표수보다 더 많은 사람이 그 당에 투표했노라고 주장하는 경우
  를 가리킨다.
• 〈낮음〉이란 실제 투표 결과보다 그 당에 투표했다고 말하는 사람이 적은 경우를 가리킨다.
  예를 들면 기민련/기사련의 경우, 아데나워 총리의 임기가 끝난 후 〈낮음〉이 나타나고 있다.

▨ 세로줄이 쳐져 있는 구역의 높이는 아홉 차례에 걸친 일련의 총선에서 기민련/기사련의 득표율
● 지난 선거에서 기민련/기사련에 투표했다고 주장하는 응답자의 비율
해석: 이론적으로는 검은색 동그라미가 세로줄 구역의 맨 꼭대기에 정확히 위치해야 한다. 그보
다 위에 위치하는 것은 투표 행위가 실제보다 부풀려진 것이고, 반면 아래에 위치하는 것은 기민
련/기사련에 투표했다고 인정하기를 꺼려하는 것을 의미한다.
자료 출처: 공식 선거 결과는 『독일연방공화국 통계연감』에서 인용

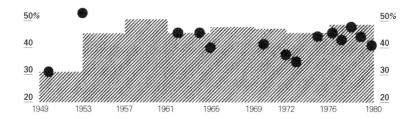

그림 15 여론의 분위기를 측정하는 방법

1960년대와 1970년대에 사민당과 관련한 〈높음〉은, 사람들이 지난 총선에서 실제로 사민당에
투표한 수보다 과장하는 경향이 거의 계속해서 이어지고 있음을 보여준다.

▨ 세로줄 구역의 높이는 아홉 차례에 걸친 일련의 총선에서 사민당의 득표율
○ 지난 총선에서 사민당에 투표했노라고 주장하는 응답자의 비율
자료 출처: 공식 선거 결과는 『독일연방공화국 통계연감』에서 인용

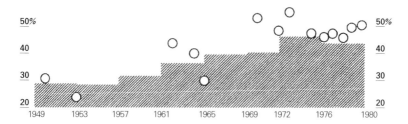

여론의 압력을 측정하는 새로운 절차

—

두 번째 주목할 만한 발견은 사민당에 투표했다는 응답이 실제보다 상승하는 경향이 다음 연방 선거 때까지 변함없이 지속되는 것은 아니며, 기민련에 투표했다고 말하기를 꺼려하는(기민련에 투표했다는 응답이 실제보다 감소하는) 경향 또한 계속 이어지지는 않았다는 것이다. 두 경우 모두 여론 분위기의 변화에 맞춰 미묘하게 움직이는 모습을 보였다. 처음에는, 그러니까 1972년의 선거 이후 1973년까지는 지난 선거에서 사민당에 투표했노라고 주장하는 사람이 너무 많은 반면, 기민련에 투표했다고 말하는 사람은 너무 적었다. 그러다가 마치 슬로우 모션처럼 사람들은 자신들이 사실은 사민당에 혹은 기민련에 투표했다는 사실을 기억해 내기 시작했고 그들의 진술은 점차 실제 득표율에 근접해 갔다. 이러한 일련의 관찰에서 추출한 결과들이 〈그림 16〉에 나타나 있다. 1976년에도 마찬가지로 시간이 지나면서 사람들의 응답은 1972년의 실제 선거 결과에 점점 근접해 갔지만 그런 변화가 그것으로 마무리된 것은 절대 아니었다. 1976년의 선거일이 가까워오자 기민련/기사련 지지자들은 먼젓번 선거에서 자신이 기민련/기사련에 투표했노라고 말하기 싫어하는 예전의 경향을 다시 드러내기 시작했다(그림 17).

현재 알렌스바흐 연구소는 유권자가 지난번 총선에서 두 주요 정당에 투표했다고 말한 비율이 얼마나 부풀려지거나 혹은 에누리되는지 매달 관찰함으로써 양극화의 정도와 당시 정치 담론의 격렬함의 정도를 가늠해 보고 정기적으로 그 추세를 측정하고 있다. 이러한 왜곡

**그림 16   어떤 정당에 투표했다는 진술이 실제보다 부풀려지거나
줄어드는 것은 여론의 분위기를 보여주는 지표가 된다**

이 그림은 1973년에서 1976년까지 사민당에 투표했노라고 주장하는 사람들의 숫자가 공식적인
선거 결과보다 어느 정도 상회하는지를 보여준다. 사민당의 실제 득표율 49퍼센트는 하얀 선으로
표시했다. 또한 이 그림은 같은 시기에 기민련에 투표했음을 인정하는 사람들의 숫자가 공식적 선
거 결과에 어느 정도 못 미치는지도 보여준다. 기민련의 실제 득표율 45퍼센트는 검은 선으로 표
시했다. 추이를 보면 이 기간 동안 기민련 지지자들이 점차 용기를 얻어가고 있음을 알 수 있다.

●●● 인터뷰에서 기민련에 투표했다고 밝힌 유권자들
○○○ 인터뷰에서 사민당에 투표했다고 밝힌 유권자들
자료 출처: 공식 선거 결과는 『독일연방공화국 통계연감』에서 인용

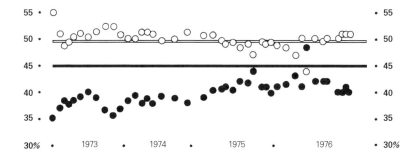

현상이 갖는 의미에 대해서는 나중에 다시 논의할 기회가 있을 것이
다. 지금은 우선 정치 경향의 전환 시점인 1974-1976년의 슬로우 모
션에서 일부 장면들을 추출해서 그것을 통해 토론에 열정적으로 임
하거나 혹은 침묵하는 경향이 꼭 좌파냐 우파냐의 정치 성향과 연관
된 것은 아님을 보여주고자 한다.

1972년부터 우리는 한쪽에서는 투표가 부풀려지고 다른 한쪽에서
는 투표가 쪼그라드는 현상을 의견을 표명하거나 혹은 침묵을 지키

그림 17 선거 운동 기간 동안 증가하는 여론의 압박

1976년 선거가 다가오자 지난번 선거에서 자신이 했던 투표에 대한 응답자들의 진술 왜곡이 또다시 나타났다.

해석: 이 그림은 1972년 선거 때 두 주요 정당, 즉 사민당과 기민련/기사련에 투표했노라고 주장하는 사람들이 공식 선거 결과에 비해 어느 정도 상회하며 어느 정도 밑도는지를 보여준다. 사민당의 실제 득표율 49퍼센트는 하얀 선으로 표시했고 기민련/기사련의 실제 득표율 45퍼센트는 검은 선으로 표시했다.

●●● 기민련/기사련에 투표했다고 진술한 유권자의 비율
○○○ 사민당에 투표했다고 진술한 유권자의 비율

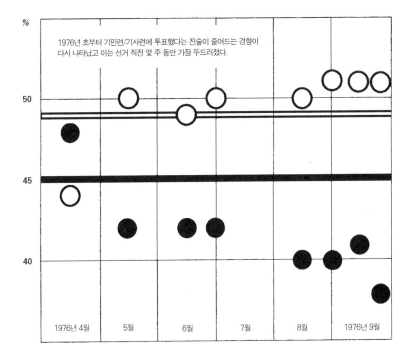

는 하나의 형식으로 해석할 수 있었다. 그래서 우리가 별다른 노력을 기울이지 않고도 사람들로 하여금 말을 하게 하거나 입을 다물게 만드는 〈여론의 압력〉 변화를 측정할 수 있게 되었다.

공적으로 태도를 표명할 준비가 되었는가?
이와 관련된 일련의 질문들
—

요 몇 년간 실험을 위한 새로운 질문들과 도구들이 계속 개발되고 있다. 1975년에 우리는 한 개인이 어떤 정당을 얼마나 공공연히 지지할 자세가 되어 있는지를 보여주는 일련의 질문들을 조사에 처음으로 포함시켰다. 질문은 다음과 같이 시작된다.

"자, 당신의 견해에 가장 가깝다고 생각하는 정당에 관한 질문입니다. 이 정당에 도움이 될 어떤 일을 기꺼이 할 용의가 있느냐고 만일 누군가가 당신에게 묻는다면, 예를 들어 당신은 자신이 선호하는 정당을 위해 여기 카드더미에 나열된 일들 중에 어떤 것 혹은 그 이상의 것을 할 용의가 있습니까?"

조사원이 응답자에게 건넨 일련의 카드에는 자신이 지지하는 정당을 위해 할 수 있는 11가지의 선거 운동 방법이 제시되어 있었다. 그 11가지가 전부 공적인 활동을 요구하는 것은 아니었다. 공적인 활동에 참여하는 것은 내키지 않지만 그렇더라도 정당을 지지하는 마음을 표현하고 싶은 사람이 할 수 있는 일, 일례로 정당에 대한 기부 같은 것도 포함시켜야 했기 때문이었다. 그 밖에 제시된 대안들은 다음과 같다.

- 나는 선거 운동용 배지를 달거나 스티커 배지를 부착하겠다.
- 나는 자동차에 범퍼 스티커를 붙이겠다.
- 나는 집집마다 찾아다니면서 사람들을 만나 당의 공약에 대해 이야기해 보겠다.
- 나는 우리집 혹은 내 창문에 정당의 포스터나 상징물을 내걸겠다.
- 나는 공공장소에서 이 정당의 상징물을 들겠다.
- 나는 거리 토론에 나가서 이 정당을 위해 지지 발언을 하겠다.
- 나는 이 정당을 지지하는 집회에 참석하겠다.
- 나는 그것이 중요한 일인 것 같으면, 정당의 모임에 참석해 발언을 하겠다.
- 나는 다른 정당의 집회에서 내가 좋아하는 당의 입장을 변호하겠다.
- 나는 선거 운동 전단을 돌리는 일을 돕겠다.

지지 정당을 위해 무엇을 하겠느냐는 이 질문에서 분석이라는 목적에 도움이 되는 단순하면서도 소중한 척도는 바로 "제가 선택한 정당을 위해 이것들 중 어떤 것도 하지 않겠습니다."라는 대답이었다. 이같은 측정 도구는 미묘하거나 사소한 변화를 포착하고 측정하는 기능에서 그 유용성을 입증한다. 마치 일반 가정의 평범한 저울은 10그램과 30그램의 차이를 포착하지 못하지만 우체국 저울은 18그램과 21그램의 차이까지 잡아내는 것과 같다.

자신이 지지하는 정당을 위해 사람들이 얼마나 공식적인 지지를 보낼 용의가 있는지를 측정할 목적으로 만들어진 이 일련의 질문들은 응답자의 즉각적인 반응을 이끌어낼 수 있는 매우 섬세한 도구라는 것이 입증되었다. 한 정당의 지지율 추락은, 실례로 라인란트펠츠의 주 의회 선거 운동 기간 동안 그랬던 것처럼, 바로바로 결과로 나타난다. 라인란트펠츠 주에서는 정당 지도부 간의 다툼이 승리의 문턱에 있던 그들을 단숨에 패배로 끌어내리는 데 단단히 한몫했다. 지도부의 갈등이 불거지기 전에는(1978년 12월) 어떻게 당을 돕겠느냐는 질문에 대해 기민련 지지자 중에 39퍼센트가 "이것들 중에서 아무것도 하지 않겠다."고 대답했다. 그런데 선거 직전에는 남아 있는 기민련 지지자 중에 48퍼센트가 "이것들 중에서 아무것도 하지 않겠다."고 대답했다. 반면에 사민당의 경우에는 1978년 12월부터 1979년 2-3월까지 줄곧 "이것들 중에 어떤 방법으로도 당을 도울 생각이 없다."고 대답한 소극적 지지자의 비율이 안정적으로 30퍼센트를 유지했다. 표본 통계의 원칙에 의해 비록 투표 의사에는 아주 미미한 변화가 나타났을 뿐이어서 의미 있는 변화로 볼 수 없었지만 〈심리적 견고함의 정도〉에는 분명한 변화가 있었다. 그리고 그 변화가 결국에는 기민련을 선거 패배의 벼랑으로 몰고 갔다.

이런 구체적 사례는 보이지 않는 것을 보이게 하려고 사회 조사가 어떤 시도를 하고 있는지를 명확히 보여준다. 물론 선거 운동 배지를 달고 있는지 아닌지, 혹은 자기 차량에 범퍼 스티커를 부착했는지 아닌지를 사람들에게 직접 물어볼 수도 있다. 측정 기법의 관점에서 볼 때 이렇게 직접적인 접근 방식은 응답자의 의도가 실린 애매모호한 표현에 기대지 않고 실제 상황을 관찰하고 측정할 수 있다는 이점이 있을 것이다. 하지만 이런 방식의 단점은 실제로 선거 운동 배지를 달거나 차량에 범퍼 스티커를 붙이고 다니는 사람들은 주로 열혈 행동가들이어서 비교적 소극적인 지지자들보다 정당의 변화하는 운명에 대해 덜 민감하게 반응하는 경향이 있다는 점이다. 덜 민감하고 웬만하면 흔들리지 않는 이런 핵심 세력들의 행동을 잣대로 삼으면 통계적 변화를 탐지하기가 어려워질 수 있으며, 따라서 여론 분위기의 국지적 지각 변동 또한 포착할 수 없게 된다.

　좌파적 정치적 견해를 소유한 사람들이 대화나 토론에 참여하고 자신의 신념을 내보이는 경향이 더 강한지 아닌지를 살펴보는 과정에서 우리는 또 다른 문제를 발견하게 되었다. 어쨌거나 사람들은 〈여론의 분위기를 감지하는 놀라운 재능〉을 갖고 있는 것처럼 보인다. 또한 세상의 이목을 사로잡는 방법을 이해하는 부류가 있는가 하면, 여론의 압박에 그저 침묵을 지키려는 부류도 있는 것으로 보인다. 하지만 어떤 동기가 이런 행동의 기저가 되는지를 우리가 어떻게 알아낼 수 있을까? 침묵의 나선이라는 가설이 주장하듯, 이러한 과정이 〈사회적 고립〉에 대한 두려움으로 설명될 수 있을까? 다음 장에서 이 문제에 대해 자세히 살펴보겠다.

3

—

동기로 작용하는
고립에 대한
두려움

1950년대 초에 사회심리학자 솔로몬 애시Solomon E. Asch는 자신이 미국에서 50차례 이상 지휘했던 실험에 대해 발표했다. 이 실험에서 참가자에게 주어진 과제는 세 개의 직선 중에서 보기로 주어진 직선과 길이가 가장 비슷한 것을 고르는 것이었다(그림 18).

세 개의 직선 중 하나는 길이가 항상 기준선과 정확히 일치했다. 얼핏 보아도 과제는 무척 쉬워 보였다. 길이가 똑같은 직선은 누가 봐도 명확했고 실험 참가자 전원이 쉽게 그것을 가려냈다. 매 실험에 8-10명의 참가자가 참여했으며 실험은 다음과 같은 절차로 진행되었다. 하나의 기준선과 실험 참가자들이 선택해야 하는 세 개의 선이 모두가

그림 18   애시의 직선 길이 실험: 고립에 대한 두려움이 불러오는 동조성 실험

실험에 참여한 참가자들은 다음과 같은 질문을 받았다.
"오른쪽에 있는 세 개의 직선 중 어느 것이 왼쪽의 기준선과 같습니까?"

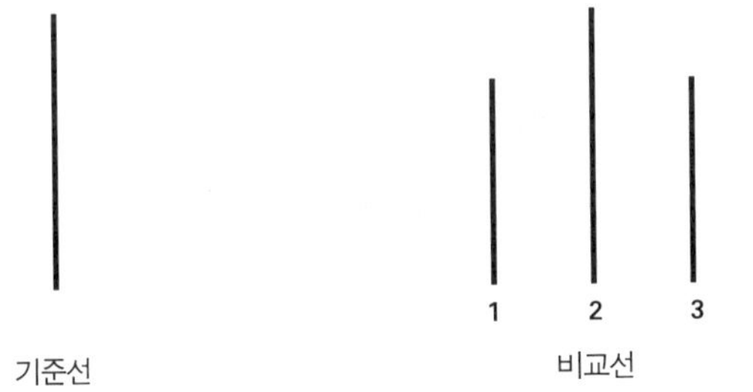

자료 출처: Solomon E. Asch, 『판단의 수정과 왜곡에 있어서의 집단의 영향Group Forces in the Modification and Distortion of Judgments』, 뉴욕, Prentice-Hall, 1952년, 452쪽.

볼 수 있는 위치에 게시되었다. 그런 다음 맨 왼쪽 사람부터 시작해서 기준선과 가장 일치한다고 생각하는 선이 어떤 것인지를 말했다. 매 실험마다 이 과정이 열두 차례 반복되었다.

그런데 모든 참가자들이 일제히 동일한 정답을 고르는 과정이 두 차례 반복된 후 갑자기 상황이 달라졌다. 실험 목적을 위해 의도적으로 투입된 7-9명의 실험 협조자들이 일제히 너무 짧아 보이는 선을 기준선과 같다고 고른 것이다. 실험 참가자 집단에서 영문을 모르는 유일한 사람, 이상한 낌새를 전혀 못 느끼고 있는 한 명은 맨 끝에 앉게 했다. 그 시점에서, 다른 사람들이 전원 일치로 자신의 지각과 상충되는 판단을 하는 압박적인 분위기에서 어떤 일이 일어나는지를 보기 위해 맨 끝에 앉은 순수 실험 참가자에 대한 면밀한 관찰이 이루어졌다. 그는 선택을 못하고 망설일 것인가? 자신의 판단과 완전히

상충되지만 그럼에도 다수의 견해를 따를 것인가? 아니면 자기 생각을 고수할 것인가?

솔로몬 애시의 고전적 실험은
자신을 신뢰하는 사람이 얼마나 드문지를 보여준다
—

열 명의 순수 실험 참가자 중에 두 명은 자기 판단을 단호히 고수해 기준선과 완전히 일치하는 선을 골랐다. 나머지 여덟 명 중 두 명은 열 번의 반복 과정에서 단 한 번 혹은 두 번 가장 짧아 보이는 선을 고르는 집단의 의견에 동조했다. 그 외 여섯 명은 분명 다수가 선택한 것이 잘못된 것임에도 그들의 의견에 동조한 횟수가 그보다 훨씬 많았다. 이는 대다수의 사람들이 자신들의 실제 이익을 해치지도 않고 결과가 어떻게 나오든 대수롭지 않은 과제에서조차 집단의 견해가 잘못되었다는 것을 뻔히 알면서도 거기에 따라가게 될 것임을 의미한다. 이러한 상황을 가리켜 토크빌은 "사람들은 실수보다 고립을 두려워하기 때문에 다수의 정서에 공감하는 척한다."라고 기술했다.

애시의 조사 방법과 열차 상황 테스트 같은 질문 형식의 여론 조사 방법을 비교해 보면, 애시의 방법이 완전히 다른 이점과 다른 종류의 설득력을 갖고 있음을 우리는 대번에 알 수 있다. 애시는 소위 〈실험실 내 실험〉이라는 고전적 방식을 채택했다. 그는 의자를 어떻게 배치할 것이며, 실험이 진행되는 동안 협조자들은 어떻게 행동할 것인지, 직선들을 얼마나 차이를 둘 것인지 등등의 세부 사항을 조금씩 다르게 설정할 경우 결과가 어떻게 달라지는지 대조해볼 수 있도록 했다. 실험실이라는 조건 덕분에 모호하지 않고 명백한 상황을 설정할 수 있고 모든 실험 참가자들에게 동일한 상황을 제공할 수가 있다. 이에 반해 면담 조사로 자료를 수집하는 방식은 다양한 교란 요인이 끼어들어 결과가 오염되기 쉽다는 점에서 더 지저분한 연구 수단일 수도 있다. 우리는 질문의 취지를 정말 이해 못하는 응답자가 얼마나 많은지, 또 제대로 된 순서대로 질문들을 읽고 미리 정해진 단어 선택을 지켜서 질문을 해야 하는 지침을 지키지 않는 조사원은 얼마나 될 것이며, 제멋대로 질문을 바꾸고 즉흥 연주처럼 멋대로 표현을 바꾸는 상황이 얼마나 빈번할지 확실히 알 수 없다. "만일 당신이 다섯 시간 동안 기차 여행을 하게 되었는데 만일 옆자리에 앉은 승객이 당신에게 이러저러한 행동을 한다면?"이라는 질문이 보통 사람들의 상상에 어느 정도의 부담을 줄까? 보통 면담 조사에서 그런 상황을 상상해 보라는 자극은 비교적 약한 것임에 틀림없다. 게다가 문제를 읽어주는 방식, 답을 기입하는 방식, 그리고 특정한 실험 참가자가 얼마나 인간적으로 응대해 주고 수다스러운 사람이냐에 모든 것이 달려 있다. 이 모든 미지의 것들이 조사 결과를 불확실한 것으로 만든다. 이와는 대조적으로 애시의 실험과 같은 실험실 연구 방식은 실제 상황을 설정할 수가 있다. 이런 방식을 통해서는 모든 실험 참가자들에게 균일하게 실제의 경험에 매우 근접한 영향을 미칠 수가 있는데, 가령 자기 외에 다른 사람들이 전부 사물을 다르게 보는 것 같을 때 혼자만 바보가 된 기분을 느끼는 식이다.

모방의 두 가지 동인:
학습, 그리고 고립에 대한 두려움
—

"그들은 실수보다는 고립을 두려워했다."고 토크빌은 설명했다. 19세기 말, 토크빌과 같은 프랑스 출신의 사회학자 가브리엘 타르드는 타인들과 공적으로 일치하고자 하는 인간의 욕구에 대해 말하며 인간의 모방 성향과 모방에의 능력을 연구하는 데에 많은 시간을 바쳤다. 그때부터 모방은 사회과학 연구에 있어 하나의 논제로 자리 잡게 되었으며, 실례로 1968년판 『국제사회과학백과사전』에도 적지 않은 분량이 모방에 할애되어 있다. 그러나 여기서는 모방을 남들에게 동조하지 않고 그들과 달리 행동함으로써 고립되는 것에 대한 두려움의 결과로 설명하는 것이 아니라, 학습의 한 형태로 설명한다. 사람들은 남들을 관찰해서 이렇게 저렇게 행동할 수 있다는 것을 눈여겨보았다가 적절한 기회가 오면 자기가 직접 그 행동을 해보게 된다는 것이다. 이렇게 되면 〈고립에 대한 두려움이 우리의 행동에 미치는 영향〉을 밝혀내는 일에 대해 우리가 갖는 관심은 더 복잡한 양상을 띠게 된다. 만일 누군가가 다른 사람들의 말이나 행동을 따라하는 것을 모방이라 부른다면 이런 종류의 모방이 일어나는 이유는 매우 다양할 수 있다. 그것은 고립에 대한 두려움 때문일 수도 있고, 자신의 지식을 넓히려는 욕구가 반영된 것일 수도 있다. 특히 수적으로 우세인 의견을 올바른 판단으로 생각하는 민주적 문명 사회에서는 더욱더 그러하다. 애시의 실험실 내 실험의 이점은 이 모든 불명확함을 정확히 제거할 수 있다는 데 있다. 실험에 참여한 참가자들은 다수가 선택한 답,

즉 세 개의 직선 중 기준선과 길이가 같다고 선택한 것이 실은 정답이 아님을 자기 눈으로 똑똑히 본다. 그럼에도 이들 참가자가 다수의 판단을 따라간다면 그것은 자신이 참고할 만한 모범적인 행동을 따른다거나 지식을 넓히려는 바람에서가 아니라, 명백히 고립에 대한 두려움 때문이다.

〈타인에게 동조하는 사람〉 혹은 〈남을 맹목적으로 따라하는 사람〉이라는 불쾌한 꼬리표에서 알 수 있듯이 모방의 경향은 개인의 자율성이라는 이상에 위배되는 것이다. 다른 사람은 그럴 수 있다는 것을 많은 사람들이 인정하지만, 정작 자신을 생각 없이 남들을 따라하는 모방꾼의 이미지와 동일시하고 싶어 하지는 않는다.

애시의 직선 길이 실험이 혹시 미국인들만의 동조성을 보여준 것이 아니냐는 의문이 제기되었다. 그래서 스탠리 밀그램Stanley Milgram은 이 실험의 형태를 약간 달리해서 유럽의 두 나라에서 실시해 보았다. 그 중 하나는 국민들이 극히 개인주의적이라고 널리 알려져 있는 프랑스였고, 나머지 하나는 국민들이 응집력이 높고 유대감이 강하다고 알려진 노르웨이였다. 밀그램의 조사에서는 실험 참가자들이 일탈하는 다수를 눈으로 보는 것이 아니라 귀로 듣는 형태로 바뀌었지만 지각 경험에서 그들만 고립되어 있다는 느낌을 주기엔 충분했다. 실험 결과 대부분의 유럽인들—노르웨이인들 중에는 80퍼센트, 프랑스인들 중에는 60퍼센트—은 거의 항상 혹은 빈번히 다수의 견해에 동조했다. 그 후로도 이 실험은 이러저러한 변형을 가해 여러 차례 실시되었다. 예를 들어 순수한 실험 참가자보다 앞에 앉아 그보다 먼저 올바른 답을 말한 사람이 몇 명이냐 하는 것이 다수의 견해와 상관없이 자기가 본 대로 말하는 그의 소신에 영향을 미치는지를 알아보기 위한 조사가 이루어지기도 했다.

물론 우리는 이런 실험의 세세한 결과들까지 다 알 필요는 없으며 애시의 본래 실험은 우리의 연구에 있어 중요한 역할을 담당해 왔다. 우리는 정상적인 개인이 느끼는 고립에 대한 두려움이 침묵의 나선 현상에 불을 붙인다고 추정하며, 애시의 실험은 이러한 두려움이 실체적인 것일 수 있음을 사실로 입증해 주고 있다.

그리고 설문 조사 방식으로 밝혀진 결과들을 설명하는 것도 매우 중요한 일이 아닐 수 없다. 사람들이 느끼는 고립에 대한 두려움이 엄청난 것이라고 상정해야만 어떤 견해가 날로 세력을 얻어가고 어떤 견해는 쇠퇴일로에 있는지 정확하고 신뢰성 있게 읽어내는 일에서 사람들이 집단적으로 갖고 있는 놀라운 능력, 그것도 설문 조사의 도움을 받지 않고 이런 일을 할 수 있는 그들의 능력이 설명될 수 있다. 인간은 매우 경제적으로 자신의 관심을 투자한다. 그들이 주변을 관찰하는 데 들이는 노력은 동료들의 호의를 잃고 거절당하고 멸시받고 외톨이가 될 위험보다 지불해야 할 대가가 분명히 더 적다.

우리는 인간의 사회적 본성을 부정하는가?
—

문제는 개인이 〈집단의 판단〉에 기울이는 관심을 실증적으로 가시화하는 동시에 이론적으로 이해할 수 있도록 만드는 것이다. 모방 현상에 대한 이전까지의 연구는 오로지 학습만을 모방의 실제 동인으로 여기는 것처럼 보인다. 그러한 연구는 인간의 사회적 본성을 부정하는 경향을 보이거나 적어도 그 본성을 인식하지 못하고 거기에 〈동조성〉이라는 꼬리표를 달아 부당하게 깎아내린다. 인간이 가진 사회적 본성은 우리가 동료들로부터 따로 떨어져 고립되는 것을 두려워하게 하고 그들로부터 존중과 사랑을 받고 싶도록 만든다. 십중팔구 이러한 경향은 성공적인 사회생활에 상당 부분 일조할 것이다. 그러나 양자 사이의 갈등은 피할 수 없다. 우리는 의식적으로는 합리적이고 자주적인 사고와 흔들림 없이 확고한 판단을 높이 평가하며 누구나 스스로 그 수준에 도달해야 한다고 생각하기 때문이다.

정신분석학자 에리히 프롬은 우리 시대에 사람들의 의식적 충동과 무의식적 충동이 상충한다고 여겨지는 온갖 영역들을 체계적으로 찾아냈다. 이는 프로이트가 그의 시대에 발견했던 의식적 성욕과 무의식적 성욕 사이의 모순들 못지않게 많았다. 그 현대의 모순들 가운데 에리히 프롬은 다음과 같은 것들을 집어내고 있다.

- □ 자유에 대한 의식 — 무의식적 부자유
- □ 정직함에 대한 의식 — 무의식적 기만
- □ 개성에 대한 의식 — 무의식적 피암시성被暗示性[6]
- □ 권력에 대한 의식 — 무의식적 무력감
- □ 신념에 대한 의식 — 무의식적 냉소주의 및 신념의 완전한 결핍

6 최면적 암시에 의해 어느 정도 심리적 상태의 변화가 일어날 수 있느냐를 가리킨다.

자유, 진정성, 개성. 이런 것들은 자신의 존재 속에서 느끼는 가치를 표현하는 수단으로서 우리가 의식적으로 취하는 것들이다. 그러나 침묵의 나선에 대한 설명을 고려해볼 때 우리가 추정하는 사람들의 행동 양식은 그런 가치들에 전혀 부합하지 않는다. 그러므로 면담 조사에서 사람들에게 집단에 동조한 이유 혹은 모방의 동기가 뭐냐고 직접적으로 물었을 때 사람들이 고립의 두려움을 자각하고 이를 인정할 거라고 기대하는 것은 무리다. 그러나 우리가 공적인 상황을 가상으로 만들어 놓고 의견을 표명하거나 침묵을 지키는 경향을 실험할 수 있었듯이, 면담 조사의 상황을 설정할 때 고립의 위협을 실제처럼 설정해 놓고 응답자가 과연 침묵의 나선 이론에 따라 우리가 기대하는 반응을 보이는지 관찰할 수 있을 것이다.

고립의 위협을 실제처럼 설정한 현장 실험

—

지금부터 설명하고자 하는 조사 방법은 전문 용어로 〈현장 실험field experiment〉이라고 한다. 여기서 현장이란 실험실과 구분되는 개념이다. 피험자들은 현장에, 즉 자신들이 원래 속하는 곳에 그대로 있다. 그들은 굳이 낯선 실험실로 안내되지 않는다. 조사 담당자가 피험자의 가정을 방문해 몇 가지 질문들을 한다. 그 질문들은 피험자의 통상적인 일상의 패턴에서 살짝 벗어나 있긴 하지만 두 사람 사이에 흔히 오갈 수 있는 대화에 속하는 것들이다.

실제로 연구자들이 면담 조사처럼 결함이 있고 일시적인 것으로 그치는 조사 도구를 고수하는 이유는 무엇인가? 면담 조사가 조사 방식 중에 상대적으로 통제도 어려울뿐더러 자극의 정도가 약한 방식인 것은 틀림이 없다. 하지만 현장이라는 단어가 암시하듯 모든 상황이 자연스럽다는 이점 때문이기도 하고, 또한 인구의 모집단을 정확하게 반영하는 대표적 표본 집단을 조사하는 데 유리하기 때문에 면담 조사 방식을 고수한다. 반면 실험실 내 실험의 경우는 실험 목적으로 취할 수 있는 잘 알려진 집단만을 대상으로 하는 경우가 많아서 실험에 의한 사회 연구는 대부분 학생, 군인, 보호시설의 환자 등의 집단에 의지하게 된다. 실험실 연구의 장점이라 할 수 있는 것들, 즉 조사 결과에 영향을 미칠지 모르는 조건들을 사전에 계획해서 다양하게 조정해볼 수 있고 공들여 통제할 수 있다는 점은 한편으로는 그 방법이 지닌 단점이기도 하다. 연구자가 조사하고자 하는 행동에 결정적 영향을 미칠지도 모르는 실생활의 어떤 부분들이 실험실이라는 상황 때문에 무의식중에 배제되는 것도 무리가 아니기 때문이다.

비흡연자 앞에서의 흡연,
사회적 고립이라는 위험 상황의 실험

—

현장 실험을 통해 사회적 고립의 위험을 실제 상황처럼 느끼게 해보려는 우리의 첫 번째 시도는 〈비흡연자 앞에서의 흡연〉이라는 주제로 1976년에 이루어졌다. 이 주제를 선택하는 것이 적절해 보였던 이유는 이 사안에 대한 여론이 아직 어느 쪽으로든 완전히 확립되지 않은 상태여서 찬성과 반대 양 진영의 힘이 꽤 비등하게 보였기 때문이다. 먼저, 면담 조사를 진행하는 동안 조사 담당자가 큰 소리로 읽어주었던 가상 대화에서 응답자의 44퍼센트가 다음과 같은 입장을 선택했다. "비흡연자 앞에서는 흡연을 삼가야 합니다. 담배를 피우는 것은 배려 없는 행동입니다. 비흡연자로서는 담배 연기를 들이마셔야 한다는 것이 매우 불쾌한 일이기 때문입니다." 그리고 나머지 중에 정확히 44퍼센트의 응답자가 반대 입장을 선택했다. "비흡연자 앞이라고 해서 사람들이 흡연을 삼가주기를 기대할 수는 없습니다. 사실 비흡연자에게 그렇게까지 짜증날 일도 아니기 때문입니다." 이 주제에 대해 기꺼이 자신의 의견을 말할 것인지 혹은 침묵을 지킬 것인지 하는 실험에서 비흡연자 앞에서의 흡연을 비판했던 사람들 중의 45퍼센트, 흡연자의 권리를 옹호했던 사람들 중의 43퍼센트가 만일 기차 여행을 한다면 기꺼이 옆자리 동승객과 이 주제에 대해 토론을 할 용의가 있다고 응답했다.

이제 사회적 고립의 위험을 실제 상황처럼 느끼게 해주는 실험으로 옮겨가 보자. 인구의 모집단을 충실하게 반영하는 대표 표본 2천 명을 대상으로 한 일련의 질문들은 아래와 같이 열차 상황 테스트 형태로 짜여졌다.

- 비흡연자 앞에서의 흡연에 대한 응답자의 개인적 의견을 듣기 위해 앞에서 제시한 두 가지 입장의 서술을 사용한다.
- 다음과 같은 질문으로 〈대부분의 사람들〉이 그 문제에 대해 어떤 견해를 갖고 있다고 생각하는지 그에 대한 추정치를 얻는다.

"당신의 개인적 의견과 상관없이, 당신은 대부분의 사람들이 이 문제를 어떻게 생각한다고 보십니까? 이곳 서독 사람들 대부분이 비흡연자 앞에서는 흡연을 삼가야 한다고 생각할까요, 아니면 흡연자 본인이 원한다면 계속 담배를 피울 수 있어야 한다고 생각할까요?" 조사 결과는 다음과 같았다.

"대부분의 사람들은 비흡연자 앞에서 흡연자는 흡연을 삼가야 한다고 생각한다."가 31퍼센트, "대부분의 사람들은 흡연자가 계속 담배를 피워도 된다고 생각한다."가 28퍼센트, "의견이 정확히 반반이다."는 31퍼센트이며, 10퍼센트는 "모르겠다."고 대답했다.

▫ 이제 의견을 말하거나 침묵을 지키는 경향에 관해 실험한다.

"만일 당신이 다섯 시간의 기차 여행을 하게 되었다고 가정할 때, 옆자리 승객이 먼저 '비흡연자 앞에서는 흡연을 삼가야 합니다.'라고 말을 걸어온다면 당신은 그와의 대화에 참여하겠습니까, 아니면 그럴 필요가 없다고 생각하십니까?" (마찬가지로 옆자리 승객이 "비흡연자 앞이라고 흡연자가 흡연을 삼가기를 기대할 수는 없습니다."라는 견해를 밝히는 경우에 대한 조사도 똑같이 실시한다.)

▫ 마지막으로 응답자가 흡연자인지 비흡연자인지 알아낸다.

사회적 고립의 위협을 현실처럼 느끼게 하기 위해 2천 명의 대표 표본을 천 명씩 두 집단으로 나누었다. 그 중 사회적 고립의 위협이라는 실험 요소의 영향을 받는 집단에게는 두 사람이 대화하는 그림을 보여주었다. 한 사람이 이렇게 주장한다. "제가 보기엔 흡연자들이 끔찍이도 배려가 없는 것 같습니다. 건강에 해로운 담배 연기를 남들한테 들이마시게 하잖아요." 나머지 한 사람은 다음과 같이 대답을 하려고 한다. "음……, 제 생각엔……." 이런 유형의 질문은 진단 심리학에서 사용하는 문장 완성하기 방식이다(그림 19).

첫 번째 질문은 다음과 같이 시작된다.

"두 남자가 대화를 하고 있습니다. 위쪽 사람이 방금 뭐라고 말을 했네요. 그것을 읽어주십시오. 그런데 아래쪽 사람이 뭐라고 말을 하다가 중간에 끊어졌군요. 당신은 그가 뭐라고 대답했을 거라고 생각하십니까? 그는 자신이 시작한 말을 어떻게 끝맺었을까요?"

이 같은 유인책은 비흡연자 앞에서 담배를 피우는 사람을 누군가가 비난하는 것을 그냥 수동적으로 듣기만 할 때의 비교적 약한 자극을 상당히 강하게 만드는 효과를 갖는다. 적어도 88퍼센트의 응답자들이 그림에 제시된 문장을 완성시킨 것을 보면 이러한 형식의 실험이 표본 집단에게 지나친 것을 요구하거나 조사 방식이 무리한 것은 아님을 알 수 있다.

나머지 천 명의 응답자는 그 실험의 통제 집단(대조군)으로 구성되었다. 문장 완성형 테스트와 사회적 고립 상황이라는 위협이 없다는 점만 다를 뿐 모든 면에서 실험 집단과 통제 집단에게 주어진 조건은 똑같았다. 대조 실험의 원리에 따라 통제 집단과 실험 집단을 비교할 때 발견되는 결과의 차이는, 다른 모든 조건들은 동일하기 때문에, 사회적 고립이라는 위협 상황의 실험으로 거슬러 올라가 추적해볼 수 있다.

결과는 예상했던 그대로였다. 언어적 위협이 가해진 후에는 비흡연자 앞에서의 흡연권을 옹호하던 흡연자들의 기세가 눈에 띄게 꺾여

그림 19 사회적 고립이라는 위협 상황의 실험

강력한 반대 의견과 맞닥뜨리는 상황을 가상해 보기 위한 흡연자들과의 면담 조사에서는 문장 완성 형식이 포함된 아래와 같은 그림이 사용되었다. 이미 시작해 놓은 문장을 완성해 보라는 요구는 응답자가 상황을 보다 강렬하게 경험하게끔 한다. 그런 다음 언어적 위협이 응답자가 의견을 표명하려는 경향 혹은 침묵을 지키려는 경향에 영향을 미쳤는지를 측정한다.

서 이 문제에 대해 동승객과의 토론에 참여할 열의가 줄어든 것을 볼 수 있었다(표 8).

표 8 침묵의 가설에 대한 열차 상황 테스트:
고립의 위험이 사람들을 침묵으로 이끈다!

면담 조사 시 공격적인 여론 분위기를 설정해볼 수 있다. 고립의 위협 상황 실험 후, 흡연자들은 자신의 입장을 옹호해서 말하기를 꺼려하는 경향을 보인다.

	비흡연자 앞이라도 흡연할 권리가 있다고 주장하는 흡연자	
	사회적 고립의 위험이 명백하지 않았을 때 (퍼센트)	사회적 고립의 위험이 명백해졌을 때 (퍼센트)
비흡연자 앞에서의 흡연 문제에 관해 기꺼이 대화에 참여하겠습니까?		
예	49	40
아니오	41	45
모르겠다	10	15
	100	100
	응답자수=225	253

고립의 위협이 이중으로 가해지면 흡연자들은 더더욱 위축된다. 먼저 그들은 문장 완성형 테스트를 통해 비흡연자 앞에서의 흡연 행위를 맹렬하게 비난하는 반대자를 만나고, 그런 다음 이번에는 열차 객실 내에서 "비흡연자 앞에서는 흡연을 삼가야 합니다."라는 말로 대화를 시작하는 동승객을 만나게 된다. 이러한 조건 아래에서는 흡연자 가운데 고작 23퍼센트만이 대화에 참여할 용의가 있다고 밝혔다.

실증적 테스트는 침묵의 나선 이면에 무엇이 있는지도 볼 수 있게 해준다. 비흡연자들은 자기만족적 경향이 덜하고 자신의 생각을 고

표 9 **침묵의 가설에 대한 열차 상황 테스트:
사회적 지지가 있다면 비흡연자들의 의견 표명 경향은 늘어난다!**

	비흡연자 앞에서는 흡연을 삼가줄 것을 요구하는 비흡연자	
	비슷한 견해를 가진 공세적인 사람의 사회적 지지가 없을 때 (퍼센트)	비슷한 견해를 가진 공세적인 사람이 사회적 지지를 보낼 때 (퍼센트)
비흡연자 앞에서의 흡연 문제에 관해 기꺼이 대화에 참여하겠습니까?		
예	37	48
아니오	51	37
모르겠다	12	15
	100	100
응답자수=330		297

수하려는 노력을 덜 하는 경향이 있다. 그러나 문장 완성형 테스트가
그들에게 결코 혼자가 아님을 보여줄 때 그들의 대화 참여 경향은 눈
에 띄게 증가한다(표 9).

　고립의 위협 상황 실험에서 공세적인 흡연 반대론자를 만난 것에
이어서 열차 동승객이 흡연자 앞에서는 흡연을 삼가야 한다고 강력
히 주장하면 내성적인 비흡연자들이 기꺼이 자신의 의견을 표명하는
경향은 최고조에 이른다. 이러한 상황에서는 비흡연자의 56퍼센트
가 열차 동승객과의 대화에 임하겠다고 한 반면, 흡연자 중에는 오직
23퍼센트만이 대화에 참여하겠다는 뜻을 밝혔다. 우리는 여기서, 침
묵의 나선 효과가 일어나면서 어떻게 비흡연자 앞에서 담배를 피우

는 것은 배려 없는 행동이라는 견해가 지배적인 위치에 서게 되는지, 그래서 흡연자가 비흡연자 앞에서의 흡연이 허용되어야 한다고 공개적으로 주장할 수 없는 상황에까지 이르는지를 볼 수 있다. 여기서 드러나는 것은 분명 〈누적 효과cumulative effect〉다. 사람들은 주위의 적대적인 반응들을 통해 차츰차츰 용기를 잃어간다. 자기만족적 경향이 더욱더 강한 흡연자들은 고립의 위협 상황 실험 하나만 가지고 반응하지는 않는다. 그들은 위협 상황 실험에 이어 곧바로 자신들과 같은 의견, 즉 비흡연자 앞에서의 흡연은 아무 문제가 없다는 의견을 가진 사람을 열차 동승객으로 만나게 되면 그들은 바로 직전의 위협을 잊어버린다. 이때 자신과 같은 생각을 가진 동승객과 대화하겠다고 응답한 사람은 위협 상황 실험을 경험한 흡연자의 경우 54퍼센트, 경험하지 않은 흡연자의 경우 55퍼센트에 달했다(표 10).

그러나 만일 고립의 위협 상황 실험에 이어 또다시 불편한 경험을 하게 되면, 즉 열차의 동승객이 비흡연자 앞에서의 흡연을 강력 비난한다면 흡연자들은 〈침묵 속으로 도피〉하는 경향을 보인다(표 10). 자신감이 떨어지는 사람들의 경우엔 이보다 약한 고립에의 위협만으로도 충분하다. 예를 들어 여성이나 하위 계층의 사람들은 대개 고립의 위협 상황 실험 하나에도 반응을 보이며, 단지 열차 안 동승객이 자신과 같은 견해를 표명한다 해서 그것만으로 곧바로 용기를 되찾지는 못한다(표 11).

표 10 **자기만족적 성향이 강한 흡연자들 사이에서**
       침묵의 나선 효과를 알아보기 위한 열차 상황 테스트

흡연자들은 비록 이전의 위협이 있었다 하더라도 열차 객실에서 자신의 견해에 동조하는 승객을 만나면 기꺼이 자기 생각을 얘기한다.

	비흡연자 앞에서의 흡연권도 보장되어야 한다고 주장하는 흡연자	
	사회적 고립의 위험이 명백하지 않았을 때 (퍼센트)	사회적 고립의 위험이 명백해졌을 때 (퍼센트)

열차 내 동승객이 "비흡연자 앞이라고 해서 흡연을 삼가라고 요구할 수는 없습니다."라면서 흡연자들에 대한 공감을 표할 때, 당신은 비흡연자 앞에서의 흡연 문제에 관한 그와의 대화에 기꺼이 참여하겠습니까?

예	55	54
아니오	33	30
모르겠다	12	16
	100	100
응답자수=119		135

대화의 분위기가 적대적일 때, 특히 이전에 고립의 위협 상황을 경험했을 때라면 흡연자들도 위축이 된다.

열차 안 동승객이 "비흡연자 앞에서는 흡연을 삼가야 합니다."라면서 흡연자를 공격할 때, 당신은 비흡연자 앞에서의 흡연 문제에 관해 그와 대화를 할 용의가 있습니까?

예	41	23
아니오	51	63
모르겠다	8	14
	100	100
응답자수=106		118

표 11 **자신감이 약한 흡연자들 사이에서 침묵의 나선 효과를**
알아보기 위한 열차 상황 테스트(여성을 대상으로 실시)

이중의 언어적 위협이 가해지면 대부분의 여성 흡연자는 입을 다물어 버린다.

	비흡연자 앞에서의 흡연권 보장을 주장하는 여성 흡연자	
	사회적 고립의 위험이 명백하지 않았을 때 (퍼센트)	사회적 고립의 위험이 명백해졌을 때 (퍼센트)
열차 내 동승객이 "비흡연자 앞에서는 흡연을 삼가야 합니다."라면서 흡연자들을 공격할 때, 당신은 그 문제에 관해 그와 기꺼이 대화할 의향이 있습니까?		
예	42	10
아니오	54	74
모르겠다	4	16
	100	100
	응답자수=48	49

마치 현실인 것처럼 면담 조사 상황에 반응하는 것

—

고립의 위협 상황 실험은 우리에게 침묵의 나선 효과가 일어나는 과
정을 밝혀줄 뿐만 아니라 나아가서 또 다른 측면도 발견하게 해준다.
이 실험은 면담 조사에서 설정하는 가상의 상황을 많은 사람들이 너
무나 생생하게 받아들여서 마치 현실인 것처럼 반응할 수 있을 거라
는 우리의 가정이 틀리지 않았음을 보여준다. 그래서 우리는 굳이 비
밀 실험실에 철도와 열차를 완비해 놓고 승객들로 위장한 연구자들

이 피험자들을 대상으로 〈침묵 대 의견 개진〉에 대한 실험을 진행하도록 할 필요는 없다. 하지만 그렇더라도 면담 조사에서 사용할 도구들을 개발하는 과정에서 우리는 몇 번이고 좌절을 맛보아야 했다.

우리는 거기서 한 걸음 더 나아가서, 어떤 견해들은 완전히 사회적으로 낙인이 찍히고 경멸의 대상이어서 만약 누군가 그런 견해를 지지한다면 그는 스스로 고립을 자초하는 것인지를 실증적으로 확실히 입증할 수 있는지 보고 싶었다. 이 목적을 위해 우리는 1976년에 알렌스바흐 연구소에서 실시한 수많은 여론 조사에 사회적으로 고립된 상황을 시각적으로 보여주는 그림을 사용하는 한 가지 실험을 끼워 넣었다. 그림에서 테이블 한쪽 끝에는 여러 사람이 서로 마음이 통하는 듯 친근하게 모여 앉아 있고 다른 쪽 끝에는 어떤 사람이 혼자 앉아 있다(그림 20). 그림 속의 말풍선은 모여 앉은 집단과 혼자 앉아 있는 사람 사이에 뭔가 논쟁이 벌어지고 있음을 암시하기 위한 것이다. 이 그림을 이용한 실험은 홀로 떨어져 앉은 사람에게 어떤 견해를 부여해 보라고 응답자에게 요구하는 형식이었다. 예를 들어 홀로 고립된 사람은 어떤 입장을 견지하는가? 그는 독일 공산당 당원의 판사 임용을 허용하는 문제에 찬성할까 아니면 반대할까?

질문의 내용은 다음과 같다.

"독일 공산당 당원인 누군가를 판사로 임용해야 하는지에 관한 이전의 질문으로 돌아가서, 여기 보시듯, 몇 사람이 앉아 그 문제에 대해 얘기를 나누고 있습니다. 의견은 둘로 나뉩니다. 하나는 임용에 찬성하는 쪽이고 다른 하나는 반대하는 쪽입니다. 당신은 여기 혼자 앉은 사람이 뭐라고 말을 했을 거라고 생각하십니까? 그는 공산당원의

그림 20 **고립 상황 실험**

질문: "테이블 끝에 혼자 앉은 사람은 어떤 입장을 대변할까요?"
특정한 견해가 사람을 고립시키는지의 여부를 측정하기 위해 제시된 실험

판사 임용에 찬성하는 쪽일까요, 혹은 반대하는 쪽일까요?".

뜻대로 안 되었던 실험
—

사람들이 테이블에 둘러앉은 그림은 마치 상대의 말은 듣지도 않고
제 할 말만 해대는 가족 모임인 것처럼 되어버려서 어떠한 결과도 도
출하지 못했다. 혼자 앉아 있는 사람이 어떤 입장을 대변하겠느냐는
질문에 "모르겠다."고 대답한 응답자가 전체의 33퍼센트로 꽤 높은
비율을 차지했는데, 이는 이 그림을 보고 답을 요구하는 것 자체가 사
람들의 상상력에 너무 무리한 부담이었음을 의미했다. 게다가 테이

블에서 분명 고립된 것처럼 보이는 사람의 입에서 나온 말은 다수 의견이나 소수 의견과는 무관했다. "공산당원들에 대한 판사 임용은 허용되어야 합니까?"라는 직접적인 질문을 받았을 때 사람들 대다수는 "아니오."라고 대답했고(아니오 60퍼센트, 예 18퍼센트), 어느 쪽이 다수 의견이고 어떤 견해가 사람을 고립시킬지를 너무도 잘 알고 있었지만(80퍼센트가 대부분의 사람들이 공산당원이 판사가 되는 것을 원치 않을 거라고 대답한 반면에 대부분의 사람들이 반대하지 않을 거라고 대답한 사람은 고작 2퍼센트에 불과했다.), 그림 속에서 테이블 한쪽 끝에 고립된 사람이 어떤 의견을 표명했을 것인가에 대한 추측은 "찬성 의견이었을 것이다."가 33퍼센트, "반대 의견이었을 것이다."가 34퍼센트로 거의 비슷했다. 하지만 이 시점에 꽤 정확하게 측정된, 점점 우세해지고 있는 실제 여론으로 미루어본다면 사람들은 그가 "공산당원의 판사 임용은 허용되어야 한다."는 생각을 지지하는 사람일 거라고 보았어야 옳을 것이다. 그러니까 사람들이 대중적이지 않은 생각은 고립으로 귀결된다고 인식하고 있다면, 그리고 테이블 한쪽 끝에 외따로 떨어져 있는 사람이 고립되어 보인다면 사람들은 그렇게 판단했어야 한다. 그렇다면 혹시 그림 속의 테이블 장면이 너무 친밀하게 보였을까? 공적인 상황이라고 보기엔 뭔가 부족했을까? 실험 응답자들이 보기에 테이블 끝에 앉아 있는 사람 역시 집단에 속하며 그다지 고립되어 보이지 않았던 것일까?

어쨌거나 사람들이 앉지 않고 서 있는 두 번째 그림(그림 21)은 앞의 것보다 유용한 도구라는 것이 확인되었다. 이번에는 21퍼센트만이 그의 견해가 무엇일지 "모르겠다."고 했을 뿐 46퍼센트의 사람들은

그림 21 **고립 상황 실험**

두 번째 버전: 사람들은 테이블에 앉는 대신, 이번에는 서 있다.
이 실험은 더러 잘못 이해되기도 했다. 사람들은 고립된 사람이 더 우월하다고 생각했다.

고립된 사람이 소수 의견, 즉 공산당원도 판사직을 가질 수 있다는 의견을 갖고 있을 것으로 추정했다. 하지만 33퍼센트는 그와 반대로 추측을 했다. 또한 공산당원이라도 판사에 임용될 기회가 주어져야 한다는 입장을 가진 사람들은 자신들의 견해로 인한 고립의 가능성에 보다 민감하게 반응한다는 것이 밝혀졌다. 그래서 그들 중 무려 65퍼센트가 그림 속의 고립된 사람이 공산당원의 판사 임용에 찬성하는 사람일 거라고 판단했다(표 12).

그러나 결과적으로 이 실험 역시 만족스럽지 않았다. 위의 경우에서처럼 특정한 견해가 압도적 우위를 차지하고 있는 사례에서조차

표 12 독일 공산당 당원을 판사로 임용할 것인가?(사회적 고립에 대한 실험)

사람들은 특정한 견해를 주장하는 것이 사회적 고립의 위험과 직결된다는 것을 알고 있을까? 질문: "독일 공산당의 당원인 누군가를 판사로 임용해야 하는지에 관한 이전의 질문으로 돌아가서, 여기 보시듯, 몇 사람이 그 문제에 대해 얘기를 나누고 있습니다. 의견은 둘로 나뉩니다. 하나는 임용에 찬성하는 쪽이고 다른 하나는 반대하는 쪽입니다. 당신은 여기 홀로 있는 사람이 뭐라고 말을 했을 거라고 생각하십니까? 그는 공산당원의 판사 임용에 찬성하는 쪽일까요, 혹은 반대하는 쪽일까요?"

	앞에서 제시된 그림들	
	앉아 있는 사람들	서 있는 사람들
전체 응답자	(퍼센트)	(퍼센트)
홀로 떨어져 있는 사람은 공산당원의 판사 임용에,		
찬성하는 사람이다	33	46
반대하는 사람이다	34	33
모르겠다	33	21
	100	100
	응답자수=466	516

공산당원의 판사 임용은 허용되어야 한다는 소수 의견을 가진 사람들은 자신이 이러한 입장을 취하면 다른 사람들로부터 고립된다는 것을 보통 사람들보다 더 잘 알고 있다.

공산당원의 판사 임용은 허용되어야 한다는 소수 의견을 지지하는 응답자들

홀로 떨어져 있는 사람은 공산당원의 판사 임용에,		
찬성하는 사람이다	45	65
반대하는 사람이다	29	21
모르겠다	26	14
	100	100
	응답자수=83	79

결과가 너무 분명치 않았다. 게다가 두 입장이 그다지 심하게 양극화되지 않은 사안의 경우에는 위와 동일한 그림을 사용하여 실험을 실시한 결과 전혀 예상치 못했던 오해가 드러났다. 질문은 이런 것이었다. "당신은 누가 차기 연방 총리가 되기를 원하십니까?" 헬무트 슈미트를 총리로 원한다고 말한 사람이 44퍼센트였고, 35퍼센트는 헬무트 콜이 총리가 되길 바란다고 했다. 문제는 이 실험에서 두 집단 모두 홀로 떨어져 서 있는 사람이 자신들과 같은 견해를 가졌을 거라고 생각했다는 것이다.

　우리는 여기서 일단 이 실험을 접기로 했다. 나중에 가면(22장 끝부분을 보라), 물론 진단 과제가 달라지긴 하지만, 이 실험이 다시 등장할 것이다. 하지만 우리가 이 그림 테스트를 통해 추구해온 목표, 즉 어떤 특정한 견해가 고립을 초래하는 경향이 있다는 것을 사람들이 인식하고 있는지를 실증적으로 입증해 보겠다는 목표를 접은 것은 아니었다. 물론 침묵의 나선이 작동하는 데에는 특정한 견해가 고립을 부를 수 있음을 사람들이 무의식적으로 알고 있는 것만으로도 충분할 것이다. 에리히 프롬이 자신의 저술에서 지적했듯 우리 각자가 자신을 한 개인으로, 자주적인 한 시민으로 인식하는 경향이 있고, 그에 따라 자신의 사회적 본성(에리히 프롬이 비하의 뜻으로 사용한 〈대중적 인간 mass man〉이라는 표현보다 우리의 〈사회적 본성〉이 분명 더 적절한 표현이다.)을 자각하려는 노력을 소홀히 함으로써 우리가 원하는 의식적 관찰과 인정은 좀처럼 이루어지지 않았다. 그렇지만 이러한 면담 조사 방식의 연구가 갖는 단점에도 불구하고 이 방법론은 사람들이 어떤 특정한 시기에 어떤 견해를 지지하는 것이 사회적 고립을 자초할 가능성이 있다는 사실을 〈인식하고 있음〉을 분명히 보여준다. 이러한 결과를 얻기 위해서는 실험의 질문은 날카로워야만 했고, 아무리 둔한 사람이라도 고립의 위험이 내재해 있음을 분명히 인식할 수 있도록 극단적인 상황을 설정해야만 했다.

누구의 타이어가 난도질을 당하는가?
—

1976년 9월 연방 선거 직전에 알렌스바흐 연구소에서 실시한 설문 조사에는 두 가지 유형의 질문이 포함되었다. 그 중 하나는 이것이었다.

"여기 타이어가 난도질을 당한 승용차 그림이 있습니다. 차의 뒤쪽 유리창 오른쪽에 특정 정당의 스티커가 붙어 있지만 당신은 그 스티커가 어느 정당의 것인지는 알 수 없습니다. 당신이 추측하기엔 어느 정당의 스티커를 붙이고 다닐 때 타이어가 난도질을 당할 위험이 가장 높다고 생각하십니까?"(표 13).

응답자의 거의 절반인 45퍼센트가 질문에 답하지 않았다. 그럼에도 불구하고 결과는 분명했다. 실제로 질문에 답을 해준 사람들은 의회를 대표하는 세 정당 사이에서 확연하게 갈렸다. 21퍼센트는 기민련이라고 답했고, 9퍼센트는 사민당, 1퍼센트는 자민당이라고 답했다. 〈표 13〉은 전체적인 실험 결과를 보여준다. 기민련 지지자들은 자신들이 가장 위험에 처해 있다고 느꼈다. 자민당 지지자들은 자신들은 비교적 덜 위험하고 기민련 지지자들이 상대적으로 더 큰 위험에 노출되어 있다고 생각했다. 사민당 지지자들은 자신들이 특별히 위험

표 13 여론의 분위기를 측정하기 위해 실시된 추가적인 테스트

어떤 견해가 사람을 고립시킬 수 있을까?
질문: "여기 타이어가 난도질을 당한
차의 그림이 있습니다. 차의 뒤쪽 유
리창 오른쪽에 특정 정당의 스티커
가 붙어 있지만 당신은 그 스티커가
어느 정당의 것인지는 알 수 없습니
다. 당신이 추측하기엔 어느 정당의
스티커를 붙이고 다니는 것이 타이
어가 난도질당할 위험이 가장 높다
고 생각하십니까?"

	1976년 9월			
	전체 응답자 (퍼센트)	기민련 지지자 (퍼센트)	사민당 지지자 (퍼센트)	자민당 지지자 (퍼센트)
기민련	21	28	12	21
사민당	9	7	11	13
자민당	1	2	x	4
독일민족민주당	11	10	12	10
공산당	16	14	22	15
모르겠다	45	42	46	43
	103	103	103	106
응답자수=556		263	238	45

에 처해 있다고 느끼지는 않았다. 만약 그랬다면 여타 정당들에 대한
추측보다 스스로의 위험을 더 높게 추측했겠지만 그들은 그러지 않
았다.

일련의 설문 조사 중에서 다음의 두 번째 질문은 첫 번째 것보다 효

과가 더 좋았다. 이 질문에 대해서는 무응답이 첫 번째 것보다 적었고, 또한 이 질문은 남에게 재산상의 피해를 입히는 행위가 아닌 보다 허용할 만한 행동을 다루었다. 그런 까닭에 두 번째 질문은 사람들이 인기가 있다거나 혹은 없다고 여기는 것을 알 수 있게 해주는, 보다 현실적인 지표를 제공해 주었다. 대중의 거부감을 나타내는 신호들을 마치 현실인 양 가상해 보게 하는 데도 이 질문이 더 효과적이었다. 어쨌거나 이 질문에서 사민당과 자민당 지지자들은 대중의 호감도에 대한 자신들의 느낌을 더 거리낌 없이 표현했다. 질문은 다음과 같았다.

"이번에는 또 다른 경우에 관해 당신이 어떻게 생각하는지 여쭤보도록 하겠습니다. 어떤 사람이 낯선 도시에 차를 몰고 갔다가 주차할 곳을 찾지 못하고 있습니다. 그는 결국 차에서 내려 길을 가던 사람에게 '저, 혹시 어디다 차를 세워야 할지 좀 알려주실 수 있을까요?'라고 물어봅니다. 하지만 그 보행자는 '이봐요! 다른 데 가서 물어보라고요!'라고 대꾸하고는 가버립니다. 그런데 그 운전자가 재킷에 특정 정당의 배지를 달고 있었다는 말씀을 드려야겠군요. 당신이 생각하기에 그는 어느 당을 지지하는 배지를 달고 있었을까요? 한 번 추측해 보세요."(표 14).

사민당 지지자의 25퍼센트, 자민당 지지자의 28퍼센트가 그것은 기민련 배지였을 거라고 추측했는데, 이는 사민당 배지였을 거라고 추측한 사람보다 두 배가 넘는 수치였다. 기민련 지지자들은 자신들의 정당이 인기가 없다는 사실을 인정하기를 확실히 꺼렸다. 1976년 9월은 이미 앞에서도 살펴보았듯 기민련 지지자들이 지난 선거에서

표 14 **여론 분위기를 측정하기 위한 테스트:
어떤 견해가 사회적 고립을 초래하는가?**

질문: "이번에는 또 다른 경우에 관해 당신이 어떻게 생각하는지 여쭤보도록 하겠습니다. 어떤 사람이 낯선 도시에 차를 몰고 갔다가 주차할 곳을 찾지 못하고 있습니다. 그는 결국 차에서 내려 길을 가던 사람에게 '저, 혹시 어디다 차를 세워야 할지 좀 알려주실 수 있을까요?'라고 물어봅니다. 하지만 그 보행자는 '이봐요! 다른 데 가서 물어보라고요!'라고 대꾸하고는 가버립니다. 그런데 여기서 그 운전자가 재킷에 특정 정당의 배지를 달고 있었다는 말씀을 드려야겠군요. 당신이 생각하기에 그는 어느 당을 지지하는 배지를 달고 있었을까요? 한 번 추측해 보세요."

| 대답 | 1976년 9월 | | | |
	전체 응답자 (퍼센트)	기민련 지지자 (퍼센트)	사민당 지지자 (퍼센트)	자민당 지지자 (퍼센트)
기민련	23	21	25	28
사민당	14	19	12	8
자민당	2	4	1	x
독일민족민주당	8	7	10	7
공산당	21	21	21	21
모르겠다	35	34	35	40
	103	106	104	104
	응답자수=546	223	264	50

자신이 기민련에 투표했다는 사실을 부인하는 경향이 정점을 찍었던 때였고 그러한 경향은 그 후로도 한동안 이어졌다.

그럼에도 불구하고 당시 기민련 지지자들이 처한 심리적 상황은 4년 전, 그러니까 1972년 연방 선거 때보다는 훨씬 덜 위협적이었다. 우리는 대중적 고립에 대한 상징적 위협을 물어보는 한 설문에서 이 사

표 15 **선거 벽보의 훼손:
고립에 대한 상징적 위협**

질문: "이번에도 선거 운동 기간에 벽보가 더럽혀지고 훼손되는 일이 있었습니다. 당신이 보기에 어느 정당의 벽보가 그런 피해를 가장 자주 입는다고 보십니까?"

대답	선거 직후의 조사	
	1972년 (퍼센트)	1976년 (퍼센트)
기민련 벽보	31	23
사민당 벽보	7	12
자민당 벽보	1	2
똑같다	27	22
모르겠다	35	41
	101	100
	응답자수=912	990

실을 확인할 수 있었다. 그 질문은 1972년과 1976년 선거 직후에 행한 조사에 포함되었다. "이번에도 선거 운동 기간에 벽보가 더럽혀지고 훼손되는 일이 있었습니다. 당신이 보기에 어느 정당의 벽보가 그런 피해를 가장 자주 입는다고 보십니까?" 1972년의 조사에서는 기민련의 벽보라고 대답한 사람이 응답자의 31퍼센트에 달했던 반면, 사민당의 벽보라고 대답한 경우는 7퍼센트에 불과했다. 1976년에는 기민련이라는 대답이 그래도 31퍼센트에서 내려가 23퍼센트에 머물렀지만 그때도 역시 기민련의 벽보가 가장 자주 훼손된다고 생각하는 사람들이 더 많았다(표 15).

난도질당한 타이어, 훼손되고 찢긴 선거 벽보, 길 잃은 낯선 사람을 도와주기를 거부하는 것. 이런 종류의 질문들은 여론의 분위기가 자신들의 견해와 상반될 때 그들이 불편하고도 심지어 위험하기까지 한 입장에 놓일 수 있음을 보여준다. 고립을 회피하고자 할 때, 사람들은 사소한 일들에 과민 반응을 보이지는 않는다. 왜냐하면 사소한 것처럼 보이는 이것들이 실제 위험 요소를 내포할 수 있는 실존과 관련된 이슈들이기 때문이다. 사회는 현재 변화 중인 이슈들에 대해 빨리빨리 동조할 것을 요구한다. 사회가 구성원들에게 동조를 요구하는 이유는 사회 통합에 필요한 어느 정도의 통일성을 유지하기 위해서이다. 독일의 법학자인 루돌프 폰 예링Rudolf von Jhering이 그의 논문「법에 있어서의 목적」에서 지적했듯, 다수 의견에서 벗어나는 사람을 벌주는 의미에서 대중이 그 사람에게 내보이는 〈반감〉에는 "논리적으로 잘못된 결론, 계산 문제를 풀 때의 실수, 실패한 예술 작품에 대한 탐탁찮은 반응이 갖는 〈합리성〉이 결여되어 있다. 다수로부터 벗어나는 구성원에 대한 반감은 오히려 자신의 이익을 해치는 것에 대해 공동체가 의식적으로든 무의식적으로든 드러내 보이는 현실적인 반응이며 공동의 안전을 지키기 위한 방어 행위라고 볼 수 있다."

4

—

여론,
그것은 무엇인가?

"글쎄요. 저는 아직도 여론이 뭔지 잘 모르겠어요."

여론을 주제로 해서 열렸던 한 심포지엄에서 오전 일정을 끝마친 후 점심시간에 회의장을 나서며 한 참석자가 이렇게 말했다. 때는 1961년이었고 당시 바덴바덴에서는 미디어 종사자들과 연구자들을 위한 심포지엄이 열리고 있었다. 짜증이 났던 건 그 사람 하나뿐만은 아니었다. 여러 세대에 걸쳐 철학자, 법학자, 역사학자, 정치 이론가, 저널리즘을 연구하는 학자들이 여론의 분명한 정의를 내리기 위해 지금까지도 머리를 쥐어뜯으며 고심하고 있다.

여론에 대한 50가지 정의

—

더 기막힌 것은 그때 이후로 아무런 진전이 없었다는 사실이다. 진전은커녕 여론이라는 개념은 점점 더 흐트러지고 조각조각 분해되어서 급기야 실질적으로 아무런 쓸모가 없는 것이 되어버렸다. 1960년대 중반에 프린스턴 대학교의 하우드 차일즈Harwood Childs 교수는 여론에 대한 다양한 정의를 취합하는 지루한 작업에 착수해 여러 문헌들에서 여론의 50가지 정의를 추려낼 수 있었다. 1950-1960년대에는 여론이라는 개념 자체를 아예 폐기하라는 요구가 더 커졌다. 여론은 사상사history of ideas 박물관에나 있어야 하는 역사적 허구라고 일컬어졌다. 그 말은 여론은 단지 역사적 관심사일 뿐이라는 뜻이었다. 그런데 신기하게도 그래봤자 소용없었다. 독일의 언론학 교수인 에밀 도피파트는 "여론이라는 개념은 한사코 소멸되기를 거부한다."고 불만을 토로했다. 위르겐 하버마스도 1962년에 자신의 교수 취임 논문인 「공론 영역의 구조 변동: 부르주아 사회에서의 한 범주에 관한 연구」에서 여론에 대해 이렇게 언급했다.

"비단 우리가 주고받는 일상적인 대화에서만 그 단어를 버리지 못하고 집착하는 것이 아니라…… 과학자, 특히 법학, 정치 이론, 사회학을 연구하는 학자들도 아직까지 여론과 같은 전통적인 범주의 개념들을 보다 정확한 용어로 대체하지 못하고 여전히 그것을 고수하고 있다."

콜롬비아 대학교의 저널리즘 교수인 필립스 데이비슨은 1968년판 『국제사회과학백과사전』에 「여론」이라는 논문을 기고했는데 그 글은 이렇게 시작된다.

"여론에 대해 일반적으로 인정되는 정의는 없다. 그럼에도 불구하고 그 개념이 사용되는 빈도는 계속 높아지고 있다……. 그 단어를 정의하려는 노력들은 결국에는 다음과 같은 좌절감의 토로로 귀결되었다. 〈여론이란 어떤 것을 일컫는 이름이 아니라, 수없이 많은 그 어떤 것들을 포괄하는 하나의 분류이다.〉" 여기서 그는 하우드 차일즈 교수가 수집했던 50가지에 달하는 여론의 정의들을 인용한다.

독일의 역사학자 헤르만 온켄의 저술에서도 이러한 당혹감이 엿보인다. 그는 1904년에 출간된 한 문헌에서 이렇게 기술하고 있다.

"누구든지 여론의 개념을 파악하고 이를 정의하고자 하는 사람은 자신이 지금 그리스의 프로테우스(Proteus, 그리스의 바다의 신으로 자유자재의 변신술과 예언 능력을 지님)를 상대하고 있음을 대번에 알게 될 것이다. 눈에 보이다가도 어느 순간 환영처럼 느껴지고 무기력하면서도 동시에 놀라울 정도로 효력이 있는 그것은 천 가지 모습으로 가장하여 동시에 나타나는 변화무쌍한 존재여서, 우리가 그것을 단단히 손에 잡았다고 믿는 바로 그 순간 언제나 허망하게 손가락 사이로 빠져나간다. …… 여론이란 그렇게 떠돌며 흐르는 것이기에 하나의 공식 안에 가두는 것으로는 그것을 이해할 수 없다. …… 하지만 어쨌거나 여론이 뭐냐고 묻는다면 누구나 정확히 그 답을 알고 있다."

온켄처럼 개념적 사고를 하는 현명한 학자가 "어쨌거나…… 누구나 다 안다."라는 식으로 얼버무리고 넘어가면서, 과학적 연구법의 전제 조건이라 할 수 있는 어떤 개념의 명확한 정의를 찾는 일을 하나의 공식에 가두는 것쯤으로 축소하는 건 그야말로 눈여겨볼 일이다.

여론이 만들어지고 확장되는 과정으로서의 침묵의 나선

—

1970년대 초에 나는 1965년에 맞닥뜨렸던 수수께끼, 즉 유권자들의 투표 의사는 변함이 없는데 어느 한쪽이 승리할 거라는 예상이 점점 늘어나는 이유를 알아내려고 노력하면서 침묵의 나선이라는 하나의 가설을 세워나가는 중이었다. 그 시점에서 나는 우리가 이를 계기로 어쩌면 여론이라는 그 괴물, 온켄의 묘사처럼 수천 가지로 탈바꿈하면서 언제나 손가락 사이로 빠져나가는 그것을 일부 파악해볼 수도 있지 않을까 생각하기 시작했다. 침묵의 나선은 여론이 발현되는 하나의 형태일 수도 있고, 이제 막 생겨난 새로운 여론이 발전해 나가거나 오래된 여론이 그 의미가 변화되어 확산되는 과정일 수도 있다. 만일 그렇다면, 여전히 뭐라고 정의할 수 없는 어떤 것이 퍼져나가는 과정이 바로 침묵의 나선이라고 말하는 것을 피하려면, 먼저 여론의 개념부터 정의하려는 시도가 필요할 것이다.

학문적 논란은 〈여론public opinion〉이라는 개념의 두 부분, 즉 〈public〉과 〈opinion〉 두 가지 모두를 중심으로 벌어진다.

독일어의 Meinung과 영어의 opinion은 다르게 이해된다

—

독일어에서 의견을 뜻하는 Meinung이라는 단어가 어떤 의미를 갖는지 알아보기 위해 우리는 플라톤의 『국가』로 거슬러 올라갔다. 그리스의 항구 도시 피레우스에서 축제가 열리고 있을 때, 소크라테스는 글라우콘을 비롯한 친구들과 국가에 관해 토론하는 과정에서 〈의견〉이라는 개념에 대해 설파한다. 이는 독일의 전통적 개념과 대략 일치하는 것이다.

"그렇다면 그대는 의견이 인식(앎)보다 모호하고 무지보다 명확한 것이라고 생각하는가?"

"단연코 그러하네."

"그렇다면 그것은 어둠과 밝음 사이에 위치하는가?"

"그러하네."

"그렇다면 의견은 인식과 무지의 중간쯤에 위치하는가?"

"전적으로 그러하네."

의견은 앎과 무지의 중간 지점에 위치한다. 플라톤이 생각했듯, 그것은 전혀 무가치한 것은 아니었다. 그러나 그 밖의 많은 사람들은 의견을 오직 부정적인 의미에서 지식, 신념, 확신과 구별했다. 칸트는 의견이란 "객관적으로도 그렇고 주관적으로도 불충분한 판단"이라고 특징지었다. 이와 대조적으로 영국과 프랑스에서는 opinion(public을 붙이지 않아도 단어 자체가 여론이라는 의미를 이미 함축하고 있다.)을 보다 복잡한 것으로 보았다. 즉 그들은 의견이 가치가 있는지 없는지에 대한 판단은 보류한 채로, 이것을 인구 집단 혹은 특정 인구 집단이 갖는 〈일치된 합의〉라고 보았다. 영국의 사회철학자 데이비드 흄David Humm은 1739년에 출간된 자신의 저서에서 그것을 〈공통의 견해 common opinion〉라고 일컬었다. 영국과 프랑스에서 바라보는 의견에는 합의, 일반의 상식이라는 개념이 저변에 깔려 있다.

인식이 전제되는 합의

—

침묵의 나선에 대해 지금까지 우리가 알게 된 내용과 관련해서 보자면, 의견이 가치가 있느냐 없느냐에 집중하는 독일식보다는 프랑스와 영국의 접근 방식이 훨씬 더 타당해 보인다. 개인들은 주변의 합의consensus 과정을 관찰하고 그것을 자신들의 행동과 대조해 본다. 그렇기 때문에 꼭 의견의 일치만이 문제가 되는 것이 아니라 의견과 동시에 발생하는 행동, 예컨대 배지를 달거나 달지 않는 것, 대중교통 안에서 노인에게 자리를 양보할 것인가 혹은 그대로 앉아 있을 것인가 등의 행동 역시 문제가 된다. 침묵의 나선에서는 누군가가 대중으로부터 고립되는 이유가 의견 때문인지 행동 때문인지는 중요하지 않다. 이런 점들을 고려해 보면 의견이란 〈받아들일 만하다고 생각하는 어떤 것의 표현〉이라고 이해할 수 있으며, 그렇기에 여기에는 우리가 알아낸 바와 같이 영국과 프랑스에서 사용하는 의견이라는 단어에 함축되어 있던 일치된 의견, 합의의 요소가 내포되어 있다.

public의 세 가지 의미

—

public이라는 단어의 해석은 적어도 opinion이라는 단어의 해석만큼 중요하다. public이라는 개념을 놓고 지금껏 수많은 학자들이 여러 주장을 펼쳐왔다. 하버마스에 따르면, "오늘날 〈public〉과 〈the public〉이라는 단어가 사용되는 양상을 보면 다양한 의미들이 경합하고 있음을 알 수 있다."

우선 public이라는 단어가 갖는 법적 의미가 있는데 이는 〈개방성〉이라는 어원적 측면을 강조한다. 이때 public은 사적 영역 혹은 개인의 소유로 따로 떼어놓아진 것과 구별되는 개념으로, 예를 들어 공공장소public place, 공공도로public path, 공개 재판public trial처럼 모든 사람에게 개방되어 있는 것을 뜻한다. 두 번째는 공권public rights, 공권력public force 등의 개념에서 보듯 어느 정도 〈국가〉가 연관되어 있는 것을 의미한다. 이 두 번째 용법은 예컨대 언론인의 공적 책임public responsibility이라는 구절이 표현하듯 공익public interests과 관련이 있다. 이 말은 곧 우리가 지금 다루고 있는 것은 우리 모두에게 관계된 것, 공공복지와 관계된 문제들 혹은 이슈라는 뜻이다. 국가가 합법적으로 힘을 사용할 수 있는 것은 이 원칙을 근거로 한다. 개개인은 이 원칙을 바탕으로 국가 기관들에 힘의 사용이라는 수단을 양도해온 것이다. 국가는 힘의 사용에 대해 독점권을 갖는다. 마지막으로, 여론을 의미하는 public opinion이라는 표현에서의 public은 이와 연관성은 있지만 분명 다른 의미임에 틀림없다. 예링이나 폰 홀첸도르프 같은 독일의 법학자들은 굳이 입법부, 정부, 법원을 성가시게 하지 않고도 개인들 사이에서 우세를 떨치는 규정과 규범, 도덕률을 만들어 내는 여론이 지닌 놀라운 힘에 경탄했다. "그것은 거저먹기다It is cheap." 이 말은 1898년에 미국의 사회학자 에드워드 로스Edward A. Ross가 여론에 바친 찬사였다. 여론과 지배적인 의견ruling opinion을 동일시하는 것은 여론에 대한 수많은 정의를 관통하는 공통된 맥락이다. 이것은 여론에 들러붙어 있는 무언가가 개인들로 하여금 행동하도록, 심지어 자신의 의사에 반反하는 행동까지 하도록 분위기를 만들어 간다는 사실을 말해 주는 것이다.

사회적 피부

—

바로 앞서 언급한 public의 세 번째 의미는 사회심리학적 특징을 갖는다. 개인은 자신이 생각하고 느끼는 내적 공간에서만 살지는 않는다. 그의 삶은 외부로도 향해 있는데, 이때의 외부란 그저 타인들을 일컫기도 하지만 공동체 전체를 뜻하는 것이기도 하다. 특정 조건 하에서(내가 염두에 둔 것은 사회를 공동사회Gemeinschaft와 이익사회Gesellschaft로 나누었던 페르디난트 퇴니에스의 유명한 분류법이다.) 외부 세계에 노출된 개인들은 예를 들어 종교를 공유함으로써 오는 친밀감과 신뢰에 의해 보호를 받는다. 하지만 거대 문명 사회에서 개인은 훨씬 더 공공연하게 사회의 요구에 노출된 채로 서 있다. 개인을 노출시키고, 그로 하여금 자기 주변의 사회적 차원에 계속해서 주의를 기울이도록 하는 그것은 과연 무엇인가? 그것은 바로 고립에 대한 두려움, 경멸당하거나 평판이 나빠지는 것에 대한 두려움이다. 그리고 또한 그것은 합의, 즉 〈의견의 일치에 대한 필요성〉이다. 이것이 개인으로 하여금 주위 분위기에 주의와 관심을 기울이게 하고 나아가서 대중의 시선public eye을 의식하게 만든다. 보통의 사람들은 자신이 대중의 시선에 노출되어 있는지 아니면 남들 눈에 띄지 않는 곳에 있는지 항상 알고 있으며 이를 바탕으로 행동한다. 확실히, 이러한 것을 의식하는 것이 행동에 어떤 영향을 미치는지는 분명 사람마다 큰 차이가 있는 것처럼 보인다. 사람들은 이 〈익명의 법정〉에 노심초사 관심을 기울이고 있으며 바로 이 법정에서 자신에 대한 인기와 비인기, 존경과 경멸이 판가름 난다.

자주적이고 독립적인 개인이라는 이상에 사로잡힌 학자들은 동료 집단의 의견을 두려워하는 고립된 개인이 존재한다는 것을 거의 알아차리지 못했다. 대신에 그들은 여론이라는 개념이 담고 있는 수많은 의미와 차원들을 탐구했는데 그것은 종종 아무 결실도 맺지 못하는 불모의 작업이었다. 그들은 여론의 내용에 주의를 기울였다. 여론은 공적인 문제와 관련된 이슈들로 이루어진 거라고 그들은 생각했다. 다음으로 그들은 여론이 누구의 의견으로 구성되는지를 살폈다. 그러니까 공동체 내에서 공적인 문제들에 대해 책임 있게 의견을 표출할 위치에 있고 기꺼이 그럴 마음이 있는 사람들, 그래서 피통치자의 이름으로 정부를 비판하고 제어하는 역할을 하는 사람들의 의견이 여론이라는 것이다. 그들은 또한 여론의 형태에 관해서도 탐구해 왔는데, 여론은 공개적으로 표현되고 그렇기 때문에 일반적으로 접근하기 쉬운 것, 즉 공표된 의견, 그 중에서도 특히 대중매체를 통해 일반에게 알려진 의견의 형태를 띤다는 것이다. 이렇게 보면 오직 public의 사회심리학적 측면만이 20세기의 넘쳐나는 정의들 가운데 사실상 도외시되어온 것으로 보인다. 그러나 다른 무엇보다 이것이야말로 사람들이 자신의 사회적 본성으로, 민감한 사회적 피부로 느끼는 의미라고 하겠다.

자신을 고립시키지 않고도 공개적으로 밝힐 수 있는 의견

—

앞 장에서 나는 여론이 작동하는 과정과 관련 있어 보이면서 동시에 실증적 조사 방법을 적용할 수 있는 요소들을 알아보려 노력해 왔다. 그러한 요소에는 다음의 세 가지가 있다. 첫째, 어떤 여론이 우세해지거나 무력해지는 때를 인식하는 인간의 능력. 둘째, 이러한 인식에 대한 반응, 즉 그 인식이 더욱 확신에 찬 발언이나 혹은 침묵으로 이어진다는 것. 셋째, 대부분의 사람들로 하여금 타인의 의견에 주의를 기울이게 만드는 고립에 대한 두려움. 이 세 가지 요소들을 기초로 해서 여론에 대한 조작적 정의(operational definition, 추상적 개념을 측정 가능한 상태로 정의하는 것)를 내려볼 수 있을 것이다. 즉 여론이란, 〈스스로를 고립시키지 않고 공개적으로 표현할 수 있는 논쟁적 사안들에 관한 의견〉이라고 정의할 수 있다. 그렇다면 이 정의는 앞으로의 우리 연구에 잠정적인 지침이 되어줄 것이다.

물론 여론에 대한 이 같은 해석은 좀 더 보충될 필요가 있다. 왜냐하면 이러한 해석은 오직 의견들이 서로 경합하는 상황에만, 즉 새롭게 부상하는 의견들이 인정받거나 기존의 개념들이 힘을 잃고 무너지는 경우에만 적용될 수 있기 때문이다. 페르디난트 퇴니에스는 1922년에 출간한 저서 『여론 비평』에서 여론은 그 응집의 정도와 상태가 마치 고체, 액체, 기체처럼 각기 다르다고 보았다. 퇴니에스의 비유를 빌자면, 침묵의 나선은 여론이 액체 상태일 동안에만 나타난다. 예를 들어 한 진영이 급진주의자의 공직 진출을 허용해선 안 된다는 급진주의자 지침Radikalenerlass을 말하고, 다른 진영에서는 개인의 직업 선택권을 제한하는 취업 금지 정책Berufsverbot을 말할 때 각 진영에는 자기만의 표현 방식이 있다. 이때 우리는 다수에 의해 그 용어들이 사용되는 빈도에 주목함으로써 침묵의 나선이 진행되는 방향을 파악할 수 있다. 어떤 의견과 행동 방식이 확고하게 세를 구축해서 그것이 관습 혹은 전통이 되면 우리는 그 안에서 더 이상 논란의 요소를 인식하지 못한다. 고립 가능성의 전제 조건이 되는 논란의 요소는 굳건히 자리 잡은 여론, 전통, 도덕 등이 손상된 이후에야, 그러니까 그 확고함이 침해된 이후에야 비로소 개입된다. 19세기 말 프란츠 폰 홀첸도르프는 여론이 〈검열관의 지위〉를 갖고 있다고 말했고, 예링은 여론을 일컬어 모든 도덕적인 것들에 엄격한 〈여성 감독관〉이라고 하면서 여론에서 지성의 흔적을 싹 걷어냈다. 예링이 여론을 가리켜 공동체의 이익이 훼손되는 것에 대한 의식적, 무의식적 반응이며 공동의 안전을 위한 방어라고 했던 것은 바로 이런 의미였다. 여론에 대한 개념 정의는 아직 완결된 것이 아니다. 왜냐하면 이미 공고해진 전통, 도덕, 그리고 무엇보다도 규범의 영역에서 여론에 부합하는 의견과 행동이란, 우리가 고립을 원치 않는다면 반드시 표현하고 취해야 하는 의견이며 행동이기 때문이다. 기존의 질서가 유지되는 것은 한편으로는 고립에 대해 개인이 느끼는 두려움과 받아들여지고자 하는 욕구 때문이며, 또 한편으로는 이미 확립된 의견과 행동에 〈동조해야 한다〉는, 익명의 법정의 판결만큼이나 중요한 공공의 요구 때문이다.

여론, 그것은 무엇인가?   121

승인과 불승인으로서의 여론

—

그렇다면 여론에 대한 적절한 정의는 지금까지 수많은 책에서 여론이라고 제시해온 것, 즉 오직 정치적으로 중요한 사안들에 대한 의견만을 여론이라고 보는 정의를 무시할 수 있을까? 우리가 정의하는 여론은 그것이 변화와 관련된 것이든 혹은 공고하게 확립된 형세를 지키려는 것이든 간에, 중요한 문제에만 국한되지는 않는다. 우리가 말하는 것은 공개적으로 관찰 가능한 견해와 행동에 대한 승인과 불승인이다. 우리가 말하는 것은 개인이 알아차릴 수 있도록 스스로를 드러내는 승인과 불승인이다. 침묵의 나선은 계속해서 변화하는 온갖 가치들 중에서 공개적으로 드러나는 승인과 불승인에 대한 반응인 것이다. 누구의 의견을 중요하게 보아야 하느냐 역시 제한되어 있지 않다. 이런 면에서 여론이란 소명의식을 느끼는 사람들 혹은 유능한 비평가들, 하버마스에 따르면 정치적으로 기능하는 대중의 것만은 아니다. 거기에는 모든 사람이 포함된다.

과거 속으로 들어가다: 마키아벨리, 셰익스피어, 몽테뉴

—

여론이라는 개념이 침묵의 나선 현상에서 발전되어 왔다고 생각할 만한 근거가 충분한지를 알아보기 위해 우리는 2백 년을 거슬러 올라가 여론이라는 용어가 처음 등장했던 18세기의 프랑스로 가보고자 한다. 1782년에 첫 출간된 유명한 소설 『위험한 관계』*Les Liaisons*

Dangereuses』에서 피에르 쇼데를로 드 라클로는 여론이라는 용어를 일상어처럼 무심히 사용한다. 여론이라는 표현이 등장하는 그 문장에서 라클로는 닳고 닳은 한 나이 든 여자와 젊은 숙녀 사이에 오고간 편지에 대해 이야기하고 있다. 둘 중에 나이가 더 많은 여자가 젊은 숙녀에게 평판이 나쁜 어떤 남자와 어울리지 말라고 충고하면서 이렇게 말한다.

"너는 그 남자가 좋은 쪽으로 바뀔 수 있다고 믿나본데, 그래, 실제로 그런 기적이 일어난다고 가정해 보자. 그렇다고 그에게 적대적인 〈여론〉이 쉽게 바뀔 거라고 생각하니? 그것만으로도 네가 그 사람과의 관계를 다시 생각해볼 이유는 충분하지 않을까?"

우리는 여기서 정치와는 완전히 동떨어진 영역에서조차, 그리고 정치적 판단으로 유명한 사람들과는 거리가 먼 사람들 사이에서도 여론이 판결을 내리는 법정 역할을 하고 있음을 본다. 그 편지를 쓴 여인은, 대중이라고 모호하게 묘사된 익명의 집단의 의견이 편지의 수신자에게 강력한 영향을 미쳐서 결국은 그녀가 행동을 바로잡게 될 거라고 생각한다. 그러나 우리는 이보다 훨씬 더 과거로, 여론이라는 표현이 등장하기 이전으로 거슬러 올라가 볼 수도 있을 것이다. 여기서도 우리는 판결을 내리는 익명의 법정을 만나게 되는데, 여론이라는 단어가 등장하기 이전이기 때문에 비록 이름은 다르더라도(여기서는 여론이 아니라 의견이라는 opinion이 사용된다.) 거의 동일한 갈등을 증언하고 있다. 셰익스피어는 헨리 4세와 훗날 헨리 5세가 되는 그의 아들 사이에 오고간 대화를 서술하고 있는데, 여기서 왕은 자신의 아들이 나쁜 친구들과 너무 자주 어울리는 모습을 보이는 것에 대해 책망한다. 왕은 아들이 의견에 좀 더 주의를 기울여야 한다면서, 의견이 무엇보다 가장 중요하며 그 자신이 왕위에 오른 것도 바로 그 덕분이었다고 말한다.

"내가 왕관을 쓸 수 있도록 도운 것이 바로 〈의견〉이었다."

셰익스피어가 16세기 말에 무대 위에서 opinion이라는 단어를 그토록 확고하게 사용할 수 있었던 것을 보면, 그보다 긴 public opinion이라는 표현이 영국이 아닌 프랑스에서 처음 만들어졌다는 것은 그리 놀랍지 않다. 영어 단어 opinion은 분명 공공성(publicness, 그것을 통해 평판이 만들어지고 망가지는 판결의 법정으로서의 성격)이라는 요소를 그 자체에 포함하고 있기 때문에 여론이라는 표현을 위해 opinion이라는 단어에 public이라는 추가 요소가 필요하지 않았던 것이다.

통치자나 장차 군주가 될 인물이라면 주변의 의견에, 일반 대중의 의견에 관심을 기울여야 한다는 것이 셰익스피어에게는 분명 이상할 것도 새로울 것도 없는 생각이었다. 왜냐하면 셰익스피어 시대에는 1514년에 나온 마키아벨리의 『군주론』이 이미 잘 알려져 있었는데 그 책은 통치자들에게 어떻게 하면 대중을 가장 잘 다룰 수 있는지를 조언하는 내용이 중요한 부분을 차지하고 있기 때문이다. 마키아벨리에 의하면 정부를 느끼는 사람, 다시 말해서 정부가 직접적으로 자신에게 영향을 미친다고 느끼는 사람은 불과 소수에 지나지 않는다. 하지만 모든 사람들이 정부를 보고 있으며 관찰자들의 눈에 강력하고 고결하게 보이는 것, 그것에 만사가 달려 있다. "속인들은 항상 겉모습만 보고 판단한다." "그러므로 군주가 이상적인 자질들(자비심, 신의, 인간미, 신실함, 경건함 등)을 모두 갖출 필요는 없지만, 마치 그런 자질들을 갖춘 것처럼 보여야만 한다." 군주는 스스로 증오의 대상이 될 수 있는 일 혹은 자신을 비열하게 보이게끔 하는 모든 일들을 삼가야 한다고 마키아벨리는 말했다. 군주는 사람들이 그에게 만족하도록 하기 위해 수고로움을 아끼지 말아야 한다.

헨리 4세가 아들에게 한 훈계의 바탕이 된 논리는 리비우스의 『로마사』 중 처음 10권에 대한 마키아벨리의 논평서인 『로마사 논고』에서 다음과 같이 전개된다.

"한 사람의 인간성은 그가 어울리는 친구들을 보면 가장 잘 알 수 있다. 훌륭한 친구들을 가진 사람이 좋은 평판을 얻는 것은 매우 당연하다. 왜냐하면 그가 어울리는 무리들과 그 사이에는 성격과 습성에서 반드시 닮은 점이 있기 때문이다."

우리는 지금 16세기 전반기로 거슬러 올라가 있는데 그 당시에도 이미 훌륭한 평판이 무엇을 의미하는지, 즉 여론이라는 중요한 법정에 대해서 당시의 사람들도 오늘날의 우리 못지않게 민감했음을 알 수가 있다.

그러나 우리는 마키아벨리와 셰익스피어를 통해 새로운 통찰을 얻을 수 있었다. 그것은 다름 아니라, 여론이라고 하는 판결의 법정에서 오직 힘없는 일반 대중들만이 자신의 평판을 염려하는 것이 아니라는 사실이다. 군주, 귀족, 통치자들 역시 여론의 지배를 받기는 마찬가지다. 마키아벨리는 자신이 교훈을 주고자 하는 군주들에게 백성을 다스리기 위해서는 그들의 본성을 완벽히 알아야 한다고 충고한다. 백성의 힘은 군주가 백성의 요구에 둔감할 때 군주의 통치를 거부하고 그를 타도하는 능력에 있기 때문이다.

공적 차원의 발견자, 몽테뉴

—

마인츠 대학교에서 우리는 인물에 대해서가 아니라 텍스트에 대해 묻는 20가지 질문을 담은 질문지를 마련하는 것으로 약간의 체계적인 문헌 연구를 시작했다. 그 질문들은 다음과 같았다. "이 텍스트에는 여론의 개념 혹은 그와 관련된 개념들이 담겨 있는가? 이 텍스트는 고립에 대한 두려움을 말하고 있는가? 이 텍스트는 개인의 의견과 집단의 의견, 지배적 의견과 일탈적 의견 사이의 갈등을 다루고 있는가?" 우리는 마치 시골길을 샅샅이 훑고 다니듯 성경, 신화, 우화, 그리고 철학자, 수필가, 시인의 작품들을 샅샅이 뒤졌다.

당시 박사 과정이던 쿠르트 브라츠는 여론에 관한 몇 권의 저술이 있는 빌헬름 바우어가 1920년에 쓴 논문에서 마키아벨리가 여론이라는 개념의 이탈리아어를 사용했다는 것에 대한 언급을 찾아냈다. 그러나 바우어의 논문에 인용문이 있는 것은 아니어서 우리는 그 문장의 정확한 위치를 찾아낼 수는 없었다. 마키아벨리의 영문 번역판에서는 줄곧 public opinion이라는 표현이 사용되었지만 『로마사 논고』 원문에는 보편적 견해opinione universale, 공동체의 의견commune opinione, 대중의 소리pubblica voce 등과 같은 용어들이 사용되고 있다.

여론이라는 개념의 의미를 명확히 하기 위해서는 그 개념이 최초에 어떤 맥락에서 어떤 관측을 바탕으로 사용되었는지를 알 필요가 있다고 우리는 믿었다. 이는 마치 식물의 서식지를 조사함으로써 그 식물에 대한 정보를 얻을 수 있는 것과 마찬가지였다. 결과는 역시 우리가 기대했던 대로였다. 미카엘 라펠은 「여론이라는 개념의 창시

자: 미셸 드 몽테뉴」라는 제목의 석사 논문에 자신이 연구한 결과를 요약해 놓았다. 마키아벨리의 『로마사 논고』가 나온 지 약 70년이 지난 후, 몽테뉴는 1588년에 쓴 그의 에세이에서 여론이라는 opinion publique 단어를 두 번 사용했다. 자신의 저술에서 고대 저술가들의 글을 무수히 인용하는 이유를 설명하면서 몽테뉴는 이렇게 말했다. "내가 화려한 의상을 빌려 입고 나타나는 것은 사실 여론 때문이다." 그가 두 번째로 여론이라는 표현을 사용한 것은 관습과 도덕관념이 어떻게 변화될 수 있는지에 대한 문제를 다루면서였다. 몽테뉴는 플라톤이 남색(男色, 성인 남자와 소년 간의 동성애)을 위험한 열정으로 보았다고 말했다. 자신의 저서인 『법률』에서 플라톤은 여론의 비난을 이용해 남색 문제를 해결하는 것이 적절하다고 말했다. 그는 남색을 저주해야 할 악습으로 묘사해서 이 문제에 대한 여론을 조성해줄 것을 시인들에게 요구했다. 새롭게 싹튼 부정적 의견이 아직은 다수 의견에 배치될지 모르지만 만일 그것이 지배적 의견으로 보이기 시작하면 점차 노예와 자유민, 여성과 어린이, 그리고 전체 시민들에게 유효한 것으로 인정받게 될 것이다.

몽테뉴가 인간의 사회적 본성에 주의를 기울였던 것, 그리고 세상에 알려지고 대중으로부터 인정받거나 비난받는 것이 어떤 효과를 갖는지에 관심이 많았던 것은 결코 우연이 아니다. 내가 아는 바로는 여론이라는 주제에 중요한 기여를 했던 학자와 저술가들은 모두 여론을 직접 경험했던 사람들이었다. 마키아벨리가 여론에 대해 기술했던 때는 피렌체의 정권이 교체된 후 그 자신이 반역을 공모했다는 혐의로 기소되어 투옥과 고문을 당한 끝에 풀려나 산 카시아노의 자신의 시골집에 유폐되었을 때였다. 몽테뉴는 3중으로 여론을 경험했다. 첫 번째로 그는 직계 가족을 통해 여론을 경험했다. 당시에는 중세시대 내내 깊이 뿌리 박혔던 공동체 시스템이 변화하기 시작했다. 귀족이 아닌 부유한 시민 계급이 형성되었고 이들은 귀족과 동등한 권리를 인정받기 위해 분투했다. 그러면서 복식에 관한 규범이나 지위 상징(자신의 계급에는 어떤 모피, 어떤 보석, 어떤 종류의 옷감을 착용하는 것이 적절한지의 문제), 즉 남들 눈에 보이는 공적인 삶의 조건들을 놓고 논란이 가열되었다. 몽테뉴는 자신의 가족 내에서 이런 일이 일어나는 것을 직접 보았다. 그의 친가 쪽은 포도주와 염료 무역으로 부를 축적해 1477년에 샤또 몽테뉴 성을 사들였고 그의 아버지는 성姓에 드 몽테뉴de Montaigne를 덧붙였다. 몽테뉴가 상징물이나 새로운 행동 양식에 예민했던 것은 이처럼 가정에서 배운 것이었다.

그보다 훨씬 더 중요한 것은 신앙의 변화에 대한 경험, 즉 1517년에 루터가 95개조의 논제를 게시하면서 불이 붙은 가톨릭(구교)과 프로테스탄트(신교) 간의 종교적 갈등으로, 그것은 프랑스에서는 마치 종교 전쟁(1562-1589년)의 형태를 띠었다. 몽테뉴는 프랑스에선 어딜 가나 이 종교 전쟁을 피할 길이 없다고, 특히 자신이 의회 의원으로 활동하는 고향 보르도는 빈번한 충돌로 조용할 새가 없다는 것이 불만이었다. 당시 사람들은 사회 분위기와 각 진영을 주의 깊게 관찰해야 했고 거기에 자신의 행동을 맞춰야 했다. 결국 성 바르톨로메오 축일 전야인 1572년 8월 23일에 신교도인 위그노 교도가 파리에서만 3~4천 명이 목숨을 잃었고 프랑스 내의 다른 지역에서도 1만 2천여 명이 학살되었다.

몽테뉴가 1571년 2월 28일 자신의 생일에 38세의 나이로 공직을 떠나 은퇴하게 된 데에는 분명 이런 상황이 작용했음에 틀림없다. 그가 샤또 몽테뉴의 탑에 있는 자신의 서재 입구에 새겨 놓은 문구에는 여생을 그곳에서 평화롭고 고적하게 보내고 싶다고 적혀 있었다. 몽테뉴가 그 유명한 『수상록』을 집필한 곳도 바로 그곳이었다. 하지만 결국 몽테뉴는 공직에 복귀했고 1582년에 보르도 시장이 되어 유럽 곳곳을 돌며 다양한 외교적 임무를 수행했다. 덕분에 그는 공적인 삶과 사적인 삶의 극명한 차이를 잘 알고 있었으며, 나라마다 서로 다른 신념을 지켜나가고 있고 그 신념들 하나하나가 구속력이 있는 것으로 여겨진다는 사실을 잘 알았다. 그는 "산맥에 의해 경계가 지어져서 산맥 반대편으로 가면 거짓이 되는 것은 어떤 종류의 진리인가?"라고 물었다. "만일 산맥이 진실을 제한한다면, 의견은 그것이 속한 영역의 사회상을 반영하며 그 영역에만 엄격히 국한되어야 한다." 미카엘 라펠은 자신의 논문에서 이렇게 말했다. "그래서 몽테뉴는 우세한 여론이란 특정한 시대, 특정한 장소와 관련되는 것, 즉 오직 일시적으로만 유효한 사회적 현실이라고 볼 수 있는 어떤 것이라고 생각한다. 하나의 의견이 정당화되는 것은 어떤 선택의 여지도 없이 그것이 구속력을 갖는 경우에 한해서이다. 그래서 실제로 우리에게는 진리와 이성의 기준은 없으며 그저 주변에서 일상적으로 보는 의견과 습관에 대한 생각과 사례들이 있을 뿐이다."

인생에서 본질적으로 공적인 시기와 사적인 시기를 번갈아 겪으면서 몽테뉴는 자신의 글 속에서 공적 차원의 발견자가 된다. 그는 의식적으로 자신의 삶을 분할한다. "현명한 사람이라면 내적으로는 자신의 정신이 대중의 압박으로부터 물러앉게 해서 어떤 사안이든 방해받지 않고 막힘없이 판단하는 자유와 능력을 유지할 수 있어야 한다. 그러나 외적인 문제에서는 관습적으로 용인된 풍습과 양식을 전적으로 따라야 한다." 몽테뉴에게 있어 공적 영역에는 그 자체의 고유한 법칙이 있다. 그것은 개인의 개성에 반하는 공통의 합의에 지배되는 영역이다. "우리가 관습적으로 하는 행동은 천 개 중에 한 개도 개인으로서의 우리와는 관계가 없다."고 미카엘 라펠은 말했다. 몽테뉴는 공적 영역이라는 이 새로운 요소에 대해 수없이 다양한 새로운 개념들을 만들어 냈다. 그는 공공의publique라는 용어를 만들고, 여론을 뜻하는 opinion publique라는 새로운 개념에 더해서 공동의 의견, 공적 승인, 공개적 언급 등의 개념에 대해서도 말하고 있다.

그런데 왜 여론이라는 개념은 그로부터 1세기 반이 지나서야 비로소 정착된 것일까? 거기에 대한 미카엘 라펠의 의견은 다음과 같다. "어쩌면 몽테뉴의 친구인 에스티엔느 드 파스키에가 자신의 지인에게 보낸 편지가 그 이유를 설명하는 데 도움이 될지 모른다." 파스키에는 "내가 잘못 생각하는 것인지는 몰라도 몽테뉴는 좀처럼 유행하기 어려울 것 같은 이상한 단어들을 빈번히 제멋대로 사용한다."고 불평한다.

존 로크, 데이비드 흄, 장 자크 루소도 몽테뉴의 저작을 읽었다. 하지만 18세기 후반 프랑스 혁명이 일어나기 십 년 전쯤이 되어서야 비로소 몽테뉴는 사람들이 애호하는 작가가 되었다.

앞 장에서 실증적 조사에 대해 설명한데 이어서 우리는 과거를 거슬러 올라가 16세기 무렵에 처음으로 세상에 등장한 여론이라는 개넘에 대해 지금까지 대략적으로 훑어보았다. 우리가 살펴본 수많은 저작들에서 여론, 중론衆論, 공적 승인, 공공 예절이라고 표현된 것들은 실증적 작업을 통해 놀라울 정도로 우리에게 익숙한 것이 되어서 실은 같은 종류인 두 관점이 다시 하나로 합쳐지는 것 같다. 이것은 역사적 증거들이 여론이라는 개념을 보다 잘 이해할 수 있도록 해주리라는 희망을 안고 그것을 찾는 노력을 계속 해나가게끔 우리를 격려해 준다.

5

—

여론이라는 법:
존 로크

1671년에 출간된 『인간오성론*An Essay Concerning Human Understanding*』
에서 존 로크는, 대여섯 명의 친구들이 런던에 있는 그의 아파트에
서 정기적으로 모여 대화를 하곤 했노라고 밝히고 있다. 문제는 그들
이 만나면 토론은 매우 흥미진진했지만 아무런 진척이 없다는 것이
었다. 나중엔 접근법이 잘못되었을지도 모른다는 문제가 제기되었고
그들은 더 나은 결과를 위해 방법을 바꿔보자는 결론에 도달하게 되
었다. 로크의 친구들은 그것이 매우 설득력 있는 얘기라는 의견의 일
치를 보고는 다음번에 만나기 전에 토론 전개 과정에 대해 약간의 기
록을 해달라고 로크에게 부탁했다. 그들의 요청에 따르기 위해 로크

는 점점 더 많은 분량의 기록들을 하게 되었는데 바로 이 기록들을 토대로 그의 저서가 세상에 나오게 되었다.

1670년경의 런던은 매우 멋진 도시였음에 틀림없었다. 의회에서, 신문사 편집국에서, 찻집에서, 사적인 모임에서 등 도처에서 토론이 이루어졌다. 당시 30대 후반이었던 로크가 종이에 적어두었던 것, 그의 말마따나 일관성도 없고 학식이 드높은 훌륭한 사람들을 염두에 두고 쓴 것도 아닌 그의 글은 마치 초여름날 아침처럼 신선함을 갖고 있었다. 그러나 그 책이 세상에 나온 뒤에 로크는 이렇게 아쉬움의 말을 남겼다.

"새롭고 색다른 것에 대한 비난은 마치 유행에 따라 자신들의 가발을 결정하듯 사람들의 지성도 그렇게 판단하는 사람들, 일반적으로 인정되는 교리 외에는 그 무엇도 옳은 것으로 인정할 수 없는 사람들이 저지르는 끔찍한 잘못이다. 진리란 그것이 처음 나타났을 때는 어디에서건 투표로 승리한 적이 거의 없었다. 새로운 의견들은 그것이 아직 보편적이지 않다는 이유 말고는 아무런 이유도 없이 언제나 의심을 사고 흔히 반대에 맞부딪친다. 하지만 진리는 광산에서 새롭게 채굴되는 것이라는 점에서 황금과 다를 바가 없다."

로크의 말에 의하면 우리는 세 종류의 법을 구분해야 한다. 첫째는 신법神法이고, 둘째는 시민법, 세 번째가 미덕과 악덕의 법, 여론 혹은 평판의 법, 즉 로크가 가끔씩 사용했던 용어를 빌자면 〈유행의 법〉이다.

로크는 세 번째 법을 다음과 같이 설명한다.

"그것을 제대로 이해하기 위해서는, 사람들은 함께 정치사회를 형성하고 있으며 비록 그들이 자신들이 가진 모든 힘의 사용을 이미 공동체에게 양도했기 때문에 국가의 법이 정하는 한도를 넘어서 다른 시민들에게 그 힘을 행사할 수는 없지만, 그럼에도 그들에게는 여전히 자신들과 함께 더불어 살고 교류하는 사람들의 행동을 좋게 생각하거나 나쁘게 생각할 권리, 동조하거나 거부할 권리가 있음을 고려해야 한다."

평판과 유행,
특정 시기에 특정 장소에 맞는 기준
—

어디서나 미덕과 악덕이라 불리고 평가되는 것을 측정하는 척도는 그에 대한 찬성 혹은 혐오, 칭찬 혹은 비난이다. 그리고 그것은 은밀하고 암묵적인 동의에 의해 세계의 몇몇 공동체 내에 확고하게 자리를 잡고 있다. 그에 따라 몇 가지 행동들이 특정 장소에서의 판단, 격언 혹은 유행에 따라 사람들 사이에서 신망을 얻거나 경멸을 당하게 된다……. 자신이 어울리는 무리의 의견과 유행을 거스르는 사람은 누구도 그들의 비난과 반감이라는 징벌을 피할 수 없다……. 또한 자신이 속한 집단에서 끊임없이 혐오와 비난의 대상이 되는 것을 견뎌낼 만큼 마음이 굳세고 감정이 둔한 사람은 만 명에 한 명도 안 된다. 어떤 사람은 성향이 특이하고 남달라서 자신이 속한 사회에서 끊임없이 경멸과 악평의 대상이 되면서도 불평 없이 살 수 있을지도 모른다. 물론 세상에는 고독을 추구하고 그것을 감수해온 사람들도 적지 않다. 그러나 주변을 조금이라도 의식하거나 생각하는 사람이라면 그 누구도 자신이 가깝게 어울리는 사람들의 지속적인 혐오와 악평 속에서 살아갈 수는 없다. 이것은 인간이 감내하기에는 너무도 무거운 짐이기 때문이다. (존 로크)

이 묘사는 완벽한 수준이다. 고립에 대한 두려움 때문에 사람들은 여론이라는 법정에 의해 〈동조를 강요당한다〉는 것이다. 그러나 존 로크의 저술은 그에게 행복을 가져다주지 않았다. 반대자들의 등쌀에 못 이겨 그는 3판을 찍으면서 이 문단을 딱딱하고 격식 있는 표현으로 바꾸지 않을 수 없었다.

로크는 선과 악을 상대적인 것으로 만들었다는, 그것도 파괴적인 방법으로 그렇게 했다는 비난을 받았다. 신법에서 비롯된 것들을 개인들 사이의 의견 합의에 관한 문제로 바꿔놓았다는 말도 들었다. 그는 또한 도덕적 이슈를 유행의 문제로 끌어내렸다는 비난도 받았다. 그는 법을 구성하는 것은 개인들은 분명 갖지 못한 것, 바로 만인이 다 아는 권위라는 사실조차 모르는 것처럼 보였다. 법에 귀속되는 것은 권위, 즉 그 법을 준수할 것을 강제하는 힘과 권위라는 것이다. 이에 대해 로크는 다음과 같이 쓰고 있다.

칭찬과 수치스러움이 주위 사람들의 의견과 규칙에 자신을 동조시키는 강력한 동기가 못 된다고 생각하는 사람은 인간의 본성이나 인류의 역사에 서툰 사람이라고 말할 수 있을 것이다. 우리는 유행의 법이 사람들을 지배하는 유일한 요소는 아닐지라도 무엇보다 큰 부분을 차지한다는 것을 깨닫는다. 사람들은 신법이나 치안 판사에는 거의 관심을 두지 않고, 자신의 동료들 사이에서 좋은 평판을 유지하게 해주는 일들을 한다.

일부 사람들, 아니 어쩌면 대부분의 사람들이 신법을 어겼을 때 따라오는 형벌에 대해서는 그다지 심각하게 생각하지 않는다. 그리고 그 문제를 진지하게 생각하는 사람들 중에서도 많은 이들이 설사 자신들이 신법을 어겼더라도 나중에 화해성사를 하면 된다는 생각으로 그 위반에 대해서 마음을 편하게 갖는다.

공화국의 법을 위반해서 받는 벌에 대해 말하자면 그들은 종종 형벌을 피할 수 있을 거라는 희망으로 득의만면해한다. 하지만 자신과 교류하는 동료들의 의견과 유행을 거스르는 사람은 그 누구도 비난과 혐오의 처벌을 피할 길이 없으며 감히 그런 상황에 자신을 내맡기지도 못한다.

로크는 세 가지 차원에서 간략히 설명한다. 신법과 관련해서는 도덕적 의무와 죄악을 말하고, 시민법과 관련해서는 합법과 범죄를 말하며, 여론과 평판의 법과 관련해서는 미덕과 악덕을 말한다. 결투를 예로 들면서 그는 세 개의 각기 다른 기준이 반드시 같은 결과를 낳는 것은 아님을 보여준다. 즉 "누군가에게 도전해 대결하는 것…… 이를 결투라고 칭한다. 이는 신법과 관련해서 보자면 마땅히 죄라고 보아야 할 것이고, 일부 국가의 유행의 법과 관련해서 보자면 용기와 미덕이며, 어떤 정부의 국내법에 의거하여 보자면 사형에 처할 만한 중죄에 속한다."

20세기의 사회 조사 방법론으로 우리는 사람들이 여론의 분위기를 감지하는 방식이 당시 로크가 생각했던 방식과 얼마나 유사한지를 알 수 있게 되었다. 로크는 인간의 사회적 본성에 대해 매우 다양한 표현 방식으로 묘사한다.

"사람들은 흔히 타인들의 의견에 맞추어 자신의 동의를 조정하고…… 무엇보다 자신의 신념을…… 거기에 고정시키기 때문에 그들이 일본에서는 이교도가, 터키에서는 마호메트교도가, 스페인에서는 가톨릭교도가 되는 것은 충분이 그럴 만한 이유가 있다."

다른 말로 하자면, 우리가 우리의 의견이라고 부르는 것은 우리의 것이 아니며 단지 타인들의 의견이 그대로 반영된 것이다.

여론의 법을 다룰 때 존 로크는 그 내용에 어떠한 제한도 두지 않았다. 다만 그는 평가의 요소가 중요하다는 점을 강조한다. 칭찬과 비난은 언제나 겉으로 드러나기 때문이다. 이들 의견들이 집착하는 합의는 〈비밀스럽고 암묵적인 동의〉를 그 특징으로 한다고 그는 말한다. 거기에는 뭔가 불가사의한 점이 있다는 것은 20세기의 연구에 의해 사실로 확인되고 있다.

로크의 묘사 가운데 우리의 관심을 끄는 것이 또 하나 있다. 우리가 다루는 것은 〈바로 그곳〉의 기준으로 본 의견이라는 것이다. 개인들이 존중하는 의견의 합체인 이 합의는 특정 시기에 특정 장소에만 존재한다. 따라서 개인들은 충분히 먼 곳에 자신을 떨어뜨려 놓음으로써 여론과의 상호작용에 변화를 줄 수 있으며, 또한 때가 오면 상황이 달라질 거리고 희망할 수 있다. 세간의 의견이란 〈일시적인〉 것이다. 비록 여론이란 문구가 존 로크의 저술에 등장하지는 않지만 그것은 두 가지 간접적인 방식으로 자신을 드러낸다. 첫째는 합의라는 개념을 통해서인데 그것은 오로지 사회적 통합의 문제로, 따라서 공공의 문제로 해석될 수 있다. 둘째는 장소에 대한 강조를 통해서인데, 그의 표현에는 생각할 수 있는 가장 공공의 상황이라는 의미가 함축되어 있다. 프랑스에서 발전된 여론의 개념에 비하면 영국인인 로크의 〈여론 혹은 평판의 법〉이라는 표현이 더 냉혹하고 무정하지만, 로크는 그것을 그 정도로 강하게 표현하고 싶어 했다.

로크는 〈법law〉이라는 표현을 사용할 때 결코 가볍게, 무심히, 부주의하게 사용하지 않는다. 또한 그는 자연과학자의 관점에서 자연법에 대해 말하면서 법이라는 표현을 사용하지도 않는다. 그가 말하는 법은 법률적 의미에서의 법이며 그 점을 꽤 분명히 했다. 어떤 행동이 법과 관련될 때는 그 행위 자체에는 본질적으로 내재되어 있지 않은 보상과 처벌이 반드시 수반된다. 심지어 그가 법을 분류하면서 붙인 이름조차 유익하다. 로크가 여론 혹은 평판의 법에 대해 말할 때, 우리는 여론에 대한 그의 개념이 완벽하게 평판에 둘러싸여 있다고 해도 과언이 아니라는 것을 알 수 있다. 여론과 평판, 이 두 가지는 그 의미가 거의 일치한다. [7]

존 로크는 유행을 자신의 주제로 여기고 있기에 꾸준히 유행에 대해 이야기한다. 그의 글이 갖는 독특함은 처음에는 약간 터무니없는 익살처럼 다가오지만 사실 그의 사고가 갖는 선구적 특징을 분명히 드러낸다. 사람들은 남자들이 쓰는 가발을 평가하듯 여론을 판단한

---

7 존 로크가 대중의 판단이 갖는 긍정적 측면뿐 아니라 부정적 측면도 다루었다는 것이 〈교육에 관한 몇 가지 생각Some Thoughts Concerning Education〉이라는 그의 에세이에 드러나 있다. Locke, 1824, 8:1-210.

다. 로크는 여론이라는 것이 얼마나 피상적이고 일시적인 것인지, 얼마나 특정 시간과 특정 장소와 결합되어 있는지를 정확히 집어낼 뿐만 아니라, 여론을 단호히 〈유행〉으로 묘사함으로써 여론이 위세를 떨치는 동안 그것이 얼마나 강압적인지를 지적한다. 그는 오해를 피하기 위한 열쇠로 유행이라는 단어를 사용한다. 그가 여론 혹은 평판의 법에서 말하는 여론은 정치적 지혜의 원천으로 볼 수는 없다. 여론의 지적인 가치에 대해서는 논의의 여지가 많으며 그것을 평가하는 기준도 다양한 방법으로 모색해 보아야 할 것이다.

로크는 또한 〈평판reputation〉과 같은 개념들을 강조하며 이런 이유로 사회적 환경에, 다수에게, 타인들에게 철저히 의존하고 있는 인간을 보여주는 사회심리학적 개념들을 강조한다. 사람들은 새로운 의견들이 단지 낯설고 아직 보편적이지 못하다는 이유만으로 그것을 불신하고 무시하는 경향이 있기 때문에 로크는 자신의 논지를 강화해줄 권위를 고전에서 찾아낸다. 그는 다음과 같은 키케로의 한 구절을 인용한다.

"진실성, 칭찬, 존엄성, 명예보다 더 좋은 것은 이 세상에 없다."

그리고 로크는, 키케로가 이 모든 것이 동일한 것을 칭하는 다른 이름들일 뿐임을 잘 알고 있었다고 덧붙인다.

같은 것을 칭한다고? 그렇다면 그것은 무엇인가?

우리가 이해하기로 이것들은 모두 대중이 개인에게 부여하는 승인의 표시들이다.

6

—

정부는 여론에 의지한다:
데이비드 흄, 제임스 매디슨

데이비드 흄은 존 로크가 사망한 지 7년이 지난 1711년에 태어났다. 1739년과 1740년에 첫 출간된 그의 저서 『인간 본성에 관한 논고*Treatise of Human Nature*』에서 흄은 로크의 사상을 취하여 그것을 국가론에 접목시켰다. 비록 사람들이 국가가 수립된 이후 힘의 사용을 국가에게 양도했을지는 몰라도 무언가를 승인하고 승인하지 않는 자신들의 능력까지 내어준 것은 아니다. 사람들에게는 여론에 주의를 기울이고 주변의 의견에 동조하려는 자연스러운 경향이 있기에 국가적인 문제에 여론은 매우 중요하다. 각 개인의 유사한 의견들은 집약되어 합의를 낳으며 어떤 정부든 이것이 실제 기초를 이룬다. 흄이 따른 원칙은 다음과 같은 것이다. "정부는 오직…… 여론에 기초하여 세워진다." 그는 다음과 같이 말했다.

철학자의 눈으로 인간사를 바라보는 사람들에게는 다수가 소수에 의해 지배되기가 얼마나 쉬운가 하는 것보다 더 놀라운 일은 없어 보인다. 통치자에게 자신의 생각과 감정까지 양도하는 사람들이 보여주는 절대적 복종 또한 그들에게는 더없이 놀라운 일이다. 이런 불가사의한 일이 어떻게 일어날 수 있는지를 묻는다면, 통치자를 떠받치는 것은 오직 여론뿐이라는 대답을 우리는 듣게 될 것이다. 그러므로 정부는 오직 여론에 기초하여 세워진다. 그리고 이 격언은 가장 자유롭고 인기 있는 정부뿐만 아니라 가장 독재적이며 군사적인 정부에까지 적용된다.

흄에 이르러서는 우리가 여론을 다룰 때의 관점이 개인에 대한 여론의 압력에서 〈정부에 대한 여론의 압력〉으로 바뀐다. 이는 마키아벨리가 『군주론』에서 제시한 관점과 정확히 일치한다. 로크는 평범한 사람들, 즉 일상적인 삶에서 여론 혹은 평판의 법에 지배를 받는 사람들에게 관심을 가졌고, 그들이 안고 있는 불승인에 대한 두려움은 만일 이웃사람들이 자신을 경멸적인 눈으로 바라본다면 동요하지 않을 사람이 만 명에 한 명도 안 될 거라는 사실에 바탕을 둔 것이다. 『인간오성론』에서 로크는 주로 인간의 본성에 대해 탐구했다. 그에 반해 흄은 정부 쪽으로 관심을 돌렸다. 그의 영역은 법정과 외교, 그리고 정치였다. 흄 역시 여론 혹은 평판의 법이 반대 의견을 불러일으킨 사람에게 가하는 〈징벌〉을 두려워했으며, 사실 그것을 염려해서 『인간 본성에 관한 논고』라는 자신의 저서를 처음엔 익명으로 출간했다. 그러나 그는 숭고한 삶에 대한 그의 사랑에 어울리게, 징벌보다는 여론의 법에 따라 인정받고 승인받는 사람들에게 주어지는 〈보상〉에 더 민감했다.

명성에 대한 욕구, 여론의 밝은 면

—

흄은 자신의 저서에서 여론에 관해 논한 장에 〈공명심에 관하여〉라는 제목을 붙였다. 미덕, 아름다움, 부유함, 권력, 즉 객관적으로 좋은 조건들이 인간에게 어떻게 자부심을 갖게 하는지, 동시에 빈곤과 예속은 어떻게 그들을 억압하는지를 설명한 후에 그는 계속해서 이렇게 말을 이어간다.

"그러나 인간에게 자부심과 겸손함을 느끼게 하는 이 근본적인 원인들 외에 제2의 이유가 타인들의 의견에 있는데 이것이 우리의 감정에 똑같은 영향을 미친다. 우리의 평판, 명성은 중요하고 비중 있게 고려해야 할 대상이다. 자부심의 또 다른 원천인 미덕과 아름다움, 부는 설사 다른 사람의 의견과 정서에 의해 지지를 받지 못해도 별 영향이 없다……. 하지만 가장 훌륭한 판단력과 이해력을 소유한 사람들조차…… 그들이 일상에서 매일 만나는 친구들과 동료들의 판단과 성향과 반대 입장에서 자신들의 판단과 성향대로 행동하는 것이 매우 어렵다는 것을 알게 된다."

멋진 삶의 추구에 사로잡혀 있었던 흄은(그는 부와 권력의 이점에 대해서 대단한 애정을 갖고 묘사한다.) 이 대목에서 무엇보다도 준거 집단[8]이 좋게 생각하느냐의 여부에 모든 것이 달린 것처럼 말한다. 그의 이론 전개 방식은 공공성 혹은 특정 장소에서의 승인과 불승인에 비교적 덜 좌우된다.

그럼에도 불구하고 그는 사람들이 주변의 여론 분위기에 맞서고 싶지 않을 때 나타나는 효과가 얼마나 폭넓은지를 알고 있다. 그는 이렇게 말한다. "같은 나라 사람들에게서 발견할 수 있는 기질과 사고 경향의 놀라운 동일성의 원인을 우리는 이러한 원칙에서 찾아야 한다." 그는 환경에 대한 민감성을 드러내놓고 인정하며 결코 이를 나약함의 증거라고 생각하지 않는다(흄의 저서 『도덕 원리에 관한 탐구』 참조). 그는 또한 이렇게 말한다.

"명성과 좋은 평판에 대한 욕구, 혹은 남들과 잘 어울리고 싶은 마음은 결코 비난할 수 없는 것이어서 그것들은 미덕과 지혜로움, 능력, 관대하고 고결한 성품과 따로 떼어놓을 수 없는 것처럼 보인다. 남들의 마음에 들기 위해 하찮은 일에도 관심을 기울이는 것 또한 사회가 요구하고 기대하는 것이다. 만약 어떤 사람이 자기 집에서 가족들과 시간을 보낼 때보다 남들 앞에서 복장을 더 단정하게 하고 보다 유쾌하게 대화를 이어간다는 것을 누군가가 알아차린다고 해도 그것은 그리 놀라운 일이 아니다."

---

8 reference group, 현대 심리학에서 사용하는 개념으로 개인이 자기의 신념이나 태도, 가치, 행동 방향을 결정하는 데 표준으로 삼는 집단을 말한다.

사회에서 거부당한 사람들, 즉 대중의 불승인이라는 징벌을 받는 사람들에 대해 흄이 길게 논하지 않았다는 것은 너무나 명백하다. 대신 그는 밝은 쪽에 있는 사람들에게 흥미를 가지며 어디서부터 명성에 대한 욕구가 너무 과하다고 할지 그 경계를 긋는 문제에 어려움을 느낀다. "그렇다면 너무나도 당연히 결점 혹은 결함으로 여겨지는 자만심은 어디에 위치하는가? 그것은 대체로 자신의 장점, 명예, 성취에 대한 무절제한 과시에 있다. 또한 그것은 다른 사람들의 칭찬과 부러움을 대놓고 요구하며 끈덕지게 졸라대는 데에 있을 것이다. 이는 다른 사람들을 매우 불쾌하게 만드는 일이다." 흄은 자신의 글에 담긴 생각이 주로 상류 사교계 사람들에게 적용되는 것임을 분명히 인식하고 있다. 그는 이렇게 말한다. "세상에서 신분을…… 적절히 고려하는 것은 다른 사람들이 기꺼이 찬성할 만한 자질들 중 하나로 평가될 수도 있다."

확실히 흄은 주어진 특정 장소를 근거로 개인과 대중의 관계에 대해 로크가 그리는 대강의 윤곽선 내에서 움직인다. 하지만 그는 개인과 대중의 관계를 완전히 다른 각도로 바라본다. 대중에 대한 그의 생각은 하버마스가 생각하기에 그리스 사람들이 당연하게 받아들였던 그것에 훨씬 더 가깝다.

"존재하는 그것이 대중 속에서 스스로 빛을 발한다. 그리고 모두가 그것을 볼 것이다. 시민들이 서로 대화하면서 사물이 토론의 대상이 되고 형상을 얻는다. 시민들이 서로 논쟁을 할 때 가장 뛰어난 사람이 두각을 나타내며, 존재, 즉 불멸의 명성을 얻는다. …… 이런 식으로 도시국가는 훌륭한 성취를 할 수 있도록 열린 장場이 되어준다. 시민들은 동등한 입장에서 서로 교류하지만…… 그들 각자는 대중 속에서 두드러져 보이기 위해 애쓴다……. 아리스토텔레스가 분류한 일련의 미덕들은 대중 속에서 스스로 참임을 차례차례 입증하고 인정을 받는다."

그러나 성취를 인정하는 무대가 되어주는 대중이라는 개념에서 흄이 취하고 있는 고결한 자세는 당시에도 그렇고 그 이후에도 여론에 대해 기술하는 18세기 다른 저술가들과 공유되지는 않았다. "정부는 오직…… 여론에 기초하여 세워진다."라는 데이비드 흄의 기본적인 원칙은 미합중국 건국의 아버지들이 신봉하는 교리가 되었다. 우리는 지금 정치 영역에서의 여론의 무게를 인식하지만 동시에 우리는 지금 존 로크의 눈으로 개인의 역할을 다시 바라보고 있다.

인간은 겁이 많고 신중하다

—

『연방주의자 논집 *The Federalist Papers*』에서 미국의 제4대 대통령 제임스 매디슨James Madison은 "모든 정부는 여론에 기초하고 있다."는 원칙이 함축하고 있는 의미를 깊이 탐구했다. 매디슨의 논집이 담고 있는 도그마는 엄청난 힘을 지녔고 이것이 미국 민주주의의 토대를 이루었다. 그러나 그 토대를 이루는 인간의 본성은 이와는 대조적으로 얼마나 약하고 상처받기 쉬운가. 1788년에 매디슨은 이렇게 썼다.

"만약 모든 정부는 여론을 기초로 해서 세워진다는 것이 사실이라면, 각 개인의 의견이 지닌 힘과 그것이 실제로 그의 행동에 미치는 영향은 그가 자기와 같은 의견을 갖고 있다고 생각하는 사람들의 머릿수에 좌우된다는 것 역시 사실이다. 인간의 이성은 인간 자체가 그렇듯, 홀로 있을 때는 겁이 많고 신중하다. 그러나 서로 결합되어 있는 머릿수에 비례하여 확고함과 자신감을 얻는다."

우리는 여기서 인간 본성에 대한 현실적인 평가와 그것이 우리가 다시 돌아가야 할 20세기 후반 정치 이론에 그대로 적용된다는 사실을 발견한다. 여론 조사의 방법론들은 일련의 관찰 과정에서 집요하게 다가오는 문제들에 대해 설명할 것을 우리에게 강요하고 있다.

침묵의 나선을 작동시키는 것은
명성이 아니라, 위협이다

—

한편으로는 개인과 대중이라는 주제를 데이비드 흄은 어떻게 바라보는지, 다른 한편으로는 존 로크와 제임스 매디슨은 그것을 어떻게 다루고 있는지를 비교해 보면 우리가 앞서 밴드왜건 효과의 해석에서 발견했던 것과 비슷한 차이가 눈에 띈다. 〈승리한 사람들 편에 있기를 원하는 것〉이 하나의 해석이고, 〈자신을 고립시키기를 원치 않는 것〉이 또 하나의 해석이다. 자신의 두각을 드러낼 수 있게 해주는 〈무대로서의 대중〉은 누군가에게는 매력적으로 다가온다. 반면 자기가 체면을 잃을지도 모르는 무대, 즉 〈위협으로서의 대중〉은 또 다른 이들에게는 강력한 인상을 준다. 그렇다면 왜 우리는 여론과 침묵의 나선 사이의 관계를 바라보면서 승리의 월계관을 받을 수 있는 장으로서의 여론보다 위협으로서의, 위협적인 법정으로서의 여론에 더욱 관심을 가져야만 하는가? 그것은 왜냐하면 제임스 매디슨이 그토록 강조해서 묘사하고 있듯이, 오직 혼자 남게 되는 것에 대한 개인의 두려움, 고립에 대한 위협만이 열차 상황 테스트와 그 밖의 조사에서 우리가 발견한 어떤 징후가 되는 침묵, 즉 여론 형성에 지대한 영향을 미치는 침묵을 설명할 수 있기 때문이다.

혁명기에는
공적 노출을 위협으로 느끼는 민감성이 증가한다
—

대중의 위협을 감지하는 로크와 매디슨의 직관 능력은 그들 각자가 경험했던 혁명에 의해 더 향상되었을 수도 있을까? 격변의 시대에는 고립되지 않기 위한 처신에 대한 관심이 무엇보다 필요해진다. 질서가 잡히고 안정된 상황에서는 통상적으로 예의에 어긋나는 행동을 하지 않는 한 대부분의 사람들이 여론에 저촉되는 일은 없을 것이다. 그러한 상황이라면 사람들은 침묵의 나선이라는 소용돌이 속으로 빠져 들어가지 않을 것이다. 또한 사람이 어떻게 행동하고 말해야 하는지 또는 어떤 말과 행동은 해서는 안 되는지는 매우 자명한 것이어서 마치 우리가 대기의 압력을 의식하지 못하듯 우리는 〈동조의 압력〉도 전혀 의식하지 못한다. 그러나 혁명 직전과 혁명의 시기에는 새로운 현상이 나타난다. 정부에 대한 여론의 지지가 사라져서 급기야는 정부가 무너지기에 이르고, 어떤 일이 칭찬받을 일이고 어떤 일이 비난받을 일인지에 대한 확신을 잃어버린 개인들은 새로운 기준을 찾으려고 애쓴다. 이렇듯 극적인 시기에는 여론이 어떻게 작동하는지를 이해하고 적절한 단어로 그것을 표현하기가 더 쉽다.

1661년 글랜빌,
여론의 분위기라는 개념을 만들다
—

조용하고 평온한 시대라면 징벌과 보상이 함께 갖춰진 여론 혹은 평판의 법을 누군가가 정립해 주리라 기대하지 않을 것이다. 그렇다면 영국의 철학자 조지프 글랜빌Joseph Glanvill이 독단의 공허함에 관한 자신의 논문에서 사용했던 그 강력한 용어를 평화의 시대에 우연히 발견했으리라고는 생각할 수 없을 것 같다. 그는 〈여론의 분위기clim-ate of opinion〉라는 말을 만들어 본문에 넣으면서 이탤릭체로 강조했다. 그의 논문 내용을 보자.

"그래서 애초에 자신들에게 얄팍한 이해를 주입시킨 믿음을 넘어서는 그 이상의 것은 엿본 적조차 없는 그들(독단주의자들)은 진리를 철석같이 확신하고 자신들의 이해가 상대적으로 우월하다고 믿는다. 반면에 다양한 〈여론의 분위기〉를 힘겹게 섭렵해온 더 큰 영혼의 소유자들은 확고한 판단에 더욱 조심스럽고 결정을 내리는 데 보다 더 신중하다."

여론의 분위기, 사람들은 이것을 의심의 여지없이 우리 시대에 생겨난 현대적 표현으로 생각했을 것이다. 이 가정은 조지프 글랜빌의 감수성처럼, 불확실해진 신념과 위태로운 상황에 맞춰 조정되는 우리의 감수성 탓으로 돌릴 수도 있다. 그렇게 위태롭게 흔들리는 상황이 아니라면 여론의 분위기라는 개념은 별로 우리의 흥미를 끌지 못할 것이고, 다만 우리 시대의 경험에 비추어 그 분위기가 적절한지를 인식할 수는 있을 것이다. 분위기는 외부에서 개인을 완벽하게 에워싸고 있다. 우리는 그것으로부터 달아날 수 없다. 하지만 그것은 동시에 우리 내부에도 존재하며 우리의 행복감에 무엇보다 지대한 영향을 미친다. 침묵의 나선은 여론의 분위기가 변화하는 것에 대한 반응이다. 갖가지 서로 충돌하는 성향들의 상대적 강도에 대한 생각, 즉 빈도 분포의 개념은 여론보다는 여론 분위기라는 표현이 더욱 분명히 제시해 준다. 또한 분위기라는 말은 쿠르트 레빈Kurt Lewin의 〈장(field, 場)〉의 개념과 마찬가지로 시간과 공간의 이미지를 떠올리게 한다. 그리고 그것은 대중이라는 가장 완벽한 의미를 내포하고 있다. 우리 시대를 포함한 혁명기에 그것은 여론의 본질을 밝혀줄 관찰 조사에 큰 도움이 된다.

데카르트는
침묵의 나선을 직관적으로 이해했다

—

글랜빌이 존경하고 추천하는 인물인 데카르트는 글랜빌이 살았던 영국과는 완전히 상황이 달랐던 프랑스에서 살았다. 글랜빌이 살던 당시의 영국은 알력 다툼으로 분열되어 있었던 반면, 데카르트가 살던 당시의 프랑스는 기존의 가치관과 사회 계층 시스템이 도전받지 않는 시기가 한동안 이어지고 있었다. 데카르트의 생각은 혁명의 시기에는 대중이 위협으로 인식될 가능성이 상대적으로 더 크지만, 안정된 시기에는 대중을 개인이 두각을 나타낼 수 있는 장으로 느낀다는 우리의 추론이 정확했음을 보여준다. 데카르트는 침묵의 나선이 이제 막 발전되고 있는 여론을 키워주는 과정이라고 직관적으로 이해하고 있는 것처럼 보인다. 그는 어떻게 하면 자신의 명성을 더 높일 수 있는지 그 방법을 알았다. 1640년에 그는 파리에서 가장 위대하고 저명한 신학 대학 학장과 교수들에게 자신의 저서인 『제1철학에 관한 성찰 *Meditations on First Philosophy*』을 보냈다. 첨부한 서신에서 그는 그들이 누리고 있는 엄청난 대중적 존경을 고려해 자신의 사고를 지지하는 공개적 증언을 해줄 것을 그들에게 요청했다. 그는 그러한 증언이 "지성과 학식을 가진 모든 이들로 하여금 귀하의 판단을 지지하게 할 것이며, 또한 학식이 있거나 분별력 있는 이들보다 대개 더 오만한 무신론자들이 스스로 모순되는 태도를 버리는 계기가 되거나 혹은 그들이 자신의 이해 부족을 감추기 위해 모든 사려 깊은 이들이 이미 입증된 것으로 받아들이고 있다고 생각되는 논증을 옹호할 거라는 가능성에 대한 희망으로" 이러한 요청을 한다고 말하고 있다.

7

여론이란 용어의 첫 사용: 장 자크 루소

장 자크 루소는 어떤 상황에서 처음으로 여론이라는 표현을 사용하게 되었을까?

베네치아에 있었던 1744년에 30대 초반이었던 루소는 당시 프랑스 대사의 비서였다. 1744년은 흥분으로 가득한 한 해였다. 오스트리아의 왕위 계승 전쟁에 발을 담근 프랑스는 오스트리아의 대공비大公妃 마리아 테레지아에게 선전포고를 했다. 1744년 5월 2일에 루소는 프랑스의 아밀로 외무장관에게 사과의 편지를 쓰는데, 그가 베네치아의 귀족 슈발리에 에리조에게 〈여론〉은 이미 그가 오스트리아를 편들고 있다고 여긴다고 너무나 분명하게 경고를 했기 때문이었다. 루소는 자신이 한 말이 부정적인 결과를 초래하지는 않을 것이며 앞으로는 그런 말실수를 하지 않겠다고 아밀로 장관에게 약속했다. 여기서 루소가 여론이라는 표현을 사용한 방식을 보면, 한 닳고 닳은 여성이 자신의 평판에 무심했던 한 젊은 숙녀에게 간통의 위험성과 관련해 충고를 하면서 그 표현을 사용했을 때와 너무나 유사하다.

여기서 여론은 판단의 법정으로 여겨지며, 우리는 그 법정의 불승인으로부터 자신을 지켜야만 하는 것이다.

정부를 포함한 정치적으로 중요한 판단으로서 여론을 해석하는 사람들은, 19세기부터 관례가 되었던, 루소와 같은 방식으로 여론이라는 단어를 사용하는 것을 별로 지지하지 않을 것이다. 루소의 저술에서 여론이라는 주제와 관련된 개념들을 찾아보는 작업은 역사학자와 정치학자들에게는 재미없는 일이었다.

우리는 누군가가 여론이란 용어를 처음 사용했다면 아마도 그는 어떤 현상에 대해 강한 인상을 받았기 때문이라고 기대하게 되는데 역시 기대했던 대로였다. 1750년부터 여론의 힘에 대한 관심이 루소의 작품들에 속속들이 스며들어 있다. 하지만 그가 이 여론이라는 주제를 체계적인 원칙을 가지고 다뤘던 것은 아니기 때문에 일관성 있는 설명을 위해서는 특별한 기법이 요구되었다. 루소의 저작에 대해 최초로 체계적인 조사를 했던 사람은 마인츠 대학교에서 저널리즘으로 석사 과정을 밟고 있던 크리스틴 거버였다. 말하자면 그녀는 루소의 여섯 개 주요 작품을 대상으로 의견, 대중의, 공시성, 여론이란 용어가 등장하는 문장을 전수 조사했다. 그녀는 『신新 엘로이즈』, 『사회계약론』, 『에밀』, 『고백록』, 그리고 마지막으로 『달랑베르에게 보내는 편지』 등 루소의 사회비평 저작들을 내용 분석법을 이용해 조사했다. 그 결과 그녀는 여론이 16차례, 의견이란 단어가 대중의 이외의 다른 형용사나 명사와 연결되어 사용된 경우가 약 100회, 그리고 대중의 혹은 공시성이라는 표현이 106회 사용되었음을 알아냈다. 대중의 혹은 공시성이라는 단어는 여론이라는 표현이 사용되는 맥락과 상관없이 대중의 존경public respect과 연결되어 가장 빈번하게 사용되었다. 이 주제에 대한 프랑스 최초의 연구는 콜레트 가노쇼 박사의 논문을 통해 이루어졌다.

공개적이라는 것은 만인이 볼 수 있다는 뜻이다

—

이 연구로 얻게 된 결론은 루소는 〈세상에 알려진다는 것〉이 갖는 위협적인 측면에 극히 민감했다는 사실이다. 사회의 아웃사이더로서 루소는 이와 관련된 경험들이 유난히 많았다. "면전에서 내가 도둑으로, 거짓말쟁이로, 중상모략자로 몰리고, 그렇게 인식되고 공개적으로 공표된다는 두려움밖에는 아무것도 보이지 않았다." "내가 알지도 못하는 사람들에게 선동된 흥분한 군중들이 나를 반대하며 나에 대한 분노가 점점 극에 달해서 환한 대낮에 야외와 시골길에서뿐만 아니라 대로상에서도 공공연히 나를 모욕하는 것에 아무런 걸림돌이 없었다."

〈환한 대낮〉과 〈시골길에서뿐만 아니라〉라는 표현을 통해서 보면 대중에게 무방비로 노출되어 있다는 것이 사악한 자들을 자극했다.

루소가 공적 존경이란 단어 조합을 종종 사용한 것은 마키아벨리, 로크, 흄의 전통 속에서 그가 여론과 평판을 확실하게 연관 짓고 있음을 보여주지만 그의 저작 속에는 여론에 대한 설명이 비교가 안 될 정도로 길게 다루어져 있다. 그는 그 개념에 대한 상반된 평가를 놓고 갈등한다. 사회의 관점에서 보면 여론은 축복으로 보인다. 그것은 사회적 응집력을 강화해 준다. 여론이 개인들을 도덕과 전통에 적응하게 만드는 한 그것은 〈보존하는 힘〉이다. 그것은 도덕이 부패하지 않도록 해준다. 그것의 가치는 지적 기능보다 오히려 도덕적 기능에서 찾을 수 있다.

도덕과 전통의 수호자로서의 여론

—

루소는 미개인들이 자연 상태에서 무리지어 살았던 태곳적의 사회생활이 지금보다 훨씬 더 훌륭하게 조절되었다고 보았다. 그러므로 그는 여론의 보다 안정된 형태인 관습과 전통을 사회가 지켜야 할 가장 중요한 자원으로 여겼다. 그 안에서 한 민족의 핵심적 특성을 발견할 수 있기 때문이다. 루소에 따르면 국가 성립의 기초가 되는 세 종류의 법이 있는데 공법, 형법, 민법이 그것이다. 그는 이어서 다음과 같이 설명했다.

"이 세 가지 유형의 법에 더해서 네 번째 법이 있는데 무엇보다도 가장 중요한 이 법은 대리석이나 청동이 아닌 시민들의 가슴에 새겨져 있다. 그것은 진정한 국가 구조를 형성하고, 매일매일 새로운 힘을 획득하며, 다른 법들이 낡거나 소멸될 때 그를 대체하거나 되살린다. 그것은 본래의 제도에 담겨 있던 정신에 사람들을 머물게 하며 모르는 사이에 권위의 힘을 관습의 힘으로 대치시킨다. 내가 말하는 것은 예절, 도덕, 관습 그리고 무엇보다 여론이며, 이는 정치 이론가들에게는 잘 알려져 있지 않지만 나머지 다른 것들의 성공이 바로 이 여론에 달려 있다."

영국의 명예혁명이 있었던 17세기 중엽에 존 로크는 상대성을 강조했다. 여론 혹은 평판의 법이 요구하는 것, 어떤 사안에 대한 승인 혹은 거부라는 판결은 특정한 장소에 현재 통용되는 태도에 좌우된다는 것이다. 18세기 중엽 프랑스 법정의 힘과 화려함에 압도된 루소의 눈에는 당시 널리 유행하는 태도가 변함없는 지조인 것처럼 보였다. 네 번째 법은 모든 시민들의 가슴에 새겨져 있으며 오직 부패와 타락으로부터 보호되어야 한다. 『사회계약론』에서 루소는 한 번도 존재한 적 없는 관직인 검열관censor이라는 특별 법정을 만들어 냈다. 루소가 그것을 창조한 것은 오직 공공도덕의 수호자로서 여론을 강화시키기 위함이었다. 크리스틴 거버가 루소의 저작에서 발견할 수 있었던 여론에 대한 유일한 정의는 다음의 맥락에서 발견된다. "여론은 검열관이 관장하는 법의 한 종류이며, 검열관은 군주가 그러하듯 오직 특정한 경우에만 그것을 적용한다." 루소는 또한 검열관이 하나의 도구로서 어떤 효과를 갖는지도 설명했다. "검열제도는 여론이 점점 더 타락하지 않도록 예방하고, 현명한 적용을 통해 공정성을 유지하게 하며, 때로 여론이 불안정할 때는 심지어 그것을 안정시키기도 함으로써 예의와 도덕을 지켜나간다."

루소에 따르면 도덕적 기준에 대한 암묵적 합의는 사회가 성립되는 기초를 이루며, 그가 말하는 공공이란 집단적으로 안정된 도덕적 합의다. "이 공적 성격을 통상 정치체라고 부르며 구성원들은 그것을 국가라고 일컫는다." 따라서 논리상으로는 당파가 나뉘는 것이 절대 이로울 수가 없다. 한 사회에는 단일한 집단적 기초가 있으며 그것을 위협하는 것은 오직 특정 개인들의 이기주의뿐이다. 이러한 확신이 공공에 반하는 개념으로서의 사적인 것에 대한 루소의 적대감의 근원이다. 그리고 이러한 부정적 감정의 가장 강력한 표현은 20세기 네오마르크시즘에서 발견된다.

루소는 검열관이 여론에 어떻게 영향을 미치는지—"때로 여론이 불안정할 때는 심지어 그것을 안정시키기도 하는"—에 대한 주장을 펴는 데는 꽤 신중하다. 그는 특별한 경우들을 염두에 두고 검열관 직을 설명한다. 검열관은 국민들의 집단적 믿음 중에서 최선의 것을 강화시킨다. 그는 그 믿음들을 표명하고, 공표하고, 오늘날 우리가 말하듯 의식의 차원으로 끌어올린다. 실제로 어떠한 대중적 합의도 없는 상태에서 검열관이 독자적으로 어떤 것이 이미 합의되었다고 선포한다면 그의 말은 아무 효과가 없을 것이며 어떠한 반응도 불러일으키지 못하고 묵살될 것이다. 검열관이 도구라는 것은 바로 이런 의미에서다. 그는 단지 대변자일 뿐이다. 20세기의 그의 후계자들에 비해 루소는 얼마나 더 조심스럽게 여론의 작동을 체계화하고 있는가? 루소에 따르면 그 어떤 강제도 사용될 수 없다. 검열관을 통해 기본적인 도덕 원칙을 강조하는 것으로 충분하다. 루소가 생각하듯 검열관은 이러한 한계를 군주와 공유한다. 군주 역시 어떠한 권력의 수단도 소유하고 있지 않으며, 따라서 법령을 공포하지 못한다. 루소는 이렇게 말한다. "입법권은 국민의 것이며 오직 국민에게만 그 권리가 있음을 우리는 보아왔다." 그러나 법률의 발안권은 군주로부터 나온다. 이 역할을 수행하기 위해 군주는 "훌륭한 입법자가 남몰래 관심을 기울이는" 문제인 여론의 동향을 점검하기에 좋은 유리한 위치를 필요로 한다. 이 관찰의 과제를 수행하는 데 검열관의 활동이 도움이 될 수 있다. 군주는 국민들이 가진 신념 가운데 법률 제정을 지지할 만큼 적극적인 것이 무엇인지 판단해야 한다. 왜냐하면 법은 오직 사전 합의에 근거하며 국가의 실질적 토대를 이루는 공동체 의식을 기초로 하기 때문이다. "건축가가 웅장한 건축물을 지으려면 우선 그것이 세워질 지면을 조사하고 측정하여 그 건축물의 무게를 견딜 수 있는지 알아보는 것처럼, 현명한 입법자는 그 자체로서 훌륭한 법을 구상하기 이전에 국민들이 그 법을 감당할 수 있는지를 먼저 살펴본다."

루소는 일반의지(volonté générale, 개인적인 이기심을 버리고 사회 계약의 당사자가 되는 공적 주체로서의 국민 일반의 의지)와 여론의 정확한 관계를 구체적으로 명시하지는 않는다. "법을 통해서 일반의지의 표명이 이루어지는 것처럼, 대중의 판단은 검열관을 통해 표명된다. 일반의지를 여론의 총합이라고 생각할 수도 있을 것이다. 결국 여론은 그것으로부터 생겨나는 법 안에서 하나로 통합된다." "법은 일반의지의 정당한 행사에 불과하다." 데이비드 흄은 여론이 갖고 있는 합법화의 힘을 다음과 같이 단언했다. "정부는 오직 여론에 기초하여 세워진다." 루소 역시 그것을 이렇게 확언한다.

"이 세상의 여왕인 여론은 왕의 권력에 복종하지 않는다. 왕들 자신이야말로 그녀의 첫째가는 노예다."

『달랑베르에게 보내는 편지』에서 루소는 프랑스에서 검열관 직무를 수행할 수 있는 사람에 대해 보다 구체적으로 언급하고 있다. "입법권은 국민에게 있고 오직 국민만이 그것을 가질 수 있다."고 말했던 루소를 급진적 민주주의자로 보는 사람들에게는 놀라운 일이겠지만, 그는 검열관의 역할을 가장 훌륭하게 수행할 사람은 프랑스 법정의 명예 집행관일 거라고 말한다. 그렇게 함으로써 루소는 그 관직에 최고의 권위를 부여한다. 그에게 있어 대중의 존경이 갖는 무게는 사람들에게 영향을 미치는 확실한 요인이며, 그 권위와 관련해서는 어떠한 불협화음도 허용되어서는 안 된다. 그 불협화음에는 대중의 존경이 순식간에 소멸하는 고통이 따를 것이다. 그는 정부에게도 여론과 관계된 어떤 것을 공표할 때마다, 그러니까 대중의 승인 혹은 불승인이 공표될 때마다 검열관, 즉 프랑스 법정의 명예 집행관을 따를 것을 요구한다. 여기서 루소는 여론을 〈도덕적 권위〉의 자리에 올려놓고 있다. 노벨상을 받은 독일의 소설가 하인리히 뵐이 현재 독일연방공화국에서 여론이 얼마나 한심하고 초라한 지경에 이르렀는지를 얘기하면서 그가 생각했던 것은 아마도 여론에 대한 이런 생각, 이런 역할이었을 것이다. 그는 검열관 직이 제대로 가동되고 있지 않다고 생각했던 것이다.

사람들 사이에 무엇이 선이고 무엇이 악인지에 대한 집단적 개념이 있다는 것에 고무된 루소는 20세기에 최초로 합당한 인정을 받게 될 시민종교civil religion라는 개념을 만들었다. 시민종교라는 생각이 처음으로 퍼져나가기 시작한 것은 형이상학적 종교를 믿는 사람들의 수가 감소하면서부터였다. 예상할 수 있는 일이지만 시민종교라는 용어는 사람들이 고립되지 않고는 공공연히 거스를 수 없는 원칙들의 집합, 즉 여론의 산물을 나타낸다.

사회의 수호자이자,
동시에 개성의 적으로서의 여론
—

루소가 본 대로 공중의 도덕을 지키는 파수꾼으로서의 여론에는 축복이 가득한 것처럼 보일 수 있겠지만, 개인에게 미치는 영향에 있어서는 그것은 여전히 재앙에 가까운 것으로 남아 있다. 개인이 도덕의 수호자로서의 여론을 존중하는 한—여론을 존중하는 이유는 고립에 대한 두려움 때문이기도 하고 야외와 시골길에서뿐만 아니라 대로상에서도 고통스러운 비난에 맞닥뜨리지 않기 위해서이기도 하다—루소는 자신의 고통스러웠던 기억에도 불구하고 여론에 진정으로 대항하는 것은 그 어느 것도 찾을 수 없었다. "누구든 예의범절과 도덕을 판단하는 사람은 명예를 판단하는 것이며 명예를 판단하는 사람은 여론을 법으로 삼는다."

그 참담한 결과는 사람들이 스스로 두각을 나타낼 필요를 느끼는 데서부터 생겨난다. 그것은 데이비드 흄의 논문 11장의 제목을 인용하자면 명성에 대한 욕구에서 나오며, 좀 더 조신하고 단순하게 말하자면 인정받고 싶은 인간의 욕구, 사회적 가치에 대한 욕구, 체면에 대한 욕구, 좋은 쪽으로 남들과 뭔가 다르고 싶은 욕구로부터 나온다.

인간 사회의 부패는 1775년에 루소를 유명하게 만든 책 『인간 불평등 기원론』에서 설명하듯 이 욕구로 시작되었다. 그 책에 담긴 다음과 같은 내용을 보자. "진정 필요에 의해서라기보다 다른 사람들 위에 올라서기 위해 부를 증식하려는 열망과 불타오르는 야심은 결국 모든 인간들 안에 서로를 해치려는 악한 성향을 불러일으킨다." 그리고 "우리 모두를 집어삼키는 평판, 명예, 명성에 대한 강한 열망이 우리의 재능과 힘을 얼마나 심각하게 지배하며 또한 스스로를 평가의 대상이 되도록 허락하는지를 분명히 보여줄 것이다. 게다가 그것이 어떻게 열정을 자극하고 배가시키는지, 또 어떻게 모든 인간을 경쟁자로, 더 나쁘게는 적으로 바꾸어 버리는지를 명명백백히 밝힐 것이다."

미개인은 이처럼 자신을 집어삼키는 욕망으로부터 자유롭다. 비록 처음부터 그는 자유의지와 공감 능력, 자신을 지키는 능력으로 동물과 구별되었지만 미개인은 고독하게 살아간다. 그러다가 사회가 형성되는 과정이 시작되었다. 루소는 우리가 대중의 존경을 높이 평가하기 시작하면서 인간의 본성이 달라졌다고 말한다. 이제 우리는 인간 본성에 대한 문제를 반박할 수 없는 사실로 받아들여야 한다고 그는 주장한다. "사회적 존재로서 인간은 항상 외부를 향하고 있다. 인간은 무엇보다 자신에 대한 다른 사람들의 인식을 통해서 삶에 대한 기본적인 감정을 갖게 된다."

루소에 따르면 인간은 두 개의 존재로 나뉘는데 하나는 참된 본성, 진정한 욕구, 성향, 관심을 품고 있는 존재이며, 다른 하나는 여론이라는 멍에에 속박되어 형태가 만들어지는 존재이다. 그는 학자를 예로 들어 그 차이를 설명한다. "우리는 항상 천성에서 나오는 성향과 여론으로부터 생겨나는 성향을 구분해야 한다. 한편에는 오로지 학식 있는 사람으로 존경받고 싶다는 욕망에 기초한 지식에의 열정이 있고, 다른 한편에는 가깝거나 멀거나 상관없이 모든 것을 알고 싶어 하는 자연적인 욕구에서 생겨나는 열정이 있다."

루소는 소비에 대한 충동을 여론의 부산물로 본다. "사람들에게 값비싼 옷에 대한 갈망이 싹트는 순간 그들의 마음은 이미 유행의 변덕과 사치에 사로잡힌 신세가 되어버린다. 분명 이러한 취향은 자기 자신에게서 저절로 생겨난 것이 아니다."

합법성, 명예, 존경. 이보다 더 좋은 것은 없다. 그래서 존 로크는 키케로를 인용했고 이 특성들의 뿌리는 오직 하나, 자신이 속한 사회의 호의적인 판단을 향유하기 위한 것이라고 추론했다. 인간의 진정한 본성과 여론을 통해 만들어지는 본성의 차이에 관심이 있었던 루소는 명예란, 타인들에게 존경받는 것보다 스스로 자부심을 갖는 데서 생겨나는 것이라는 개념을 정립하려고 시도했다. "명예에 대해서 말하자면, 나는 여론의 소산인 것과 자부심에서 생겨난 것을 구분해서 본다. 앞의 것은 일렁대는 파도처럼 변덕이 심한, 공허한 편견들로 이루어져 있다."

이 지점에서 사람들은 이제 더 이상 루소의 양면성을 그냥 지나칠 수가 없다. 왜냐하면 그는 여론을 공허한 편견이라고 말하다가 또 다른 때에는 무엇보다 영속적이고 가치 있는 것, 즉 관습, 전통, 도덕률을 보호하는 목적이 있는 것이라고 말한다. 이렇게 모순에 빠진 루소를 발견하기란 어렵지 않다. 그의 저작에서 종종 우리는 이런 내용의 문장을 발견할 수 있다. "부도덕한 사람과 반듯한 사람을 구별하는 것은 공적 관심사이다." 루소는 스파르타 사람들이 아주 묘하게 그 차이를 가르는 것에 감탄했다. "스파르타 의회에서는 한 부도덕한 인물이 좋은 의견을 내놓았을 때 검열관은 그에게는 일체 주목하지 않고 덕망 있는 시민으로 하여금 같은 제안을 하게 했다. 둘 중 누구도 대놓고 칭찬을 받거나 비난받지 않았지만 어떤 사람에게는 명예가 되는 일이 어떤 사람에게는 책망이 되는 것이다!" 여기서 루소가 대중의 존경을 높이 평가하고 있다는 사실은 의심의 여지가 없다.

그의 작품 『에밀』에는 다음과 같은 내용이 나온다.

"만약 세상 사람들 전체가 우리를 비난한다면 그땐 어떻게 할 것인가? 우리는 대중으로부터 인정받기 위해 애쓰지 않는다. 그대의 행복이면 우리는 족하기 때문이다."

여론을 다루는 데 있어 꼭 필요한 부분으로서의 절충

—

루소는 그 이전 시대를 살았던 그 누구보다 훨씬 더 명확하게 마치 모순된 것처럼 보이는 여론의 본질적인 면을 포착해 그것이 어떤 형태로 나타나는지 전모를 파악하게 해주었다. 여론은 사회적 합의와 개인적 확신 사이에서 절충안을 제시한다. 개인은 여론의 굴레와 상처받기 쉬운 자신의 본성으로 인해 어쩔 수 없이 절충안을 찾아보게 된다. 개인의 이 허약한 본성이 그로 하여금 남들의 판단에 좌우되게 만들고 남들에게 따돌림 당하고 고립되어 살아가는 것을 꺼리게 만든다. 『에밀』에서 루소는 그것을 다음과 같이 표현한다.

"그녀는 자신의 양심과 여론에 동시에 지배를 받기 때문에 이 두 가지 법칙에 대해 잘 알고 이를 조화시키는 법을 배워야 한다. 단, 두 가지가 상충될 때는 자신의 양심을 우위에 둘 수 있어야 한다." 다시 말해, 도저히 절충이 불가능할 때만 그렇게 하라는 뜻이다.

"나는 비난과 비웃음을 참는 것을 배워야만 합니다."
—

절충은 매우 뜻밖의 결과를 초래할 수 있다. 루소는 사람들 앞에서 무엇을 입을지 선택할 때 여론을 따라야 한다고 데이비드 흄이 주장했던 바로 그 장소에서 자신의 개성을 보여주기로 마음먹었다. 그는 자신이 쓴 오페레타(가벼운 희극에 통속적인 노래나 춤을 곁들인 오락성이 짙은 음악극)가 초연되는 퐁텐블로 왕립 극장에, 무대에서 가장 가까운 특별 관람석에 루이 14세의 초대를 받고 가면서 비단 조끼도 없이 축제에 어울리지 않는 복장으로, 제대로 빗질도 안 되고 파우더도 뿌리지 않은 가발을 쓰고 전혀 치장하지 않은 채로 나타났다. "더도 덜도 없이, 딱 평소에 내가 입는 대로 입었다. 내 외양이 소박하고 무신경해 보일지 몰라도 더럽거나 지저분한 것은 아니며 내 수염도 마찬가지다. 수염은 자연이 우리에게 부여해준 것이고 시대와 유행에 따라서 어떤 때는 심지어 장식으로 간주되기도 하는 것이다. 어떤 이들은 나를 비웃고 또 어떤 이들은 나를 무례하다고 하겠지만 그것이 무슨 대수겠는가? 응당 받아야 할 것이 아닌 비난과 비웃음은 참을 줄도 알아야만 한다." 이러한 태도는, 루소 자신도 이해했듯이, 지나치게 타협을 싫어하는 사람이 될 위험을 야기한다. 『신 엘로이즈』에는 다음과 같은 표현이 있다. "나는 여론을 경멸할 힘을 주는 미덕에 대한 그의 굴하지 않는 애정이 그를 정반대의 극단으로 몰고 가서 단정함과 예의범절이라는 신성한 법을 폄하하게 할까봐 염려가 된다."

"공동체 전체의 힘으로 각 구성원들의 신체와 재산을 방어하고 보호하며, 개개인이 전체에 연결되어 있으면서도 자기 자신 외에는 누구에게도 복종하지 않고 여전히 자유로운 상태를 유지할 수 있는 하나의 결합 형태를 발견하는 것, 이것이 근본적인 문제이다."

8

폭정을 휘두르는 여론:
알렉시스 드 토크빌

우리가 역사를 거슬러 올라가며 문헌을 조사하는 목적이 여론이라는 개념을 만든 사람들이 어떤 의미를 염두에 두고 있었는지를 알아내기 위한 것이라면 우리는 이제 결론을 내릴 수 있다. 왜냐하면 고립에 대한 두려움과 그 결과로 생기는 침묵의 나선에 기초한 여론 개념을 채택하는 데에는 충분한 역사적 근거가 있기 때문이다.

구성원이 고립을 두려워하는 정도는 각 사회마다 다르지만, 동조의 압박이 전혀 없는 사회는 없으며 그 압박을 효과적으로 만들어 주는 것이 또한 고립에 대한 두려움이다. 스탠리 밀그램은 노르웨이 국민들의 동조성은 미국 국민들보다 조금 더 높고 프랑스 국민들의 동조성은 미국 국민들보다 더 낮게 나타난다는 것을 실험을 통해 알아냈다. 솔로몬 애시가 정립한 동조 행동 이론이 혹시 미국인들에게만 특별히 해당되는 것은 아닌가 하는 의문이 제기되었기 때문에 밀그램이 실험의 무대를 유럽으로 옮겼던 것이다.

사실 소스타인 베블런이 1899년에 출간한 『유한계급론 *The Theory of the Leisure class*』의 서두에서 묘사했던, 20세기 초입에 높은 사회적 지위를 추구하는 미국인들의 행동, 훗날 베블런이 과시적 소비라 명명했던 그 행동 패턴에 대해 루소도 반대하는 입장에서 비난의 말을 쏟아냈었다. 루소가 서로 반대되는 한 쌍의 개념으로 보았던 〈개인의 본성과 여론〉 사이에서의 절충이 미국에서는 여론 쪽으로 무게가 기울면서 개인에게 복종을 기대하는 양상으로 전개되었다. 루소와 마찬가지로 프랑스인이었던 토크빌이 쓴 『미국의 민주주의 *Democracy in America*』라는 제목의 여행기에는 그러한 현상이 잘 묘사되어 있다.

내가 아는 한, 토크빌은 침묵의 나선이 작동하는 것을 명확히 관찰한 최초의 사람이었다. 그는 혁명이 일어나기 전 프랑스 교회가 쇠퇴하는 과정을 예로 들면서, 여론과 관련해서 말을 하거나 침묵을 지키는 것이 얼마나 중요한지를 기회 있을 때마다 언급했다. 나아가서 여론에 대한 그의 접근 방식은 오늘날 우리가 사용하고 있는 관찰에 의한 실증적 조사와 가장 밀접해 있다. 그는 마치 지금 우리가 보는 것처럼 고립에 대한 두려움을 보았고 그 중심에 자리하고 있는 침묵의 경향을 보았다. 토크빌은 여론을 주제로 글을 쓰지도 않았고 자신의 저서에서 한 꼭지를 여론에 할애해 제목을 붙이지도 않았다. 하지만 그럼에도 그의 책 속에는 여론의 중요성에 대한 분석과 설명, 여론에 대한 설명과 평가들이 넘쳐난다. 그렇다고 그가 이를 단지 미국에만 국한된 현상으로 여긴 것은 아니다. 그는 여론이 갖는 보편적 성격과 그것이 유럽에 어떻게 영향을 끼쳤는지도 보았다. 하지만 그는 미국에서 여론이 훨씬 앞서 나아가면서 그곳에서 이미 일정한 역할을 수행하고 있었고 유럽에는 나중에 나타났다고 믿었다. 토크빌에게 있어 미국에서의 여론이란 묵직한 중압감이고, 부담이며, 동조에의 강요이자, 루소의 표현을 빌자면 사회 구성원 개개인이 굴복해야 하는 속박이었다.

귀족사회의 사람들에게는 종종 자기만의 정신적 군건함과 강인함이 있다. 자신의 의견이 같은 나라 안의 다수의 의견과 배치되면 그들은 자기들만의 소그룹을 형성하고 거기서 스스로 위안과 지지를 얻는다. 그런데 민주주의 국가의 경우엔 그렇지 않다. 그곳에서는 세간의 호평이 우리가 숨 쉬는 공기만큼이나 꼭 필요한 것이어서 다수와 불화하며 사는 것은, 말하자면 사는 게 아니다. 자신들처럼 생각하지 않는 사람들을 억압하기 위해 다수에게 법 따위 필요 없다. 세상으로부터 승인받지 못하게 하는 것만으로도 충분하다. 그로 인한 고독감과 무력감이 그들을 덮쳐 절망으로 몰아가기 때문이다. 진정한 의미에서의 정신의 자유와 토론의 자유가 미국보다 적은 나라를 나는 알지 못한다.

유럽에서는 어느 입헌국가든 정치적, 종교적 견해를 얼마든지 자유롭게 설파할 수 있다. 유럽에는 고난을 감수하며 당당히 진실을 위해 목소리를 높이는 사람이 보호받지 못할 정도로 하나의 권위에 다른 나머지가 완전히 압도되는 나라는 없다. 설사 그가 운이 나빠서 독재

정부 치하에 산다고 하더라도 국민이 그의 편이다. 만일 그가 자유국가에 산다면 필요한 경우 권좌의 뒤에 몸을 은신할 수도 있을 것이다. 일부 국가에서는 귀족사회적인 측면이 그를 지지해 주고, 또 다른 나라에서는 민주주의가 그에게 울타리가 되어준다. 그러나 미국처럼 민주적 제도가 갖춰진 나라에는 오직 단 하나의 권위, 단 하나의 성공과 힘의 원리가 있을 뿐, 아무것도 그것을 넘어서지 못한다.

이 단 하나의 힘, 토크빌에 의하면 그것은 바로 여론이다. 그렇다면 여론은 어떻게 이렇게 막강해졌을까?

여론의 힘을 설명하는 평등
—

『미국의 민주주의』라는 책의 서론에서 토크빌은 이렇게 썼다.
"미국에 머무는 동안 나의 관심을 끈 신기한 것들 중에서 마음에 가장 강력한 울림을 준 것은 사람들 사이에 보편화된 〈평등〉이었다. 나는 이 기본적 사실이 그 사회의 전 과정에 막대한 영향을 끼치고 있음을 어렵잖게 알아차릴 수 있었다. 그것은 여론에 독특한 방향을 제시하고, 법에도 독특한 경향성을 불어넣고 있다."
미국인들이 평등을 향해 끝도 없이 노력하는 정당한 이유를 찾아보려 애쓰면서, 토크빌은 평등이라는 개념이 전 세계적으로 전개되는 양상에 주목하게 되었다.

만일 11세기 전체에 걸쳐서 프랑스 사회에 무슨 일이 일어났는지를 들여다보면 11세기 전반부 말기와 후반부 말기에 이중으로 혁명이 일어났음을 쉽게 알 수 있다. 귀족의 사회적 지위는 하락하고 평민의 지위는 향상되었다. 하나가 내려오면 다른 하나가 올라갈 수밖에 없다. 반세기라는 세월이 지날 때마다 둘의 차이는 점점 더 좁혀졌고 머지않아 둘이 만나게 될 것으로 보인다. 이것은 비단 프랑스만의 특별한 상황은 아니다. 어디로 눈을 돌리든, 우리는 기독교 세계 전체에 진행되고 있는 똑같은 혁명을 볼 수 있다……. 고로 평등이라는 원칙의 이 같은 전개는 신의 섭리로 정해진 것이다. 그렇게 볼 수 있는 모든 중요한 특징들이 갖추어져 있다. 그것은 보편적이고, 영속적이며, 인간의 온갖 방해를 용케도 피하며, 모든 인간뿐 아니라 모든 사건들이 그것의 진보에 기여하고 있다……. 대중 앞에 소개되는 이 책을 집필하는 데는 온갖 장애물을 극복하고 수세기 동안 추진되어 왔고 지금도 여전히 폐허의 한복판에서 진행되고 있는 거스를 수 없는 그 혁명을 바라보면서 필자 본인의 마음에 생겨난 일종의 종교적 경외심이 큰 영향을 미쳤다.

이것이 의심할 여지없는 하늘의 섭리임을 알기 위해 반드시 신의 직접적인 계시가 필요한 것은 아니다.

토크빌은 사회적 조건의 평등함이 왜 여론의 득세로 이어지는지 그 이유를 다음과 같이 설명한다.

사회의 계급이 평등하지 않고 사람들이 처한 사회적 조건이 저마다 다를 때는 우월한 지성과 학식, 교양이라는 권력을 휘두르는 일부가 존재하는 반면, 다수는 무지와 편견 속으로 가라앉는다. 고로 귀족주의 사회에 사는 동안 사람들은 자연히 자기보다 우월한 인물 혹은 우월한 계층 사람들을 기준으로 자신들의 의견을 형성하게 되며, 다수가 오히려 무오류일 가능성을 인정하기 꺼려 한다. 하지만 평등의 시대에는 그와 반대의 현상이 일어난다. 시민들이 보편적으로 평등하고 삶의 조건이 비슷한 상태에 수렴할수록 개개인은 특정한 계층이나 특정인을 맹목적으로 믿지 않게 된다. 오히려 그럴수록 다수를 신뢰하는 마음은 더 늘고, 여론은 그 어느 때보다 여왕과 같은 지위를 갖게 된다. …… 평등의 시대에 사람들은 서로를 믿지 않는데 그것은 그들이 갖는 〈보편적 유사성〉 때문이다. 하지만 바로 이렇게 서로 별다를 게 없다는 사실이 대중의 판단에 대한 거의 무한한 확신을 준다. 왜냐하면 그들 모두가 동일한 판단의 수단을 부여받는다면 숫자가 늘어날수록 진리의 위대성도 비례해서 커지기 때문이다.

알다시피 토크빌은 여론을 〈수적으로 다수를 차지하는 사람들의 의견〉이라고 해석한다.

토크빌은 자신이 다루고 있는 것은 신의 섭리라면서 아무도 그것을 거역할 수 없다고 주장한다. 그러나 그는 그런 사회에서 살아가는 인간의 운명에 대해 동정심을 가누지 못하고 그것이 개인의 정신에 미친 결과를 보고 비관주의로 깊이 빠져들어 저항한다. 개인의 운명에 관해 그는 다음과 같이 말하고 있다.

민주국가의 시민은 자신을 주위 모든 사람들과 개인적으로 비교할 때 그들 중 누구와도 동등한 입장이라는 것에 자부심을 느낀다. 그러나 그는 동시대 사람들 전체를 바라보고 그 거대한 전체에 자기 자신을 견주어보면 자신이 얼마나 보잘것없고 나약한 존재인지를 느끼면서 대번에 기가 질리게 된다. 그가 그들로부터 독립적일 수 있게 해주었던 바로 그 평등이, 심각하게 말하면 다수의 영향력으로부터 그를 보호해 주지 못하고 홀로 남겨지게 한다.

사회적 조건이 평등할 때 여론은 언제나 각 개인의 마음에 엄청난 무게의 부담감을 준다. 그것은 그를 에워싸고 압박하면서 어디로 갈지 방향을 지시한다. 그리고 이는 정치적 법보다는 바로 사회 조직에서 비롯된다. 사람들이 점점 더 비슷해질수록 개개인은 나머지 전체에 비해 자신을 더욱더 약한 존재로 느낀다. 자신이 그들보다 특별히 우위에 있지 않고 그들보다 두드러지게 뛰어난 점이 없음을 알기에 그런 생각으로 괴로워지면 자신을 신뢰하지 못하게 된다. 그는 자신의 장점을 믿지 못할 뿐 아니라 자신의 권리조차 의심한다. 얄궂은 것은, 그가 자신의 생각이 틀렸음을 거의 인정하게 되는 것은 다수가 그렇다고 주장할 때이다.

토크빌은 여론의 압력이 개개인뿐만 아니라 정부에도 어떤 영향을 미치는지를 설명하고 있다. 그는 대통령 선거 운동 기간 동안의 미국 대통령의 행동을 예로 든다. 선거 운동 기간 동안 대통령은 더 이상 국가의 이익을 생각하는 정치가 아니라 자기 자신의 재선을 위한 정치를 한다. "그는 여론이 드러내는 호감과 반감을 자신의 것으로 취하고, 여론이 바라는 바를 예측하고, 여론의 불만을 미연에 방지하고, 뚜렷한 목적 없는 쓸데없는 여론의 갈망에 굴복한다."

토크빌은 한 사회 내의 평등이 이로운 효과도 줄 수 있음을 마지못해 인정한다. 왜냐하면 권위가 끌어내려졌고 평등이 새로운 사고를 향해 사람들의 마음을 열어줄 수 있기 때문이다. 반면에 개인은 생각이라는 것을 완전히 안 하게 될지도 모른다. "대중이 다른 사람들에게 특정 믿음을 갖도록 일일이 설득하는 것은 아니지만, 공동체 전체의 사고가 개개인의 지성에 일종의 막강한 압력으로 작용해 그 믿음을 모든 이들에게 스며들게 한다. 미국에서 개개인들이 활용할 온갖 기성의 여론들을 공급할 책임은 다수가 지며, 따라서 개인은 자신만의 의견을 따로 가질 필요가 없어진다."

토크빌은 과거 한때 민주사회의 시민들이 "개개인이 갖는 정신의 에너지를 저지하거나 방해하는" 권력을 어떻게 극복했는지를 슬픈 마음으로 회상한다. 그러나 지금 "만약 어떤 법의 지배 하에서—이는 토크빌이 〈다수의 권위〉를 염두에 두고 한 말이다—민주주의가 정신의 자유를 완전히 소멸시킨다면…… 그것은 단지 악마가 성격을 바꾸어 나타난 것일 뿐이다. 사람들은 독립적으로 살아갈 방도를 찾지 못한다. 다만 그들은 새로운 형태의 노예상을 창출한 셈일 뿐이다."

토크빌은 또 다음과 같이 말한다.

"이것은 몇 번이고 강조해도 지나치지 않은 말이지만, 사상의 자유를 성스러운 것으로 여기고 폭군은 물론 독재정치 또한 혐오하는 이들이 곰곰 생각해 보아야 하는 문제가 여기 있다. 나 자신으로 말하면, 내 이마에 묵직하게 얹힌 권력의 손이 느껴질 때 나는 나를 압박하는 사람이 누구인지 굳이 알려고 하지 않는다. 또한 마찬가지로, 나는 백만 명이 내게 손을 내밀었을 때 그 명에 밑으로 지나가고 싶지도 않다."

여론에 대한 저술을 남긴 영국의 고전 작가 제임스 브라이스가 1888년에 썼던 『미국 공화국 *The American Commonwealth*』 4장에서 집중적으로 다룬 〈다수의 횡포〉는 사실 토크빌이 50년 전에 제기했던 문제였다. 이 4장에는 결국 〈여론〉이라는 명확한 제목이 붙여졌다. 그러나 비록 여론이라는 주제를 꼭 집어서 택했고 전체적으로 학문적인 합리성을 유지하고 있기는 하지만 이 책이 여론을 성공적으로 다루고 있다고 보이지는 않는다. 여론을 직접적으로 다루고 있는 책들이 하나같이 실패작으로 보인다는 것은 꽤나 짜증나는 일이 아닐 수 없다. 이는 20세기 들어 첫 10년 동안 출판된, 그 분야에서 권위를 인정받는 독일의 저작들, 이를테면 1914년에 나온 빌헬름 바우어의 『여론과 그 역사적 기초』와 1922년에 나온 페르디난트 퇴니에스의 『여론 비판』 등에도 똑같이 해당되는 말이다.

제임스 브라이스의 저서가 출판된 지 50년이 지난 후 프랜시스 윌슨은 그 유명한 책을 언급하면서 "여론 연구에 체계적인 접근 방식을 도입했던 브라이스를 누구도 비난할 수는 없다."라고 썼다. 사실 브라이스가 여론이라는 주제에 할애한 100여 페이지는 공통점이라곤 전혀 없는 저자들의 논평을 한데 모아 놓고 그 자신의 관찰을 곁들여 놓은 것인데 그래도 그 중 일부는 상당한 관심을 가지고 다루었다. 이를테면 〈다수의 운명론〉에 대한 그의 논평이 그 예인데 그가 묘사한 이 내용이 훗날 〈침묵하는 다수〉라고 불리게 되었다.

9

사회적 통제라는 개념이 형성되고,
여론이라는 개념은 해체되다

우리는 여론에 대한 1950년대 정의를 가지고 20세기로 접어들었다.
자, 스파이어가 쓴 다음의 문장을 보자.

"이 역사적 고찰을 위해 우리는 여론이란, 자신들의 의견이 정부의
구조, 인사 문제, 정책 결정에 영향을 미치거나 좌우할 권리가 있다고
주장하는 정치권 밖의 사람들이 자유롭고 공개적으로 표현하는 국가
적 현안에 대한 의견이라고 이해해 보자."

학자와 언론인들을 위해 만든 여론이라는 개념

—

어떻게 해서 여론이라는 용어가 수세기 동안 함축해 왔던 의미가 이렇게 달라질 수 있었을까? 공개적으로 표현하는 의견, 정부에 미치는 영향. 우리는 스파이어의 정의 중에서 이 부분은 인정한다. 그러나 그밖의 부분은 뭔가 새롭다. 스파이어는 여론을 국가적으로 중요한 문제에 대한 의견, 그리고 판단력을 존중받는 사람들만의 의견으로 한정하고 있다는 점이다. 이것은 여론의 범위를 극단적으로 축소하는 것인 동시에 질적 변화를 수반한다. 우리는 소크라테스가 생각했던 것처럼 앎과 무지 사이의 중간 개념(소크라테스는 의견이 앎과 무지의 중간에 위치한다고 보았다.)은 더 이상 다루지 않는다. 대신에 지금 우리가 다루는 것은, 비록 판단력이 더 우월하지는 않더라도 동등하다고 주장하면서 정부에 가까운 것으로 굳어져버린, 남의 시선을 의식하는 여론의 힘이다.

이렇게 달라진 데에는 설명이 필요하다. 대체 여론은 〈세간의 평판〉이라는 의미를 언제 잃어버렸는가? 나 자신에게 처음으로 이 질문을 하면서, 나는 마치 지갑을 잃어버린 사람처럼 원래 있던 곳으로 다시 돌아가서 그것을 찾아봐야 할 것 같은 기분이 들었다. 때는 1960년대 초반이었고, 이유를 설명할 수는 없지만 그 질문을 하는 순간 거의 동시에 내가 알아차린 것은 선거에서 어느 당이 승리할 것 같은지에 대한 예상과 자신의 투표 의사에 대한 설문에서 보인 두 곡선의 현격한 차이였다. 그러나 그 두 질문이 서로 연관되어 있다는 것을 알아차린 것은 그 후 7년이 지나서였다.

"정부는 여론을 기초로 한다."는 데이비드 흄의 명제와 루소가 국가 내에서 여론에 부여했던 대단한 지위, 미국에서 여론의 압도적인 힘 등, 이 모든 것들이 권력을 추구하는 이들로 하여금 자신들이 여론의 대표자임을 자처하도록 부추겼음에 틀림없다. 말하자면 여론의 왕좌는 19세기 중반까지 집필된 다양한 저술들 안에서는 주인 없이 남아 있는 것처럼 보였다. 그러나 이 시점부터 수많은 저술들이 이 주제를 체계적으로 다루기 시작했고 국가에 가장 유익한 것이 어떤 종류의 여론인가에 대한 토론도 시작되었다. 철학자, 학자, 저술가, 언론인들의 영향력으로 자신들이 여론을 대표한다는 그들의 주장이 확고히 자리를 잡아나갔다. 여론에 대한 제러미 벤담의 논의 혹은 제임스 브라이스의 저술에서 우리는 예리한 사회심리학적 관찰들을 많이 발견할 수 있지만, 여기에는 여론의 성격과 여론이 해야 하는 역할에 대해 그리고 누가 대표로 간주되어야 하느냐에 대한 규범적인 요구들이 뒤섞여 있다. 그러나 심지어 이런 혼란도 스파이어, 빌헬름 헤니스 또는 하버마스가 개념화한 여론으로부터 여전히 멀리 떨어져 있으며, 그들이 개념화한 여론은 중요한 정치적 판단에 지나지 않는 것이 되었다.

보행로의 눈을 치우게 만드는 여론

—

전환점이 되었던 것은 19세기의 마지막 몇 해인 것처럼 보인다. 1896년과 1898년 사이에 에드워드 로스가 《미국사회학저널》에 일련의 논문

(1901년에 책으로 다시 출판됨)을 발표했다. 이 무렵부터 여론은 〈동조에 대한 압력〉이라는 수세기 동안이나 짊어지고 온 의미를 떨쳐버리고, 정부를 비판하고 통제하는 법정이라는 보다 간결해진 의미만으로 존속해온 것처럼 보인다. 그러나 초기의 의미 중에서 일부는 아직도 남아 있다. 예를 들면, 사회심리학자 플로이드 헨리 올포트가 훗날 유명해진 《계간 여론Public Opinion Quarterly》이라는 잡지 첫 발행본의 서두에 기고했던 에세이 〈여론이라는 학문에 대하여〉에서, 그는 보행로의 눈을 치우는 행동이 여론의 효과를 보여주는 실례라고 말했다. 그는 그 행위의 본질에 대해 다음과 같이 설명했다. "여론이란 용어에 대해 연구되어야 할 현상은 본질적으로 행위의 실제 사례들이다. …… 이런 행위의 수행은 종종 남들도 같은 상황에서 비슷한 반응을 보인다는 인식을 토대로 한다." 그러나 동시대의 학자들, 특히 유럽의 학자들은 이러한 생각에 흥미를 느끼기보다는 짜증스러워했다.

죽은 구성원이 사회 집단에서 떨어져 나갈 때까지
—

19세기에서 20세기로 전환되는 시기에 여론의 개념을 변화시키는 데 중대한 영향을 미쳤던 에드워드 로스의 논문은 무엇에 관한 것이었는가? 그보다 먼저, 로스가 마치 제2의 존 로크처럼 말하면서도 로크에 대해 한 번도 언급하지 않았다는 것이 참으로 놀랍다.

성정이 거칠고 활달한 사람은 사회적 불명예를 무시할 수도 있다. 교양 있는 사람은 이웃들의 경멸을 피해 다른 시대, 다른 집단의 여론에서 피난처를 찾을지도 모른다. 그러나 대부분의 사람들에게 자신이 속한 공동체의 비난과 칭찬은 바로 생명을 관장하는 주인이다. …… 현대의 미국인들을 속수무책으로 만드는 것은 성난 군중이 무슨 짓을 할지 모른다는 두려움이라기보다, 완전히 적대적인 말들의 홍수 속에서 동요하지 않은 채 주위 사람들의 양심과 감정에 상충되는 삶을 살아낼 방도가 도저히 없다는 자신들의 철저한 무능함이다. …… 다른 사람들이 자기를 어떻게 생각하든 상관하지 않는 사람은 오직 범죄자와 도덕적 영웅뿐이다.

이러한 말들은 로스의 저술에서 여론이라는 소제목이 붙은 장에 나오는 표현이다. 그러나 그는 여론을 자신이 새로운 이름을 정해준 현상, 즉 그의 저서 『사회적 통제*Social Control*』의 제목이 되어준 그 현상에 종속된 부수적인 개념으로 본다. 인간 사회에서는 다양한 방법으로 사회적 통제가 행해진다고 그는 말한다. 그것은 법에, 종교에, 국경일에, 어린이에 대한 양육 행위 등에 확실히 드러나 있고 또한 제도화되어 있다. 하지만 설사 제도화되지 않았다 하더라도 사회적 통제는 일정한 제재력을 갖는 여론의 형태로 효력을 발휘하기도 한다. 그로부터 50년 이상 지나서 나온 사회적 통제에 대한 리처드 라피에르의 저서에서는 이 제재를 세 가지 범주, 즉 물리적 제재, 경제적 제재, 그리고 가장 중요한 심리적 제재로 나눈다. 이 제재는 아마도 사람들이 누군가에게 인사를 하지 않고 모른 척할 때부터 시작해서 "죽은 구성원이 사회 집단에서 떨어져 나갈 때" 끝난다고 로스는 말했다.

로스는 여론을 통한 사회적 통제의 이점에 특별히 주의를 환기시킨다. 법과 비교했을 때 그것은 "유연하고 비용이 적게 든다." 생동감 있는 이와 같은 그의 묘사는 큰 성공을 거두었고 사회적 통제는 완전히 확립된 개념이 되었다. 그 표현은 새로움이 갖는 모든 매력을 지녔으며, 존 로크가 예전에 여론 혹은 평판의 법이라고 불렀던 모든 것들을 다 아우르고 있다. 많은 사회학자들이 사회적 통제에 관한 주제로 연구를 하고 글을 썼지만 지금은 그 누구도 사회적 통제와 여론을 동일시하지 않는다. 정부와 개인 모두에게 사회적 합의를 존중하도록 강요하는 두 얼굴을 가진 통합의 힘은 이렇게 사라지고 있다. 이제 개인에 미치는 영향은 사회적 통제라고 불리며, 정부에 미치는 영향은 여론이라고 일컬어진다. 그것은 하나의 지적 구조물이며 규범적 특징을 띤다. 그리고 이 두 효과 사이의 관계는 파괴되었다.

10

늘대들의 울부짖는 합창

왜 그 길에는 그렇게 잡초가 무성한가? 왜 우리는 여론의 진정한 의미를 찾아 덤불을 헤치며 힘겹게 나아가야 하는가? 시대에 뒤떨어진 낡은 이름을 가진 이 현상은 어떤 기능을 갖는가? 1970년에 처음 나온, 사회학자 니클라스 루만Niklas Luhmann의 논문 「여론」은 "개념들의 전통적 창고에서 끄집어낸 하나의 고전적인 개념", "그냥 내다버릴 수도, 그렇다고 원래의 의미 그대로 받아들일 수도 없다."라는 말로 시작된다. 1922년에 『여론』이라는 제목의 저서를 내놓은 월터 리프먼Walter Lippmann처럼 루만은 일찍이 아무도 언급한 적 없었던 여론의 특징을 발견했다. 그러나 두 저자는 그 주제에 대한 역사적 혼적을 흐리게 만드는 일에 공조했다. 루만은 다음과 같이 말한다. "지성의 역사를 보면 이성에 대한 믿음도 지속될 수 없고, 주요한 통제를 행하고 정부를 변화시킬 수 있는 여론의 잠재력에 대한 믿음도 유지될 수가 없다." 그렇다면 이러한 믿음을 불러일으킨 사람은 누구인가? 그것은 로크도, 흄도 아니고, 그렇다고 루소도, 토크빌도 아니다.

만약 내가 1964년 초여름 어느 일요일 아침에 베를린에서 이상한 경험을 하지 않았더라면 여론에 대해 다룬 현대의 저작들 중 그 어느 것도 나를 다시금 그 근원으로 데려다주지 못했을 것이다. 당시 나는 월요일에 프리 대학교에서 있을 조사 연구 방법론에 대한 강의를 준비하느라 베를린에서 주말을 보내고 있던 참이었다. 가을에는 마인츠 대학교에 커뮤니케이션 담당 교수로 가게 되어 있었기에 벌써부터 이 모든 것과 작별해야 한다는 느낌이 들었다. 이 특별한 일요일 아침에—나는 심지어 아침도 먹지 않았다—갑자기 무슨 책 제목 같은 것이 머리에 떠올랐다. 그것은 조사 연구 방법론과도 상관이 없었고 그날 내가 하려고 했던 일과도 관련이 없었으며 그 어떤 것과도 이렇다 할 연관이 없었다. 나는 테이블로 달려가 종잇조각에 〈여론과 사회적 통제〉라고 썼다. 그러고는 그것이 무슨 제목인지 바로 알아차렸다. 그것은 그로부터 1년 6개월 후에 마인츠 대학교에서 내가 하게 된 정식 강의의 제목이 되었다.

여론이라는 주제로 돌아가서 그 역사적인 흔적을 조사해 보도록 나를 부추긴 것은 종잇조각에 적은 이 짧막한 제목이었다. 인간의 민감한 사회적 본성과, 주위의 승인과 불승인에 대한 인간의 의존성을 포함하는, 수세기 동안 이해되어 왔던 이 주제를 다루는 것이 왜 그렇게 유행에 한참 뒤떨어진 것이 되어버렸을까? 여론에 대한 이러한 해석이 현대인의 자아상에 맞지 않는 것일까? 어쩌면 이것은 우리가 성년이 됨으로써 그리고 해방을 통해 얻은 훌륭한 자각에 어긋나는 것일까? 만일 그렇다면 인간 사회와 동물 사회에 대한 다음의 비교가 불쾌감을 불러일으키리라는 것은 어렵지 않게 상상할 수 있다.

고립에 대한 두려움은 인간에 관해서는 확실히 기피되어온 연구 주제지만 동물 행동에 대한 연구에서는 아무런 제약 없이 상세히 다루어진다. 동물생태학자들은 동물의 의인화에 대한 비난을 미연에 방지하고자 노심초사하는 사람들이어서 그들은 동물과 인간의 행동을 비교하는 것에 대해 종종 유보적이다. 1981년에 나온 『늑대 *The wolf*』라는 작품에서 에릭 치멘은 이렇게 말한다.

"우리는 인간과 동물의 행동을 비교하는 일에 매우 신중해야 한다. 유사하게 보이는 행동 패턴이 기능 면에서는 완전히 다를 수 있고, 반대로 겉보기에도 다르고 계통 발생학적 기원도 완전히 다른 행동 패턴이 똑같은 기능을 할 수도 있다. …… 그럼에도 불구하고 인간과 동물을 비교하고 관찰하는 것은 새로운 생각을 자극할 수 있다. 늑대와 인간을 대상으로 한 조사처럼 사회적으로 조직화된 종에 대해 다룰 때는 특히 정확한 관찰과 실험에 의한 연구가 요구된다."

아무튼 언어에는 자의식이 없기에, 늑대들이 "무리들과 함께 울부짖는다."는 표현을 우리는 별 무리 없이 이해할 수 있다. 마찬가지로 사람들은 개들의 울부짖음에 대해서도 말할 수 있다. 합창으로 울부짖는 것은 늑대와 마찬가지로 개들에게도 흔한 일이며 침팬지들 역시 가끔은 떼를 지어 울부짖는 소리를 낸다.

연합행동을 위해 무르익은 분위기

—

에릭 치멘에 따르면 늑대들은 사냥을 시작하기 전 저녁에, 그리고 아침을 여는 준비 행동으로 이른 새벽에 울부짖는 소리를 낸다. "늑대에게 다른 늑대의 울부짖음은 남이 하는 행동을 그대로 따라하고 싶게 만드는 강력한 자극제이다. …… 그러나 항상 어김없이 그렇게 되지는 않는다. 예컨대 집단 내에서 서열이 낮은 늑대가 낸 최초의 울부짖음은 서열이 높은 늑대의 울부짖음보다 효과가 떨어진다." 학대받는 늑대와 추방된 늑대, 배척당한 늑대는 그 울부짖음에서 제외된다. 학대받는 늑대, 추방된 늑대, 서열이 낮은 늑대들이 처한 상황의 유사점을 보면 고립되지 않는 것이 얼마나 중요한지, 미국의 늑대 연구가 아돌프 뮤리가 〈우호적 어울림〉이라고 일컬었던 것, 다시 말해서 합창으로 울부짖는 무리에 한몫 낄 수 있다는 것이 얼마나 중요한지를 보여준다. 버림받은 늑대는 또한 중요한 불이익을 받게 되는데 그것은 바로 먹이를 빼앗기는 것이다.

그렇다면 이 울부짖음에는 어떤 기능이 있는가? 에릭 치멘은 이렇게 말한다.

"울부짖음이 무리에 속한 늑대들로 제한되는 것은 그 의식을 통해 늑대 무리의 결속이 강화된다는 의미를 지닌다. 다시 말해서 서로 우호적이고 협조적인 느낌을 확인하는 것이다. 또 울부짖음의 타이밍 역시 서로 간의 행동을 조화시키고 다음에 이어질 활동을 동시에 발생하도록 하는 역할을 한다. 잠에서 막 깨어난 늑대들 사이에 합동 사업을 용이하게 하는 분위기가 재빨리 무르익는다."

군집행동

—

투레 폰 윅스킬의 보고서에 따르면, 콘라트 로렌츠Konrad Lorenz 역시 갈까마귀들이 집단행동을 통제하기 위해 사용하는 음향 신호를 관찰하고는 그들 역시 이런 동시통합화synchronization, 즉 무리가 자신들의 행동을 동시에 일치시킬 수 있다는 것을 알았다.

갈까마귀 떼는 먹이활동을 위해 낮에는 들판을 날아다니다가 저녁이 되면 잠을 자러 숲으로 날아온다. 그러는 동안 그들은 각자 소리 신호를 보내 진로를 합의한다. 만약 아침에나 저녁에 진로가 한순간 제각각 흩어지게 되면 갈까마귀 떼가 잠시 동안 오락가락 나는 것을 목격할 수 있다. 만약 〈짝〉이라는 소리가 〈쪽〉이라는 소리보다 우세하면 갈까마귀 떼는 숲으로 날아가고 반대의 경우도 마찬가지다. 이 과정은 모든 새들의 소리가 완전히 일치할 때까지, 전체 무리가 숲으로 들어오거나 혹은 숲 밖으로 다 나갈 때까지 계속 이어진다. 그런 후에 그들은 합의에 따라 먹이활동을 하든가 아니면 잠자리에 들 준비를 한다. 그들에게는 공통된 정서 혹은 감정 같은 것이 있다. 이처럼 갈까마귀들은 의결권을 가진 집단이다.

콘라트 로렌츠는 『공격성에 관하여On Aggression』라는 책에서 물고기의 집단행동에 관해 소개한 장에 〈무리의 익명성〉이라는 제목을 붙였다.

넓은 의미에서 사회의 가장 원시적인 형태는 익명의 집단이며 그 중 대표적인 예가 바다를 헤엄치는 물고기의 개체군이다. 그들 내부에는 어떤 종류의 체계도 없고 우두머리도 없고 피지배자도 없으며 마치 원소처럼 거대한 집단만이 있을 뿐이다. 물론 이들은 서로 영향을 주고받으며 개체와 무리 사이에는 모종의 매우 단순한 형태의 의사소통이 존재한다. 그들 중 하나가 위험을 감지하고 달아나면 그 두려움을 감지한 다른 물고기들 모두에게 그의 느낌이 전달된다. …… 순전히 양적이고 어떤 의미에서는 민주적인 이 같은 행동 과정을 사회학자들은 〈사회적 유도social induction〉라 일컫는데, 이것은 떼를 이룬 물고기의 수가 많을수록 한 개체의 의지는 약해지며 무리의 본능은 더 강해진다는 것을 의미한다. 이유가 어쨌든 다른 방향으로 헤엄치기 시작한 물고기는 무리에서 떨어져 홀로 고립되는 걸 피할 수 없다. 개체를 다시 무리 쪽으로 들어오게 하는 것은 계산된 모든 자극이 갖는 영향력에 달려 있다.

무리와의 연결이 끊어져 고립되는 것은 개체의 삶에 닥친 갑작스런 위험을 의미할지 모른다. 그런 연유로 단체행동은 지극히 기능적이며 집단을 이루는 개체의 생존을 위해 유익한 것이다.

만약 개체에게 고립에 대한 두려움이 없다면 어떻게 될까? 잉어과에 속하는 작은 물고기인 피라미를 대상으로 에리히 폰 홀스트가 실시한 실험에 대해 콘라트 로렌츠는 다음과 같이 보고한다.

에리히 폰 홀스트는 일반 피라미에게서 전뇌를 제거한다. 피라미 종의 물고기에서 전뇌는 일체의 집단행동을 관장하는 부분이다. 전뇌가 제거된 물고기는 다른 정상적인 물고기들처럼 보고, 먹고, 헤엄치고 하지만, 그 행동에서 단 한 가지 괴상한 점은 다른 물고기들의 무리에서 떨어져 나와 혼자 다니는 것에 대해 무심하다는 것이다. 그 물고기는 정상적인 물고기에게서 보이는 망설임이 없으며, 심지어 특정한 방향으로 너무나 가고 싶을 때도 자신의 동료들을 한 번 쳐다보고는 다른 녀석들이 따라오거나 말거나 신경 쓰지 않고 그 방향으로 휙 돌린다. …… 만약 먹이를 보았다거나 그렇게 할 만한 다른 이유가 있다면 그 물고기는 단호하게 한 방향으로 헤엄쳐 나가고 그러면 물고기 떼 전체가 그것을 따른다.

로렌츠는 그런 현상에 대해 다음과 같이 말한다.

"전뇌의 결핍 덕분에, 뇌 없는 동물이 독재자가 되었다!"

현대의 뇌 연구가들은 인간의 뇌 속에도 그것과 마찬가지로 자아와 외부 세계의 관계를 감독하는 어떤 부분이 있다고 말한다. 그러니까 다시 말해, 익명의 집단이 가하는 공격에 노출된 부분이 있는 것이다. "우리는, 우리가 생각하는 것보다 훨씬 …… 취약한 존재입니다." 인간관계 분석 전문가인 홀스트 리히터가 그렇게 얘기한 적이 있다. 그의 말은 우리는 주위 사람들이 우리를 어떻게 대하고 판단하느냐에 상처받기 쉽다는 뜻이다. 인간은 마치 자신의 사회적 본성이 당황스러운 것인 양, 정녕 그것을 감추고 살아야만 하는가?

"인간의 이성은, 인간 그 자신이 그렇듯이, 혼자 남겨질 때 더 소심하고 조심성이 있다. 그리고 자신과 연관된 사람들의 숫자에 비례해 단호함과 자신감을 얻는다." 이 말은 제임스 매디슨이 했던 말이다. 1877년에 출간된『동물들의 사회』라는 저서에서 프랑스 사회학자 알프레드 에스피나스도 생물학자인 포렐의 한 연구 보고서를 기초로 다음과 같은 생각을 피력한 바 있다.

"개미 한 마리의 용기는 같은 종의 동료나 친구들의 수에 정확히 비례하여 커지고, 그 개미가 친구들로부터 분리되면 어느 정도 감소한다. 잘 알려져 있듯이 개미들의 개체수가 엄청나게 많은 개미언덕에 거주하는 개미들은 아주 작은 서식지에 사는 똑같은 개미보다 훨씬 더 용감하다. 만약 자신의 동료들에게 에워싸여 있다면 열 번 넘게 죽을 수 있는 상황에서도 의연할 수 있는 일개미가 보금자리에서 겨우 20미터만 떨어져 혼자 있게 되면 극도의 두려움을 느끼면서 아주 단순한 위험의 징조에도 달아나려 한다. 이는 말벌의 경우도 마찬가지다."

인간 사회를 하나로 묶어주는 진정한 힘을 인정하는 것이 우리의 이상적 자아상과 양립할 수 없다는 이유로 우리는 정녕 중요한 판단을 기초로 하는 여론이라는 허구를 창조해야만 하는가?

11

—

아프리카와
태평양 섬 부족들 사이에서의 여론

인류학자 콜린 턴불Colin M. Turnbull은 1961년에 출간된 『숲 사람들 *The Forest People*』이라는 자신의 저서에서 콩고 숲속에 사는 피그미 부족의 생활을 보여주고 있다. 그는 우리에게 그들만의 행복한 유목 생활을 소개한다. 남자들은 저녁에 모여서 함께 노래를 부르고 아침에는 젊은이들이 큰소리로 잠자는 이들을 깨운다. 사냥에 앞서 사람들은 종종 춤을 추기도 한다. 남자와 여자가 마을 전체를 둥글게 에워싸고 함께 손뼉을 치며 사냥 노래를 부르고 좌우를 살피며 높이 점프를 한다. 이러한 행동은 그들이 잡으려는 동물을 흉내 내는 것이다.

그런데 이런 목가적인 장면을 배경으로 극적인 갈등이 일어난다.

다섯 가족의 우두머리인 케푸는 한때 주위의 존경을 받았지만 사냥꾼으로서는 운이 좋지 못해서 처지가 급속히 추락했고 이렇게 다수가 참여하는 집단적 행사에서는 종종 주변을 겉도는 모습을 보이곤 한다. 그는 몰이사냥에 참여한 다른 사람들의 그물보다 자신의 그물을 앞쪽에 몰래 쳐놓아 단합의 규칙을 어긴 바 있다. 결국 그날 몰이꾼 역할을 한 여성과 아이들은 말하자면 케푸가 쳐놓은 그물을 향해 우선적으로 짐승들을 몰게 되는 셈이다. 그날 저녁에 턴불과 조사자들이 관찰해 보니 아무도 케푸에게 말을 걸지 않고 심지어 사내들의 저녁 모임에서는 그 누구도 그에게 앉을 자리를 내어주지도 않는다. 그가 한 젊은 녀석에게 조금만 옆으로 당겨 앉으라고 하지만 젊은이는 꿈쩍도 안 하고 그냥 앉아 있다. 또 다른 누군가는 케푸가 사람도 아니고 짐승이라면서 그를 조롱하는 노래를 만들어 부르기 시작한다. 그는 기가 죽은 나머지 자신이 사냥으로 잡은 짐승의 고기를 내놓겠다고 말한다. 그러자 그의 제의는 즉각 수용되고 모두들 케푸의 가족들이 사는 집으로 몰려간다. 그들은 대다수가 사는 곳에서 떨어져 있는 케푸의 집을 구석구석 뒤져서 불에 올려놓은 솥 안의 고기까지 먹을 수 있는 것은 몽땅 다 쓸어간다. 그날 저녁 늦게 케푸의 먼 친척 중에 하나가 버섯 소스를 곁들인 고기요리를 한솥 가득하게 케푸와 그의 가족들에게 다시 갖다 준다. 심지어 그날 밤부터 벌써 케푸가 꺼져가는 모닥불 주위에 빙 둘러앉은 남자들 틈에 한자리를 차지하고 그들과 어울려 노래를 부르는 모습을 볼 수 있었다. 그는 다시 한 번 그들 무리에 속하게 된 것이다.

누구도 혼자서는 살아갈 수 없다

—

또 다른 경우는 사촌과 근친상간 관계를 갖다가 들킨 한 청년에 관한 이야기다. 누구도 선뜻 그를 집에 들이거나 거처를 내어주는 사람이 없다. 그의 또래들은 칼과 창으로 그를 마을 밖으로 몰아냈고 그는 숲으로 들어간다. 이 젊은이와 같은 부족 중 한 명이 콜린 턴불에게 이렇게 말한다. "그는 숲으로 추방되었고 거기서 혼자 살아야 할 거예요. 그런 일을 저질렀으니 아무도 그를 집단의 일원으로 받아주지 않을 겁니다. 숲속에서 혼자 살아남을 수 있는 사람은 아무도 없으니 결국 그는 죽고 말겠죠. 숲이 그를 죽일 거예요." 그러더니 그가 갑자기 피그미 부족 특유의 몸짓으로 손뼉을 치며 킥킥대고 웃더니 이렇게 말한다. "몇 달 동안이나 그런 짓을 해왔죠. 그런데 그렇게 들키다니 바보임에 틀림없어요." 근친상간 자체보다 그의 어리석음이 더 문제가 되는 게 분명했다.

그날 밤 청년의 가족들이 사는 집에 불이 났고 가족들 간에 싸움이 벌어졌다. 싸우느라 말다툼이 오가면서 소란스러웠지만 문제의 발단인 근친상간에 대해서는 아무도 말하지 않았다. 하지만 다음날 아침이 되자 전날 치욕을 당했던 소녀의 어머니가 자기 딸을 해쳤던 사람의 가족들이 살던 오두막을 고치는 데 열심히 거드는 모습이 보였다. 그로부터 사흘 후, 젊은이는 저녁에 마을로 슬며시 돌아왔고 청년들 사이에 다시 자리를 찾아 앉았다. 처음에는 아무도 그에게 말을 걸려고 하지 않았지만 한 여자가 어린 소녀를 보내 그 청년에게 먹을 것을 가져다주자 그 일은 그것으로 해결되었다.

바깥세상의 무기: 경멸과 조롱

—

턴불이 예로 들었던 상황을 보면 마을 전체에서 그 문제를 놓고 논의를 한 후에 갈등이 해결된 것은 아니었다. 턴불의 말에 따르면 마을에는 심판관도, 법정도, 배심원도 없었다. 형식적인 절차 따위도 없었고 어떤 위원회에서 결정을 내린 것도 아니었으며 족장도 없었다. 모든 사건들은 집단의 화합을 위태롭게 하는 일이 없도록 처리되었다. 그물을 쳐서 사냥을 해서 먹고 사는 사회는 다른 무엇보다 화합의 능력을 유지해야 했다. 각 구성원들을 통제하는 수단은 두 가지다. 그들은 무엇보다 경멸당하고 조롱거리가 되는 것을 두려워했다. 우리는 여기서 에드워드 로스가 여론을 곧 〈사회적 통제〉라고 설명했던 것을 떠올린다.

"그것은 법정의 판결보다 더 효과적이다. 그것은 구석구석까지 파고들며 비용도 들지 않는다."

마거릿 미드가 말하는 세 종류의 여론

—

1930년대에 인류학자 마거릿 미드Margaret Mead는 〈원시인들 사이에서 여론이라는 장치〉라는 제목으로, 그들 사이에서 찾아볼 수 있는 여론 형성 과정을 세 종류로 나누어 설명한 바 있다. 그녀의 관찰에 의하면 여론이 효력을 발휘하는 경우는 다음과 같다. 첫째 누군가가 법을 어긴 사실이 드러났을 때, 둘째 법을 어떻게 해석해야 할지 불확실할 때, 셋째 갈등이 분출하거나 혹은 장래의 행동이나 절차 문제를 결정해야 할 때가 그것이다. 그럴 때 사회적 합의를 이끌어내기 위한 방법이나 조치들을 확실히 정해두어야 하는데, 미드는 공동체가 행동력을 유지하려면 여론이라는 장치가 필요하다고 보았다.

그녀가 설명하는 첫 번째 유형은 피그미 부족이 사용하는 방법과 비슷하다. 그녀의 말에 따르면 그 방법은 비교적 규모가 작은 집단에서만, 즉 2백 명에서 많아야 4백 명 정도의 구성원으로 이루어진 공동체에서 효과를 발휘한다. 그녀는 뉴기니의 아라페시 부족을 예로 들고 있다. 이들 부족이 미리 정해진 규칙에 의존하는 경우는 최소한이고 대다수의 규칙들은 단기적인 것이어서 등장했다가 이내 사라진다. 그 공동체는 거의 법체계 없이 유지된다. 또한 확고한 권좌도 없고 정치 제도도 없으며, 심판관도, 법정도, 성직자도, 마술사도, 지도자로서의 위치를 물려받는 계급도 없다.

함께 먹는 돼지고기 저녁식사

—

마거릿 미드는 갈등 해결의 한 예로, 한 아라페시 부족민 소유의 땅에 돼지가 침입해서 먹을 것을 찾아 코로 땅을 헤집고 있는 것을 발견하는 순간 어떤 상황이 벌어지는지를 묘사하고 있다. 땅주인은 자기 마음 내키는 대로 일을 처리하지 않으며 오히려 매우 신중하게 행동한다. 어쨌거나 그가 돼지를 죽이리라는 것은 분명한 사실이다. 왜냐하면 그것이 그들 부족민들 사이에서 받아들여진 관례이기 때문이다.

하지만 돼지가 코로 땅을 헤집고 다니는 동안에 혹은 돼지를 죽인 직후 돼지가 창에 찔린 채 피를 흘리고 있는 동안에 그는 몇몇 친구들, 즉 또래친구들이나 형제 또는 동서들에게 그 사실을 알리고 의논을 한다. 그는 죽은 돼지를 주인에게 돌려줘야 할 것인가? 그럴 경우 돼지 주인은 그 돼지고기를 이용해 돼지가 망쳐놓은 땅에 대한 손해 배상을 할 수 있게 된다. 혹은 땅주인은 자신이 입은 손해에 대한 배상과 정신적 고통에 대한 피해 보상으로 죽은 돼지를 주인에게 돌려주지 않고 그냥 자신이 차지하고 먹어 치울 것인가? 만일 그와 입장이 비슷한 또래친구들이 그에게 좋게 해결하라면서 죽은 돼지를 주인에게 돌려주라고 하면 그는 그렇게 할 것이다. 하지만 만일 그들이 좀더 대담한 해결책을 제시한다면 그는 이번에는 그들보다 나이가 많은 윗세대 조언자들, 즉 아버지와 친척 아저씨들의 의견을 들어볼 것이다. 만일 이 연장자들 역시 그 돼지고기를 주인에게 돌려주지 않는 게 좋겠다고 한다면 그 다음에는 마지막으로 특별히 존경받는 인물의 생각을 물어볼 것이다. 만일 그 또한 그들과 의견이 같다면 그 행동에 동조한 사람들은 모두 모여 돼지고기를 함께 먹는다. 동조자들이 모여 고기를 함께 먹는 것은 만일 그 결정으로 인해 말썽이 생기면 모두 단합하여 그 결정을 옹호하겠다는 의미이며, 흑마술 혹은 돼지 주인과 그 친척들의 증오와 같은 어떤 불쾌한 결과에 대해서도 함께 책임질 자세가 되어 있음을 보여주는 것이다.

불명확하거나
변화하는 규칙에 대해서는 대단한 주의가 필요하다
—

그런 상황에서 소외되지 않으려면 어떤 행동을 취해야 하는지를 모색하는 과정은 매우 신중해야 하는데 명확한 규칙이 없기 때문에 그때그때 상황에 따라 달라질 수 있다. 개인이 어떤 것에 찬성하거나 반대하는 결정을 내려야만 하는 상황은 끊임없이 새롭게 생겨난다. 만일 그가 이미 어떤 결정을 내렸다면 그와 그의 동료들은 그 결정을 열정적으로 옹호하고 지켜내야만 한다. 그러나 한편으로 동맹은 오래가지 못한다. 무리 사이에서 생겨난 잠시의 불화는 이내 한쪽으로 밀쳐놓아지는데 또 다른 갈등이 일어나면 거기에 따라 또 새로운 파벌이 생겨난다.

우리가 지금 여기서 다루는 것이 〈여론 형성 과정〉이라는 것은 의심할 여지가 없다. 왜냐하면 이 안에 여론 형성 과정의 모든 요소들이 다 갖춰져 있기 때문이다. 논쟁, 두 진영, 고립되지 않도록 처신하려는 노력, 자신이 올바른 쪽에 속한다고 생각함으로써 오는 흥분. 이모든 것들이 각자에게 주어진 역할을 다한다. 다만 우리가 지금 얘기하는 것이 대중의 의견인지, 다시 말해서 거기에 공공성公共性의 요소가 있는지에 대해서는 의심해볼 수 있다. 분명 거기에는 현대 대중사회에서 우리가 이해하는 대중의 의미는 담겨 있지 않다. 오늘날 대중이라는 단어는 익명성, 접근 기회의 균등, 그리고 이름도 얼굴도 성격도 모르는 무형의 수많은 타인 속에서 자신을 발견하는 개인들이라는 의미를 함축하고 있다. 하지만 아라페시 부족 사람들은 자신들이 속한 소규모 공동체의 구성원들을 전부 알고 있다. 그러나 이들 역시 결코 스스로 고립되거나 소외되기를 원하지 않는, 모든 것을 포괄하는 사회 구성원으로서의 자격이라는 의미에서 자신들이 공적으로 노출되어 있는 존재라고 느낀다.

이원적 체계 혹은 당파적 사고

여론 형성 과정의 두 번째 방식을 설명하기 위해 마거릿 미드는 뉴기니의 사람사냥꾼(자신들이 죽인 사람들의 머리를 전리품처럼 모으는 부족)이아트물 부족의 사례를 제시한다. 아라페시 부족과 마찬가지로 이들에게도 족장은 물론 중앙 권력도 없지만 그럼에도 불구하고 이들은 효율적으로 결정하고 행동하는 방법을 알고 있다. 그들은 아라페시 부족과는 달리 개인이 다수의 의견을 물어보는 것으로 갈등을 해결하지는 않는다. 이아트물 부족은 〈이원적 체계dual system〉를 발달시켜 왔다. 그들은 형식적 기준에 따라 부족을 두 진영 혹은 두 집단으로 나누어 언제나 그 안에서 논쟁을 판가름한다. 미드는 조금 규모가 큰 사회적 단위가 합의를 도출하는 데는 이러한 절차가 필요하다고 믿는다(이아트물 부족의 경우는 전체 부족의 수가 1천 명에 이른다). 개인들이 어떤 사안에 대해 특정한 입장을 지지하는 결정을 내리는 것은 본인이 심사숙고한 결과가 아니라 단지 자신이 속한 집단이 그러한 견해를 표방하기 때문이다. 이들 집단이 어떻게 구성되며 개개인이 어느 편에 속하느냐는 그때그때 달라지는 것처럼 보인다. 겨울에 태어난 사람들이 한 집단에 속한다면 여름에 태어난 사람들은 다른 한 집단을 이룬다. 묘지 북쪽에 사는 이들과 묘지 남쪽에 사는 이들이 각각의 집단을 이루기도 한다. 매를 잡아먹지 않는 모계에서 태어난 사람들과 앵무새를 잡아먹지 않는 모계에서 태어난 사람들이 서로 다른 집단을 이룰 수도 있고, 부계 족보를 거슬러 올라갔을 때 A 씨족이 부계인 사람들과 B 씨족이 부계인 사람들이 서로 대응하는 집단을 이룰 수도 있으며, 인접한 두 연령대에 속하는 사람들끼리 한두 개의 집단을 이룰 수도 있다. 이원적 체계가 작동하는 것은 오로지 이들 집단이 갖가지 방식으로 서로 교차되기 때문이다. 오늘 어떤 문제와 관련해 나와 반대편에 섰던 사람이 내일 다른 문제에서는 동조자가 될 수 있다. 이런 식으로 해서 공동체는 항상 두 집단으로 이루어져 있긴 하지만 절대 완전히 쪼개지지는 않는다. 다시 말해 공동체는, 모든 여론 형성 과정이 그러하듯, 어떤 문제에 대해 찬성하거나 반대하는 진영으로 쉽게 분할되는 양상을 띤다.

이때 결정은 다수의 동의로 내려지는 것이 아니다. 그 결정에 이해관계가 가장 크게 걸린 측에서 해결책을 강구하며, 각각의 공식적인 집단을 이루는 구성원들은 자신들의 주장이 담긴 슬로건을 정하고 그것을 형식에 구애 없이 반복한다. 미드는 현대 사회에서 수없이 많은 문제들이 이와 유사한 이원적 체계에 의해 결론이 내려진다고 생각한다. 정당, 이익 집단, 지역 연합체들이 실질적인 쟁점을 놓고 이편 혹은 저편으로 갈려서 격렬하게 싸우는 것이 아니라, 단지 자신이 속한 집단이 특정한 입장을 취하기 때문에 싸우는 것이다. 양 진영의 구성원들이 보여주는 힘에 따라 최종적인 결론이 내려진다. 현대의 정치적인 용어는 여론의 이러한 메커니즘과 현재 우리 사회의 시스템이 얼마나 직결되어 있는지를 무심코 드러낸다. 양분화라는 단어는 우리가 서로 대립하는 두 가지 대안 중에 하나를 선택해야 할 때 야기되는 이중의 형태를 가리킨다. 현대적 표현인 당파적 사고party mentality라는 용어는 마거릿 미드가 이아트물 부족의 경우를 예로 들어 보여주었던 태도, 즉 하나가 되지 않고 파派로 나뉘어 생각하는 방식을 가리킨다.

개인은 힘이 없다: 발리 섬의 형식주의

—

마거릿 미드는 발리의 남쪽 섬에 사는 사람들의 예를 들어 사회의 결속을 유지하는 세 번째 방식을 설명한다.

　엄격하게 정해진 의식 순서는 누가 봐도 알 수 있을 만큼 분명하다. 법을 다루는 기량으로 논쟁 중인 문제들이 판가름된다. 건강한 성인 남자라면 누구나 위원회에 소속되며 세월이 흐르면서 그들은 점점 더 높은 지위로 올라간다. 그리고 대대로 내려오는 규칙들을 해석해야 하는, 고심을 거듭해야 하는 어려운 작업이 그들이 감당해야 할 의무가 된다. 자 이제, 어떤 사건이 그들 앞에 제시된다고 상상해 보자. 어떤 남녀가 결혼을 했는데 그 결혼을 합법적인 것으로 보아야 하는지 혹은 근친상간으로 보아야 하는지에 대해 의문이 제기되었다. 그들은 두 세대 떨어진 사촌이다. 족보를 따지면 신부가 신랑의 할머니뻘이다. 사촌 간의 결혼은 금지되어 있다. 이 경우에 결정적인 요인은 무엇인가? 사촌인가 아니면 두 세대 떨어져 있다는 사실인가? 이와 관련해 하루 온종일 무거운 긴장감이 고조되어 간다. 위원회가 소집되고 지도부는 일련의 논쟁들에 대해 숙고하지만 결정을 내리지는 않는다. 누구도 어느 한쪽을 편들지 않고, 문제가 된 두 집안을 변호해줄 변호인도 없다. 어떤 견해가 더 우세한지를 결정하기 위해 그들은 아무런 노력을 기울이지 않는다. 결국 위원회에서 역법曆法에 관한 문제들을 담당하는 전문가가 결정을 내린다. 한 세대가 떨어져 있건 두 세대가 떨어져 있건 간에 사촌은 사촌이며 따라서 그 결혼은 규칙 위반으로 간주되어야 한다는 결론이 내려진다. 그러므로 규칙을 어긴 사람들에 대해서는 벌이 따라야 하고 그에 대해 그들 부부는 고립이라는 벌을 받게 된다. 그들의 집은 마을 남쪽 경계 밖으로 옮겨지고 그들은 벌칙 구역에서 살아가게 된다. 마을 사람들이 전부 나서서 이들의 이주를 돕는다. 부부는 추방되고 이들은 장례 의식과 절차를 제외한 마을의 어떤 모임과 행사에도 더 이상 참여할 수 없다.

발리 섬 주민들의 갈등 해결 방식을 생각해볼 때 이 역시 여론의 메커니즘에 해당된다고 할 수 있을까? 다른 형태를 띤 사회적 통제로의 이행은 분명 하나의 원활한 여론 메커니즘이다. 에드워드 로스는 결코 사회적 통제를 단지 여론에만 국한시키지 않았으며 사법제도도 분명 거기에 포함시켰다. 발리 섬 주민들에게는 비록 성문법도 없고 피고를 변호하기 위한 변론도 없지만 그들 사이에 벌어지는 일을 보면 아닌 게 아니라 일종의 재판 체계를 연상시킨다. 신의 계율, 공식 법령, 그리고 여론의 법은—존 로크 식으로 법을 세 종류로 나누어볼 때—어떤 상황이 되면 하나로 수렴되어 개인이 고립의 운명을 피해

달아날 방도는 그 어디에도 없으며, 그가 주도면밀하거나 혹은 많은 지지자를 끌어 모은다고 하더라도 결과는 달라지지 않는다.

마거릿 미드는 원시 사회의 사람들을 대상으로 실시하는 연구의 유용성을 순수하게 문화적인 형태로서의 여론을 연구할 수 있다는 가능성에서 찾는다. 현대 사회에서 여론은 무수히 많은 다른 요소들이 뒤섞인 형태로 나타나기 때문이다. 우리는 집단이 합의에 이르고 이를 유지하는 절차에 개인이 얼마나 참여할 수 있으며 그것이 개인의 의무가 되는 정도에 따라서 아라페시와 이아트물 부족, 그리고 발리 섬 주민들의 절차를 구분할 수 있다. 아라페시 부족은 여론 형성 과정에서 개인이 세심하게 주의를 기울여야 하는데 그 이유는 규칙이 유동적이어서 오늘 옳은 것이 내일은 틀려질 수 있기 때문이다. 어물어물하다가는 한순간에 집단에서 축출될지 모른다. 이아트물 부족의 시스템에서 개인은 두 집단 중 한쪽을 따르는 추종자로 여전히 중요한 존재다. 대부분의 규칙들이 엄격하게 정해져 있는 발리 섬 주민들의 경우에는 개인은 아무런 영향력을 갖지 못한다. 극도로 발달한 아라페시 부족의 감수성은 발리 섬 주민들의 철저한 운명론과 대조를 이룬다. 후자의 경우에는 자신의 주변 환경을 감지하는 유사 통계학적 기능이 위축될 수밖에 없다.

이웃에 의한 통제

—

마거릿 미드가 주니 족을 예로 들어 설명하는 복합적 유형의 여론은 고정된 것이 아니라 변하기 쉬운 유동적인 것이다. 모든 사람들은 자신의 이웃에게 끊임없이 관찰당하고 평가된다. 여론은 하나의 부정적 제재(negative sanction, 부정적 행위에 대한 벌을 바탕으로 그 행위를 방지하고자 하는 것)로서 끊임없이 영향력을 행사한다. 여론은 매사에 제동을 걸고 수많은 행위들이 일어나는 것을 미연에 방지하는 역할을 한다. 현대에 이와 유사한 경우를 찾는다면 이웃 간의 통제가 어떤 행동을 제한할 뿐만 아니라 끌어내기도 한다는 사실을 통해 분명히 볼 수 있다. 일례로 유럽에서는 각 가정마다 아침에 일어나서 이불을 창밖에 너는데 이것은 이 집에서는 청결의 규범을 지키고 있음을 이런 식으로 내보이는 것이다. 다른 문화권에서도 얼마나 주니 족과 유사한 여론의 메커니즘이 발달해 왔는지를 특정한 관습을 통해 발견할 수 있다. 저녁에 불이 환하게 밝혀진 실내를 외부 사람들이 다 들여다볼 수 있도록 커튼을 치지 않는 것, 마당 사이에 울타리를 둘러치는 것은 이웃 간의 반목을 상징한다고 여겨 꺼리는 것, 가정이나 사무실에서 안쪽 문을 닫는 것을 마뜩찮게 여기는 것 등이 이에 속한다.

12

바스티유 감옥 습격:
여론과 군중심리

뉴기니와 발리 섬에 대한 11장의 기술은 마치 이국적인 여행기로 잘 못 이해될 수 있다. 그래서 마거릿 미드는 현대 서구 사회에서 여론 형성 과정의 공통점을 보여주는 유사한 사례들을 찾아보았다. 아라 페시 부족의 여론 형성 과정과 유사한 것으로 그녀는 미국의 독자들에게 공감을 얻을 수 있는, 폭력을 일삼는 폭도들을 그 사례로 선택했다. 아라페시 부족이든 현대 사회의 폭도든 양쪽 모두 상황에 대한 개인들의 자발적 반응이라고 그녀는 믿는다. 그들은 자신들이 옳다고 느끼는 대로 행동했고 이를 통해 정치적 결과를 얻었다. 설사 그들이 집단의 동의를 얻기 위해 어떠한 노력도 하지 않았더라도 말이다.

하지만 자신의 땅에 남의 돼지가 들어와 땅을 마구 파헤친 문제를 해결할 때 세심한 주의를 기울이는 아라페시 부족의 상황과 폭도들의 무리에 끼어 폭력을 휘두르는 개인의 상황 사이의 엄청난 차이를 마거릿 미드가 간과하고 있다는 점은 이상하다. 땅의 주인인 아라페시 부족민은 어떤 문제에 대해 절대 자기감정대로 섣불리 행동하지 않는다. 마거릿 미드가 묘사하듯 그는 매우 신중하게 그 일을 처리한다. 왜냐하면 그는 사회적 통제의 대상이기 때문이며 제멋대로 행동하지 않는 신중함으로 영향력 있는 인물들의 지지를 획득하려 하기 때문이다. 그리고 다른 무엇보다 그는 돼지를 잡아 함께 먹으면서 혹은 최소한 함께 먹자고 주장함으로써 그러한 시도의 정점을 찍는다.

군중 속으로 들어가면
주변을 관찰할 필요성이 적어진다

—

폭도가 되어 폭력을 휘두르는 군중들에 가담하는 사람들의 경우는 오히려 그와 반대다. 그들은 어떠한 주의도 기울이지 않는다. 이미 그들은 그 폭력 행동에 찬성하거나 혹은 반대하는 다른 이들의 감시를 받는 개인이 아니라, 익명의 다수 속으로 완벽하게 흡수된 사람들이다. 이로써 그들은 대중의 눈과 귀가 미칠 수 있는 범위 안에서 사사건건 그들을 간섭했을 사회적 통제로부터 벗어나 자유로워진다.

미드가 제시한 현대의 사례는 〈자발적 군중spontaneous crowd〉이라는 용어로 그 특징이 더 잘 설명될 수도 있는 현상이다. 레오폴트 폰 비제는 이를 〈구체적 대중konkrete Masse〉이라고 부르는데, 이것은 곧 서로 신체적으로 접촉하거나 혹은 짧은 기간 동안 적어도 서로가 보이는 위치에서 집단으로 행세하고 마치 하나의 존재인 것처럼 함께 행동하는 다수의 사람들이라는 뜻이다. 이는 분명 아라페시 부족의 경우와는 다르다. 땅을 파헤치는 돼지 문제를 해결할 때 그들은 존경받는 인물들을 통해 의견의 일치를 추구했지만 거기에 모인 사람들 하나하나는 어디까지나 자신들만의 특별한 역할을 지닌 독립적이고 분리된 개인들이었다.

폭도가 되어 폭력을 휘두르는 군중들이 보이는 전형적인 행동, 일반적으로 말해 집단행동은 프랑스 혁명과 바스티유 감옥 습격 사건 이래로 학자들과 학식 있는 청중들을 매료시켜 왔다. 19세기와 20세기에 물밀듯이 쏟아져 나온 군중심리를 주제로 한 논문과 서적들은 이 인간 본성의 당혹스런 표출에 주목했다. 그러나 안타깝게도 그것들은 여론 형성 과정에 대한 이해를 진척시키기보다 오히려 방해했다고 보는 편이 옳을 것이다. 20세기에 들어 대중의 분출과 여론은 마거릿 미드가 그랬던 것처럼 완벽하게 동일시되지는 않았지만 적어도 산만하게나마 서로 연관되어 있다고 인식되었다. 하지만 그런 생각은 일찍이 17세기와 18세기의 저술가들이 매우 분명히 묘사한 바 있는, 여론이라는 사회심리학적 현상이 갖는 특징적 요소들을 제거해 버렸다.

군중심리의 폭발과 여론은 어떤 관계가 있는가? 이 문제를 들여다보기 위해서는 프랑스의 역사학자 테느가 묘사하는 바스티유 감옥 습격 당시를 상기해 보는 것이 도움이 될 것 같다.

각각의 구역이 구심점 역할을 한다. 왕궁은 그 중에 최대의 구심점이다. 사람들이 쏟아내는 온갖 제안과 불만, 논쟁들이 이 구심점에서 저 구심점으로 순환하며 유포되고, 이와 동시에 사람들의 물결은 오로지 스스로의 기세에 떠밀려 중간중간에 일어나는 사고들 외에는 아무런 안내자도 없이 마구 밀치고 넘어지며 앞으로 흘러간다. 한 무리의 군중이 이곳에 모였다가는 잠시 뒤 다시 저리로 몰려간다. 서로 밀고 밀리는 것 외에 그들에게는 아무런 전략도 없다. 군중들은 들어갈 수 있게 되어 있는 곳에만 어찌어찌 밀려 들어간다. 그들이 앵발리드(루이 14세 때 전쟁 부상병의 수용을 위해 건축된 병원)에 들어가게 된 것은 오직 그곳을 지키는 수비병의 도움이 있었기 때문이다. 군중들은 아침 열시부터 오후 다섯시까지 높이 12미터, 폭 9미터에 달하는 바스티유 감옥의 벽을 향해 마구 총을 쏘아대는데 그 중 한 발이라도 앵발리드 꼭대기의 병사에게 명중된다면 그것은 단지 우연일 뿐이다. ……마치 어린이가 다치지 않도록 조심하듯 군중들이 보호되고 가능한 한 피해를 최소화하겠다는 약속을 한다. 수비대 지휘관은 첫 번째 요청이 있자마자 곧 발사대에서 포를 거두고 시민 대표를 조찬에 초대한다. 그는 부하 수비대원에게 만일 군중들이 공격해 오지 않으면 총을 쏘지 않겠다고 서약하게 한다. 그러나 결국 극한 상황에 몰린 나머지 그는 두 번째 다리를 방어하기 위한 조치로 발포 명령을 내리지만 그것도 자신이 발포를 명령하려 한다는 사실을 군중들에게 미리 알린 연후다. 요컨대 그의 인내심과 관용 정신, 참을성은 정말 대단한 것이어서 이 시대의 인도적 정신을 완벽하게 보여준다. 공격과 저항이 주는 낯선 감정들, 화약 냄새, 공격이 지닌 폭력성 같은 것들이 군중을 사납게 만든다. 그들은 오직 바스티유 감옥의 거대한 돌담을 향해 자신들의 몸을 던져야 한다는 것 외엔 아무것도 모르는 것처럼 보인다. 그들의 해결책은 전술과 같은 수준이다. 어떤 이들은 지휘관의 딸을 붙잡아 화형에 처하겠다고 하면 그 아버지를 항복하게 만들 수 있다고 믿는다. 또 어떤 이들은 짚이 가득 찬 건물의 돌출부에 불을 놓아서 오히려 자기네 진로에 방해만 되는 결과를 초래한다. 전사 중의 한 명인 에일리가 용기 있게 이렇게 말한다.

"바스티유는 무력으로 점령된 것이 아니다. 그것은 공격을 당하기도 전에 먼저 항복해 버렸다."

아무도 해치지 않는다는 조건으로 항복이 이루어진다. 수비대가 가진 방어용 장비는 매우 우수했지만 그토록 많은 산목숨들을 향해 발포할 마음이 없었고, 게다가 병사들은 자신들을 에워싸고 있는 그 엄청난 군중들을 보고 어찌할 바를 몰랐다. 공격하는 사람이라고 해야 고작 8백에서 9백 명 정도였지만 바스티유 감옥 앞과 그 주변 도로는 그 광경을 구경하러 몰려든 호기심 어린 사람들로 가득하다. 한 목격자의 말에 의하면, 그들 중에는 멀찌감치 마차를 세워놓고 군중들 틈에 섞여서 구경을 하고 있는 우아하고 아름다운 모습의 여인들도 적지 않았다. 120명의 수비대가 요새의 흉벽 높이에서 내려다보면 파리 시민이 몽땅 다 쏟아져 나와서 자신들에게 대항하는 것처럼 보일 것이다. 그래서 성의 도개교를 내려 적들이 들어올 수 있도록 길을 내어준 것은 바로 이들 수비대원들이다. 공격을 하는 사람이나 당하는 사람이나 모두 제정신이 아니다. 단지 공격자 쪽이 승리감에 취해 그 정도가 좀 더 심할 뿐이다. 그들은 발길 닿는 대로 아무데나 들어가서 마구 때려부수기 시작한다. 나중에 들이닥친 이들이 먼저 들어가 있던 이들을 쏘는 일도 있다. 졸지에 무엇이든 다 할 수 있게 되고 마음대로 죽일 수 있게 된 자유는 인간의 본성에는 너무 독한 술이다. 경솔함이 그들을 덮쳐, 그들은 흥분하며, 사나운 광기 속에서 모든 것이 끝났다.

…… 프랑스의 수비대는 전쟁에 관한 법을 알고 있기에 자신들이 한 약속을 지키려 애쓴다. 그러나 그들을 쫓아오는 군중들은 상대가 누군지도 알지 못한 채 마구잡이로 폭력을 휘둘러 그들을 때려눕힌다. 군중들은 스위스 용병들이 자신들을 향해 총질을 한 것도 모르고 푸른 제복을 입은 그들을 죄수로 오인하여 살려준다. 대신에 그들은 자신들에게 바스티유 감옥의 문을 열어준 앵발리드를 덮친다. 지휘관이 요새를 폭파하지 못하도록 막은 수비대는 군용칼로 손목이 잘려나갔고 두 번째 칼질로 목숨을 잃는다. 그리고 파리 시민의 4분의 1을 구한 그의 손목은 군중들이 내지르는 승리의 함성에 묻혀 거리거리로 옮겨진다.

이 같은 집단 히스테리의 광경은 우리가 지금까지 이 책에서 실증적으로나 역사적 분석을 통해 여론으로 규정해온 것과는 달라도 너무 다르다. 여론에는 사람들이 격렬하게 고수하는, 특정한 시간과 특정한 장소에서 나타나는 태도와 행동 유형이라는 뜻이 내재되어 있다. 그것은 또한 관점이 확립되어 있는 상황에서는 사람들이 사회적 고립을 피하기 위해 남들 앞에서 내보여야 하는 것, 그리고 관점이 변화하거나 새로이 긴장이 싹트는 시기에는 자신을 고립시키지 않고도 표현할 수 있는 것이다.

그렇다면 군중의 이러한 폭발이 과연 여론과 관계가 있기는 한 것일까? 이 질문에 답하기 위해서 간단하게 기준으로 삼을 것이 있다. 여론에 관한 모든 사례들은 고립에 대한 두려움을 수반한다. 개인이 자신의 성향에 따라 말하거나 행동할 자유를 갖지 못하고 고립되지 않으려고 사회적 환경의 관점을 고려해야 하는 경우라면 그 무엇이든 여론의 표출과 연관이 있다.

이런 의미로 보면, 구체적 대중 또는 흥분한 군중에 대해서도 의문의 여지가 없다. 바스티유 감옥 습격을 함께했던 사람들은 그저 자극적인 구경거리를 찾아 거리로 몰려나왔던 사람들과 마찬가지로 스스로 고립되지 않으려면 어떻게 행동해야 하는지 완벽하게 알고 있었다. 즉, 자신이 다수에 동조하고 있음을 보여주어야만 했다. 마찬가지로 그들은 어떻게 행동하면 삶을 위태롭게 하는 고립 상태에 던져질지 알고 있었다. 그것은 바로 군중의 행동 방침을 비판하거나 거부하는 것이었다. 결정적인 시기에 군중으로부터 벗어난 모든 일탈 행위에 대한 명백하고도 예리한 고립의 위협은 군중 소요가 근본적으로 여론의 표출이라는 사실을 우리에게 가르쳐준다. 바스티유 감옥 습격 대신에 우리는 오늘날 집단적 행동이 일어나는 장면들, 예를 들면 축구장에서 심판의 판정에 항의하며 내지르는 야유나 팬들을 실망시킨 팀에게 퍼붓는 비난의 함성 등을 그 자리에 대입할 수 있을 것이다. 다른 주의 차량 번호판을 단 커다란 캐딜락이 아이를 치었다고 해보자. 그 아이가 찻길로 뛰어들었는지 운전자의 과실인지는 중요하지 않다. 사고현장에 둘러선 사람들 가운데 누구도 감히 운전자의 편을 들고 나서지 않을 것이다. 또 경찰의 만행으로 죽음에 이른 희생자와 관련해서 시위가 벌어지고 있다고 하자. 그 상황에서 경찰관을 옹호하고 나선다는 것은 불가능하다.

사건이 일어나는 장소와 환경이 다를지라도 우리는, 어려움의 정도는 각각 다르겠지만, 대중이 지지하는 행동 유형에 스스로를 맞춰야 하는데, 하물며 흥분한 군중들 앞이라면 두말할 필요도 없을 것이다. 참가자들을 결속시키고 군중과 그들을 하나로 묶어주는 이해는 당연히 그 기원이 매우 다양할 수 있다. 그 기원이 무엇이냐 하는 것이 집단행동 현장의 특징이 될 수 있다.

적극적으로 행동하는 군중들은 시대를 초월한 요소들에서 힘을 얻기도 하고 시대정신에서 생겨나는 요소들로부터 힘을 얻기도 한다. 시대를 초월한 조건은 퇴니에스가 집단의 〈확고한〉 상태라 부르는 것이고, 시대에 묶인 조건은 집단의 〈유동적〉 상태라 일컫는 것이다. 시대 초월적 요소들에 행동의 바탕을 두는 군중은 주로 본능적 반응에 의해 봉기한다. 기근에 의한 폭동, 차에 치인 어린이를 보호하려는 행동, 낯선 사람이나 외국인에게 높은 지위를 허락하지 않으려는 것, 자기 팀이나 자기 나라를 편드는 행위 등이 이에 속한다. 나치의 선전 장관 괴벨스가 스타디움을 가득 메운 군중들에게 찌렁찌렁한 목소리로, "여러분, 전면전을 원합니까?"라고 외침으로써 그들을 동원할 수 있었던 것은 바로 이것에 의거한다.

시대를 초월하는 혹은 적어도 시사성을 갖는 삶의 조건들에 매이지 않는 것, 우리는 그것을 공통의 도덕적 전통을 위반하는 행위에 대한 집단적 분노라고 표현할 수 있을 것이다. 이와는 대조적으로 유동적인 상태, 변화하는 가치관 혹은 새로운 가치 개념의 등장에서 비롯되는 군중 시위는 특정한 역사적 상황에 의해 결정된다고 말할 수 있다.

새로운 이념을 급속히 확산시키기 위한 전략적 장치로 구체적 대중이 이용될 수도 있다. 사태 전개 과정이 정상적이라면 흩어져 있는 대중을 구성하는 분리된 개인들이 새로운 이념을 중심으로 모이기까지는 매우 오랜 시간이 걸린다. 만일 당신이 개인들을 새로운 이념을 선호하는 구체적 대중으로 조직해 내는 데 성공한다면 가치가 전환되는 과정은 상당히 가속화될 것이다. 고립에 대한 두려움 없이 그 이념을 공공연히 지지할 수 있다는 것을 대중이 보여주기 때문이다. 시대적 상황에 묶인 대중은 혁명기에 전형적으로 나타나는 하나의 현상이다. 그러므로 구체적 대중이 엄청나게 막강해진 여론의 역할을 할 수도 있다.

구체적 대중 속에서 개인이 처한 상황은, 아직 드러나지 않은 잠재적 대중latent mass 속의 개인이 처한 상황과는 완전히 다르다. 적극적으로 행동하는 군중 속의 개인은 자신이 공개적으로 표현할 수 있는 것, 표현해야 하는 것이 무엇인지에 대해 고심할 필요가 없는데 이 경우에는 고립에 대한 두려움이 유예되기 때문이다. 이때 개인은 자신을 집단의 일부로 느끼며 판결의 법정을 두려워하지 않는다.

여론을 무시하면
자발적 군중을 낳을 수도 있다

—

폭도—혹은 구체적 대중—는 완고한 규범, 본능적인 반응, 또는 새로운 가치 체계의 채택 등에 반대하는 어떤 개인 또는 소수 집단과 기존의 사회적 합의 사이에 쌓인 긴장감이 방출됨으로써 생겨날 수 있다. 그리하여 자발적 대중은 이처럼 여론이 가진 양면적인 특성을 보여준다. 그 영향은 위아래에 동시에 미친다. 왜냐하면 자발적 대중은 정부나 국가 기관의 원칙이나 행동이 사회적 합의를 훼손할 때 이들을 공격할 수도 있고, 변화에 대한 요구를 받아들이지 않으려는 사람들을 공격 대상으로 삼을 수도 있기 때문이다. 사회를 연구하는 사람들은 혁명적 소요의 발생을 예측하기 위해 표본 조사 방식으로 그러한 긴장감의 정도를 측정해 왔다. 응답자들에게 일련의 질문을 함으로써 조사자는 대중이 현재의 상황을 어떻게 받아들이고 있으며 앞으로 어떻게 되어야 한다고 생각하는지를 알아낸다. 둘 사이의 거리가 일반적인 한계 이상으로 벌어지게 되면 위험이 코앞으로 다가온 것이다.

추상적 또는 잠재적 대중에게는 구체적 대중과 달리 사고와 감정의 상호성이 있다. 이것은 하나의 장소에만 해당되는 특유의 사상과 감정이 아닌, 테오도르 가이거가 효율적 대중effective mass이라고 일컬었던 구체적 대중의 출현에 유리한 조건을 만들어 내는 사고와 감정이다. 레오폴트 폰 비제가 말하는 은밀한 공동체가 이와 유사한 것이다.

1926년 8월 파리에서는 외국인에 반대하는 다양한 소요가 일어났다. 그러다가 한동안 잠잠하더니 또 다른 심각한 사고가 발생했다. 화재가 난 현장을 지휘하던 경찰이 불이 번질 가능성에 대비해 외국인을 가득 태우고 가던 버스 한 대를 근처에 멈춰 세우고 다른 길로 돌아가라고 지시했다.

군중들은 버스에 탄 외국인들이 불구경을 하러 거기에 와 있는 거라고 믿어버리고 대번에 그들을 공격했다. …… 경찰이 미처 제지하기도 전에 버스 승객들을 향해 돌팔매가 빗발치듯 날아들었고 다수가 부상을 당했다. 경비대원들이 꽤나 애를 먹은 뒤에야 외국인들은 가까스로 놓여났다. 체포된 이들 중에 파리의 한 유명 화가도 끼어 있었는데 그가 버스에 대한 돌팔매질을 주동한 것으로 알려졌다. …… 이 사건이 일어나기 전에 여기에 추상적 대중이 있었는가? 거기에는 분명 금융 인플레이션으로 이득을 취하는 외국인들에 대한 분노로 가득 찬 사람들로 이루어진 은밀한 공동체가 있었다. 그들은 모두 외국인을 증오하는 이들로 이루어진, 헤아릴 수 없이 많은, 조직되지 않은 대중이었다. (레오폴트 폰 비제)

불안정한 군중은 여론을 반영하지 않는다
—

항상 어떤 가치의 확립을 꾀하는 여론 형성 과정에서 군중이 조직된 집단에 더 가까워질수록 감정적인 군중의 역할은 더욱 확실해진다. 조직된 집단이란 특정한 목표를 향해 오랜 기간 발달 과정을 거쳐온 집단을 말하며 그 안에는 구체적 대중, 효율적 대중을 의도적으로 결성해 왔거나 혹은 주도면밀하게 재건해온 주요 인물 혹은 주도 집단이 존재한다. 이와 대조적으로 우리는 여론에 대한 확고한 목표 없이 특정 상황에서 발생하는 원시적이고, 자생적이며, 비조직적인 대중을 상상해볼 수 있다. 이들 대중에게는 자생적 군중에 참여함으로써 느끼는, 감정의 절정에 다다른다는 단 하나의 목표밖엔 없다. 감정의 절정에는 서로 교감하는 느낌, 강렬한 흥분, 간절함, 강인함과 거스를 수 없는 힘에 대한 느낌, 자긍심, 불관용이든 세심함이든 모두 용인되는 기분, 현실감각의 상실 등이 포함된다. 그러한 집단에 속한 구성원들에게는, 있을 수 없는 일이란 세상에 없다. 성가신 논증 과정이 없어도 그들이 믿지 못할 일은 없다. 따라서 그들은 책임감 없이, 인내심을 가질 필요도 없이 행동하기 쉽다. 하나의 목표에서 다른 목표로 옮겨가는 것을 미처 예측할 수도 없다는 것이 이런 종류의 군중이 갖는 특징이다. "호산나!"를 부르며 예수를 찬양하다가 금세 "그를 십자가에 매달라!"라고 외쳐대던 군중들에서 보듯, 이들은 누군가가 길잡이가 되어주거나 조종할 수도 없다.

수세기 동안 내려온 불안정한 군중에 대한 해석이 너무나 인상적이어서 이 이미지들은 대규모 군중 속에서 여론이 발전해 나가는 자연스러운 행로로 우리 마음속에 각인되었다. 그래서 우리는 대중적 인간에게서 관점의 갑작스러운 변화를 기대하게 된다. 그러나 여론 조사에서 측정된 개인적 의견의 총합도, 여론의 분위기에 대한 개인적인 가늠도 이러한 해석으로 우리가 대중적 인간에 대해 기대하게 되는 불안정성을 보여주지는 않는다. 추상적이고 잠재적인 대중과 구체적이고 효율적인 대중은 작동되는 법칙이 서로 다르다. 한쪽은 고립에 대한 두려움에 사로잡힌 사람들을 보여주는 반면, 다른 한쪽 사람들에게는 그런 두려움이 없다. 구체적 대중에게는 서로 교감하는 느낌이 속속들이 스며 있어서 어떻게 말하고 어떻게 행동할 것인가에 대해 개인들이 더 이상 확인할 필요가 없다. 이렇게 밀도 있는 연합체에서는 어떠한 극적인 선회도 가능하다.

13

유행은 여론이다

사람들이 군중의 일부가 되어 있을 때는 어떤 상황에서든 흥분을 느끼고 감정이 고취되는 경우가 종종 있다. 올림픽이나 축구 결승전이 열릴 때 혹은 텔레비전에서 하는 3부작 범죄물의 드높은 시청률로 인해 거리가 텅 빌 때, 또는 어떤 국가적 영웅의 업적에 온 국민의 시선이 쏠려 있을 때 발생하는 득의양양한 분위기를 우리는 여론 조사의 자료들을 통해 확인할 수 있다. 심지어 선거 운동도 이런 의기양양한 분위기를 불러일으킨다.

그렇다면 개인을 고립에 대한 두려움에서 잠깐이나마 벗어나게 해주는 이런 소속감은 계통 발생적 근원에서 혹은 자신은 안전하며 힘이 있다는 느낌에서 생겨나는 것일까?

개인과 집단을 이어주는 통계적 직관력

—

자신의 저서 『집단 심리*The Group Mind*』에서 영국의 사회심리학자 윌리엄 맥두걸William McDougall은 이렇게 썼다. "개인의 의식과 집단의 의식 사이의 관계를 어떻게 인식해야 하는지를 명확히 밝혀낸 사람은 아무도 없다." 지그문트 프로이트는 집단 심리와 같은 집단적 구조와 개인과 사회를 나란히 놓고 비교 대조하는 것은 불필요한 구성이라고 생각했다. 그는 한쪽에는 개인을, 다른 한쪽에는 사회를 위치시키는 것은 "자연적인 관례를 파열시키는 것"이라고 여겼다. 프로이트는 세상일이라는 것이, 말하자면 외부에서 개인에게 영향을 끼치고자 하는 다수의 사람들에게 달려 있지는 않다고 보았다. 개인은 사람들로 이루어진 집단과 아무런 상관이 없으며, 개인의 세계는 몇몇 타인들과 그와의 사이에 형성되는 결정적이고 대표적인 관계들로 이루어진다. 이 관계들이 개개인의 영향력 있는 태도를 결정하고 그것들이 전체와 개인의 관계를 결정한다는 것이다. 그러므로 프로이트가 보기에는 사회심리학의 과학적 전문성조차 허구에 불과하다.

하지만 오늘날 우리는 여론 조사 방법론들을 통해, 인간에게는 유사 통계적 감각 기관이 고도로 발달되어 있어 통계학적 기법을 사용하지 않고도 자신의 주변 환경에서 일어나는 의견의 변화와 빈도 분포를 감지할 수 있음을 알고 있다. 이는 프로이트의 개념으로는 설명할 수 없는 능력이다. 주변 환경에 대한 인식과 대부분의 사람들이 어떻게 생각하는지에 대한 판단이 갖는 특별한 점은 그것들이 실제로 전 인구 집단을 동시에 변화시킨다는 것이다(〈표 11-13〉과 24장 참조). 우리 인간에게는 개인의 실제 대인관계를 넘어서는 어떤 것, 마치 대중이라고 명명할 만한 영역이 존재하는 것처럼 다수의 사람들을 영구히 관찰하는 일종의 직관적인 능력이 있음에 틀림없다. 맥두걸은 여론을 인식하는 능력 같은 것이 인간에게 분명 존재한다고 추정했으며, 우리는 그것이 오늘날엔 갈수록 뚜렷해지고 있음을 발견한다. 맥두걸이 말한 바와 같이, 대중 속에서 각각의 개인은 여론에 대해 자신이 알고 있는 사실을 바탕으로 행동한다.

우리는 인간의 이 통계적 감각 기관이 개인과 집단을 연결하는 고리임을 알 수 있다. 그러므로 우리가 어떤 불가사의한 집단 의식을 상정할 필요는 없다. 오직 우리는 사람들과 관련해서 행동 유형이, 그리고 이념과 관련해서 승인과 불승인이 주변 환경과 어떤 관계가 있는지, 그것이 어떻게 변화하고 옮겨가는지, 그렇다면 될 수 있는 한 고립을 피하기 위해 어떻게 반응해야 하는지를 감지하는 개인의 능력만을 상정하면 된다. 맥두걸은 그 동기를 다음과 같이 서술하고 있다. "군중이 형성되는 동안에는…… 개인의 고립, 비록 그것이 개인의 의식 속에 명백히 형성되지 않을는지 몰라도, 우리 모두를 짓누르는 고립의 느낌은 당분간은 사라진다."

19세기와 20세기에는 두 가지 견해가 반복적으로 충돌하는 양상을 보였다. 하나는 인간의 본능적 행동을 강조하면서 인간을 집단 본능에 의해 결정되는 존재로 보는 견해이고, 다른 하나는 인간을 현실에서의 경험에 합리적으로 반응하는 존재로 보는 견해로 이는 인본주의 사상과 많은 부분 일치한다. 역사적 관점으로 보자면 행동주의는 서로 다른 두 가지 본능 이론, 즉 영국의 생물학자 윌프레드 트로터의 이론과 맥두걸의 이론을 대체하는 사상이라고 말할 수 있다. 게다가 우리를 더 혼란스럽게 하는 것은 명백히 인간 행동의 중요한 한 형태인 모방이 두 개의 상이한 근원과 상이한 동기를 지니고 있으며 겉으로 보아서는 그 둘을 확실히 구별할 수 없다는 것이다. 앞서도 언급했듯이 모방에는 두 가지 종류가 있다. 지식을 얻고자 하는 의도로 행해지는 학습으로서의 모방, 즉 타인들의 경험과 지식에서 이익을 얻기 위해 검증된 행동 유형을 따라하는 것, 그래서 그것들이 훌륭한 판단의 산물이고 우리가 생각하는 좋은 취향에서 나온 것임을 믿고 어떤 주장들을 받아들이는 것이 그 하나고, 다른 하나는 타인과 비슷해지려는 노력에서 생겨나고 고립에 대한 두려움에서 비롯되는 것이다. 인간의 합리성을 강조하는 학설들은 모방을 목적의식을 가진 학습 전략으로 여긴다. 이들 학파가 본능 이론보다 확실한 우위를 차지했기 때문에 모방이 고립에 대한 두려움에서 나온다는 논의는 무시를 당하게 되었다.

남자들은 왜 턱수염을 길러야 하는가?

—

처음부터 쭉 올바른 방향에서 관심을 끌어온 수수께끼 같은 현상들이 꽤 있었다. 하지만 평범하기 그지없는 세상 모든 일이 다 그렇듯 사람들은 별로 고개를 갸우뚱하지도 않고 그저 그것을 받아들였다. 드골 장군이 세상을 떠나던 해에 그와 대화를 하는 자리에서 프랑스 작가 앙드레 말로는 이렇게 말했다.

"유행에 대해서 제가 어떻게 생각하는지 지금까지 한 번도 명확하게 판단을 내려본 적이 없습니다……. 남자들은 수백 년 동안은 턱수염을 길러야 했고, 또 수백 년 동안은 깨끗하게 면도를 해야 했죠."

지식을 얻는 것이나 배움이 과연 모방의 동기가 될 수 있을까? 그것이 우리로 하여금 수염을 기르게 하거나 혹은 면도를 하도록 만들 수 있을까? 앙드레 말로의 질문에 우리는 아마도 다음과 같이 대답해야 할 것이다. 유행이란, 그것이 이제 갓 생겨나는 새로운 것일 때는 자신을 고립시키지 않고도 대중 앞에 드러낼 수 있지만, 그 시기가 지나면 고립을 피하기 위해 남들 앞에서 내보여야 하는 일종의 행동 방식이다. 이런 방식으로 사회는 화합을 지켜나가며 각 개인들이 충분히 절충할 준비를 할 수 있게 해준다. 턱수염의 스타일은 더 깊은 이유 없이, 그리고 다른 중요한 변화에 대해 사람들을 일정 기간 동안 준비시키지 않은 채로 갑자기 바뀌는 일은 결코 없을 것이다.

플라톤은 한 국가에서 유행하는 음악뿐 아니라 헤어스타일, 의복, 구두, 전체적인 외양까지도 국가의 설립에 기초가 되는 불문율의 일부라고 여겼다. "새로운 종류의 음악을 받아들이는 것에 대해 말하자면 그것이 전체를 위험에 빠뜨릴 수도 있기 때문에 특히 주의를 기울여야 한다……. 왜냐하면 절대로 음악의 박자가 바뀌는 것이 그 국가의 가장 중요한 법에 영향을 미치지 않을 리가 없기 때문이다." 새롭고 신기한 것은 오락으로 위장하고 마치 아무런 해가 없는 것처럼 몰래 스며든다. 소크라테스와 대화를 나누었던 아데이만토스는 이에 대해 더욱 자세히 언급하고 있다. "그것은 아무것도 하지 않는다……. 하지만 조금씩 암암리에 자신을 주입시키면서 사람들의 풍속과 오락 속으로 교묘히 흘러들어간다. 그러고는 조금 더 등급을 높여서 상호 간의 계약 속으로 파고든다. 계약에서 출발한 그것은 나중에는 훨씬 더 대담해져서 법과 정치 집단 속으로까지 스며들고, 이는 공적으로뿐만 아니라 사적으로도 결국 모든 것이 뒤집어질 때까지 계속된다."

가볍고 장난기 어린 유행의 속성 때문에 우리는 〈모든 것을 통합하는 사회적 메커니즘으로서 유행〉이 지니고 있는 심각성과 중요성을 가벼이 지나치기 십상이다.

이런 맥락에서 사회의 결속이 정교한 위계질서로 유지되는지 혹은 그렇지 않은지, 옷차림이나 구두, 머리 모양, 수염 스타일에 대한 대중적 가시성이 계층의 차이를 드러내기 위해 이용되는지, 혹은 예를 들어 미국 사회에서처럼 계층의 차이 따위는 없다는 인상을 주기 위한 시도로 이용되는지의 여부는 중요하지 않다. 유행의 장난스런 방식이 계층을 드러내기에 알맞다는 사실은 널리 알려져 있다. 그것은 차이와 특권에 대한 열망의 표현으로서의 유행이— 흄의 경우는 명성에 대한 욕구, 베블런의 경우는 유한계급론—동조에 대한 압력보다 훨씬 더 많은 관심을 받아왔기 때문이다. 사실 보편적으로 사람들에게 더 큰 영향을 미치는 것은 동조에 대한 압력이며, 존 로크가 여론의 법, 평판의 법, 유행의 법이라고 표현을 바꿔가면서 줄곧 강조했던 것도 바로 이것이었다.

유행에 신경 쓰는 것은 타협의 능력을 키워준다

—

유행이 갖는 규율 권력(타인의 시선, 규범적 판단 등으로 은연중 사회 구성원을 통제하여 스스로 순응하게 하는 권력)에 대한 불만은 다음과 같은 부정적인 표현들을 통해 드러난다. 유행의 변덕스러움, 일시적 유행fad, 유행 추종자, 멋 부리는 남자, 유행광 등이 그것이다. 이러한 표현들에는 천박함과 얄팍함, 덧없음, 그리고 흉내 내기에 가까운 모방의 의미가 함축되어 있다.

시장 분석에서, 새 옷을 구입할 때 어떤 점을 가장 우선적으로 고려하느냐는 질문에 소비자들이 얼마나 고심하며 대답하는지를 보면 언제나 애처로운 생각이 든다. 그들은 이렇게 말한다. "유행에 뒤떨어지지 않은 것이어야 하죠." 여기서 우리는 소비 강요에 대한 진심 어린 원망, 즉 요즘 최신 유행에 비추어 왕년에 입던 이상한 옷차림을 하고 다니는 사람이라는 놀림을 받거나 배척되지 않으려고 지금의 유행이 요구하는 것에 자신의 취향을 맞춰야 하는 것에 대한 분노를 읽는다. 하지만 이 소비 강요의 원인은 잘못 짚은 것이다. 분개한 소비자들은 그렇게 믿는 경향이 있지만 이 과정을 배후 조종하는 것은 판매원들이 아니다. 그들이 의도를 갖고 준비를 해서 유행의 추세를 이 방향 또는 저 방향으로 조종하고 있는 것이 아니라는 것이다. 그들이 물건을 파는 데 성공한다면 그것은 단지 바람의 방향에 따라 돛을 다룰 줄 아는 뛰어난 선원처럼 판매원들 역시 유행이라는 바람을 이용하는 법을 알고 있기 때문이다. 남들의 눈에 보이는 옷차림은 시대의 징표를 나타내는 너무나도 훌륭한 수단이고, 개인이 사회에 대한 순종을 드러내 보이는 데 더 없이 좋은 표현 수단이다.

벤딕스와 립셋은 『계급, 지위 그리고 권력Class, Status and Power』이라는 자신들의 유명한 저서에서 유행이라는 단어가 지나치게 일반화되었다고 불만을 토로하면서 사회과학에서 그 단어가 턱없이 남발되고 있다고 지적한다. 그러한 현상을 지적하면서 그들은 한 명의 저자가 무려 그림, 건축, 철학, 종교, 윤리적 행동, 복식, 물리학, 생물학, 사회과학과 관련해서 유행이라는 단어를 사용하고 있다고 꼬집는다. 그것으로 그치지 않고 언어, 음식, 댄스 음악, 오락 등과 관련해서뿐만 아니라 사회적, 문화적 전 분야에 걸쳐 유행이라는 단어가 두루두루 사용되고 있다. 기본적으로 이 단어가 이렇게 수없이 다양하게 사용되는 사례들을 보면 하나같이 유행은 변화무쌍한 것이라고 말하고 있다. 그러나 벤딕스와 립셋은 이렇게 말한다.

"하지만 이렇게 서로 다른 사회 영역에서 나타나는 행동 체계와 그 결과로 일어나는 변화의 동력이 모두 동일하다고 볼 수는 없을 것이다. 유행은…… 여기저기 걸리지 않는 분야가 없을 정도로 자주 언급된다. 따라서 그것은 현저하게 다른 종류의 사회적 행동들을 모두 포괄한다."

엄격한 패턴

—

그런데 이 사회적 행동의 유형들이 정말 완전히 다른 것일까? 누구든 유심히 살펴보면 그 모든 행동들의 저변에는 로크가 여론, 평판, 유행의 불문율이라고 일컬었던 층이 깔려 있음을 알게 될 것이다. 우리는 로크가 법이라는 단어를 사용하면서 정당화하고 있는 엄격한 패턴을 도처에서 만난다. 그 법이란 과식이 결국 배탈로 이어지는 것처럼 행위 그 자체에서 오는 것이 아니라 특정 시대, 특정 장소에서 사회적 환경에 의해 매겨지는 승인 혹은 불승인에서 오는 보상과 징벌을 말한다. 이 문제의 진상을 들여다보면, 유행이라는 용어의 일반적인 사용이 사람들로 하여금 그 용례들이 갖는 공통적인 특성에 적절히 주목하게 만든다는 것을 알 수 있다. 서로 간에 아무런 연관성이 없다고 여겨지는 온갖 종류의 영역에서, 사람은 그 안에 있거나 바깥에 있거나 둘 중 하나다. 그 경우 그는 변화를 예의주시해야 하며 그렇지 않으면 고립의 위협에 노출될 수 있다. 개인의 판단이 용케도 유행하는 여론이 되어버리는 곳이라면 어디나 고립의 위협이 도사리고 있다. 유행은 사회 통합의 훌륭한 수단이며 오직 이러한 기능만이 구두 굽의 높이나 셔츠의 깃 모양처럼 시시해 보이는 것들이 여론의 내용을 형성할 수 있는 이유를 설명해 준다. 그리고 그것은 누군가가 여론의 안에 있는지 혹은 밖에 있는지를 보여주는 표시가 된다. 그 안에서 유행을 발견할 수 있는, 얼핏 이질적이고 동떨어져 보이는 영역들이 사실은 전혀 무관한 것이 아니다. 그것들이 서로를 일치시키는 동기화에 대해서는 분명 지금까지 제대로 탐구된 바가 없다. 그러나 소크라테스의 말처럼 우리도 음악적 취향과 머리 모양의 취향에 모종의 연관성이 있다고 생각해볼 수 있으며, 이를 통해서 법이 뒤집힐 수도 있다는 것을 놓쳐서는 안 될 것이다.

14

형틀 씌우기[9]

다양한 문화권에서 발달된 징벌 체계는 인간의 민감한 사회적 본성을 가차없이 이용해 왔다. 코란에 따라 도둑질에 대한 벌로 왼손을 자르고 재범에 대해서는 왼발을 자르는 것, 혹은 신체에 낙인을 찍는 것처럼 대중의 시선을 피하기 어려운 징벌들이 이에 해당된다. 그러나 적어도 원칙적으로는 머리카락 하나 다치게 하지 않지만 사람들의 자존심을 훼손시키는 것을 목적으로 하는, 이른바 명예 형벌의 경

---

9 가로 형태의 널빤지로 된 형틀 가운데에 구멍을 뚫어 죄인의 목을 끼우고 양쪽 끝에도 구멍을 뚫어 양손을 끼운 채 거리에 세워두어 지나가는 사람들에게 구경시키는 형벌을 말한다.

우에는 이보다 훨씬 더 노골적이다. 형틀 씌우기 pillory 라는 형벌의 이면에 어떤 생각이 깔려 있는지 우리는 쉽사리 짐작할 수 있다. 이러한 형벌이 시대를 막론하고 모든 문화권에 있었으며 12세기부터는 우리 문화에도 있었다는 것은 그것이 인간의 본성 안에 변함없이 존재하는 것임을 증명한다. 피그미 부족은 사람이 어떤 것에 가장 상처받기 쉬운지 알고 있었다. 그것은 바로 남들이 보는 앞에서 조롱과 경멸을 당해 그의 어리석음을 만인이 다 보고 듣게 되는 것이다.

명예 형벌은
인간의 연약한 사회적 본성을 악용하는 것이다
—

존 로크는 키케로의 다음과 같은 격언을 자신의 저서에서 인용했다. "진실성, 칭찬, 존엄성, 명예보다 더 좋은 것은 이 세상에 없다." 로크는 이에 덧붙여, 이것들이 모두 똑같은 것을 다른 이름으로 부른 것일 뿐임을 키케로는 잘 알고 있었다고 했다. 사람들에게서 그들이 가장 소중히 여기는 것, 즉 명예를 박탈하는 것이 명예 형벌의 본질이다. 형틀 씌우기는 중세에도 〈인간의 명예를 갈가리 찢어놓는 형벌〉이라는 뜻으로 사용되었다. 사람들은 이 경험을 매우 고통스러운 것으로 여겼기에 인간 중심적 사조가 싹트기 시작하면서부터 바로 18세 미만의 청소년이나 70세 이상의 노인은 형틀 씌우기 형벌에 처할 수 없도록 금지되었다. 가능한 한 많은 사람들의 이목을 끌기에 알맞도록 고안된 이 형틀은 주로 시장이나 복잡한 사거리 같은 곳에 세워졌다.

죄인은 쇠로 된 형틀을 쓰고 기둥에 묶여 장날 이른 시간이나 일요일 혹은 공휴일에 사람들의 왕래가 가장 많은 시간에 구경거리로 전시되었다. 교회에서의 형틀 씌우기 형벌은 죄인의 발목에 쇠줄을 채워 교회 문에 묶어두는 것이었다. 일반적으로는 북이나 종을 쳐서 사람들의 이목을 끌고 형틀에는 빨간색이나 오렌지색 같은 눈에 확 띄는 색을 칠하고 더러운 동물을 그려 넣기도 했다. 죄인은 자신의 이름과 범법 사실이 기록된 판을 목에 걸어야 했고, 오가는 군중들은 욕설을 하고 책망을 해대고 더러는 오물을 던지는 사람들도 있었지만(돌팔매질은 이 형벌의 규정에는 없었지만 그런 사실은 무시되었다.) 그런 행위는 사회적 통제를 벗어나 있었다. 돌팔매질한 사람은 익명이었고 오로지 죄인의 신분만이 만천하에 공개되었다.

형틀 씌우기 형벌은 그저 대중 앞에 공개하는 것만으로도 충분한 비교적 경미한 범죄에만 적용되었고 중죄에는 적용되지 않았다. 기만죄(예를 들어 빵집 주인이 저울을 속이는 경우), 사기성 파산, 성매매, 매춘 알선 등이 이에 해당되었는데, 특히 명예 훼손이나 중상모략을 저질러 남의 명예를 짓밟은 사람에게는 똑같이 명예를 박탈하는 벌을 주는 것이 그 핵심이었다.

뒷담화는 한 사회의 명예에 관한 규칙을 드러낸다

—

남에 대한 뒷담화와 중상모략의 경계는 정해져 있지 않다. 그 자리에 있지 않은 누군가를 나쁘게 얘기하는 것이 단순한 의견 표명을 넘어서는 것은 과연 어느 지점부터일까? 평판은 훼손되고 인신공격이 행해지며 명예는 땅에 떨어져 더럽혀진다. 당사자의 면전에서 그를 헐뜯는 것은 금기시된다. 소설 『위험한 관계』에서 세상일에 밝은 한 후작부인이 평판이 좋지 않은 애인을 둔 젊은 숙녀에게 그와 어울리지 말라고 설득했던 것은 바로 그런 의미에서다. "그에게 적대적인 여론이 쉽게 바뀔 거라고 생각해? 그것만으로도 네가 그 사람과의 관계를 다시 생각해볼 이유는 충분하지 않을까?"

인신공격, 악평, 왕따, 낙오자, 패자, 천덕꾸러기 등 무방비 상태로 버려진 개인을 표현하는, 사회심리학에서 유래한 언어들이 난무한다. "도대체 누가 그런 말을 해요?" 자신의 명예를 훼손하는 험담을 전해 들으면 사람들은 어떻게든 스스로를 변호해 보려고 그렇게 묻는다. 하지만 뒷담화는 원래 익명으로 행해진다. 미국의 인류학자 존 비어드 하빌랜드는 뒷담화를 연구 주제로 끌어올렸다. 그는 과학적 조사와 분석을 통해 사회의 명예 규칙을 추론해 보고자 하는 기대로 멕시코 남부에 사는 지나칸테코 부족들 사이의 뒷담화를 관찰하여 묘사하기 시작했다. 그는 그 과정에서, 뒷담화는 그 장본인의 못된 짓이 완전히 드러날 때까지 집요하게 계속된다는 사실을 발견했다. 지나칸테코 부족의 경우 간통을 금지하는 규칙을 어겼을 때 당사자 남녀는 형틀 씌우기 비슷한 명예 형벌을 받아야 한다. 남들은 축제를 즐기는데 두 사람은 고된 노역에 처해진다. 노동 그 자체는 수치스러울 것이 없지만 축제를 즐기는 대중으로부터 그들을 확실하게 분리해주는 이 벌은 죄인에게 고립의 고통을 안겨주는 꽤나 창의적인 형벌이라 할 수 있다.

확실하게 불명예를 겪게끔 하기 위해 사람들은 지금까지 여러 방법들을 생각해 냈다. 종이로 만든 긴 모자를 씌워 대중 앞에 구경시키기, 잘못을 저지른 소녀의 머리를 박박 깎아서 마을을 몇 바퀴씩 돌게 하기, 그런가 하면 몸에 타르를 바르고 깃털을 붙이는 벌칙도 있다. 피그미 부족 사이에서 불행한 케푸와 그가 얼마나 조롱을 당했는지 생각해 보라. "넌 인간도 아니야. 넌 짐승이야!"

심지어 황제도 그를 경멸하는 대중 앞에 세워지거나 탄핵을 당하는 굴욕을 면치 못한다. 신성로마제국의 황제인 루돌프 2세가 프라하에 있던 1609년에 장인들과 짐꾼들은 밀린 대금을 받으려고 황제를 기다렸지만 소득이 없었다. 보헤미아 의회가 세수를 막아버려 황제가 청구서의 대금을 지불할 형편이 못되었기 때문이다. 결국 그들은 군중에게 호소했는데 그들의 항의는 아마도 세계 최초의 신문인 《아비소Aviso》의 지면을 통해 프라하 바깥의 군중들에게까지 광범위하게 알려지게 되었다. 《아비소》의 보도에 따르면, 1609년 6월 27일 저녁에 황제가 식사를 하려고 막 식탁에 앉았을 때 어둠이 깔린 그의 거처 앞에서 엄청난 함성소리와 야유가 터져 나왔는데 사람들은 마치 개와 늑대, 고양이처럼 울부짖는 소리를 냈다고 한다. 그 일로 황제는 큰 충격을 받았다고 알려졌다.

형틀 씌우기 형벌은 심지어 아이의 방이나 교실에서도 찾아볼 수 있다. 벌로 아이를 구석에 세워두는 것이 바로 그것이다. 장터에 붉은 색이나 주황색의 단을 세워놓고 망신을 주는 형벌은 중세 고문실에 있던 철의 처녀(iron maiden, 여성의 형상을 한 상자 안쪽에 쇠꼬챙이를 촘촘히 박아 놓은 고문 도구)처럼 우리 시대와는 완전히 먼 얘기처럼 들릴지도 모르지만 사실 우리는 매일 그것과 더불어 살고 있다. 현대인들은 신문과 텔레비전을 통해 웃음거리가 된다. 1609년의 《아비소》는 대중 매체의 선구자였다.

여론이라는 개념에 있을 수 있는 모든 의미를 다 짜내서 50가지나 되는 서로 다른 정의를 추출했던 20세기를 지나오는 동안에도 독일의 형법에는 여전히 여론이 지닌 본래의 의미가 고스란히 담겨 있다. 독일 형법 제186조와 제187조를 보면 중상모략과 명예 훼손의 죄를 범한 경우, "그것이 여론에 드러나는 개인의 명예를 실추시킨다고" 추정되면 아주 사소한 사실도 증거가 되기에 충분하다고 적시하고 있다.

우리가 뒷담화를 통해 그 사회의 명예에 관한 규칙들을 찾아낼 수 있듯이, 오늘날의 명예 훼손 소송을 통해서도 명예에 관한 법칙을 추론할 수 있다. 한 소송 사건에 대해 1978년 11월 23일에 있었던 독일 만하임 주 지방 법원의 판결을 예로 들어보자. 이 사건과 관련해 1979년에 나온 《새로운 법률지 *Neue Juristische Wochenschrift*》 제10호에서 발췌한 내용은 다음과 같다.

"만일 한 여성이 자신을 마녀라고 놀려대는 사람을 고소한다고 할 때, 소송 당사자들이 외국인(이 경우 터키인들)이고 근동Near East에는 마법에 대한 믿음이 널리 퍼져 있어 피고의 잘못이 사소하다는 이유로 소송을 기각하는 것은 정당화될 수 없다. 원고를 보호하기 위해서라도 그런 행위를 강하게 질책하는 의미에서 강력한 법적 처벌이 필요하다." 만하임 법원은 판결의 이유를 다음과 같이 설명했다.

마법에 대한 믿음이 현재 근동 지역에 매우 광범위하게 퍼져 있음은 분명한 사실이다. 그러나 이 나라(독일)의 사정도 별로 낫다고 보기 어렵다. 이와 관련한 1973년의 한 조사에 따르면, 서독에서는 인구의 2퍼센트가 마녀의 존재를 확신하고 있으며, 게다가 마법이 가능하다고 믿는 사람도 9퍼센트에 이른다. 이 문제에 관한 최고의 전문가들은 독일의 남부 지역에는 마을마다 마녀라는 소문이 있는 여자들이 없는 곳이 없다고 말한다. …… 그러므로 이와 유사한 미신적 사상을 가볍게 판결할 이유가 없다. 원고 측 변호인이 지적했듯이, 누군가를 마녀라고 의심하는 행위는 그 사람의 명예에 심각하고도 부정적인 영향을 미치며 터키 출신의 외국인 노동자에게도 이는 마찬가지다. 만일 이러한 중상모략에 대해 본 법정이 강력하고 효과적인 조치를 취하지 않는다면 주변의 의심쩍은 눈초리로 인해 그녀는 끝없는 적의와 박해에 시달려 점점 더 경멸당하고 소외될 것이며, 결국에는 가혹한 학대에 희생되거나 심지어 죽음으로 귀결될 수도 있을 것이다.

15

법과 여론

스위스의 일간지 《노이에 취리히 차이퉁》은 1978년 5월 8일자에서 취리히 시내 한복판에서 한밤중에 일어난 절도 사건 공판 결과에 대해 다음과 같이 논평했다. "또한 고등법원은 위법 행위에 비해 비교적 경미한 처벌 조치가 과연 국민감정과 여론에 부합하는지를 가늠하기 위해 판결을 재검토해야 한다." 그렇다면 법정의 판결이나 법은 여론에 부합해야 하는가? 그러한 것들이 여론과 일치해야 하는가? 여론은 법의 영역과 어떤 관계인가?

여기서 우리가 지금 가장 시급하게 풀어야 할 의문은 로크의 세 가지 법, 즉 신법, 시민법, 여론의 법이 서로 어느 정도까지 모순되는 관계에 있느냐 하는 것이다. 로크는 결투를 예로 들면서 자신이 속한 시대, 자신이 살고 있는 곳에서 세 가지 법이 상충되는 것에 관해 다룬 바 있다. 1970년대와 1980년대에 서독에서는 낙태를 놓고 이 문제가 제기되었다. 교회의 한 고위 성직자는 낙태를 살인이라고 칭하면서, 엄청나게 많은 낙태 건수를 아우슈비츠 강제 수용소에서의 대량 학살에 견주었던 어느 의사의 말에 적극적인 공감을 표했다. 그 추기경은 시민법은 낙태를 허용하지만 자신은 낙태를 여전히 살인으로 본다고 말했다(1979년 9월 26일, 10월 6일 《프랑크푸르트 알게마이네 차이퉁》 보도). 이것은 단지 용어의 대립이 아니다. 두 견해는 양립할 수가 없다. 그 고위 성직자의 견해는 이면에 완전히 상이한 현대적 인식들을 감추고 있는 허울이 아니라 그 수준을 훨씬 넘어서는 것이다. 낙태와 관련된 두 신념의 간극은 엄청나다. 아직 태어나지 않은 생명까지 포함하는 생명 보호에 대한 기독교적 믿음은 루소가 처음에 시민종교라 일컬었던 세속적이고 시민적인 종교, 기독교의 믿음에 비해 그 굳건함이 조금도 덜하지 않은 감정적 믿음과 대립 관계에 있는데, 그 믿음은 바로 인간해방, 즉 여성이 스스로 자신의 몸에 대해 결정을 할 권리가 그보다 더 중요한 가치라는 것이다. 우리가 여기서 다루고 있는 것은 사람들이 자신과 생각이 다른 지인들을 가급적 피하게 만드는 심각한 갈등 중의 한 사례.

여론의 양극화 현상

—

사람들은 자신과 다른 생각을 가진 사람들을 피하려다가 주변의 견해를 정확하게 가늠하는 유사 통계학적 능력을 잃어버린다. 미국의 사회학에서 처음으로 소개한 〈다원적 무지〉(pluralistic ignorance, 사람들이 서로의 생각을 밝히지 않아 자신의 견해가 다른 사람들과 다를 거라고 생각하는 집단 착각 상태)라는 개념은 사람들이 어떻게 생각하고 있는지를 모르는 이 같은 무지에 적용될 수 있다. 그것이 바로 양극화라고 알려진 상태다. 사회는 분열한다. 그리고 우리는 갈라진 여론에 대해 얘기할 수 있다. 두드러진 특징은 나를 통해서 남을 보는, 소위 거울 반사 인식(looking glass perception, 다른 사람들도 자신과 같은 인식을 가졌을 거라고 믿는 현상)에 의해 각 진영이 스스로를 지나치게 과대평가한다는 것이다. 이런 사실은 통계학적으로 측정될 수 있다. 〈대부분의 사람들은 어떻게 생각하는가?〉에 대한 추정의 차이가 심할수록 문제는 더 양극화된다. 서로 상반되는 견해를 신봉하는 사람들은 더 이상 서로 대화를 하지 않고, 따라서 상황을 오판하게 된다. 〈표 16〉에서 〈표 19〉까지는 이와 관련한 1970년대의 사례들을 보여준다.

때로는 다원적 무지가 어느 한 방향으로만 일어나는 경우도 있다. 한쪽 진영에서는 상황을 정확하게 판단하는 데 반해, 다른 진영에서는 스스로를 과대평가하는 식이다. 이 같은 양상을 보면 결국에는 스스로의 세력을 과대평가하는 진영 쪽으로 통합이 일어날 가능성이 높음을 알 수 있다.

이런 양상을 보여주는 예로, 1970년대 초반 독일의 새로운 동방정

표 16 **빌리 브란트 총리에 대한 여론의 양극화 현상(1971년 1월)**

빌리 브란트 총리에 대한 지지자와 반대자 두 진영은 다수 의견에 대한 그들의 추정에 있어서 큰 차이를 보인다. 이는 두 진영 사이의 거리가 멀리 떨어져 있기 때문이다. 더 이상 서로 대화를 하지 않기에 여론의 분위기에 대한 그들의 인식은 매우 판이하다. 질문은 다음과 같다. "당신은 대부분의 사람들이 계속 빌리 브란트 총리를 원한다고 생각하십니까, 아니면 그보다는 다른 사람이 총리가 되길 바랄 거라고 생각하십니까? 당신의 생각은 둘 중 어느 쪽입니까?"

	빌리 브란트 총리 지지자 (퍼센트)	빌리 브란트 총리 반대자 (퍼센트)
대부분의 사람들이,		
브란트 총리를 계속 원한다	59	6
다른 총리를 더 원한다	17	75
모르겠다, 말할 수 없다	24	19
	100	100
	응답자수= 473	290
오스굿, 수시, 탄넨바움에 따른 주변 환경 인식에 있어서의 불일치	D=78.7	

책에 대한 견해 차이를 들 수 있을 것이다(표 17). 승리자들, 그러니까 동방정책에 찬성하는 사람들 중에 무려 70퍼센트가 "대부분의 사람들이 우리처럼 생각할 것이다."라고 대답하고 있다. 반대 진영의 의견은 둘로 갈린다. 그들은 동방정책에 찬성하는 다수에 주목하지도 않고 그렇다고 자신들이 다수라고 생각하지도 않는다. 대신에 그들은 "반반"이라는 애매한 대답으로 어물쩍 넘어가려 한다. 여론을 예

표 17 **동독과의 조약 체결과 관련된 여론의 양극화 현상**(1972년 5월)

동독과의 조약 체결의 경우, 여기에 찬성하는 사람들과 반대하는 사람들의 인식은 큰 차이를 보인다. 질문: "당신 자신의 의견과는 상관없이, 당신은 대다수의 서독 사람들이 동독과의 조약 체결을 찬성한다고 생각하십니까, 아니면 반대한다고 생각하십니까?"

	조약에 찬성하는 사람들 (퍼센트)	조약에 반대하는 사람들 (퍼센트)
대부분의 사람들이,		
동독과의 조약 체결에 찬성한다	70	12
동독과의 조약 체결에 반대한다	3	30
반반이다, 모르겠다	27	58
	100	100
응답자수=	1079	293

오스굿, 수시, 탄넨바움에 따른 주변 환경 인식에 있어서의 불일치	D=71.1

측하고 분석하는 사람에겐 균형과 불균형이 중요한 요소다. 만일 양 진영의 팽팽한 균형 상태가 두드러진다면, 그러니까 각 진영이 서로 자신들이 우세하다고 생각해 양극화가 심하다면 그 결과로 심각한 갈등이 나타난다. 반면에 양쪽이 불균형일 때는 어느 한쪽 진영이 대답을 몹시 주저하게 되고—찬성과 반대가 반반이라거나 혹은 주위 분위기를 확실히 모르겠다거나 이도저도 아닌 대답을 한다—그 진영의 자기 방어 능력도 미약해진다. 표 16, 17, 18, 19에서 사용된 D(불일치의 척도, measures of discrepancy)는 미국의 사회심리학자 오스굿, 수

표 18 공산당원의 판사 임용과 관련된 여론의 비양극화 현상(1976년 4월)

이 문제에 대해서는 찬성하는 사람들이나 반대하는 사람들이나 다수의 의견에 대한 인식이 상당한 정도로 대부분 일치한다. 질문: "당신 자신의 의견과는 상관없이, 당신은 대부분의 사람들이 어떻게 생각한다고 믿으십니까? 이곳 서독 대부분의 국민들은 공상당원을 판사로 임용하는 데 반대할까요, 아니면 찬성할까요?"

	공산당원의 판사 임용에 찬성하는 사람들 (퍼센트)	공산당원의 판사 임용에 반대하는 사람들 (퍼센트)
대부분의 사람들이,		
공산당원의 판사 임용에 찬성한다	6	1
공산당원의 판사 임용에 반대한다	79	88
모르겠다, 말할 수 없다	15	11
	100	100
	응답자수＝162	619

오스굿, 수시, 탄넨바움에 따른 주변 환경 인식에 있어서의 불일치	D＝11.0

시, 탄넨바움에 의해 1950년대에 개발된 것이다. 사용된 공식은 다음과 같다.

$$D = \sqrt{\sum_i d_i^2}$$

여기서 〈d_i〉은 비교가 되는 두 집단의 차이를 뜻한다.

표 19 **심리적, 경제적 이유로 낙태를 하는 문제에 대한 중급의 양극화**(1979년 10월)

질문: "당신은 어떻게 생각하십니까? 대부분의 독일연방공화국 국민들이 심리적, 경제적인 이유로 행해지는 낙태에 찬성한다고 생각하십니까, 아니면 반대한다고 생각하십니까?"

	심리적, 경제적 이유로 행해지는 낙태에 찬성하는 사람들 (퍼센트)	심리적, 경제적인 이유로 행해지는 낙태에 반대하는 사람들 (퍼센트)
대부분의 사람들이 심리적, 경제적 이유로 행해지는 낙태에,		
찬성한다	48	19
반대한다	17	44
반반이다, 모르겠다	35	37
	100	100
	응답자수=1042	512

오스굿, 수시, 탄넨바움에 따른
주변 환경 인식에 있어서의 불일치   D=39.7

변화와 현재의 경향에 대한 맹목적인 동조를 가로막는 장벽들: 두 개의 극단

—

현대 사회학은 존 로크가 법을 세 가지로 나누면서 사용했던 낡은 용어를 보다 정확한 표현으로 바꿔놓았다. 로크는 신법이라고 칭했지만 지금 우리는 윤리적 이상ideal, 전통, 기본적 가치에 대해 이야기한다. 특히 중요시되는 것은 〈이상〉이다. 이상과 실제 행동의 괴리는 종종 상당한 수준에 이른다. 존 로크의 여론, 평판, 유행의 법은 인간의 행동에 가장 강력한 영향을 미치는 것으로 관습, 공중의 도덕 같은 현대의 사회학 용어의 범주에서 찾을 수 있다. 국가가 제정하는 법은 두 방향으로 나뉜다. 르네 쾨니히는 「사회적 규범의 체계 속에서 본 법」이라는 자신의 논문에서 그것에 대해 설명하고 있다. 공중의 도덕을 지키는 파수꾼들은 국가가 세계관의 변화를 막는 장벽으로 법을 이용해 주기를 기대한다. 반면에 여론과 공중 도덕의 대변인들은 법과 법학이 시대정신에 발맞추어 계속해서 발전해 주길 바란다. 그들은 실제로 자신들의 입장에 대해 강력한 주장을 펼친다. 만일 모든 문화권에서 관찰할 수 있듯이 사람들이 여론 형성 과정을 통합의 한 수단으로, 사회를 존립할 수 있게 하는 수단으로 이해한다면 법과 법학은 한시도 여론을 거스를 수 없다. 분명히 시대적 요인은 두 진영 모두에게 중요한 역할을 한다. 하지만 법제도에 대한 대중의 신뢰를 위해서는 최신의 시류를 너무 쉽게 쫓아가서는 안 될 것이다. 라인홀트 치펠리우스는 「우리는 방향 설정의 안정성을 잃어버렸는가?」라는 자신의 논문에서 이 문제에 대해 다음과 같이 말하고 있다.

법이 지닌 고유한 특수성 때문에 신뢰할 만하면서도 규범적인 행위의 체계에 대한 요구는 법의 안정성에 대한 요구처럼 보인다. …… 법의 안정성에 대한 요구는 무엇보다 인간관계에서의 행동에 무엇이 결정적 규범이 되어야 하는지를 확립하는 데 관심이 있음을 시사한다. …… 거기에 두 번째로 법의 연속성에 대한 관심이 더해진다. 이 연속성은 미래를 위한 방향 설정의 안정성을 만들어 내고 그럼으로써 계획과 준비를 위한 토대가 마련된다. 규범 체계에 있을 수 있는 최대한의 안정성에 대한 요구와 법이 발전해 나가는 데 일관성이 있어야 한다는 요구는 또 다른 이유에서 보더라도 타당하다. 전통적인 법은 제 기능을 수행하는 능력에 대한 시험을 견뎌왔다. 그것이 구스타프 라드브루흐가 말했듯이 법이 너무 쉽게 변화해서는 안 되는 이유이며, 한때의 요구에 근거한 입법 행위의 희생물이 되어서는 안 되는 이유다. 그렇게 되면 어떠한 제약도 없이 각각의 경우들이 법이 되는 것을 허용하게 될 것이다.

물론 선거 운동을 포함한 정치적 캠페인의 목표는 엄밀히 말해 유권자가 마음을 결정하는 그 순간까지 심사숙고하는 시간을 허락하지 않는 것이다. 대신에 그들은 자신들의 목표가 달성되고 그것이 영구적인 것으로 확립될 때까지, 자신들이 추구하는 규정이 구속력 있는 법으로 굳어질 때까지 흥분이 사그라지지 않도록 여론을 일으키고자 한다. 독일의 사회학자 니클라스 루만은 자신의 논문 「여론」에서 그 과정에 대해 다음과 같이 설명한다.

"어떤 정치적 쟁점이 점차 무르익어 가다가 정점에 다다른다. 그러면 상대 진영에서는 지연 작전, 조건부 찬성, 유보 등을 통해 시간을 버는 전술에 의존해야 할 것이다. 그리고 지지자들은 자신들이 주장하는 정치적 쟁점이 예산에 반영되도록 혹은 행정부의 정강 정책에 들어갈 수 있도록 힘써야 한다. 이 모든 과정이 매우 단기간에 일어난다. 지루함과 유보, 부정적인 경험의 징후들이 처음에 나타나고……만일 그 쟁점에 대해 아무것도 일어나지 않는다면 그것 역시 장차 난관에 봉착할 조짐으로 받아들여진다. 그때부터 얼마 못 가서 그 쟁점은 매력을 잃어버리게 된다."

루만의 설명은 확실히 수명이 짧고 시류에 따라 움직이는 여론에만 해당된다. 다른 것들은 몇 년, 몇 십 년, 몇 백 년, 예를 들어 토크빌이 추적한 결과 천 년이 넘는 세월 동안 이어져온, 인간의 평등을 확대하기 위한 운동처럼 긴 세월 동안 계속되기도 한다. 그러나 하나의 커다란 이슈가 진전되어 가는 과정은 루만이 기술한 유형에 들어맞을 수도 있다.

법관과 행정가들이 사회적 인식이나 특정한 태도를 지향하는 형태로 때로 여론에 대해 보이는 성급한 반응을 우리는 비흡연자 앞에서의 흡연을 금지한 캠페인의 사례에서 발견할 수 있다. 우리가 앞서 3장에서 여론 조사 결과를 통해 살펴보았듯이 이 문제에 대한 여론은 엎치락뒤치락했다. 그럼에도 불구하고 이 캠페인은 지속적인 강세를 보여 1975년에 이르러서는 행정적 차원에서 비흡연자 앞에서는 흡연을 삼갈 것을 권고하거나 요구하는 장관급 시행령이 나올 만큼 충분한 토대를 획득했다. 1974년에 슈투트가르트 지방 법원에서는 이전까지의 판례를 깨고 택시 안에서 승객이 담배를 피운 것은 택시기사를 배려하지 않은 거라는 판결을 내렸다. 이 캠페인이 정점을 찍은 것은 베를린 고등 행정 법원에서 "법적인 의미로 흡연자는 안온방해 행위(nuisance: 매연, 오물, 소음 등으로 타인의 이익을 침해하는 행위)를 하는 존재다."라는 판결을 내렸을 때였다. 독일 프라이부르크의 변호사 요제프 카이저는 이에 대해 다음과 같이 논평했다.

"이렇게 해서 더 이상의 야단법석 없이 손쉽게 흡연자 문제가 치안을 유지하는 경찰의 소관이 되었다. 다시 말해서 흡연자가 구체적인 위험에 해당되어 경찰이 단속할 수 있는 사람들의 범주에 들어간 것이다. 흡연자는 경찰이 명백히 불허하는 행위에 대해 법으로 정해진 처벌을 받아야 하는 처지가 되었다. 이를 위해서 필요한 전제 조건은 흡연자가 비흡연자에게 확실한 위협이 된다는 충분한 입증이다. 하지만 바로 그것이 결여되어 있다는 것이 문제다."

이 경우는 사실에 입각한 증거의 뒷받침 없이 법적 사실이 만들어지기 때문에 이를 여론 형성 과정으로 간주할 수 있을 것이다. 그렇게 말하는 논평자 역시 비흡연자에 대한 보호가 "유행 중!"이라고 말하면서 유행과 관련된 용어를 적절히 구사하고 있다.

법은 관습에 의해 지지되어야 한다

거꾸로, 만일 현재 우세한 의견, 즉 여론이 법 규범으로부터 너무나 멀리 벗어나고 있는데 입법부가 아무런 대응을 하지 않는다면 이 경우 또한 심각한 위기 상황이 발생한다. 이 상황은 무엇보다도 법 규범은 전통적으로 내려오는 도덕적 가치와 일치하지만 관습과 공중의 도덕이 그 두 가지로부터 명백히 일탈할 때 일어난다. 오늘날의 여론 조사 결과가 이 과정을 더욱 가속화시키는 효과를 갖는다는 것은 부인할 수 없는 사실이다. 1971년에 독일의 시사주간지 《슈테른》은 알렌스바흐 연구소의 조사 결과를 게재했는데, 그 조사에 따르면 16세 이상 인구의 46퍼센트가 낙태가 좀 더 쉬워지기를 기대하고 있다고 응답했다. 그로부터 정확히 5개월 후(1971년 11월 4일자《슈테른》보도) 동일한 조사를 실시한 결과, 낙태가 좀 더 쉬워지기를 바란다는 응답자의 비율은 46퍼센트에서 56퍼센트로 증가했다. 이것이 바로 토크빌이 실제와는 다른 허울에 불과하다고 말할 때 염두에 두었던 상황, 그러니까 여론은 여전히 어떤 견해를 지지하지만 한때 그 견해를 떠받쳤던 이면의 가치는 이미 허물어져 버린 지 오래인 그런 상황인 것이다. 이 가치의 상실이 공개적으로 선언되지 않는 한, 허울은 그대로 유지된다. 그러나 그 속이 텅 비었다는 사실이 갑자기 폭로되듯 드러날 때—오늘날은 여론 조사를 통해 종종 그런 일이 일어난다—허울은 무너진다. 그 결과가 법적으로 허용될 수 없는 행위일 수도 있다. 구체적인 예를 들어보자면, 많은 여성들이 법을 어기고 있음을 공공연히 고백하는 것이다. "저는 낙태를 한 경험이 있어요."

　장기적으로는, 관습의 지지를 받지 못하는 법은 유지될 수 없다. 사람들의 행동에 보다 효과적으로 영향을 미치는 것은 명백하고 형식적인 법보다는 고립의 두려움, 주변의 반감을 사는 것에 대한 두려움, 혹은 은연중에 내포된 신호와 같은 것들이다. 존 로크가 〈여론의 법〉으로 설명했던 것, 그리고 그로부터 2백 년이 지나서 에드워드 로스가 〈사회적 통제〉로 묘사했던 것이 오늘날에는 사회과학자들에 의해 실험을 통해 확실히 입증되고 있다. 이러한 실험들 중에는 신호등과 관련된 실험도 있었다. 다음과 같은 세 가지 각기 다른 상황에서 빨간불일 때 도로를 횡단하는 보행자의 숫자를 관찰해 보았다. 첫째 아무도 나쁜 예를 보여주지 않을 때, 둘째 옷차림으로 보아 하류 계층으로 보이는 남자가 신호등의 빨간 불에 길을 건널 때, 셋째 옷을 잘 입은 상류층 남자가 똑같이 빨간 불에 길을 건널 때. 실험 도우미들이 빨간 불일 때 길을 건너는 상류와 하류 계층 사람의 역할을 했고 총 2천1백 명의 보행자에 대한 관찰이 이루어졌다. 그 결과는, 아무도 나쁜 예를 보여주지 않을 때는 겨우 1퍼센트만이 빨간 불에 길을 건넜다. 하류 계층 역할을 맡은 사람이 빨간 불을 무시하고 길을 건넜을 때는 보행 자의 4퍼센트가 그를 따라 행동했고 상류 계층으로 보이는 사람이 빨 간 불에 건널 때는 14퍼센트가 그의 행동을 따라했다.

법을 통해서 바뀌는 여론

—

법과 여론의 관계는 역방향으로 나아갈 수도 있다. 법이 제정되거나 바뀌어 바랐던 방향으로 여론에 영향을 줄 수도 있다. 1905년에 출판 된 여론과 법에 관한 고전적 명저인 『19세기 영국의 법률과 여론의 관계에 대한 논고』에서 알버트 다이시Albert V. Dicey가 기술했던 내용 은 훗날 여론 조사를 통해 사실로 입증되었다. 그것은 다름 아니라, 법안이 통과되면 그 자체로 그 법안에 대한 찬성 여론이 상승한다는 것이다. 얼핏 보기에 이는 매우 특별한 결과여서 아무런 실증적 수단 의 도움 없이 알버트 다이시가 이를 인식했다는 것은 대단한 일이다. 하지만 그가 이러한 결과가 일어나는 이유에 대해 설명까지 하기는 어려웠다. 오늘날 침묵의 나선이라는 이론으로 무장한 우리는 사람 들이 어떤 문제에 동의하면서 맞닥뜨리게 되는 고립의 두려움이 그 사안이 법이 되면 줄어든다는 사실을 알게 되었다. 여론과 입법의 예민한 관계는 이러한 경향을 통해서 나타난다. 다이시는 다음과 같은 정리(定理. 이미 진리라고 증명된 일반 명제)를 제시한다.

"법은 여론을 조성하고 만들어 낸다."

여론이 바람직한 방향의 목적을 가진 법에 의해 조성될 수 있다는 것은 지배층 다수에 의한 정치적 권한의 부당한 이용이나 여론 조작에 대한 유혹처럼 여겨져서 우려스럽기까지 하다. 그리고 어떤 사안이 법으로 정해지고 난 후에도 그 법이 유지될 수 있을 만큼 찬성 효과가 계속 강력하게 이어질 것인지, 아니면 사회의 유지 존속에 꼭 필요한 통합에 극심하게 어긋날지 또한 의문으로 남는다.

예를 들어 1975년의 서독의 형법 개혁에서, 그리고 1977년에 개정된 새 이혼법에서 법 규정은 여론이 바라는 것보다 훨씬 앞서 나아갔다. 이와 비슷하게, 기성세대와의 관계에서 약자에 속하는 어린이와 청소년의 권리를 강화하기 위해서는 부모의 양육권 문제를 규정할 필요가 있다는 판단 하에 만들어진 새로운 법안에 대해 심지어 17세에서 23세 사이의 청년층 사이에서도 불과 소수만이 찬성 의견을 보였다. 여론 조사의 질문은 다음과 같았다. "당신은 부모와의 관계에서 청소년이 더 많은 권리를 보장받을 수 있도록 국가가 법을 제정해 통과시켜야 한다고 믿으십니까, 아니면 그럴 필요 없다고 생각하십니까?" 청년층의 22퍼센트는 필요하다고 대답한 반면, 64퍼센트는 그럴 필요가 없다고 응답했다. 개정된 이혼법은 부모의 양육권에 관한 법안보다 다수의 국민들을 법과 공중의 도덕성 사이에서 훨씬 더 갈등하게 만들었다. 1979년 7월 알렌스바흐 연구소는 실제로 사람들이 저지른 잘못과 그 잘못에 대해 죄의식을 느껴야 할 의무를 중심으로 매우 강력한 도덕적 여론이 형성되어 있음을 발견했다. 그러나 새로운 이혼법은 사람들에게 이혼에 있어서 유책의 문제는 중요하지 않으며 따라서 그것이 경제적인 부분에 영향을 주어서는 안 된다는 견해를 받아들일 것을 요구했다. 다수의 국민은 그 견해에 동의할 수 없었다. 당시 네 가지 법 개정에 대한 평가에서 새로운 이혼법이 가장 성공하지 못한 것으로 여겨졌다(표 20).[10]

우리는 이를 보면서 루소가 법과 여론의 관계를 어떻게 보았는지를 떠올리게 된다. "건축가가 거대한 건축물을 세우기 전에 먼저 땅을 꼼꼼하게 살펴 건물의 하중을 지탱할 수 있는지를 확인하듯이, 현명한 입법자는 그 자체로서 훌륭한 법을 만들려고 하기 전에 사람들이 그 법을 지킬 능력이 있는지를 먼저 살펴본다." 루소에게 법은 일반 의지의 정당한 행사에 불과하다. "이 세상의 여왕인 여론은 왕의 권력에 복종하지 않는다. 왕들 자신이야말로 그녀의 첫째가는 노예다."라는 루소의 말은 "정부는 오로지 여론이라는 기초 위에 세워진다."는 데이비드 흄의 말과 맥락을 같이 한다.

---

10 다음의 주제들이 토론에 붙여졌다. 도제 훈련의 개선, 1979년도의 세제 개혁, 대기업의 의사 결정 과정에 투자자와 고용자의 동등한 참여, 이혼법 개정(이해가 상반되는 당사자가 관여하는 대심적 재판 절차가 아니라 불화합성을 고려함).

표 20 여론과 법의 관계

사안: 이혼법의 개정. 질문: "당신은 도덕적인 죄라는 것이 있다고, 즉 누군가에게 도덕적 책임을
물을 수 있다고 생각하십니까? 아니면 도덕적 죄가 낡은 개념이라고 생각하십니까?"

	16세 이상의 인구 집단 (퍼센트)
죄가 있다	78
낡은 관념이다	12
모르겠다, 의견 없다	10
	100
	응답자수=1015

질문: "사람들이 죄책감을 가져야 하느냐에 대해 여기 두 사람이 대화를 나누고 있습니다. 다음
문장을 읽어보십시오. 당신은 둘 중 어느 쪽의 의견에 동의하십니까? 위쪽인가요, 아니면 아래쪽
인가요?"(그림을 보여준다.)

	16세 이상의 인구 집단 (퍼센트)
"사람들은 죄의식을 가져야 한다. 그렇지 않으면 다른 사람들에게 상처를 주고 불행하게 만드는 것이 그들에게 아무 문제도 되지 않을 것이다."	72
"사람들이 죄의식을 가질 필요는 없다. 그것은 그들을 당혹스럽게 하고 불행하게 하며 아무에게도 도움이 되지 않기 때문이다."	18
모르겠다	10
	100
	응답자수=1016

질문: "요즘은 이혼에 있어서 누구에게 잘못이 있는지는 더 이상 중요하지 않습니다. 당신은 이것이 좋다고 생각하십니까, 아니면 좋지 않다고 생각하십니까?"

	16세 이상의 인구 집단 (퍼센트)
좋다고 생각한다	24
좋지 않다고 생각한다	57
의견 유보, 모르겠다	19
	100
	응답자수＝495

질문: "당신은 이혼법의 개정에 얼마나 만족하십니까?"

	16세 이상의 인구 집단 (퍼센트)
이혼법의 개정과 관련해서	
무과실 이혼제(과실 책임을 따지지 않는 이혼법의 도입)에 대해 나는,	
매우 만족한다	7
꽤 만족한다	20
별로 만족하지 않는다	23
전혀 만족하지 않는다	35
대답하지 않음	15
	100
	응답자수＝2033

16

여론은 통합을 만들어 낸다

지금까지 우리는 사회 통합의 문제, 여론이 달성하는 것은 무엇이며, 여론과 법의 관계는 어떠해야 하는지에 대해 살짝 건드리기만 했다. 그런데 여론을 〈사회 통합〉으로 보는 개념은 일상적으로 사용될 수 있을 만큼 명확한 개념인가?

실증적 연구가 한참 뒤처져 있다

매우 균형 잡힌 시각으로 통합을 평가한 책이 1950년에 미국에서 나왔는데 아직까지는 이를 대체할 만한 책이 나오지 않고 있다.

콩트와 스펜서 시대 이후로 사회학자들은 비교적 규모가 작은 사회 구성 단위들이 사회적 조직으로 통합되는 문제에 관심을 가져왔다. …… 전체 개인들의 단순한 총합과 집단은 어떤 점에서 다른가? 집단은 어떤 의미에서 단일체라고 할 수 있는가? …… 통합은 어떻게 측정될 수 있는가? …… 사회 통합은 어떤 조건에서 증진되는가? 또 어떤 조건에서 감퇴하는가? 고도의 사회 통합은 어떤 결과를 가져오는가? 또 낮은 수준의 사회 통합은 어떤 결과를 낳는가? 사회학은 이런 종류의 문제를 해결하기 위한 기본적인 연구를 필요로 한다.

위에서 인용한 저서의 저자인 베르너 S. 랜데커Werner S. Landecker는 탈코트 파슨스의 전통 내에서의 사회 통합과 인간의 사회 제도 속에서 통합이 갖는 역할에 관심을 가져온 손꼽히는 이론가들 중에서도 단연 돋보인다. 20세기의 지배적인 학파와는 달리 랜데커는 주로 실증적 연구 조사와 측정 절차를 탐구했다. 그는 다양한 측정 기준들을 제시했다. 또한 그는 지금까지도 우리가 사회 통합에 대해 별로 아는 것이 없어서 보편적이고 단순화된 척도를 내놓지 못하고 있다고 말했다. 랜데커에게 앎이란, 경험적으로 뒷받침된 지식을 의미한다. 그는 네 종류의 사회 통합과 그것을 측정하는 네 가지 방법을 찾아냈다.

□ 문화적 통합: 사회의 가치 체계는 일관성 있는 행위를 어느 정도까지 허용하는가? 사회 구성원들에게 부과되는 요구는 이론적으

로가 아니라 실제로 얼마나 모순을 가득 안고 있는가? 랜데커는 언제라도 경쟁적으로 자기주장을 펼치는 것과 이타심을 서구 사회에서의 모순된 요구를 보여주는 하나의 실례로 들고 있다.

- 규범적 통합: 한 사회에서 미리 정해진 행동 규칙들과 그 구성원들의 실제 행동 사이에는 얼마만한 차이가 있는가?
- 의사소통적 통합: 한 사회의 하위 집단은 적당한 무시, 부정적 평가나 편견에 관해 서로에게서 어느 정도까지 자신을 보호하는가? 그리고 그들은 서로 어느 정도까지 대화에 참여하는가?
- 기능적 통합: 한 사회의 구성원들은 노동 분업, 역할 분화, 상호 협동을 통해 어느 정도까지 단체 행동을 하게 되는가?

이 개략적인 설명에서는 경험의 공유를 통해 일어나는 사회 통합은 언급되지 않았다. 예를 들자면 야구나 축구의 세계선수권대회나 전 인구의 절반을 텔레비전 화면 앞에 묶어놓는 3부작 시리즈물, 혹은 1965년을 예로 들자면 영국 여왕이 서독을 두루 여행함으로써 두 나라 모두에 축제 분위기와 국가적 자긍심이 고조되었던 것 등 말이다. 그뿐 아니라 여기에는 통합의 수단으로서의 유행에 대한 언급도 전혀 없다.

루돌프 스멘트의 통합주의
—

20세기 말부터 자신의 학설을 인정받기 위해 노력해온 법학자 루돌프 스멘트Rudolf Smend가 택했던 것은 완전히 다른 접근 방식이었다.

통합 과정은 의식적으로 이루어지는 것과는 거리가 멀지만 그 과정은 의도하지 않은 적법성이나 혹은 교활한 이성에 의해 진행될 수 있다. 따라서 그것은 대체로 보아 의식적인 헌법적 규정의 대상은 아니다……. 그것이 이론적으로 숙고할 대상이 되는 것도 오직 예외적인 사례들에 한해서이다……. 인적 통합은 지도자, 통치자, 군주, 그리고 모든 부류의 공직자들에 의해 야기되는 것처럼 보인다……. 기능적 통합은 공동의 행위 혹은 활동의 원시적이고 감각적인 리듬에서부터…… 이를테면 선거와 같은 간접적이고 복잡한 형태에 이르기까지…… 매우 다양하게 변화하면서 집단화하는 삶의 형식들을 통해 일어난다. 그 의미는 표면상 여론, 집단, 당파, 다수당의 발전을 통해 정치사회를 창조하는 의미만큼 의식적인 것은 아니지만 적어도 그와 동등한 수준의 절박함을 지닌다……. 실질적 통합은 국가의 목적을 담고 있고 공동체의 통합을 고취하는, 국가와 관련된 삶의 모든 측면들에 적용된다. 이 실질적 통합은 정치적 가치를 담은 상징물, 예를 들면 국기, 군복, 국가수반, 정치적 의전 행사, 국가적 축전 등 정치적 정당화의 요소들에 대해 이론을 펼치는 논리의 장이 될 것이다.

통합의 의미는 변화를 거듭한다

—

스멘트가 자신이 주창한 통합주의의 개요를 설명하고 랜데커가 통합에 대해 좀 더 실증적인 연구가 이루어지기를 원한다는 글을 쓴 이후로 지금까지 이 분야에 대해서는 그 어떠한 진전도 없었다. 이는 분명 우연이 아니고 개인이 느끼는 고립의 두려움에 대한 연구가 부족했기 때문에 오는 당연한 결과다. 사회적 통제를 주제로 한 에드워드 로스의 논문을 보면, 19세기 말에는 통합이라는 개념이 오늘날의 동조성 못지않게 경멸적인 것으로 간주되었음을 암시하는 언급이 있다. 하지만 20세기에 사회과학자들은 통합이 인간 사회를 어떻게 안정시키는지 그 방법을 명확하게 밝혀줄 포괄적이고 이론적인 체계를 세우는 일에, 그리고 그 구조와 기능을 규명하는 일에 관심이 있었다. 하지만 그들은 실증적 조사를 철저히 이류로 여겼다. 그럼에도 불구하고 우리가 실제로 직면하고 있는 통합이라는 주제―여기에 대해 좀 더 집중적으로 살펴보고자 한다면 프랑스의 사회학자 에밀 뒤르켐의 저서들을 자세히 검토해 보아야 할 것이다―에 대한 사회과학적이고 경험 지향적인 성찰은 〈여론이 통합의 기능을 갖는다〉는 가정을 뒷받침하는 것이다.

　랜데커의 용어를 빌자면, 공중의 도덕을 지키는 파수꾼으로서 여론의 역할과 규범적 통합 사이의 관련성은 수세기 동안 이해되어 왔듯이 너무나도 명백하다. 그 관점에서 보면 규범과 실제 행동은 일치하며, 만일 실제 행동이 규범에서 벗어나면 고립이라는 벌로 이어진다.

시대정신, 통합의 결실

—

의사소통적 통합이라는 용어는 토크빌을 생각나게 하는데, 그는 분절된 중세 봉건사회가 종말에 이르렀을 때 여론이 처음 생겨났다고 여겼던 사람이다. 분절 사회(한 국가 안에 언어, 인종, 민족, 종교, 계급, 지역, 이데올로기 등의 다양성이 있고 그 국가가 복수의 사회로 구성되어 있는 사회)가 지속되는 한, 토크빌이 주장하듯, 포괄적이고 광범위한 의사소통은 없다. 현대 서구 사회에서 입증 가능한 인간의 유사 통계학적 능력—어떤 개인 혹은 개념에 대한 찬성과 반대 의견의 증가나 감소를 확실하게 인식하는 능력—은 의사소통적 통합의 징후로 간주될 수도 있다. 같은 이유에서, 실증적으로 입증될 수 있는 총선 전의 보편적 희열이 스멘트의 생각과 연계될 수 있을지도 모른다. 결정을 내린다는 현재적 기능 외에도 선거에는 통합이라는 잠재적 기능도 있다. 랜데커는 다음과 같이 묻는다. "고도의 사회 통합은 어떤 결과를 가져오는가?" 분명히 통합은 대부분의 사람들을 행복감으로 가득 채워준다. 하지만 모든 사람이 다 그렇진 않다. 그렇다면 누가 배제되는가? 이 질문은 첨단을 가는 전위파avant-garde에 속하는 사람들을 가리키고 있다. 앞에서 우리는 소크라테스의 대화에 대해 얘기하면서 이 주제에 매우 가까이 접근했었다. 소크라테스는 음악이 변화하는 방식에 대해, 그리고 음악에서의 변화가 시대의 변화를 앞서서 알려주는 방식에 대해 얘기했다. 시대, 이 단어는 시계와 달력으로 표현되는 의미보다 훨씬 더 많은 것을 담고 있다. 여론에는 시대에 대한 느낌이 꽉꽉 들어차 있어 일반적으로 어떤 한 시대를 흐르는 정신이라고 간주되는 것은 통합이 이뤄낸 위대한 성취라고 보아도 좋을 것이다. 괴테는 다음과 같은 유명한 묘사를 통해 성공적인 통합의 과정에는 침묵의 나선과 같은 현상이 포함된다는 것을 분명히 한 바 있다.

"만일 어느 한쪽이 특별히 두각을 나타내고 군중을 장악해서 그들을 반대하는 사람들이 구석으로 들어가지 않을 수 없을 정도가 되면, 아니 적어도 그 순간만큼은 침묵 속으로 스스로를 감추게 된다면, 우리는 이러한 두드러진 우세를 시대정신이라고 부르며, 실제로 그것은 일정 기간 동안 거침없이 제 길을 갈 수 있을 것이다."

가치 체계가 점차 허물어지고 새로운 것이 부상하는 시기에, 낡은 요구들과 새로운 요구들이 서로 융합하지 못한 채 한데 섞여 있는 것을 사람들이 발견하게 되는 이런 시기에는 랜데커가 밝힌 통합의 첫 번째 척도인 문화적 통합이 연구의 주제가 될 수도 있다. 이런 시기에는 여론 형성 과정이 제 기능을 발휘하지 못하는 것일까?

사회가 위험에 처했을 때
여론의 압박은 더욱 강해진다
—

설문 조사 방식은 이 질문에 대답하기에는 여론 형성 과정에 대한 설명에 있어서 아직 너무나 미숙하다. 그러나 관계의 역전을 보여주는 징후가 하나 있다. 그것은 바로 사회가 위기에 처했을 때 〈동조에 대한 압박〉이 증가한다는 것이다. 여기서 우리는 다시 미국 민주주의에 대한 토크빌의 묘사와 여론이 휘두르는 무자비한 횡포에 대한 그의 인상적인 불평을 떠올리게 된다. 그의 설명에 따르면 이러한 현상은 평등에 대한 신념이 우세해지고 권위에 대한 인정이 점점 상실되는 것에서 기인한다. 권위는 최소한 항상 방향을 제시해 주기 때문이다. 이런 요인들을 고려하면 사람들은 다수의 의견에 매달리지 않을 수 없을 거라고 토크빌은 생각했다. 반면에 하나의 사회 안에 여러 다른 문화가 뒤섞임으로써 생겨난 미묘한 상황이 토크빌이 미국에서 보았던 여론의 예리한 메커니즘을 설명해줄 수도 있다. 우리가 용광로 사회에서 쉽게 생각해볼 수 있듯이, 문화적 통합의 정도가 비교적 낮은 경우에는 통합에 대한 필요성이 각별해진다. 우리가 현재 처한 상황에 이러한 주장을 적용해 보면, 가치 체계가 변화하는 상황에서는 문화적 통합의 수준이 낮고 따라서 통합의 수준을 높여야 한다는 절박한 요구가 생긴다는 것을 예상할 수 있다. 이러한 요구로 여론은 지배권을 적절히 틀어쥘 것이고 이는 개인들이 느끼는 고립의 두려움이 더욱 예민해지는 결과로 이어질 것이다. 이때 여론이 작동하는 과정이 눈에 보이게 되는 조건들이 있다. 앞서도 살펴보았듯이 여론에 대한 중요한 관찰은 하나같이 혁명기에 이루어졌다.

한편으로 우리는 아직까지 연구가 이루어지지 않았던 분야에서 통합과 여론의 관계를 생각해 보게 된다. 3장에서 우리는 애시의 실험 결과를 놓고 혹시 다른 나라 사람들도 미국인들과 비슷한 수준의 동조성을 보이는지 알아보고자 스탠리 밀그램이 두 나라를 선택해 실시했던 조사 결과를 소개한 바 있다. 그 두 나라는 개인주의가 높이 평가되는 프랑스와 국민들의 응집력이 높다고 생각되는 노르웨이였다. 비록 두 나라 공히 조사 대상자들이 고립에 대한 압도적인 두려움을 드러냈지만 통합의 수준이 높은 노르웨이 국민들에게서 동조성이 더 뚜렷하게 나타났다. 이는 토크빌이 누누이 강조했던 관찰 결과를 확인시켜 주고 있는데, 평등한 사회일수록 여론의 압박이 더 클 것으로 전망된다는 것이다. 평등의 수준이 높은 사회에서 사람들이 다수의 의견에 집착하지 않을 수 없는 이유는 최선의 판단을 내리기 위해 의지할 만한 이렇다 할 단서가 없기 때문이다. 즉 그들이 기댈 만한 계층적 원칙이 없다는 것이다. 지금 우리는 실증적 관찰 조사라는 수단을 통해서 그러한 압력이 수적인 다수로부터 생겨난다기보다는, 한쪽에서는 자신들의 신념이 옳다는 확신을 적극적으로 내보이고 다른 한쪽은 고립의 두려움으로 인해 움츠러드는 상황에 기인하는 바가 더 크다는 것을 알고 있다.

통합의 정도와 여론의 압박 사이의 관계가 단순하기를 바랄 수는 없을 것이다. 동조에 대한 강력한 압박이 허용되는 것이 노르웨이 사회의 평등 때문인가, 아니면 동조의 압력은 이와는 다른 것에 뿌리를 두고 있고 그것이 평등으로 이어지는 것인가? 거친 자연환경이 정글 속에서 사냥에 의존해 생명을 유지하며 살아가는 종족들을 위험에 빠뜨리듯 사회의 통합에도 영향을 미칠 수 있을까? 아마도 한 사회가 노출되어 있는 위험의 정도가, 그것이 내부의 위험이든 외부로부터의 위험이든 간에, 이 질문에 대한 열쇠일 수 있다. 위험이 클수록 더욱 고도의 통합이 요구되며 여론의 고조된 반응이 이를 강요한다.

17

전위파, 이단자, 아웃사이더: 여론에 대한 도전

지금까지 설명해온 것처럼 개인이 느끼는 고립에 대한 두려움에 뿌리를 두고 자라나는 사회심리학적 결과인 여론은 그저 단순히 동조에 대한 압력에 지나지 않는 것인가? 침묵의 나선은 오직 여론이 어떻게 생겨나고 어떻게 세를 불려 나가는지만을 설명할 뿐, 그것이 어떻게 변화하는지는 설명하지 못하는 것일까?

고립을 두려워하지 않는 사람들이
여론을 변화시킬 수 있다

—

지금까지 우리는 겁을 먹거나 소심한 사람들, 고립을 두려워하는 사람들에 초점을 맞춰왔다. 이제 우리는 그와 정반대의 방향에 있는 사람들, 그러니까 고립을 두려워하지 않고 그 대가가 있다면 기꺼이 치르겠다는 좀 더 다채로운 사람들에 대해 살펴보고자 한다. 이들은 소크라테스의 표현에 의하면 새로운 음악을 도입하는 사람들이다. 1917년 작품인 「외양간The Stable」에서 엄청나게 큰 암소가 지붕을 뚫고 허공으로 머리를 내밀고 있는 그림을 그린 샤갈 같은 화가들, 사람들은 신의 계명이나 국가의 법에는 별 관심이 없으며 여론의 법을 따르느라 골머리를 앓고 있다고 주장한 존 로크 같은 학자들이 이에 속한다. 존 로크의 이런 주장이 시대적으로 조금만 더 일찍 나왔더라면 그는 아마 화형을 면치 못했을지도 모른다. 이 무리들 중에서 우리는 이단자, 즉 전통이나 권위, 세속적인 상식에 반항하여 자기 개성을 강하게 주장하여 고립되어 있는 사람들을 발견한다. 이들은 자신이 태어난 시대의 요구에 응답하되 시대를 넘어선 사람들이며, 단단히 응집된 여론과 상관관계를 형성하고 있는 사람들이다. 또한 이 무리들 중에는 일탈자들이 있다. 미국에서 나온 한 논문 제목을 인용하자면 이들은 「사회적 통제의 대리인인 영웅들과 악한들, 그리고 멍청이들」, 현대적 용어로 표현하자면 스타와 놈팡이들이다. 그러나 사회에 순응하는 구성원들과 아웃사이더의 관계를, 사회의 가치 체계를 훼손하고 형틀을 쓰고 대중들 앞에 전시되는 사람들을 통해서 그 가치 체계와 사회에서 현재 통용되는 규칙을 강조하기 위한 것으로만 이해해서는 안 된다.

침묵의 나선이라는 개념은 고립의 두려움을 모르는 사람들이나 그 두려움을 극복한 사람들이 사회 변화를 가져올 수 있는 가능성을 따로 마련해 둔다. 루소는 이렇게 말했다. "저는 조롱과 비난을 견디는 법을 배워야만 합니다." 대다수의 인류에게는 행복의 원천이고 편안한 도피처이자 안식처가 되어주는 높은 수준의 사회적 합의는 미래를 위한 길을 준비하는 전위파들(예술가, 학자, 개혁가들)에게는 공포를 안겨줄 수 있다. 1799년 독일의 시인이자 역사가인 프리드리히 슐레겔Friedrich Schlegel은 〈괴물〉을 다음과 같이 묘사했다.

그것은 독으로 인해 부풀어 오른 듯 보였고, 속이 다 비치는 그 살갗에는 온갖 색깔이 일렁거렸으며, 그 내장은 흡사 벌레처럼 꿈틀대는 게 다 보였다. 그것은 공포를 자아낼 만큼 덩치가 컸고 온몸에 사방으로 돋아 있는 게처럼 생긴 집게발을 접었다 폈다 했다. 이제 그것은 개구리처럼 폴짝폴짝 뛰기도 하고 셀 수 없이 많은 발로 혐오스러울 정도로 민첩하게 움직여 기어가기도 했다. 나는 겁에 질려 돌아섰다. 하지만 그것이 나를 쫓아오려고 했기 때문에 나는 용기를 내서 그 괴물의 등을 주먹으로 힘껏 후려쳤다. 그러자 갑자기 그것은 내 눈에 그저 평범한 개구리로 보였다. 바로 그때 누군가 내 뒤에서 이렇게 말했을 때 나는 더더욱 놀라지 않을 수 없었다. "그게 여론이라는 겁니다……."

반면에 1960년대에 머리를 길게 늘어뜨린 청년들이 등장했을 때 고지식한 시민들이 충격을 받은 것은 전혀 이상할 게 없었다. 고립을 두려워하지 않는 자는 누구라도 세상의 질서를 뒤엎을 수 있다.

선구자는
몽유병자만큼이나 대중에게 신경 쓰지 않는다
—

혁신가의 유형은 그들과 대중과의 관계에 따라 구분되어야 할 것이다. 새로운 것을 향해 길을 닦는 예술가와 과학자들이 있다. 그들이 대중으로부터 이해를 받느냐 혹은 반감을 사느냐 하는 것은 그들이 하는 일에 별 영향을 끼치지 않는다. 하지만 개혁가들은 그렇지 않다. 사회의 사고방식이나 행동 양식을 변화시키고 싶다면 그들은 거부감을 표출하는 적대적 대중을 견뎌야만 한다. 어떤 대상을 전향시키기 위해서는 바로 그 대상이 있어야 하기 때문이다. 그렇지만 그들역시 대중의 적대감으로 인해 고통받는 것은 사실이다. 그들 외에 또다른 유형의 개혁가가 존재하는 것으로 보이는데, 그들이 비교적 소규모 혹은 대규모의 세를 형성하고 있든 간에, 이들에게는 대중의 도발이 그 자체로 거의 목적이 되고 실존을 강화해 주는 것이 된다. 그들은 적어도 거기서 대중의 관심을 발견하며, 심지어 대중의 분노라고 할지라도 아무런 관심을 얻지 못하는 것보다는 낫다고 생각한다. 20세기에 대중매체를 통한 여론의 놀랄 만한 확산은 이에 대해 우리에게 이 시대의 사례들을 풍부하게 제공해 준다. 이스라엘 정보 기관의 분석에 따르면, 아랍 테러 조직의 우두머리인 와디 하다Wadi Hada 는 자신이 세계 다른 나라들로부터 고립되고 있다는 사실에 거의 불가사의한 만족감을 느끼는 인물이며 그런 이유로 오로지 자신만의 법과 계율만이 유효하다고 여겼다. 독일의 유명한 영화감독이자 배우인 라이너 베르너 파스빈더는 자신의 영화 중 한 편에 대해 이렇게 말한다. "분명 내겐 나의 실의와 절망에 어울리는 방식으로 나를 깨달을 권리가 있다. 대중 속에서 나에 대해 성찰할 자유가 필요하다." 그것은 더 이상 승인과 불승인의 문제가 아니다. 우리는 지금 대중과 접함으로써 생겨나는, 개별적 존재의 편협함에서 찢겨져 나옴으로써 생겨나는 격렬한 자극에 대해 말하고 있는 것이다. 그것은 마치 마약과도 같은 대중 노출에 도취되는 것이다. 무엇이 그 흥분을 날려버리게 하는가? 그것은 대중을 갖고 노는 것이 위험할 수 있고, 만일 그 일이 사회로부터의 추방으로 막을 내린다면 심지어 치명적일 수 있음을 아는 것, 바로 위험인 것이다.

괴로워할 것인가, 즐길 것인가:
공적인 삶을 이끌어가는 두 가지 방식

—

이에 대한 사례는 16세기에서 쉽게 찾아낼 수 있는데 예를 들어 마틴 루터와 토머스 뮌처Thomas Müntzer를 비교해 보는 식이다. 루터는 분명 대중에 노출되면서 괴로움을 겪지만 그들의 비난에 스스로를 내어놓는 것 말고는 다른 방법을 생각하지 못한다. 그는 자신이 피할 수 없는 것을 똑바로 마주본다. "비록 일부가 즉각적으로 나를 경멸한다고 해도⋯⋯." "다른 이들은 전혀 말하지 않는다." "⋯⋯ 하지만 그들이 침묵을 지키기 때문에라도 나는 말을 해야만 한다." 그는 자신의 견해가 얼마나 빠르게 온 나라로 퍼져나가는지에 대해 이렇게 묘사하고 있다. "그것은 열나흘이 채 못 되어 독일 전역을 가로질렀다." 그는 대중과 함께했던 이 경험에 대해 그것이 마치 "태풍의 이동과도 같았다."면서 숨이 턱에 차서 말한다. 그러나 대중과 함께했던 그의 경험이 사실이 아니라고 하기에는 묘사가 너무 생생하다. "나는 명성을 원치 않았다. 왜냐하면 내가 말했듯이, 대의명분을 어떻게 세워야 할지 나 자신도 알지 못했고 내가 부르기엔 그 노래는 음이 너무나 높았기 때문이다."

토머스 뮌처는 이 그림의 이면을 보여주는 예다. 그 또한 여론이 형성되는 과정을 날카롭게 주시하는 관찰자이다. "그것은 사람들의 생각 속에, 온 나라에 삽시간에 퍼져나가고⋯⋯ 순식간에 질서를 확립한다. 그것은 어디에서 시작되는가? 유행으로 인해 안에 있던 것이 밖을 향할 때 그것은 시작된다. 사람들이 마치 셔츠를 갈아입듯 쉽게 자기 의견을 바꾸는 것이 관례가 되어버리면, 그들은 간단하게 셔츠와 외투를 바꿔 입는 것을 금할 것이며 그러면 아마도 원치 않은 의견의 변화는 억제될 것이다."

음악의 혁신을 그 누구도 막을 수 없음을 우리가 알고 있듯이, 토마스 뮌처가 하고자 하는 말의 핵심에 귀를 기울이면, 그는 그 변화가 바람직하든 그렇지 않든 간에, 셔츠와 외투는 바뀔 거라고 확신했음을 우리는 알고 있다. 루터와 대조적으로 그는 대중의 시선에 괴로워하지 않는다. 그는 오히려 대중의 시선을 사랑한다. 대중에 노출되는 것이 위험하다는 것을 알고 있었음에도 불구하고, 아니 오히려 그 위험성을 감지하기에 그는 그것을 사랑한다. "신을 경외하는 것은 인간에 대한 두려움, 어떤 피조물에 대한 두려움도 섞이지 않은, 실로 순수한 것이어야 한다. 왜냐하면 지금은 시대가 위험하고 나날이 불행하기 때문이다." 시대정신을 표현할 줄 알고 그것을 입 밖에 내어 말할 줄은 알지만 어떤 강령을 구축하고 있는 요소들을 설명하지 못하는 것을 대중과의 선정적 관계가 갖는 특징이라 할 수 있을까? 역사가들은 토머스 뮌처의 음악에는 오직 파괴적인 효과만 있었을 수도 있다고 결론짓는다.

개인과 대중의 관계에 어떤 유형이 있는지를 검토하는 작업은 아직까지는 제대로 이루어지지 않고 있다. 고립의 두려움을 알지 못하거나 혹은 그것을 극복한 다채로운 집단에 대해서는 실증적 연구가 이루어지지 않은 채 하나의 스펙트럼처럼 남아 있다. 우리가 아는 것은 다만 이들 집단이 사회를 변화의 방향으로 몰고 가며, 고립을 두려워하지 않는 사람들에게 침묵의 나선이 유용하다는 사실뿐이다. 만일 타인에 대한 여론이 동조에 대한 압력과 비슷한 수준이라면 변화의 지렛대는 이들의 손에 있다.

음악은 언제 어떤 이유로 바뀌는가?

—

사람들은 바람이 어느 방향으로 불든 간에 대기 중에 머물러 있는 그

것, 그러니까 더 이상 여론의 흐름에, 해일과도 같은 그 엄청난 휩쓸림에 거스르거나 저항하지 못한다. 해일이나 휩쓸림이라는 표현은 우리가 자연력의 위세와도 맞먹는 운명적인 움직임을 다루고 있음을 보여준다. 하지만 우리는 "새로운 것은 어떻게 시작되는가?"라는 질문에는 아직 답을 내놓지 못하고 있다. 독일의 사회학자 니클라스 루만은 여론을 주제로 한 자신의 논문에서 항상 맑았던 개울이 갑자기 탁해지는 것처럼 사건이 일어나는 어떤 계기, 위기 혹은 위기의 징후가 있다고 지적한다. 처음에 그것은 그저 개인이 느끼는 경고 신호의 수준이지만 그러다가 그 위기가 책 속에서 목소리를 내게 되고, 나중에는 살충제의 폐해를 고발한 레이첼 카슨의 『침묵의 봄 *The Silent Spring*』처럼 책 제목으로도 등장하게 된다. 혹은, 이번에도 루만의 표현을 빌자면, 그것은 지금까지 모든 것을 넘어서서 우위를 차지했던 초월적인 가치들에 대한 위협과 훼손일 수도 있다. 베를린 장벽이 세워진 직후인 1961년 8월 아데나워 정부에 반대하는 여론이 걷잡을 수 없는 봇물처럼 터져 나왔던 것은 국가라는 궁극의 가치가 줄곧 무시되어 왔기 때문에 예견할 수 없었을 것이다. 예기치 않은 사건들은 억눌려 있던 것들의 방출이다. "새롭고 희한한 것에는 〈중요함〉의 의미가 함축되어 있다." 고통 혹은 고통을 대신하는 문명의 어떤 대용물이든 간에 그것은 억눌려 있던 것이 풀려나오는 분출이다. 루만은 그 분출의 결과로 "만일 무엇보다 그것이 측정할 수 있고 비교 가능한 것이라면 재정적인 손실, 예산의 삭감, 사회적 지위의 상실" 등을 언급하고 있다.

하지만 어떤 위기도, 어떤 위협도 왜 여성 해방 문제가 1960년대와

1970년대의 여론에서 그렇게 절박한 이슈가 되었는지에 대한 설명이
되지는 못한다.

그렇다면 음악은 대체 왜 바뀌는 것이며, 또 언제 바뀌는 것인가?

18

여론을 전파하는 매개체로서의 고정관념: 월터 리프먼

20세기는 무르익어 가고 여론의 모든 의미들은 갈 길을 잃었을 때쯤 여론이라는 단어가 제목에 포함된 두 권의 저술이 세상에 나왔다. 그중 하나는 내가 앞서 빈번히 인용한 바 있는 니클라스 루만의 논문이고 나머지 하나는 월터 리프먼이 1922년에 출간한 저서다. 두 작품 모두 여론이 지닌 역동성 중에서 우리에게 잘 알려지지 않은 측면을 폭로하고 있으며 여론과 저널리즘의 관계에 대한 관심 또한 불러일으켰다.

월터 리프먼의 저서는 선도적이라 할 수 있다. 비록 그 책은 『여론*Public Opinion*』이라는 제목을 달고 나오긴 했지만 놀라울 정도로 여론과는 직접적인 연관성이 없다. 사실 여론에 대한 리프먼의 정의는 별 감명을 주지 못하는 다음과 같은 문장으로 책 속에 몇 줄 삽입되어 있을 뿐이다. "이 사람들의 머릿속에 있는 그림들, 즉 자기 자신, 타인들, 자신의 욕구, 목적의식, 인간관계에 대한 그림들이 바로 그들의 여론이다. 집단 혹은 집단의 이름으로 행동하는 개인들이 자기 행동의 바탕으로 삼는 그러한 그림들이 대문자로 쓰인 여론Public Opinion이다." 월터 리프먼의 이 책을 읽은 독자들은 아마 책을 옆으로 치우며 이렇게 말할 수도 있다.

"그래서 도대체 여론이 뭐라는 건지, 난 여전히 모르겠어."

폭로

—

이 책의 어떤 점이 특이했기에 초판이 세상에 나온 지 거의 50년 만인 1965년에 미국에서 페이퍼백으로 재출간되고 그와 거의 동시에 독일어판이 나오게 된 것일까? 선풍적인 반응을 불러일으키지는 못했지만 사실 이 책은 일종의 폭로다. 그러나 이 폭로라는 것이 세상을 보고자 하는 방식에 대한 사람들의 타고난 성향과는 완전히 정반대여서 초판이 나오고 그렇게 오래 지났는데도 여전히 책의 내용이 새롭게 느껴지고 실제로 아직까지 지적 사고에 통합되지 못하고 있다. 리프먼은 현대를 살아가는 사람들이 어떻게 정보를 취하고 자기 행동의 지침이 될 판단력을 키워나가는지와 관련해 우리의 합리적인 자기기만을 들추어낸다. 즉 사람들은 성숙하게 인내심을 갖고 마치 현실을 객관적으로 파악하려고 끝없이 노력하는 과학자들처럼 관찰하고 생각하고 판단하지만 그러는 동안 그들의 모든 노력은 대중매체에 의해 지배된다는 것이다. 리프먼은 사람들이 실제로는 어떻게 자신의 개념을 발전시키는지, 자신들에게 전달된 메시지에서 어떻게 정보를 낚아채는지, 그 정보를 어떻게 처리하고 어떤 방식으로 남들에게 전달하는지를 보여줌으로써 사람들이 착각하고 있는 것과는 완전히 딴판인 현실을 대조해서 보여준다. 리프먼은 실증적인 사회심리학과 커뮤니케이션에 대한 연구가 몇 십 년 후에나 겨우 증명해 냈던 현상들을 이미 조목조목 묘사하고 있다. 나는 리프먼의 책에 등장하는 커뮤니케이션의 기능에 대한 모든 개념들이 거의 하나도 빠지지 않고 훗날 실험실에서나 현장에서의 힘든 연구 작업을 통해 거듭 사실로 입증되었음을 발견했다.

폭풍을 머금은 먹구름처럼
—

동시에 리프먼은 침묵의 나선과 관련해서 지금 이 책에서 우리가 여론이라고 이해하는 것에 대해서는 아무런 개념이 없었다. 그는 하나의 합의를 이뤄내는 과정에서 동조에 대한 압력이 어떤 역할을 하는지, 그리고 사람들이 느끼는 고립의 두려움이나 주변 환경에 대한 그들의 두려움 어린 관찰에 대해서도 아무런 언급을 하지 않았다. 그러나 제1차 세계대전의 엄청난 영향 아래 놓이게 된 리프먼은 감정이 잔뜩 실린 스테레오타입(stereotype, 고정관념)[11]이라는 단어에서 여론의 초석을, 신념과 의견의 결정체를 발견하게 된다. 그 자신 저널리스트였던 리프먼은 스테레오타입이라는 표현이 자신에게 친숙한 신문 인쇄라는 과학기술의 세계에서 사용되는 용어임을 알고 있었다. 그 세계에서는 오프셋 인쇄기나 스테레오타입(인쇄판의 한 종류인 연판)을 통해 활자가 정형화된 인쇄판에 고정되면 원하는 대로 몇 번이라도 같은 내용을 반복해서 찍어낼 수가 있다. 여론 형성 과정은 이 스테레오타입에 의해, 즉 고정된 관념에 의해 강화된다. 이는 대화를 통해 순식간에 퍼져나가는데 여기에는 부정적인 연상, 어떤 경우에는 긍정적인 연상들이 즉각적으로 함께 실려서 전파된다. 그것들은 대개는 사람들의 관심을 부정적인 요소들에 쏠리게 하고 선택적 지각(selective perception, 정보를 전체적이고 객관적으로 받아들이지 않고 자신의 기존 인지 체계와 일치하거나 자신에게 유리한 것만 선택적으로 받아들이는 것)으로 그들을 이끈다. 이 고정관념이 국가 지도자의 자리에 지원한 후보자에게 정치적 사망선고를 안겨주기도 한다. 미국의 유력한 대통령 후보였던 미시간 주지사 조지 롬니는 자신이 한때 베트남 전쟁에 대한 특정 입장 표명을 받아들인 점을 언급하면서 "세뇌를 당했다."는 표현을 사용한 적이 있는데, 그때부터 그에게는 너무 쉽게 영향을 받는

---

11 스테레오타입은 원래 인쇄할 때 사용하는 금속판의 한 종류인 연판을 뜻하며 연판 인쇄를 스테레오타입 인쇄라고 한다. 조판한 것을 원판 그대로 인쇄하는 방식을 원판 인쇄, 조판한 것으로 지형을 뜨고 여기에 납물을 부어 연판을 만들어 인쇄하는 방식을 연판 인쇄라고 한다. 따라서 연판 인쇄, 스테레오타입 인쇄는 〈고정된 똑같은 내용〉을 계속해서 인쇄해서 퍼뜨릴 수 있는데 여기서 〈고정관념〉이라는 의미가 파생되었다. 스테레오타입을 처음으로 고정관념이라는 의미로 사용한 사람이 월터 리프먼이다. 이때 고정관념이란, 어떤 특정한 대상이나 집단에 대하여 많은 사람들이 공통으로 가지는 비교적 고정된 견해와 사고를 말하는데 대개의 경우 뚜렷한 근거가 없고 감정적인 판단에 의거하고 있다.

사람이라는 정형화된 이미지가 따라붙게 되었다. 즉 그에 대한 고정 관념이 생긴 것이다. 또 1980년의 대통령 선거에서 캘리포니아의 브라운 주지사는 유력한 후보로 주목을 받았지만 그의 미래 지향적 태도와 우주 개발에 대한 관심을 빗대어 언론에서 그를 〈달빛 주지사 Governor Moonbeam〉라고 부르기 시작하면서 인기가 급속히 하락해 버렸다. 여기에 대해 리프먼은 이렇게 쓰고 있다.

"그 순간 대중의 감정이 실려 있는 상징을 획득하는 사람이 그만큼 공공정책으로의 진입로를 장악한다."

고정관념들은 마치 폭풍을 머금은 먹구름처럼 한동안 여론이라는 풍경 위를 맴돌다가 완전히 사라져버려 두 번 다시는 볼 수 없게 될 수도 있다. 이 먹구름을 피하려고 몸을 사렸던 사람들의 행동, 특히 정치인들의 행동은 그 자리에 뒤늦게 나타난 사람들로서는 알 수가 없을 것이다. 그리고 한 차례 먹구름을 피했던 사람조차 나중에는 그 때 무슨 일이 있었는지, 어떤 압력이 있었는지를 설명하기가 어려울 것이고 따라서 뭔가 다른 설명을 내놓아야 할 것이다.

월터 리프먼의 책을 통해 우리는 마치 예링이 "그것은 집의 가장 구석진 사적 공간에서부터 왕좌에 이르는 높은 계단에 이르기까지 사방을 가득 채우는 공기와도 같다."고 묘사했던 것처럼, 어떻게 고정관념을 통해서 여론이 모든 것에 스며드는지를 배운다. 그리고 리프먼이 자신의 독자들을 위해 제1차 세계대전이 끝난 뒤 자신이 했던 경험을 들려주었던 것처럼 우리는 또한 이렇게 형성된 여론이 시간이 흐르면서 완전히 사라질 수도 있음을 깨닫는다. 리프먼은 처음에 긍정적인 고정관념과 부정적인 고정관념이 어떻게 형성되는지를 얘기한다. "영웅 숭배 외에도 악마를 쫓는 살풀이가 있다. 영웅이 태어나는 것과 똑같은 메커니즘에 의해 악마가 만들어진다. 세상의 모든 선한 것들이 조프르, 포슈, 윌슨, 루즈벨트로부터 나왔다면 모든 사악한 것은 빌헬름 황제, 레닌, 트로츠키로부터 나왔다." 하지만 잠시 후에는 또 이런 대목이 나온다.

"생각해 보라……. 휴전 협정이 체결된 후 결코 성공적으로 정립되지 못한 불안정한 동맹체의 상징이 얼마나 빠르게 사라져버렸는지. 그에 잇따라 각국이 다른 나라들에 대해 가졌던 상징적 이미지들이 어떻게 무너져 내렸는지를 생각해 보라. 공법의 수호자 영국, 자유의 최전선을 지키는 프랑스, 그리고 십자군 미국이라는 상징이 얼마나 빠르게 소멸되었으며, 당파와 계층의 갈등과 개인의 야망 등이 미뤄졌던 이슈들을 들고 나오기 시작하면서 각국 내에서도 국가 자체를 상징하던 표상들이 어떻게 시들해지기 시작했는지를 생각해 보라. 더불어 지도자의 상징적 이미지가 하나씩 하나씩 사라져서 윌슨, 클레망소, 로이드 조지가 이제 인류 희망의 화신이라는 자리를 내려놓고 어떻게 그저 환상이 깨진 세계의 협상가이자 행정가가 되었는지를 생각해 보라."

머릿속의 이미지들,
우리가 그 실상을 알고 있다고 믿는 의사 세계
—

리프먼이 여론이라는 주제를 다룬 다른 20세기 저술가들에 비해 훨씬 진보했던 부분은 그의 현실주의, 즉 인간의 이해력과 인간의 감정들에 관한 매우 현실적이고 솔직한 추정이었다. 그가 저널리스트였다는 것도 상당한 도움이 되었다. 그는 우리가 직접 얻는 인식과 대중매체 같은 다른 수단을 통해서 얻는 인식의 차이를 예리하게 관찰했다. 그리고 그는 사람들이 이 차이를 의식하지 못함으로 인해 그것이 어떻게 완전히 가려지는지를 보았다. 사람들은 자신의 간접적인 경험을 너무나 완벽하게 받아들이고 자신의 개념을 거기에 맞추기 때문에 직접 경험과 간접 경험을 분리할 수 없게 되어버리는 경향이 있다고 그는 생각했다. 따라서 대중매체의 영향 또한 사람들이 거의 의식조차 못하는 상태로 남아 있다.

우리가 정치적으로 다뤄야 하는 세계는 우리의 손이 닿지 않는 곳에 있는, 시야에서도, 마음에서도 벗어나 있는 세계다. 그것은 탐구되고, 알려지고, 상상해 보아야 할 대상이다. 사람은 모든 존재를 한 번에 척 알아볼 수 있는 아리스토텔레스의 신이 아니다. 인간은 단지 자신의 생존을 이어가기에 충분한 분량만큼의 현실의 일부를 잴 수 있고, 시간의 저울 위에서 단지 얼마 되지 않는 통찰과 행복의 순간을 낚아챌 수 있는 진화의 피조물이다. 그러나 바로 이 피조물이 맨눈으로 볼 수 없는 것을 보고, 귀로 들을 수 없는 것을 듣고, 엄청난 다수와 무한히 작은 것들의 무게를 가늠하며, 자신이 개인적으로 기억할 수 있는 것보다 더 많은 항목들을 세고 분류하는 방법들을 발명했다. 그는 자신이 결코 보고 듣고 만지고 냄새 맡고 기억할 수 없었던 광대한 세계의 부분을 마음의 눈으로 보는 법을 배우고 있다. 점차 그는 자신의 손이 닿지 않는 곳에 있는 세계에 대한 신뢰할 수 있는 이미지들을 자신의 머릿속에서 혼자 힘으로 만들어 낸다.

리프먼은 자신의 독자들에게 생각할 거리를 던져준다. "대중매체를 통해서 우리에게 전해지는 정보에 비하면 우리가 직접 얻는 정보의 양은 얼마나 미미한가!" 하지만 대중매체는 환경이라는 사슬이 시작되는 첫 번째 고리에 지나지 않는다. 이 하나하나의 사슬이 사람들이 머릿속에 지니고 있는 세계에 대한 이미지들을 어떻게든 왜곡할 가능성이 있다. 현실을 제대로 그린다는 것은 가망 없는 일이다. "왜냐하면 실제 우리를 둘러싸고 있는 주변 환경은 대체로 너무 크고 복잡하고 순간적으로 지나가는 것이어서 직접 인식하기 어렵기 때문이다. 우리는 그렇게까지 미세한 차이와 그렇게까지 다양한 변화들, 그리고 그렇게까지 많은 순열과 조합을 다루는 능력을 타고나지 못했다. 그리고 설사 우리가 그러한 환경 속에서 행동을 취해야 한다고 하더라도 복잡다단한 주변 환경을 제대로 다룰 수 있기 전까지는 이를 보다 단순한 모형으로 재구성해야만 한다." 50년 후 루만은 『복잡성의 축소Reduction of Complexity』라는 제목으로 이 주제를 다룬 바 있다.

언론인의 천편일률적인 취사선택의 법칙
—

그렇다면 그러한 재구성은 어떻게 일어나는가? 우선 엄격한 취사선택이 이루어진다. 무엇을 보도할 것인지, 무엇을 사람들에게 알려야 하는지가 마치 강물을 가둔 수문처럼 누진적 단계에 의해 결정된다. 1940년대 말에 사회심리학자 쿠르트 레빈은 이와 같은 상황을 설명하면서 게이트키퍼gatekeeper[12]라는 용어를 처음 사용했다. 게이트키퍼는 대중에게 무엇을 알리고 무엇을 알리지 않을 것인지를 결정하는 사람이다. 리프먼의 표현에 따르면 "독자의 손에 전해진 모든 신문은 일련의 취사선택 과정을 거친 결과물이다." 시간적인 제약과 독자들이 갖는 관심이 제한적이라는 상황이 취사선택을 요구한다. 신문 독자들에 관한 초기의 연구 결과를 이용해 리프먼은 독자들이 하루에 대략 15분 정도를 신문 읽기에 할애한다는 사실을 알아냈다. 미래에 대한 저널리스트의 예민한 후각으로 그는 미국의 갤럽연구소 설립보다 10년도 더 앞서서 표본 설문 조사의 중요성을 간파했던 것이다. 1950년대, 1960년대, 1970년대에 커뮤니케이션학이라는 중요한 학문 분야가 등장할 것을 예견했던 리프먼은 언론인들이 뉴스를 선택하는 과정에서 어떤 것이 보도 가치가 있다고 여기는지를 설명했다. 그들이 독자에게 중요하다고 판단하는 것은 반대 주장 없이 전달할 수 있는 명확한 주제, 갈등 상황, 최상급의 것들, 놀라운 소식, 신체적 및 심리적인 측면에서 친근하기 때문에 독자가 동질감을 느낄 만한 내용, 개인적으로 연민을 자아내는 사연 등이다.

모든 언론인들이 대체로 똑같은 잣대로 뉴스를 선정하는 한 그들은 보도에 있어 일정한 합의를 이루는 것이며, 이는 마치 확증처럼 대중

---

12 사회적 사건이 대중매체를 통해 대중에게 전달되기 전에 미디어 기업 내부의 각 부문에서 취사선택하고 검열하는 직책 또는 그런 기능을 말한다. 각 부문을 거치는 동안 사건의 문안에 대하여 가필, 정정, 보류 따위의 조작이 이루어질 수도 있다.

매체의 수용자들에게 영향을 미친다. 리프먼이 명명했던 〈의사 환경(擬似環境, pseudo-environment)〉[13]은 이렇게 생겨난다.

리프먼은 수용자를 나무라지도 않고 언론인들을 질책하지도 않는다. 다만 그는 의사 현실pseudo-reality이 생겨날 수밖에 없음을 보여주는 설득력 있는 증거들을 제시할 뿐이다. 1965년에 독일의 철학자 아르놀트 겔렌은 이를 가리켜 〈중간 세계Zwischenwelt〉라 일컬었다.

사고방식이 다르면
똑같은 사건도 다르게 보인다
—

1940년대 중반쯤에 시작된 사회심리학과 커뮤니케이션 연구는 〈선택적 지각〉이라는 개념을 찾아냈다. 사람들은 인지부조화를 피하고 자신의 머릿속에 그려져 있는 세계에 대한 조화로운 이미지가 계속 유지되게 하려고 적극 노력한다. 인지의 복잡성을 줄여야 한다는 필요성에 이어서 선택적 지각은 현실을 인식하고 그것을 보도함에 있어 피할 길 없는 또 하나의 왜곡의 근원이 된다.

13 대중매체가 전달하는 간접적인 환경을 뜻한다. 월터 리프먼이 만들어낸 신조어로, 대중은 직접 보거나 겪지 않아도 미디어를 통해 전달받는 소식만으로도 충분히 자극을 받는다는 사실을 설명하기 위해서 만든 말이다. 그는 『여론』의 첫머리에서 〈실제 환경〉은 존재하지만 그것은 인간이 직접 파악하기에는 너무나 거대하고 복잡하고 걷잡을 수 없다고 보았다. 따라서 인간은 미디어가 제공하는 의사 환경에 반응해 자기 나름대로의 좁은 간접 경험의 테두리 안에서 그것을 해석한다는 것이다.

나는 우리가 어떤 사실들을 어떤 각도로 보게 될 것인지를 결정하는 것은 우리 머릿속에 있는 데이터들의 한복판에 자리한 고정관념의 유형이라고 생각한다. 세상에 다시없는 선의를 가졌더라도 한 신문사의 보도 방침이 자사의 편집 방침을 옹호하는 경향을 띠는 것은 바로 그런 이유에서다. 그것은 자본가는 왜 일련의 사실만을 보고 인간 본성의 특정한 측면만을 보는지, 말 그대로 정말 그것들만 눈에 보이는지, 사회주의자인 그의 적수는 왜 자본가와는 다른 사실들을, 다른 측면을 보는지, 둘 사이에 존재하는 실제 차이는 지각의 차이임에도 불구하고 왜 둘은 서로를 비이성적이거나 사고가 비뚤어졌다고 여기는지를 설명해 준다.

리프먼은 오직 신문에 대한 관찰 결과만을 토대로 이런 주장을 펼치고 있다. 그렇다면 텔레비전 시대에는 그의 관찰이 갖는 타당성이 얼마나 더 커지게 될 것인가! 애초의 관찰과 비교해볼 때, 미디어를 통해 사람들에게 전달되는 현실의 비율은 중요한 요인에 의해 꾸준히 증가해 왔다. 그리고 멀리 떨어져 있는 복잡한 세계를 보거나 들을 수 있는 가능성이 늘어나면서 이것들이 우리가 직접적으로 관찰한 내용들과 한 덩어리가 되어 훨씬 더 세차게 우리에게 밀려든다. 감성 콘텐츠, 즉 무엇이 선하고 무엇이 악한가가 영상과 음향을 통해 직접적으로 이해된다. 이렇게 정서적으로 각인된 인상은 쉽게 지워지지 않는다. 우리가 리프먼의 책 속 어느 구절에서 읽었듯이, 그 인상들은 합리적 논쟁이 이미 지나가버린 한참 뒤까지도 사람들의 머릿속에 오래도록 남아 있다.

1976년 독일 연방 선거가 끝난 후, 텔레비전 방송이 선거가 치러지기 이전의 여론 분위기에 영향을 미칠 수 있는지 없는지를 놓고 시대착오적인 논쟁이 있었다. 언론인이 실제로 눈으로 본 것을 보도했기에 그것은 속임수의 문제는 아니었다. 편향된 언론 현실을 바탕으로 사실 여부와는 상관없는 겉보기만의 의견 일치가 이루어지는 것을 피하는 유일한 방법은 다양한 정치적 신조를 가진 기자들이 대중에게 자신들의 관점을 전하는 것뿐이다. 내가 1976년의 논쟁을 시대착오적이라고 하는 이유는 그 논쟁은 리프먼의 책이 세상에 등장하기 전에 이루어졌어야 했기 때문이다. 하지만 그 후 50년이 지나서야 그런 논쟁이 벌어졌다는 것은 리프먼과 그 후 커뮤니케이션 연구에 의해 제시된 확실한 증거들이 줄곧 무시되어 왔다는 반증이기도 했다. "우리는 있는 그대로를 보도할 뿐입니다."라는 문구는 오늘날까지도 심지어 언론인들이 자신들의 활동을 설명하면서 종종 사용하는 것이지만 리프먼의 책이 나온 지 50년이 지난 지금은 정말로 받아들일 수 없는 표현이다. 같은 이유로, "인쇄에 적합한 모든 뉴스는 전부 게재한다."는 《뉴욕 타임스》의 유명한 슬로건에 경의를 표해야 하는 이유는 오로지 그 역사적 연관성 때문이다. 가끔은 언론인들이 내리는 처음부터 알고 있는 빤한 결론들 중에서 전달되는 사실과 의견들은 뒤로 물러나게 하고 전달되지 않는 것들이 중심으로 부각되도록 한다면 그것도 좋은 생각일 것이다. 마치 인물과 배경의 관계를 보여주는 유명한 지각심리학의 그림들에서처럼 말이다. 이러한 관점의 변화가 적어도 가끔씩은 가능해야만 하며 거기에도 연습이 필요하다. 그러면 언론인들이 더 이상 다음과 같은 주장으로 자신들의 직업이 갖는 영향력에 대해 스스로를 오도하는 일은 없을 것이다.

"하지만 내 보도 내용은 정말 사실이라고. 게다가 대중이 재미있어 하잖아."

대체로 어떤 것들이 대중매체의 보도에서 제외되는가? 리프먼은 대중이 받아보는 이미지 속에서 복잡한 현실의 어떤 측면이 누락되느냐에 따라서 매우 다양한 결과가 나올 수 있다고 결론을 내린다. 그는 이런 현상에 대해 부정적인 시각으로 바라보거나 도덕적 판단을 내리지는 않는다. 오히려 그것과는 거리가 멀다. 이것은 그의 주장을 반복해온 사람들이 종종 놓치곤 하는 작은 부분인데, 사실 그는 고정관념을 긍정적으로 평가한다.[14] 그렇게 현저하게 단순화해야만 사람들이 매우 협소한 자신들의 인식의 지평에 만족하지 않고 수많은 주제들 사이에서 관심을 고루 분배할 수 있기 때문이다.

보도되지 않는 것은 존재하지 않는 것이다

—

리프먼은 엄청난 집요함으로 대중매체의 이러한 취사선택 과정에 따라오는 결과들을 명백히 밝히고자 노력했다. 현실을 단순화한 이미지에서 생겨나는 것이 사람들이 실제로 경험하는 현실이다. 우리 머

---

14 고정관념은 사람들에게 심리적 안정감을 준다는 점에서 장점이 있다고 리프먼은 말한다. 일상 생활에서 무언가 불안하고 무질서하다고 느낄 때 사람들은 좀 더 단순하고 일관된 생각에 의존하는 경향이 있는데, 이것이 바로 고정관념이다. 리프먼에 따르면 이런 고정관념이 사람들을 정서적으로 만족시키는 면이 있다고 한다.

릿속의 이미지들이 곧 현실인 것이다. 현실이 실제로 어떤지는 중요하지 않다. 가치 있는 것은 오직 현실에 대한 우리의 추정들뿐이다. 오로지 그것들만이 기대, 희망, 노력, 감정을 결정한다. 우리가 하는 행동도 오직 그것들이 결정한다. 그러나 이런 행동은 그 자체가 또한 현실이어서 실제의 결과를 초래하고 새로운 현실을 창조한다. 한 가지 가능성이 있다면 예언이 스스로 충족되는 것, 우리가 현실에 대해 기대하는 것이 우리 행동에 의해 실제로 현실화되는 것이다. 두 번째 가능성은 충돌이다. 그릇된 추정이 지배하는 행동은 완전히 기대치 않았던, 그러나 명백히 실제인 결과로 이어진다. 현실은 오랜 시간이 흐른 뒤에 가까스로 다시금 자기주장을 펴지만 그 시기가 늦어질수록 위험은 더 커진다. 결국은 우리가 어쩔 수 없이 자기 머릿속의 이미지들을 바로잡아야 하는 상황이 온다.

리프먼의 의사 환경은 어떤 재료로 구성되는가? 현실을 구체화하는 일련의 강력한 과정에서 요구되는 구성 요소들은 무엇인가? 고정관념, 상징, 이미지, 허구, 표준판, 사물에 대해 현재 통용되는 사고방식. 리프먼은 이 재료들을 잘 이해할 수 있게 만들어 주는 단어들로 자신의 독자들을 사로잡는다. 그는 이렇게 말한다. "허구라는 단어가 거짓을 의미하는 것은 아니다." 그는 마르크스주의의 의식이라는 개념을 열정적으로 꽉 움켜잡는다. 언론인들은 자신들이 의식으로 지각할 수 있는 것만 보도할 수 있다. 그리고 독자는 상당 부분 대중매체에 의해 만들어져 온 의식을 이용함으로써 이 세계를 완성하고 설명할 수 있다. 일부에서는 텔레비전이 1976년의 선거 캠페인에서 여론의 분위기를 조성하는 데 영향을 미쳤음을 알고는, 텔레비전 기자들이 줄곧 거짓말을 해왔고 "우리를 교묘하게 조종해 왔다."고 결론 짓기도 했다. 하지만 대중매체의 영향에 대한 이해에서 이들은 아직 20세기 초의 성과를 넘어서지는 못했다. 그러나 우리가 인정하지 않을 수 없는 사실은 리프먼이 그토록 힘들이지 않고 쉽게 도달했던 결론이 지금의 커뮤니케이션 연구자들에 의해서는 수많은 난관 속에서 한 번에 한 단계씩 다뤄지고 있다는 것이다.

"아빠, 만약에 숲속에 나무 한 그루가 쓰러져 있는데 그 사실을 보도할 매체가 없다면 그 나무는 정말로 쓰러진 걸까요?" 아버지는 안락의자에 앉아 책을 읽고 있고 아들은 쓸데없는 질문으로 아버지를 귀찮게 한다. 이 그림은 커뮤니케이션에 관한 연구와 일반 대중이 점차 월터 리프먼의 주장을 이해하게 되었음을 시사한다(280쪽 그림 참조).

보도되지 않는 것은 존재하지도 않는다. 또는 조금 더 신중하게 말해서, 그것이 현재 감지되고 있는 현실의 일부가 될 가능성은 매우 적다.

독일의 커뮤니케이션 연구가인 한스 마티아스 케플링거는 자신이 1975년에 펴낸 『실제의 문화와 미디어 문화』라는 책 제목에서 우리의 의식 외부에 존재하는 현실에 대해서는 객관적 현실objective reality이라는 용어를, 그리고 우리가 감지하고 상상하는 현실에 대해서는 리프먼의 의사 현실이라는 표현을 보완적인 개념으로 사용했다. 미디어 문화는 미디어가 이 세계에서 취사선택해서 우리에게 제시하는 문화이며 실제 세계는 우리의 눈길이 닿지 않고 손이 미치지 않는 곳에 있기에, 통상 우리가 보는 세계는 오로지 미디어에 의한 세계뿐이다.

"아빠, 만약에 숲속에 나무 한 그루가 쓰러져 있는데
그 사실을 보도할 매체가 없다면 그 나무는 정말로 쓰러진 걸까요?"
— 그림: 로버트 맨코프, 《새터데이 리뷰*Saturday Review*》

고정관념들이 여론을 전달한다

—

리프먼은 왜 자신의 저서에 『여론』이라는 제목을 붙였을까? 분명 리프먼 자신이 그렇게 밝힌 적은 없지만 다른 언론인들처럼 그 역시도 아마 무의식적으로 출판된published 의견과 대중의public 의견, 즉 여론이 기본적으로 같다고 믿었기 때문일 것이다. 혹시 그렇지 않더라도 이 두 가지에 대한 그의 서술은 종종 뒤섞인다. 그러나 어떤 부분에서는 책이 꽤 진척된 상태에서 여론의 원래 의미를 상기하는 부분이 불쑥 등장해서 첫 장에 소개되고 있는 케케묵은 개념에 제2의 정의가 추가된다. "정통 이론은 여론이란 것이 일단의 사실에 대한 도덕적 판단으로 구성된다는 입장을 견지한다. 내가 제시하는 이론은 현재 교육 상태에서 여론이란, 도덕적인 설명을 붙이고 성문화한 사실들이라는 것이다." 지금까지는 어떤 이슈에 대해 승인하거나 불승인하는 여론의 도덕적 본질이 핵심적인 위치를 차지해 왔다. 그러나 리프먼은 자신을 너무나 매료시켰던 새로운 발견 내용을 전통적 견해에 적용함으로써 그 견해를 더욱 다채롭게 만들고 있다. 그 발견이란 선별적 관점으로, 즉 스테레오타입 인쇄 혹은 고사본古寫本에 의해 갖게 된 관점으로 사실들을 바라볼 때, 사실들에 대한 관찰이 어떻게 도덕적인 의미에서까지도 걸러지는가 하는 것이다. 우리는 자신이 볼 거라고 기대하는 것을 보고, 도덕적 평가는 감정이 잔뜩 실린 고정관념, 상징, 허구들을 통해서 전달된다. 모든 이들이 제한된 관점 안에서만 삶을 영위하고 있다는 것, 이것이 바로 리프먼이 말하고자 하는 주제다. 그러나 그의 가장 위대한 업적은 여론이 우리에게 어떻게 전달되며, 어떻게 강요될 수 있는지를 보여준 것이었다. 고정관념은 그것이 긍정적인 것이든 부정적인 것이든 간에, 너무나 간결하고 너무나 분명한 것이기에 그것은 모든 사람들에게 언제 말을 하고 언제 입을 다물고 언제 조용히 있을 것인지를 알게 해준다. 고정관념은 동조의 과정이 순조롭게 진행되도록 하는 데 필수불가결한 것이다.

19
—

여론이 이슈를 선정한다:
니클라스 루만

리프먼과 루만이 거의 동일한 주제를 다루고 있었음을 생각할 때 루만이 새롭게 밝혀낸 관점들이 리프먼의 관점과 전혀 겹치지 않았다는 것은 거의 믿기지 않는 일이다. 두 사람 모두 의사소통과 행동을 가능하게 하는 복잡성의 축소에 대해, 그리고 사회적 합의가 어떻게 형태를 잡아가는지를 설명했다. 하지만 두 사람은 말하는 내용에서는 거의 비슷하지만 단어의 선택에 있어서는 종종 차이를 보인다. 루만은 고정관념 대신, 여론 형성 과정이 시작되도록 하려면 언어 형식word formulas을 발견할 필요성을 이야기한다. 루만이 생각하듯 사람들의 관심은 수명이 매우 짧아서 인물이든 이슈든 간에 치열한 경쟁을 뚫고 대중의 이목을 확보해야만 한다. 미디어는 현장의 경쟁적인 화젯거리들을 압도할 수 있는 그럴싸한 위기와 그럴싸한 희한한 사건들을 만들어 낸다. 이러한 자극들은 적시에 이루어져야 하며 그 순간과의 화급한 관련성을 가져야만 한다. 유행의 적절성은 다양한 방식으로 지적된다. 마치 최신 유행의 소매 스타일처럼 하나의 이슈가 만들어진다. 그리고 거기에 대해 할 수 있는 말을 다 했다면 그것은 한물 간 낡은 것이 되어버린다. 소매의 모양이 유행에 뒤떨어지듯 이제 그 이슈는 케케묵은 것이 되는 것이다. 아직도 그런 소매의 옷을 입고 다니는 사람들은 자신이 유행에 뒤처졌음을 보여주는 것이다. 유행과 관련된 언어들은 실제 상황을 상대가 현혹되게끔 줄잡아 표현한다.

논의할 가치가 있는 이슈 만들기
—

루만은 그간 여론을 다뤘던 선대의 사람들, 즉 마키아벨리, 몽테뉴, 로크, 흄, 루소, 심지어 리프먼과도 거리를 두고 있다. 승인과 불승인을 바탕으로 하는 도덕성은 그의 관심 밖이다. 형식이라는 단어는 선과 악을 분명하게 구분 짓기 위해 사용되지 않는다. 대신에 그것은 어떤 안건을 논의하고 협상할 가치가 있는 것으로 만드는 데 필요한 것이다. 루만에게 있어 여론의 기능은 그것이 하나의 이슈를 협상 테이블에 올려놓을 때 충족된다. 사회 체계는 많은 주제를 한꺼번에 다룰 수가 없다. 그러나 절박함을 띠게 된 안건을 채택하는 것은 생사가 걸린 문제일 수도 있다. 그러므로 여론 형성 과정은 대중적 관심의 초점을 적절히 조절해야 한다. 아주 잠깐 동안 대중의 관심이 긴급한 문제로 옮겨지고 이 얼마 안 되는 시간 내에 해결책이 나와야 한다. 매스커뮤니케이션, 즉 대중 전달의 장에서 우리는 늘 관심의 빠른 변화를 고려하지 않을 수 없기 때문이다.

　루만이 생각하기에 여론이 하는 일은 이슈를 선정하는 것이며 이 과정은 관심의 법칙에 따라 진행된다. 먼저 이슈가 제기되면 논의에 적합한 형식을 찾는다. 그제야 비로소 다양한 선택지option—현대의 계획가들이 애용하는 용어—에 찬성할 것이냐 반대할 것이냐 하는 입장이 정해지며, 만일 그 과정이 별 탈 없이 진행되면 마침내 결론을 낼 준비가 되었다고 간주될 것이다. 루만은 "정치 체계가 여론에 기초를 두고 있는 한, 정치 체계를 통합하는 것은 결정을 지배하는 규칙이 아니라 관심을 지배하는 법칙이다."라고 말한다. 그러니까 무엇이 논의의 테이블까지 오르고 무엇은 가지 못하는지를 결정하는 법칙이 정치 체계를 통합한다는 뜻이다.

　루만이 생각하는 여론은 오직 수명이 짧은 사건들, 퇴니에스가 명명한 대로 가변적 집합 상태에만 적용된다. 따라서 수십 년에 걸쳐서 혹은 만일 우리가 토크빌의 주장을 신뢰한다면 수백 년에 걸쳐서 일어나는 *꾸준한 역사의 과정*—두 가지 예를 들자면 평등을 쟁취하기 위한 투쟁과 사형 제도에 대한 입장—은 여론이 좀처럼 손대는 법이 없다. 일반적인 날씨 상황 또한 전혀 고려의 대상이 되지 않는다. 루만은 자신의 책에서, "모든 것들이 다 언급되고 나면 그 이슈는 한물간 낡은 것이 된다."고 말한다. 이를 언론인들은 그 이슈가 생명을 다했다고 말할 것이다. "모든 얘기들이 다 나오고 난 뒤엔"이라는 표현은 극히 언론인다운 시각을 드러내 주지만 과중한 부담을 짊어진 대중이 여론 형성 과정에 대해 갖는 부족한 관심을 생각하면 이것은 그리 적절한 관점은 아닐 것이다.

루만은 사건이 전개되는 정해진 순서를 머릿속에 그려본다. 처음에는 긴급한 이슈가 대중의 관심을 끈다. 그러고 나면 찬반 의견이 나온다. 그러나 여론 조사는 이런 순서 따위는 거의 존재하지 않는다는 것을 보여준다. 실제로 일어나는 상황은 어떤가 하면 어느 한 진영에서 어떤 문제를, 말하자면 사회라는 운동장으로 차 넣는다. 이는 루만이 일방적인 의사소통의 결과라고, 특히 대중매체에 의해 기술적으로 결정되는 일방적 의사소통의 결과라고 간주해 몹시 못마땅하게 〈조작manipulation〉이라 명명한 과정이다. 특정 이슈에 대해 오직 한 가지 의견만이 제시될 때, 그 이슈와 편파적 의견이 합쳐질 때 우리가 갖게 되는 것이 바로 루만이 말하는 〈공중의 도덕public morality〉이다. 공중의 도덕은 우리가 고립되지 않으려면 공개적으로 지지해야 하는 그런 의견들을 말한다. 루만이 조직 이론에서 추출한 개념이 여론에 새롭고도 색다른 내용을 부여한 것이다.

대중매체의 의제 설정 기능

—

월터 리프먼의 고정관념이라는 개념이 여론을 전달하는 수단으로서 갖는 중요성을 인정하는 데 아무 문제가 없듯이, 사회 체제 안에서 여론이 갖는 기능에 대한 루만의 견해를 채택하지 않고서도 우리는 여론의 이해에 루만이 공헌한 바를 인정할 수가 있다. 그는 관심을 체계화하고 이슈를 선정하는 것이 여론 형성 과정의 한 단계로서 얼마나 중요한지를 강조하며, 다른 어느 법정보다 이 이슈 선정의 임무를 책임지고 있는 대중매체의 중요성을 믿어 의심치 않는다.

미국의 커뮤니케이션 연구자들은 매우 독자적으로, 그리고 완전히 다른 경로를 통해서 루만과 비슷한 결론에 이르렀다. 그들이 목표로 삼은 것은 대중매체의 영향력을 조사하는 것이었다. 일정 기간에 걸쳐 통계에 반영된 실제 사회 발전 양상과 긴급한 정치적 현안에 대한 대중의 견해들을 대중매체가 강조하는 주제들과 비교해 봄으로써 그들은 대중매체가 이들 두 개의 추세보다 대체로 앞서 있다는 사실을 발견했다. 이 결과에 따르면 대중매체가 이슈들을 협상 테이블에 올려놓는 것처럼 보인다. 미국의 연구자들이 이 과정을 설명하기 위해 만들어낸 표현이 바로 의제 설정 기능agenda-setting function이다.

20

언론인의 특권:
대중적 관심 부여하기

"나도 우리 클럽에서 침묵의 나선을 직접 경험했어." "나는 우리 배구팀에서 침묵의 나선이 작동하는 것을 본 적이 있어." "내가 하는 사업에서 지금 일어나고 있는 상황이 딱 그거야." 사람들은 이런 식으로 종종 침묵의 나선 이론이 사실임을 확인해 준다. 이것이 당연한 이유는 너무나도 인간적인 이 〈동조 행동〉을 관찰할 기회가 매우 다양하기 때문이다. 우리가 작은 집단 안에서 누구나 하게 되는 경험은 침묵의 나선이 진행되는 과정의 일부분이다. 여론이 형성될 때 이처럼 다양한 소집단 여기저기서 이와 비슷하거나 같은 경험들을 하게 되면, 이를 지켜본 각각의 관찰자들은 모든 사람들이 같은 식으로 생각할 거라고 믿게 된다. 하지만 대중 속에서 침묵의 나선 현상이 시작되면 뭔가 독특한 일이 벌어진다. 침묵의 나선이 진행되는 과정에 대중의 주목이 결합되면서 그 과정에 걷잡을 수 없는 힘이 실리는 것이다. 대중의 관심이라는 요소는 대중매체를 통해 가장 효과적으로 그 과정 속으로 들어온다. 실제로 대중매체는 형태도, 얼굴도 없고, 손이 닿지도, 움직이지도 않는 대중의 관심, 즉 〈대중의 주목〉을 객관화해 준다.

대중매체에 대해 느끼는 무력감

—

의사소통은 일방적인 것과 양방향인 것(예를 들어 대화는 양방향의 의사소통이다.)으로 나눠볼 수 있다. 그것은 또한 직접적인 것과 간접적인 것(대화는 직접적인 의사소통이다.)으로 나눠지고, 공적인 것과 사적인 것(대화는 대체로 사적인 의사소통이다.)으로 구분할 수 있을 것이다. 이렇게 볼 때 대중매체는 일방적이고, 간접적이고, 공적인 의사소통의 형태이며, 따라서 가장 자연스러운 인간의 의사소통 형식인 대화와는 세 가지 면에서 모두 대조를 이룬다. 개인들이 대중매체를 대하면서 무력감을 느끼는 것은 바로 그런 이유에서다. 여론 조사를 통해 현대 사회에서 누가 과도한 권력을 갖고 있다고 생각하느냐고 사람들에게 물으면 대중매체라는 응답이 어김없이 상위권을 차지한다.[15] 이 무력감

---

15 1976년 1월과 1977년 2월에 알렌스바흐 연구소에서는 다음과 같은 설문 조사를 했다. "이 항목

288

은 두 가지 방식으로 표출된다. 하나는 어떤 사람이 대중의 관심을 얻으려고 노력할 때(루만이 생각하는 의미에서), 대중매체가 이슈 선정 과정에서 그 인물에게 관심을 주지 않기로 결정하는 경우이다. 또 어떤 아이디어, 정보, 혹은 견해에 대해 대중의 관심을 얻으려는 노력들이 무산될 때도 그런 일이 일어난다. 그 결과 대중적 관심에 대한 접근을 거부해온 게이트키퍼들의 면전에서 될 대로 되라는 식으로 울화를 터뜨리는 일이 일어나기도 한다. 뮌헨의 한 미술관에서 누군가가 루벤스의 그림에 잉크병을 던진다든가, 암스테르담 미술관에서 렘브란트의 작품에 산성 물질이 든 병을 투척한다든가, 혹은 어떤 메시지를 전하거나 대의명분에 대해 대중의 관심을 끌려는 목적으로 누군가가 항공기를 납치하는 것도 그런 경우들이다.

무력감의 두 번째 측면은 대중매체가 형틀 씌우기 형벌로 이용될 때 나타난다. 즉 대중매체가 얼굴 없는 대중의 관심을 어떤 특정 개인에게 집중시킴으로써 그가 한 마리의 희생양처럼 대중에게 에워싸여 전시되도록 하는 경우를 뜻한다. 그는 스스로를 방어할 수 없다. 돌팔매나 화살을 피할 방법도 없다. 그가 갖는 반박 수단이라는 것은 대중매체의 번지르르한 객관성에 비하면 어설프기 짝이 없고 그 상대적 취약함이 그로테스크하게 느껴질 정도다. 텔레비전 토크쇼에 기꺼이 출연하겠다고 동의하거나 혹은 대중매체 게이트키퍼들의 이너 서클

들을 한 번 봐주시겠습니까? 서독의 정치에서 지나치게 많은 영향력을 행사하는 것은 이 항목들 중 어떤 것이라고 생각하십니까?" 두 차례의 조사에서 텔레비전이라는 응답이 각각 31퍼센트 및 29퍼센트로 3위를 차지했고, 신문은 각각 21퍼센트와 22퍼센트를 획득하여 9위와 10위에 랭크되었다. 선택 가능한 항목은 모두 열여덟 가지였다.

에 속하지도 않으면서 텔레비전과 인터뷰를 하는 것은 자신의 목을 스스로 호랑이의 아가리 속에 들이미는 것이나 마찬가지다.

매체 영향에 관한 새로운 연구의 출발
—

대중의 관심은 개인적인 관점과 집단적인 사건의 관점, 이렇게 두 가지 관점에서 경험될 수 있다. 이때 개인은, 앞서도 설명했듯이 대중의 관심에 노출된 개인일 수도 있고 그 관심이 허락되지 않은 개인일 수도 있다. 그리고 집단적 사건의 관점이란 수백, 수천, 수백만의 사람들이 자신의 주변 환경을 관찰하고, 말을 하건 침묵을 지키건 간에, 이를 통해 여론을 만들어 가는 것을 의미한다. 주변 환경을 관찰하는 데는 두 가지 출처가 있다. 즉 여론은 두 곳의 샘물에서 자양분을 공급받고 자라난다. 개인은 자신이 속한 환경에서 직접적인 관찰을 하고 대중매체를 통해 자신을 둘러싼 환경에 대한 정보를 얻는다. 오늘날 텔레비전은 그 음향과 색조로 우리가 직접 수행한 관찰과 대중매체가 매개한 관찰 사이에서 광범위한 혼란을 야기한다. 텔레비전에서 일기예보를 시작하면서 기상 캐스터가 "안녕하십니까?"라고 인사를 했다. 그러자 내가 휴가를 보내기 위해 묵었던 호텔의 투숙객들이 "안녕하시오?"라고 인사를 받았다.

사람들은 원인과 결과 사이에 매우 단순하면서도 직접적인 관련이 있을 거라고 기대하면서 대중매체의 영향력에 대해 오랫동안 질문을 던져왔다. 그들은 어떤 매체의 발표가 여론의 변화를 야기하거나—

이를 매체의 영향으로 간주할 수도 있을 것이다―매체 수용자의 의견을 강화한다고 추정해 왔다. 대중매체와 수용자의 관계는 어떻게 보면 두 사람의 사적인 대화에 비유될 수 있는데, 어느 한 사람이 이야기를 하고 나머지 한 사람은 자신의 생각을 강화하거나 바꾸는 경우가 이에 해당된다. 실제 매체의 영향력은 이보다 훨씬 더 복잡하며 개인 간 대화의 유형과는 상당한 차이가 있다. 월터 리프먼은 매체가 어떻게 수많은 반복을 통해 고정관념들을 심어놓는지, 그리고 이것들이 어떻게 객관적 외부 세계와 사람들 사이에 끼어드는 중간 세계의 구성 요소가 되어 의사 현실 역할을 하는지를 보여주면서 그 점을 우리에게 가르쳐주었다. 이것이 바로 루만이 말한 의제 설정 기능, 즉 대중이 어떤 것에 주의를 기울여야 하고 어떤 것이 급박한 것이며 어떤 것이 모두가 관심을 가져야 하는 문제인지를 선정하는 기능이 담고 있는 의미다. 이 모든 것들이 대중매체에 의해 결정되는 것이다.

게다가 대중매체는 고립의 위험 없이 무엇을 말할 수 있고 어떤 행동을 할 수 있는지에 대한 개인의 지각에 영향을 미친다. 그리고 마침내 우리는 대중매체의 발화 기능articulation function이라고 부를 수 있는 것과 마주친다. 이것은 우리를 다시 침묵의 나선에 대한 분석의 출발점, 즉 말을 하거나 침묵을 지키는 행위를 통해 여론이 만들어지는 소집단 상황의 전형적인 예인 열차 상황 테스트로 되돌아가게 한다. 하지만 지금은 사람들이 어떻게 대중매체를 통해 여론의 분위기를 느끼는지에 대한 주제를 좀 더 풀어가겠다.

대중은 정당성에 주목한다

—

1977년에 테러리스트들에게 살해당한 연방 검사 부백Buback의 사망 사건에 즈음하여, 일단의 학생들이 내놓은 추모사라고 알려진 인쇄물을 읽은 사람들은 모두 그 인쇄물에는 단순한 기록 이상의 의미가 담겨 있다는 것을 알았다. 메스칼레로(미국 텍사스 주, 뉴멕시코 주에 거주하는 아파치 인디언)라는 필명으로 나온 그 인쇄물은 표면상으로는 가능한 한 넓은 범위의 사람들에게 원본을 읽어볼 기회를 주어서 그들 나름대로 판단할 수 있도록 하기 위해서라는 명목으로 재발행되었다. 그 추모사의 재발행에 대한 대중의 적극적인 관심은 그 글의 영향력을 증대시켰다. 감추기 어려운 찬성의 뜻이 저변에 깔리고 겉으로는 가벼운 반대 의사를 피력한 논평임에도 불구하고, 그 인쇄물은 연방 검사가 살해당했다는 소식에 사람들이 속으로 기뻐할 수도 있으며 고립의 위험을 무릅쓰지 않고도 그 결과에 대해 공개적으로 자기 의견을 표명할 수도 있다는 느낌을 만들어 냈다. 금기시되는 어떤 행위에 대해 그것이 피하고 벌해야 할 대상이라거나 사악한 것이라는 덧칠이 가해지지 않은 채로 이유가 어떻든 간에 그 행위가 대중의 주목을 받게 될 때마다 이와 유사한 일들이 벌어진다. 우리가 다루고 있는 대중의 주목이라는 것이 그 행동을 지탄하는 의미인지 아니면 관대히 봐주자는 것인지를 감지하기는 꽤 쉽다. 규범을 어긴 행동에 대해 강력하게 불승인을 표시하지 않은 채로 그 행위를 대중에게 알리는 것은 예의바른 사회에서 그 행위를 더 감당할 만하고 더 받아들일 만한 것으로 만들어 준다. 이제 이런 행동에 연루되어도 더 이상 고립되지 않는다는 것을 모든 이들이 보게 되는 것이다. 사회 규범을 깨는 사람들은 대중이 자신들에게 공감해 주고 호의를 보인다는 하나의 실마리라도 찾으려고 열심이다. 그들의 이런 갈망에는 충분한 이유가 있는데 그렇게 됨으로써 그 규범과 규칙이 약화되기 때문이다.

21

여론에는 두 개의 출처가 있다,
그 중 하나가 대중매체다

서독의 연방 선거가 있기 6개월 전인 1976년 초, 일정 표본 집단을 대상으로 한 설문 조사의 계측과 관찰을 위한 자원이 처음으로 완비되어 여론의 분위기가 전개되는 양상과 침묵의 나선 이론에 의해 투표 의사가 형성되는 과정을 추적하게 되었다. 주요 방법은 유권자 표본 집단에 대한 반복적인 면담 조사로, 전문 용어로는 패널 연구panel study라고 일컫는 방법이다. 거기에 덧붙여, 추이를 추적하기 위해서 일반적인 표본 조사 기법도 사용되었다. 언론인들을 대상으로 두 건의 설문 조사가 진행되었고 두 개의 국영 텔레비전 방송국의 정치 프로그램이 비디오테이프에 녹화되었다. 우리는 침묵의 나선 이론이 실증적 연구를 어떻게 이끄는지를 보여주기 위해 여기서는 전체적인 활동 중에서 아주 작은 일부만을 검토해 보고자 한다.

우리는 1965년의 연방 선거 때부터 시작해서 이와 관련된 적절한 질문들을 개발해 왔다. 그 질문들에는 응답자들의 투표 의사, 어느 당이 선거에서 승리할 것인지에 대한 그들의 확신, 자신들의 정치적 선호도를 공개적으로 표명할 의사가 있는지의 여부, 정치에 대한 전반적인 관심, 대중매체의 활용도(신문, 잡지를 보고 텔레비전을 시청하는), 정치 프로그램에 대한 관심 등이 포함되었다.

1976년 선거 직전에 나타난 여론 분위기의 돌변
—

여름 휴가철이 절정에 이르렀던 7월, 조사가 끝난 설문지 한 뭉치가 알렌스바흐 연구소에 배달되어 왔다. 그것은 서독 전체 인구를 충실하게 반영하는 대표적 표본 1천 명을 대상으로 실시한 2차 설문 조사의 결과였다. 그때 나는 스위스 테신에서 청량한 여름날을 만끽하고 있는 중이었는데 주변 포도밭의 넓은 푸른 잎사귀들과 컴퓨터 출력물을 올려놓은 화강암 테이블이 이루던 묘한 대조가 지금도 기억에 선명하다. 선거를 몇 달 앞두고 있던 때여서 휴가라고는 해도 일을 완전히 잊고 지내기에 알맞은 때는 아니었다. 내 앞에 놓여 있는 출력물 위에서는 분명 하나의 사건이 벌어지고 있었다. 당시 조사에서 측정한 내용 중 가장 중요하다고 할 수 있는, 사람들이 여론의 분위기를 어떻게 감지하고 있는지에 관한 질문은 기민련의 심각한 지지율 하

표 21 선거가 있던 1976년 상반기에는 기민련에 대한 지지가 하락하는 여론 분위기가 나타났다

질문: "물론 아무도 확실히 알 수 없겠지만, 당신은 어떻게 생각하십니까? 다가오는 연방 선거에서 어느 당이 승리할 것 같습니까? 기민련 혹은 사민당/자민당 중에서 어느 쪽이 최다 득표를 하게 될까요?"

| | 18세 이상 유권자 | | |
	1976년 3월 (퍼센트)	1976년 7월 (퍼센트)	1976년 9월 (퍼센트)
기민련	47	40	36
사민당	27	33	39
알 수 없다	26	27	25
	100	100	100
	응답자수=1052	925	1005

락을 보여주었다. 질문은 다음과 같았다. "물론 아무도 확실히 알 수 없겠지만, 당신은 어떻게 생각하십니까? 다가오는 연방 선거에서 누가 승리할 것 같습니까? 기민련 혹은 사민당/자민당 중에서 어느 쪽이 최다 득표를 하게 될까요?" 1976년 3월에 있었던 1차 조사에서는 기민련이 승리할 것 같다고 내다본 응답자가 무려 20퍼센트나 많았다. 그런데 이제 분위기가 완전히 달라져서 기민련과 사민당/자민당 연합의 지지율 격차가 고작 7퍼센트에 불과했다. 그리고 그로부터 다시 얼마 뒤엔 사민당/자민당 연합이 기민련을 추월했다(표 21).

내 첫 번째 추측은 기민련 지지자들이, 1972년에도 그랬듯이 선거 운동이 시작되기 직전까지도 공개적으로 침묵한 채 자신들의 신념을 드러내지 않았다는 것이다. 나는 기민련을 포함해 각 정당의 선거 캠페인을 이끄는 지도부들이 지지자들에게 공개적으로 자신의 입장을 단호히 밝히는 것이 얼마나 중요한지를 누차 강조해 왔다는 것을 알고 있었다. 하지만 아시다시피 사람들은 겁이 많고 소심하다. 나는 알렌스바흐 연구소에 전화를 걸어, 한 정당에 대한 자신의 지지를 공개적으로 표명할 의사가 있는지에 대한 설문 조사 결과가 어떻게 나왔는지 물어보았다. 결과는 나를 어리둥절하게 만들었다. 이론에 전혀 들어맞지 않는 결과가 나왔기 때문이다. 3월의 조사 결과와 비교해서, 사민당 지지자들이 기민련 지지자들에 비해 더 느긋한 것처럼 보였다. "아무것도 하지 않겠다."를 포함해서 여러 항목들을 제시해 놓고 자신이 지지하는 정당을 위해 이 중에서 무엇을 하겠느냐고 질문했을 때, 사민당 지지자들 중에 아무것도 하지 않겠다는 응답자가 3월 조사 때는 34퍼센트였던 것이 7월 조사 때는 43퍼센트로 증가했다. 반면 기민련 지지자들은 거의 한결같은 결과(아무것도 하지 않겠다는 응답이 3월에 38퍼센트, 7월에 39퍼센트)를 보여주었다. 정당에 대한 지지를 공개적으로 표명하겠다는 기민련 지지자들의 의향이 감소한 것은 여론 분위기가 변화한 것에 대해 어떠한 설명도 되지 못했다(표 22).

텔레비전의 눈으로

—

그때 나는 우리 주변의 여론 분포에 대한 정보를 취득함에 있어 우리

표 22 **기민련 지지자들은 정당 지지를 명확히 단언함에 있어 1976년 봄부터 여름까지는 나태한 것처럼 보이지 않는다. 그러므로 기민련 지지자들이 공개적으로 지지 의사를 드러내기를 꺼려 하는 현상은 기민련이 선거에서 승리하리라는 예측의 감소를 설명해 주진 못한다.**

질문: "이번에는 당신의 관점과 가장 가깝다고 생각되는 정당에 관한 질문입니다. 당신이 가장 괜찮다고 여기는 정당을 위해 뭔가를, 예를 들면 여기 카드에 제시되어 있는 활동 중에 어떤 것을 할 의향이 있느냐는 질문을 받는다면, 당신이 그 정당을 위해 할 수 있는 행동이 이 중에 있나요? 그렇다면 해당되는 카드를 골라주시겠습니까?"(응답자들에게 카드가 제시된다.)

	기민련 지지자		사민당 지지자	
	1976년 3월	1976년 7월	1976년 3월	1976년 7월
	(퍼센트)	(퍼센트)	(퍼센트)	(퍼센트)
이 정당의 모임에 참석하겠다	53	47	52	43
이 정당의 모임에 참석해 내게 중요하게 보이는 토론에서 일어서서 의견을 말하겠다	28	25	31	23
내 차에 이 정당의 범퍼 스티커를 부착하겠다	18	25	26	24
다른 정당의 모임에 가서 이 정당의 입장을 변호하겠다	22	20	24	16
선거 운동용 배지를 달겠다	17	17	23	22
선거 홍보 책자의 배포를 돕겠다	17	16	22	14
이 정당의 선거 운동을 위해 기부하겠다	12	12	10	11
거리 연설에 참여해 지지 발언을 하겠다	14	11	19	15
이 정당을 위해 벽보를 붙이러 다니겠다	11	9	13	10
우리 집이나 창문에 이 정당의 벽보를 붙이겠다	10	9	8	6
모르는 사람들의 집을 방문해 초인종을 누르고 이 정당의 장점을 얘기하겠다	4	4	5	3
이 중에 어떤 것도 하지 않겠다	38	39	34	43
	244	234	267	230
응답자수=468		444	470	389

가 가진 두 개의 출처를 생각해 보았다. 하나는 현실에 대한 직접적인 관찰이고, 다른 하나는 미디어의 눈을 통해서 본 현실을 관찰하는 것이다. 그래서 나는 누가 신문을 더 읽고 덜 읽으며, 누가 텔레비전을 더 시청하고 덜 시청하는지를 보여주는 데이터를 도표로 만들어 달라고 알렌스바흐 연구소에 지시했다. 결과를 테이블에 쫙 펼쳐놓자 그것은 기본 지침서만큼이나 단순명료해 보였다. 텔레비전의 눈을 통해서 보다 빈번하게 주변 환경을 관찰해온 사람들만이 여론 분위기의 변화를 감지했다. 텔레비전을 통하지 않고 주위 환경을 관찰해온 사람들은 여론의 변화를 전혀 알아차리지 못했다(표 23).

텔레비전을 통해 여과되어 제시되는 현실이 선거가 있던 해인 1976년의 여론 분위기를 실제로 변화시켰는지의 여부를 알아보기 위해 몇 차례 실시했던 조사에 대해서는 다른 곳에서 상세하게 기술한 바 있다. 하지만 여전히 우리는 여론의 분위기가 달라졌다는 느낌을 어떤 식으로 받게 되는지 궁금했다. 그래서 다시 한 번 우리는 지금껏 거의 조사가 이루어지지 않았던 영역으로 들어가게 된다.

기자들은 조작하지 않았다,
그들은 자신들이 본 대로 묘사했다
—

최소한 이 궁금증을 해소할 실마리라도 찾기 위해 우리는 선거가 있던 해에 실시된 언론인들에 대한 설문 조사와 정치 프로그램의 비디오테이프를 분석해 보았다. 월터 리프먼의 논지에서 출발한다면 텔

표 23 **여론의 두 번째 출처, 즉 텔레비전의 눈을 통해서 받게 되는 인상과 관련해서 볼 때 규칙적으로 텔레비전을 시청하는 사람들은 기민련에 대한 여론의 분위기가 점점 나빠지고 있음을 알아차렸지만, 봄부터 여름까지 거의 텔레비전을 시청하지 않은 사람들은 기민련에 대한 여론의 분위기가 나빠진 것을 전혀 감지하지 못했다.**

질문: "물론 아무도 확실히 알 수 없겠지만 당신의 생각은 어떻습니까? 다가오는 연방 선거에서 어느 당이 이길 거라고 생각하십니까? 기민련 혹은 사민당/자민당 가운데 어느 쪽이 가장 많은 득표를 할까요?"

	텔레비전의 정치 프로그램 애청자		텔레비전의 정치 프로그램을 거의 혹은 전혀 안 보는 사람들	
	1976년 3월 (퍼센트)	1976년 7월 (퍼센트)	1976년 3월 (퍼센트)	1976년 7월 (퍼센트)
전체				
기민련	47	34	36	38
사민당/자민당	32	42	24	25
알 수 없다	21	24	40	37
	100	100	100	100
	응답자수＝175		118	

레비전 시청자들이 기민련의 승리 가능성이 점차 희미해지고 있는 상황을 보았다는 것이 전혀 놀랍지 않았다. 언론인들 자신도 기민련이 1976년 선거에서 승리할 가능성은 거의 없다고 보았다. 하지만 실제로는 두 진영의 세력이 거의 비슷했고, 만일 1976년 10월 3일 선거 당일에 3천8백만 투표자 중에서 35만 명(0.9퍼센트)만 사민당/자민당에서 기민련으로 옮겨갔어도 기민련이 승리했을 것이다. 만일 선거

| | 텔레비전의
정치 프로그램 애청자 | | 텔레비전의 정치 프로그램을
거의 혹은 전혀 안 보는 사람들 | |
	1976년 3월 (퍼센트)	1976년 7월 (퍼센트)	1976년 3월 (퍼센트)	1976년 7월 (퍼센트)
정치 관심층				
기민련	49	35	26	44
사민당/자민당	32	41	26	17
알 수 없다	19	24	48	39
	100	100	100	100
	응답자수＝144		23	
정치 무관심층				
기민련	39	26	39	37
사민당/자민당	32	45	23	26
알 수 없다	29	29	38	37
	100	100	100	100
	응답자수＝31		95	

전에 이 상황에 대한 객관적인 평가가 이루어졌다면 "당신은 이번 선거에서 어느 당이 이길 거라고 생각하십니까?"라는 질문에 대해 언론인들은 "그거야 전혀 알 수가 없죠."라고 대답했어야만 한다. 하지만 그 대신 언론인들 중 무려 70퍼센트 이상이 사민당/자민당이 승리하리라고 본다고 대답했고 고작 10퍼센트만이 기민련의 승리를 예상했다. 언론인들은 전체 유권자들과는 매우 다르게 세상을 보았다. 리

표 24 **언론인들은 정치 상황을 유권자들과 다르게 본다. 사물을 보는 그들의 방식이 텔레비전 시청자에게도 그대로 옮겨지는가?**

질문: "물론 아무도 확실히 알 수 없겠지만 당신의 생각은 어떻습니까? 다가오는 연방 선거에서 어느 당이 이길 거라고 생각하십니까? 기민련 혹은 사민당/자민당 가운데 어느 쪽이 가장 많은 득표를 할까요?"

| | 1976년 7월 | |
	18세 이상 인구에 대한 전국적 표본 조사 (퍼센트)	언론인을 대상으로 한 알렌스바흐 조사 (퍼센트)
예측		
기민련	40	10
사민당/자민당	33	76
알 수 없다	27	14
	100	100
	응답자수=1265	1235

프먼의 주장이 옳다면 그들은 단지 자신들이 본 대로 세상을 보여줄 수 있을 뿐이다. 다시 말해서 대중매체의 수용자들은 현실에 대한 두 개의 관점, 여론 분위기에 대한 두 개의 인상을 갖는다. 즉 자기 자신의 직접적인 관찰에 의해 받은 인상과 텔레비전의 눈을 통해서 받은 인상이다. 여기서 매우 재미있는 현상이 발생하는데 그것이 바로 〈이중적 여론 분위기dual climate of opinion〉이다(표 24). 이는 대중매체에 의해 그려지는 여론 분위기와 사람들이 직접적으로 인식하는 여론 분위기의 차이를 뜻한다.

	전국적 표본 조사 1976년 8월 (퍼센트)	언론인 1976년 7월 (퍼센트)
투표 의사		
기민련	49	21
사민당	42 ⎫ 50	55 ⎫ 79
자민당	8 ⎭	24 ⎭
기타 정당	1	x
	100	100
	응답자수＝1590	87

자료 출처: 왼쪽 표는 알렌스바흐에서 조사한 결과이다. 언론인들을 대상으로 실시한 조사는 마인츠 대학 저널리즘 연구소에서 실시한 조사 결과와 거의 비슷한 양상을 보인다. 마인츠 대학의 조사에서는 사민당/자민당의 승리를 예측한다는 언론인 73퍼센트, 기민련이 15퍼센트, "알 수 없다."고 한 언론인이 12퍼센트를 기록했다. 응답자수는 81명이었다. 오른쪽 표는 특정 정당에 대한 선호도를 드러낸 사람들의 대답을 보여준다. (x＝0.5퍼센트 이하)

왜 일반인들과 언론인들은 정치 상황을 그렇게 다르게 보았던 것일까? 결국 유권자들은 1976년 여름까지도 여전히 사민당/자민당에 비해 기민련이 승리할 가능성이 약간 더 높다고 믿었다.

그 이유 중 하나는 일반인과 언론인의 정당 선호도와 정치적 신념이 현저히 나뉘어 있었기 때문이었다. 그리고 물론 리프먼이 밝혔듯이, 자신이 무엇을 믿느냐에 따라 보는 관점이 달라지는 것도 그 이유였다. 사민당/자민당의 지지자들은 자기 당의 승리를 암시하는 징후들을 훨씬 더 많이 보았던 반면, 기민련 지지자들은 자신이 지지하는 당이 승리할 가능성이 더 높다고 생각했다. 이는 대체로 사실이며 1976년에 일반인들과 언론인들에게도 그것은 사실이었다. 전국적인 표본을 대상으로 한 조사에서 일반인들의 경우에는 사민당/자민당의 지지와 기민련에 대한 지지가 아주 대등하게 나타난 반면, 언론인들의 경우에는 사민당/자민당에 대한 지지가 거의 세 배나 높게 나타났으니 그들이 현실을 다르게 지각하는 것은 지극히 당연한 일이다.

시각적 신호라는 언어 해독하기

—

이렇게 해서 텔레비전 방송국에 종사하는 언론인들이 어떻게 영상과 음향을 통해 시청자들에게 자신들이 지각한 내용을 전달하는지, 즉 아직까지 전혀 조사가 이루어지지 않았던 영역에 대한 탐험이 시작되었다. 우리는 먼저 다른 나라의 커뮤니케이션 연구자들이 혹시 이 문제를 풀었을 수도 있으리라는 희망으로 미국과 영국, 스웨덴, 프랑스의 경우를 살펴보았다. 하지만 아무것도 찾아낸 것은 없었다. 그 다음엔 학생, 조교, 교수들이 함께 참여한 세미나에서 우리 자신에 대해 실험해 보았다. 우리는 사전 토론 없이 정치적 분규를 기록한 비디오테이프나 정치인들에 대한 인터뷰 화면을 본 다음, 우리가 방금 본 사람들의 태도가 어떤 식으로 우리에게 영향을 미쳤는지를 묻는 설문에 답했다. 그 결과 시각적 메시지를 해독함에 있어 거의 의견이 일치한다는 사실을 발견한 우리는 무엇이 우리로 하여금 특정한 인상을 받게끔 했는지 그 단서를 찾아내고자 했다. 마지막으로 우리는 커뮤니케이션 연구 분야에서 유명한 캘리포니아 대학교 버클리 캠퍼스의 탄넨바움, 뉴욕의 스토니 브룩 대학교의 커트, 랑 같은 연구자들을 마인츠 대학교의 저널리즘 연구소로 초빙했다. 그리고 정치 프로그램의 녹화 테이프를 시청하게 한 다음 조언을 구했다. 탄넨바움은 우선 우리에게 카메라맨들을 조사해서 혹시 그들이 원하는 특별한 효과를 얻기 위해 어떤 영상 기법을 사용했는지 물어보라고 했다. 혹은 다른 식으로 질문할 수도 있었다. 특별한 촬영 기법이나 영상이 그들이 느끼기에 시청자들에게 어떤 영향을 미친다고 생각하는지 물어보는 것이었다. 우리는 1979년에 그들의 제안을 실행에 옮겼다. 51퍼센트에 달하는 다수의 카메라맨들이 우리가 제시한 질문지에 답을 해주어서 151명의 설문지가 회수되었다. "카메라맨은 오로지 시각적 수단으로만 어떤 사람들을 특별히 긍정적으로 혹은 특별히 부정적으로 보이게끔 할 수 있습니까?"라고 물었을 때, 조사에 응한 카메라맨 중에 78퍼센트가 "매우 그렇다."고 대답했고 22퍼센트가 "꽤 가능성이 있다."고 대답했다. 그렇다면 어떤 기법이 이러한 효과를 내는가?

우리가 조사했던 카메라맨들은 한 가지 점에 대해 압도적인 동의를 보였다. 3분의 2가량의 카메라맨들이 자신들이 특별히 좋아하는 정치인에 대해서는 눈높이에서 정면으로 촬영하겠다고 답했다. 그들의 생각으로는 이렇게 함으로써 보다 호의적으로 보이고 차분하고 자연스러운 느낌을 줄 수 있다는 것이다. 반면 마치 하늘에서 새의 눈으로 보듯이 대상을 위에서 아래로 내려 찍거나(부감숏), 개구리의 눈으로 보듯 아래에서 위로 올려 찍겠다는(앙각숏) 사람은 아무도 없었다. 이런 각도로 찍은 영상은 우호적이거나 공감을 자아내기보다는 나약하거나 공허한 느낌을 주는 경향이 있기 때문이었다.

한스 마티아스 케플링거 교수가 이끄는 연구진은 곧이어 독일의 두 공영 방송국인 ARD(제1공영)와 ZDF(제2공영)에서 1976년 4월 1일부터 10월 3일 선거일까지 내보낸 선거 운동 영상을 분석했다. 당시 발견한 여러 사실들 가운데 그들은 다음과 같은 결과를 발표했다. 헬무트 슈미트는 양각숏 혹은 부감숏으로 찍은 사진이 단 31차례 등장한 것에 반해 헬무트 콜은 이 두 촬영 기법으로 찍은 영상이 무려 55차례나 나왔다는 것이다. 하지만 카메라 앵글에 대한 효과 분석에 반대하는 언론인들과 카메라맨들의 빗발치는 항의로 이 조사는 더 이상 계속되지 못했다.

그로부터 10년도 더 지난 지금, 우리는 여전히 텔레비전 방송국에 근무하는 언론인들이 어떻게 영상과 음향을 통해 자신들이 지각한 내용을 시청자들에게 전하는지를 탐구하고 있다. 하지만 카메라맨과 영상 편집자들을 과학적으로 연구하는 것에 대한 당사자들의 반발로 인해 이 연구는 한동안 정체기를 벗어나지 못했다. 뒤이어 발표된 실험실 연구 결과들은 카메라 기술과 편집 기법이 시청자들의 현실 인식에 미치는 영향을 확실하게 확인해 주었다. 이 연구 결과는 감정에 좌우되지 않고 매우 객관적으로 기술되었기에 더 이상 흥분된 반응을 불러일으킬 가능성은 없었다.

게다가 독일에서는 그 후로 줄곧 1976년의 선거 결과와 비슷한 결과를 보여주는 선거가 없었다. 사실 불과 수십만 표 차이로 승패가 갈리는 선거 결과가 아니라면, 그래서 대중매체가 결정적인 영향을 미칠 가능성이 없다면 여론 분위기에 대한 매체의 영향을 그렇게 신랄하게 비판할 일도 없을 것이다. 텔레비전 영상이 시청자에게 미치는 영향을 규명하기 위한 커뮤니케이션 연구를 위해서는 대중적 관심이 쏠리는 흥분된 상황의 부재가 오히려 도움이 된다는 것이 사실로 입증되었다. 미하엘 오스테르타그는 마인츠 대학교의 저널리즘 연구소에 제출한 학위 논문에서 언론인의 정당 선호도가 텔레비전에서 인터뷰를 하는 정치인에게 어떤 영향을 미치며 그 결과로 그 정치인이 대중에게 어떤 인상을 주게 되는지를 주제로 삼았다. 1980년 연방 선거의 선거 운동 기간에 이루어진 슈미트, 콜, 슈트라우스, 겐셔 등 유력 후보들의 인터뷰 40여 건을 분석할 때 오스테르타그와 그의 공동 연구진들은 음향을 아예 끈 상태로 작업을 진행했다. 목소리의 높낮이, 억양, 의도된 잠깐의 침묵과 같은 연설과 관련된 요소들뿐만 아니라 그들이 내세우는 주장, 사용하는 언어에 의해 영향을 받는 것을 피하고 싶었기 때문이었다. 다시 말해 준언어적 혹은 유사 언어적 표현 방법들을 최대한 배제하고 싶었기 때문이었다. 그들은 오로지 영상에만 집중했다.

오스테르타그의 연구에는 독일의 주요 정치인 네 명에 대해 그들과 인터뷰하는 언론인이 그들과 비슷한 정치적 견해를 가졌느냐 혹은 반대 의견을 가졌느냐에 따라 그 정치인들의 표정과 제스처가 어떻게 달라지는지에 대한 비교가 포함되어 있다. 네 명의 유력 정치인의 전형적인 표정과 몸짓은 기본적으로는 모든 인터뷰에서 거의 변함없는 것처럼 보였다. 하지만 어느 정도의 변화는 있었다. 자신과 정치적 소신이 다른 언론인과 대화를 할 때는 고개를 반복적으로 끄덕이는 동작이 좀 더 단호했고 상대방을 빤히 쳐다보거나 다른 데를 보는 시간이 길어졌다. 이러한 강렬함은 시청자에게 비우호적으로 비치는 것처럼 보였다. 자신과 같은 정치적 소신을 가진 언론인이 인터뷰를 진행했을 때는 네 명 모두 시청자로부터 긍정적인 평가를 받았던 반면, 정치적 소신이 다른 언론인과의 대화는 좋지 못한 평가를 받았다.

현재 우리는 텔레비전에 등장하는 정치인들에 대한 시청자의 의견에 영향을 미치는 시각적 신호들을 규명하는 단계까지 오기는 했지만, 그럼에도 불구하고 텔레비전이 어떻게 여론의 분위기를 전하는지를 밝히기 위해서는 아직도 갈 길이 멀다.

22

이중적 여론 분위기

미국의 정치학자 데이비드 콘래드는 『선거 정국의 독일: 1976년의 하원 의원 선거에서』라는 자신의 저서에서 정치에 관심 있는 미국인들에게 다음과 같이 말했다.

연합(기민련, 기사련 연합의 약칭) 측의 전략가들은…… 1976년에 연합 측에 유리하게 침묵의 나선을 작동시키려고 애썼다. 1973년에 함부르크에서 치러진 전당대회에서는 당 지도부에게 조사 결과가 제시되었다. 1974년에는 침묵의 나선 이론이 간략하게 요약되어 정당의 활동가들에게 제공되었다. 마침내 기민련, 기사련 측에서 사민당보다 앞서서 전국적으로 광고와 포스터 캠페인을 시작하기로 한 결정도 침묵의 나선 이론을 적극 활용한 결과였다. 이는 작전 용어로는 사민당의 선거 운동이 본격화되기 전에 연합 측이 유권자들에게 노출되어야 한다는 의미다.

침묵의 나선을 막기 위한 고투

—

사실, 1976년에 사람들은 1972년과는 다르게 행동했다. 이때는 침묵의 나선 효과가 없었다. 기민련 지지자들은 겉옷에 선거 운동 배지를 달고 자신들의 자동차에 선거 운동용 범퍼 스티커를 붙이고 다니는 등 대중 앞에서 공공연히 자신의 지지를 드러내는 데 있어 사민당 지지자들 못지않았다. 그들은 어디나 들어줄 사람만 있으면 논쟁을 펼쳤고 자신들의 대의명분을 널리 알리고 다녔다. 선거가 끝나고 5-6주쯤 지났을 때 어느 정당의 지지자들이 가장 열심히 선거 운동을 했느냐는 질문에, 30퍼센트의 사람들이 기민련 지지자들이라고 응답했고 18퍼센트만이 사민당 지지자들이라고 대답했다.

이중적 여론 분위기, 그러니까 대중매체에 의해 그려지는 여론의 분위기와 사람들이 직접적으로 지각하는 여론의 분위기가 대조를 이루는 정도가 1976년에는 너무나 강력해서 승리가 예상되는 쪽으로의 밴드왜건 효과가 일어나는 것을 가로막을 정도였다. 선거에 임한 모든 진영이 밴드왜건 효과와 의식적으로 맞서 싸웠던 것은 현대 선거 운동에서 이때가 아마 최초였을 것이다. 몇 개월 동안 두 정치 진영의

그림 22 **1976년의 이중적 여론 분위기**

침묵의 나선 효과를 막기 위한 의식적인 투쟁: 1965년이나 1972년과는 대조적으로 1976년 선거에서는 예상 승자 쪽으로 막판에 지지를 바꾸는 밴드왜건 효과가 나타나지 않았다.

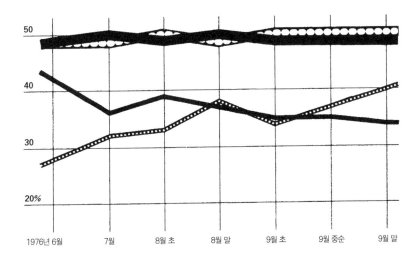

세력은 막상막하하였다(그림 22).

그리고 1976년 10월 3일 저녁 선거 결과 집계가 시작될 때까지도 두 당의 지지율은 백중세를 유지하다가 사민당/자민당 연합이 근소한 차이로 앞서서 결승선을 통과했다. 대중매체의 분위기가 기민련에 비우호적이지 않았다면 기민련이 승리했을 것인가에 대해 말하려면 우리에게 경험이 좀 더 필요할 것이다. 이중적 여론 분위기는 대단히 흥미로운 현상이다. 그것은 마치 기상 이변이나 먼 곳의 풍광처럼 흥미를 자아낸다. 그것은 마치 일 년에 단 한 번 만날 수 있는 따뜻한 봄바람이나 쌍무지개, 북극의 오로라 같은 것이다. 왜냐하면 그것은 매우 특별한 상황에서만 일어나는 현상이기 때문이다. 이는 사람들 사이의 여론 분위기와 대중매체에 종사하는 언론인들 사이에서 우세한 여론이 상당히 다를 경우에만 나타난다. 하지만 이런 관찰을 통해 가치 있는 도구를 개발하는 것도 가능하다. 개인들이 실제로 표현하는 의견이나 투표 의사와, 대부분의 사람들이 어느 당이 이길 거라고 느끼는지에 대한 평가 사이의 괴리와 맞닥뜨릴 때마다 판단의 실수는 대중매체에 의해 야기된다는 가설은 검토해볼 가치가 있다.

다원적 무지,
사람들이 사람들을 잘못 판단한다
—

대중매체의 효과에 대해 오래 검토하면 할수록 그것을 간파하기가 점점 더 어려워진다. 이 효과는 어떤 하나의 자극에 대한 결과가 아니다. "끊임없이 떨어지는 물방울에 바위가 뚫린다."는 원리대로 이것은 대체로 누적 효과로 나타난다. 사람들 사이에 대화와 토론이 많아질수록 대중매체의 메시지는 더 널리 퍼지며, 오래지 않아 미디어 수신 지점과 그것과 멀리 떨어져 있는 지점들 사이에 어떤 차이도 발견할 수 없게 된다. 미디어의 효과는 대부분 무의식적인 것이다. 사람들은 대체 무슨 일이 일어났는지 설명하지 못한다. 오히려 그들은 자신의 지각과 대중매체의 눈을 통해 걸러진 지각을 한데 뒤섞어서 떼려야 뗄 수 없는 한 덩어리로 만든다. 그러면 그것은, 월터 리프먼이 예견했듯이, 마치 자기 자신의 생각과 경험에서 나온 것처럼 보이게 된다. 이 같은 대중매체의 효과는 대부분이 간접적으로 생겨나며, 개인이 얼마나 매체의 시각을 수용하고 그것에 맞게 행동하는 정도에 대한 반동으로 일어난다. 이 모든 조건들 때문에 대중매체의 효과에 대한 연구를 위해서는 체계적인 절차를 찾아야 할 필요성이 더욱 두드러진다. 미국의 사회학자들이 다원적 무지라고 일컬었던 것, 즉 대부분의 사람들이 어떠어떠하게 느낄 거라고 사람들이 잘못 생각하는 것은 매체의 효과를 추적하는 데 있어 일종의 안내자가 되어줄 것이다.

당신은 이 책의 3장에서 기술했던 관찰 결과를 혹시 기억할지 모르겠다. 그것은 실패한 실험에 관한 것으로, 몇 사람은 친근한 태도로 테이블에 앉아 있고 한 사람만 그들로부터 뚝 떨어져서 혼자 앉아 있는 그림이었다. 우리는 그 실험을 통해 따로 떨어져 앉아 있다는 것과 소수 의견의 관계를 응답자들이 의식하는지, 혼자 고립되어 앉아 있는 사람이 분명히 소수 의견을 가진 사람일 거라고 생각하는지를 알아보려고 했었다.

이 실험에서 우리가 소수 의견의 사례로 사용한 것은 독일 공산당원들을 판사로 임용할 수 있다는 견해였다. 그 실험을 했던 당시인 1976년 4월에 실시했던 여론 조사에서는 전체 응답자의 60퍼센트가 그 견해에 반대했고 찬성은 고작 18퍼센트에 불과했다. 그러나 대다수 국민들이 반대할 거라고 생각한 사람은 80퍼센트에 달했던 반면, 국민 대다수가 찬성할 거라고 생각한 사람은 불과 2퍼센트였다. 앞서도 말했듯이 그 실험은 제대로 되지 않았다. 고립된 사람이 독일 공산당원의 판사 임용에 찬성하는 사람일 거라는 응답과 반대하는 사람일 거라는 응답이 거의 비슷하게 나왔다. 이것이 이중적 여론 분위기를 의미하는가? 일부 응답자들은 따로 떨어져 앉은 사람이 소수 의견을 가졌을 거라고 대답한 반면에, 미디어의 시선을 통해 세상을 본 다른 사람들은 이 고립된 사람이 극히 보수적이고 형편없이 반자유주의적이라고 비난받은 다수 의견을 가졌을 거라고 생각한 것일까?

23

발화 기능:
미디어가 관점을 대변해 주지 않으면
사실상 벙어리가 되어버린다

사회과학자들은 매우 상처받기 쉬운 사람들이다. 독일 공산당원의 판사 임용이 허용되어야 하는지에 대한 열차 상황 테스트의 결과를 처음 보았을 때 나는 믿기지 않아서 눈을 비비고 다시 보았다. 그것은 침묵의 나선 이론에 대한 반박처럼 보였다. 자신들이 다수라는 사실을 충분히 인식하고 있는 다수 의견의 지지자들, 즉 독일 공산당원의 판사 임용을 허용해선 안 된다는 의견에 찬성하는 사람들은 조용히 있고 싶어 했다. 반면 소수 의견의 지지자들, 즉 독일 공산당원의 판사 임용을 허용해야 한다는 의견에 찬성하는 사람들은 무려 50퍼센트 이상이 기꺼이 대화에 참여했다(표 25).

표 25 자신들이 다수라는 사실을 잘 아는 다수는 사실상 침묵한다. 자신들이 소수라는 사실을 잘 아는 소수는 기꺼이 대화에 나선다. 다수가 논쟁에 게으른 것은 미디어가 그들을 부적절하게 표현해 왔기 때문일까?

	다수파: 독일 공산당원의 판사 임용을 반대하는 사람이 열차 객실 내에서	
	자신과 견해가 다른 사람을 만났을 때 (퍼센트)	자신과 견해가 같은 사람을 만났을 때 (퍼센트)
기차 여행을 하는 동안		
독일 공산당원의 판사 임용에 관한 대화에,		
기꺼이 참여하겠다	27	25
참여하지 않겠다	57	67
의견 없음	16	8
	100	100
	응답자수=169	217

	소수파: 독일 공산당원의 판사 임용을 찬성하는 사람이 열차 객실 내에서	
	자신과 견해가 다른 사람을 만났을 때 (퍼센트)	자신과 견해가 같은 사람을 만났을 때 (퍼센트)
기차 여행을 하는 동안		
독일 공산당원의 판사 임용에 관한 대화에,		
기꺼이 참여하겠다	52	52
참여하지 않겠다	40	42
의견 없음	8	6
	100	100
	응답자수=48	54

핵심 강경파

—

1972년에 실시된 침묵의 나선에 관한 가장 초기의 실험들조차 이 이론에 예외가 있음을 보여주었다. 어떤 이론에 관한 실증적 실험의 가장 중요한 부분은 그 한계가 어디까지인지를 규명하는 것, 그 이론이 어떤 조건하에서는 사실로 확인되지 않고 따라서 수정되어야 하는지를 찾아내는 것이다. 바로 첫 번째 실험에서 우리는 1970년대 초에 프란츠 요제프 슈트라우스를 지지하는 사람들이 그들보다 압도적으로 많은 반대자들에 비해 훨씬 더 기꺼이 열차 객실 내에서의 대화에 임한다는 것을 발견했다(표 26).

그 지점에서 우리는 핵심 강경파들, 즉 고립의 위협에 당당히 맞서면서 침묵의 나선 과정의 종료 지점까지 남아 있는 소수들을 처음으로 마주했다. 강경파는 어떤 의미에서 전위파와 관련이 된다. 이들은 고립을 자신들이 마땅히 치러야 할 대가로 여긴다. 전위파와는 달리 핵심 강경파는 대중에게 등을 돌릴 수 있고, 대중 속에서 자신들이 이방인이라고 여겨질 때 스스로를 완전히 고립시킬 수 있으며, 마치 한 종파처럼 자신들을 응축시키고, 과거나 가장 먼 미래에 자신들을 맞추어 적응시킬 수 있다. 또 다른 가능성으로 핵심 강경파가 스스로를 동시에 전위파라고 여길 수도 있다. 우리는 그들이 자신들을 전위파와 동일시하는 것과 기꺼이 자신의 의견을 피력하고자 하는 자발성을 구분한다. 그들이 최소한 전위파와 비슷한 수준의 자발성을 가졌다고는 생각하지 않기 때문이다. 미래를 믿고 있는 그들은 미국의 사회심리학자 게리 슐만이 실증적으로 입증했던 조건에 고무된다. 그

표 26 **침묵의 나선 효과가 일어나는 기나긴 과정 끝에는 대화를 통해 기꺼이 스스로를 고립시키는 핵심 강경파가 남는다.**

질문: "만일 당신이 다섯 시간 동안 기차 여행을 해야 하는 상황인데 당신과 같은 객실 칸의 동승객이 프란츠 요제프 슈트라우스의 정치적 영향력이 더 커지는 것을 열렬히 지지하는 내용의 대화를 시작한다면(두 번째 설문에서는 열렬히 〈반대하는〉 내용의 대화라고 가정한다.) 당신은 이 사람과 기꺼이 대화를 나누겠습니까, 아니면 그럴 필요 없다고 생각하십니까?"

| | 1972년 | |
	다수파: 슈트라우스 반대자들 (퍼센트)	소수파: 슈트라우스 지지자들 (퍼센트)
기꺼이 대화하겠다	35	49
그럴 필요 없다고 생각한다	56	42
의견 없음	9	9
	100	100
	응답자수=1136	536

것은 다수 의견을 지지하는 사람들의 몸집이 커질 대로 커지면 나중에는 더 이상 자신들과 다른 의견을 가진 사람들을 만날 수가 없게 되기 때문에 그들은 자신들의 의견을 논리적으로 주장하지 못하게 된다는 것이다. 슐만은 매일같이 이를 닦아야 한다는 견해의 지지자들이 갑자기 반대 의견을 가진 사람과 맞부딪히면 자신들의 확신을 완전히 잃어버린다는 사실을 발견했다.

아무튼 프란츠 요제프 슈트라우스의 지지자들은 어떤 경우에도 결코 대중에게 등을 돌릴 사람들은 아니었다. 그들은 땅 속에 구덩이를 파고 숨어들거나 어떤 종파처럼 변하지도 않았다. 분명 그들은 가까운 미래에 다시 입지를 확보하게 될 가능성을 단념하지 않았다. 그들은 자신들을 전위파라고 여기는 강경파였고, 이런 이유로 비록 자신들이 소수 의견의 대변자임에도 불구하고 직접 대화에 나설 마음의 준비가 되어 있었다.

대중매체가
표현을 제공하는 데 실패하면 그들은 말을 잃는다

—

독일 공산당원의 판사 임용을 허용하는 문제에 대해 뭔가 또 다른 일이 벌어지고 있었다. 임용을 찬성하는 사람들은 강경파가 아니었고 오히려 반대자들 대부분이 자신의 의견을 열심히 피력하는 상황이었다. 사실 공산주의가 더 강세를 보일지 모른다는 두려움이 그 어느 때보다 팽배해 있었다. 그런데도 만일 그들 중 놀라울 정도로 대다수가 열차 상황 테스트에서 동승객이 자기와 같은 생각을 가졌든 반대 의견을 가졌든 상관없이 침묵을 지키고 있다면 거기에는 우리가 몰랐던 다른 이유가 틀림없이 있었을 것이다. 공산당원의 판사 임용에 반대하는 것이 대중매체에서, 특히 텔레비전에서 명확히 표현된 적이 거의 없기 때문에 그들이 말문이 막히고 무슨 말을 해야 할지 몰랐던 것은 아닐까?

만일 이 가설을 받아들인다면 우리는 기존에 알려져 있는 대중매체 작동 방식에 다른 항목을 추가해야 할 것이다. 그것은 바로 발화 기능이다. 대중매체는 사람들이 자신들의 관점을 피력할 때 사용할 수 있는 문구와 표현들을 공급해 준다. 만일 자신들의 관점에 대해 현재 통용되고 빈번하게 등장하는 표현들을 찾을 수 없다면 사람들은 입을 다물게 된다. 그들은 사실상 벙어리가 되어버린다.

프랑스의 사회학자 가브리엘 타르드는 1898년에 「대중과 군중」이라는 제목의 논문을 썼다. 우리는 타르드가 그 논문을 끝맺으면서 남겼던 성찰적인 글을 소개하면서 여론과 대중매체의 영향에 대한 논의를 마무리하고자 한다.

편집국장 앞으로 온 사사로운 전보 한 통이 강렬한 긴급성을 지닌, 세상에 돌풍을 일으키는 새로운 이야깃거리가 되어 파급되고 이것이 동시다발적으로 대륙의 모든 대도시에서 군중들을 흥분의 도가니로 몰아넣는다. 사방에 흩어져 있는 군중들, 동시성이라는 자신들의 의식과 새로운 화젯거리에서 생겨난 상호작용을 통해 서로 몸은 떨어져 있지만 한편으로는 닿아 있는 그들을, 신문은 어마어마하고 추상적이며 위대한 군중으로 만들어낼 것이다. 그리고 여기에 여론이라는 이름을 달아준다. 신문은 이렇게 해서 대화로 시작되어 서신 교환으로 이어갔던 것, 하지만 항상 드문드문 흩어진 상태로 머물러 있던 오랜 작업, 즉 개인적인 의견들을 지역 공동체의 의견으로, 이것을 다시 국가적인 의견, 세계적인 의견으로 융합하는 작업, 대중의 마음을 하나로 통합하는 장엄한 과정을 마무리하게 되었다……. 이 통합의 과정은 커져갈 수밖에 없는 엄청난 힘이다. 자신이 속해 있는 대중과 뜻을 맞춰야 한다는 욕구, 여론과 같이 생각하고 여론과 같이 행동해야 한다는 요구는 대중의 수가 점점 많아지고 여론이 보다 위압적이고 그 요구 자체가 더욱 빈번히 충족될수록 점점 커지면서 거스를 수 없는 힘을 갖는다. 그러니 우리와 같은 시대를 살아가는 사람들이 불어오는 여론의 봄바람 앞에 나긋나긋 순종적이라고 해도 놀랄 일이 아니며 사람들이 필시 나약해져서 그렇다고 결론지어서도 안 된다. 포플러와 참나무가 폭풍우에 쓰러진다면 그것은 그 나무들이 약해져서가 아니라 바람이 더 강해졌기 때문이니까 말이다.

텔레비전의 시대에는 과연 타르드가 뭐라고 썼을까?

24

백성의 소리는 곧 신의 소리

내 친구가 자신의 다른 손님들을 향해 비웃듯이 이렇게 말했다.

"엘리자베스가 집집마다 돌면서 이렇게 물어본다는군요. '당신은 아데나워에게 동의하시나요, 아니면 반대하시나요?'"

그곳은 뮌헨이었고 때는 1951년에서 1952년으로 넘어가는 겨울이었다. 그리고 나는 어쩌다 우연히 지식인들의 파티에 함께하게 되었다. "그냥 얼굴만 한 번 내밀어." 그녀는 전화로 내게 그렇게 말했다. 우리는 같은 학교를 다닌 친구였다. 우리가 서로를 마지막으로 본 게 언제였더라? 아마 1943년인가 1944년에 베를린-달렘의 리모넨스트라세에서였을 것이다. 도시의 남서부에 위치한 그 거리에는 근처에 식물원이 있었고 서쪽에서부터 시작된 활주로가 나 있었다. 집은 금방이라도 무너질 듯했다. 벽에는 금이 가고 가구와 카펫, 그림들을 다 치워 놓아서 방은 휑뎅그렁했다.

그녀의 질문은 여론 연구라는 이슈로 나를 다시 돌아가게 만들었다. 대체 그 여론이라는 게 어떤 가치가 있는 것이었을까? 이미 너무 늦은 시간이었고, 설사 그렇지 않았다고 해도, 그리고 그들이 이미 술에 취해 버리지 않았다고 해도, 방 안이 그렇게 어둡고 담배 연기로 매캐하지 않았다고 해도 문인, 예술가, 학자들로 이루어진 그 그룹에게 내가 무슨 수로 그걸 설명할 수 있었겠는가?

그렇다. 그건 정확히 이런 질문이었다. "당신은 대체로 아데나워의 정책에 동의하시나요, 아니면 반대하시나요?" 나는 그 질문을 통해서 1951년에 처음으로, 시간이 흐르면서 점차 내가 〈대중과 여론〉이라고 이해하게 될 그 힘을 만나게 되었다. 당시 나는 알렌스바흐 연구소에서 독일 전역에 흩어져 있는 수백 명의 면담 조사 진행자들에게 설문 조사용 질문지를 보내기 전에 정기적으로 그 질문지로 사전 테스트를 하고 있었다. 그 한 사례로 나는 어느 철도원의 젊은 아내를 반복되는 같은 질문으로 몇 번이나 계속 인터뷰를 해온 터여서 그녀의 대답을 이미 알고 있었고 아데나워 총리를 지지하지 않는다는 그녀의 대답을 들은 것 또한 최소 여덟 번은 되었다. 하지만 전체 면담 조사(일정 기간 간격을 두고 반복적으로 진행을 해서 면담 대상자가 그 사이에 의견이 바뀌는지를 조사한다.)를 실험해야 했고 면담 기간도 정해야 했기에 나는 정해진 규칙에 따라 양심껏 엄격하게 조사를 했다. 나는 그녀에게 다시 한 번 질문을 읽어주었다. "당신은 아데나워에게 동의하십니까, 아니면 반대하십니까?" "동의합니다." 이전과는 다르게 그녀는 이렇게 대답했다. 면담 진행자는 놀라움을 드러내서는 안 되었기에 나는 놀란 표정을 감추려고 애썼다. 그로부터 4주 후에 내 책상에는 우리의 새로운 조사 결과가 올라왔고 그해 11월부터 12월까지 한 달도 채 안 되는 사이에 나는 여태까지 오랜 기간 동안 23-24퍼센트에 정체되어 있던 아데나워의 지지가 8퍼센트나 뛰어올라 31퍼센트에 달한 것을 내 눈으로 직접 확인했다. 지지율은 그때부터 계속 상승해서 1953년 총선 기간 동안에는 무려 57퍼센트에 육박하게 되었다. 에드워드 로스의 표현을 빌자면 〈해일과도 같은 엄청난 휩쓸림〉이었다. 대체 어떻게 서독 내에서 일어난 거센 물결과도 같은 압박이 이 철도원의 아내에게까지 닿았을까? 그리고 그런 여론은 어떤 가치가 있는 것이었을까?

이성이 아니라, 운명이다
—

"백성의 소리가 신의 소리Vox populi Vox dei." 시간을 거꾸로 올라가서 이 문구에 대해 살펴보면 우리는 이것이 1329년에 이미 격언으로 쓰였다는 사실을 알게 된다. 더 뒤로 가서, 798년에는 앵글로 색슨족의 알퀸이라는 학식 있는 사람이 샤를마뉴 대제에게 보낸 서한에서 마치 흔히들 쓰는 잘 알려진 표현인 것처럼 이 문구를 사용한 것을 볼 수 있다. 궁극적으로는 기원전 8세기까지 거슬러 올라갈 수 있는데 그때 선지자 이사야Isaiah가 이렇게 외쳤다. "떠드는 소리가 성읍에서부터 들려오며 목소리가 성전에서부터 들리니 이는 여호와께서 그의 원수에게 보응하시는 목소리로다."(이사야 66장 6절)

수세기에 걸쳐서 시계추는 이 공식을 환기시켜온 사람들에 대해 경멸과 존경 비슷한 감정 사이를 오갔다. 자신의 저서 『여론의 심리학』에서 호프스태터는 "백성의 목소리를 신의 소리와 동일시하는 것은 신성모독이다!"라고 했다. 독일제국의 5대 총리인 베트만 홀베크는 "백성의 소리는 곧 가축의 소리다."라고 말하는 것이 더 정확할지 모른다고 했다. 사실 이 말은 1601년에 몽테뉴의 제자 피에르 샤롱이 "백성의 소리는 곧 바보들의 소리다."라고 했던 말을 좀 더 그럴 듯한 표현으로 따라했을 뿐이다. 사실 샤롱의 표현은 몽테뉴의 『명성에 관한 수상록』에서 영감을 얻은 것이었는데, 그 글에서 몽테뉴는 위대한 인물들의 인품과 그들이 쌓아올린 업적을 평가하기엔 군중의 능력이 턱없이 부족하다는 논리를 펴고 있다.

현자의 인생을 바보들의 판단에 따라 재단하는 것이 옳은가? …… 각 인간들 하나하나는 경멸하면서 집단을 이루게 되면 존경하는 것보다 어리석은 일이 또 있을까? 사람들의 기분을 맞추고자 하는 사람 중에 지금까지 뭔가를 해낸 사람은 아무도 없었다. …… 아무리 재주가 좋고 아무리 정신을 바짝 차린다 한들, 그렇게 산란하고 제멋대로인 안내자를 따라 걸어가지는 못할 것이다. 이런 짐승과도 같은 혼란 속에서, 온갖 천한 의견과 소문들이 뒤섞인 혼돈 속에서 떠밀려 다니다가는 훌륭한 행로를 찾을 수가 없다. 그렇게나 갈팡질팡 흔들리는 것을 목표로 삼지 말자. 우리는 항상 흔들림 없이 이성을 따르자. 그리고 정 그것이 원한다면 천박한 칭찬이 제멋대로 우리 뒤를 따르건 말건 상관하지 말자.

알퀸 역시 같은 생각으로 798년에 샤를마뉴 대제에게 보낸 서신에서 이렇게 썼다.

"툭하면 〈백성의 소리가 곧 신의 소리〉라고 말하는 사람들의 말에 귀 기울일 필요 없습니다. 군중들이 떠드는 소리는 광인의 소리와 다를 바 없으니까요."

수백 수천 년에 걸쳐 신의 소리를 이성reason의 소리로 번역하는 사람들, 군중의 목소리, 곧 여론에서 헛되이 이성을 찾는 사람들도 이와 다르지 않다.

하지만 이와는 완전히 다른 두 번째 명제가 옆에서 나란히 가고 있다. "떠드는 소리가 성읍에서부터 들려오며 목소리가 성전에서부터 들리니 이는 여호와께서 그의 원수에게 보응하시는 목소리로다." 선지자 이사야가 했던 말이다. 기원전 700년경에 헤시오도스(고대 그리스의 서사 시인)는 여론을 〈도덕의 법정〉이자 〈사회적 통제〉로 묘사했고 그것이 〈운명〉이 될 수 있다고 지적했다.

"그러므로 이렇게 행하라. 인간의 말을 피하라. 말은 유해하고 경박하며 쉽게 부풀려지지만 그것은 참아내기도 어렵고 몰아내기도 어렵기 때문이다. 많은 사람들이 목소리를 낼 때 말이 완전히 사라지는 법은 결코 없다. 어찌 보면 말이란 신과도 같다."

로마의 철학자 세네카는 경건한 사람이었다. 그는 이렇게 말했다. "나를 믿어라. 백성들이 하는 말은 신성한 것이다." 그로부터 1500년 후에 마키아벨리는 이렇게 말했다.

"이성이 결여되지 않는 한, 백성의 소리는 곧 신의 소리로 일컬어진다. 보편적인 의견이 무척이나 놀라운 방식으로 앞일을 내다보기에 사람들이 그 숨겨진 힘을 믿을 수도 있다."

여론을 주목할 만한 가치가 있는 것으로 만드는 것은 이성이 아니다. 정확히 말해서 그 반대다. 여론은 비합리적인 요소를 갖고 있다. 거기에는 미래라는 요소, 운명이라는 요소가 포함되어 있다. 마키아벨리는 또 이런 말을 했다. "여론이 갖는 어떤 평판, 어떤 목소리, 어떤 움직임이 사람들을 시민으로 변화시키기 시작하는가?"

"백성들의 소리는 곧 운명의 소리." 알렌스바흐 연구소에서는 매년 연말을 앞두고 다음해를 전망하면서 설문 조사를 실시해 그 결과를 국민총생산과 비교하곤 하는데 어느 해에 카를 슈타인부흐가 조사 결과를 해석하면서 했던 말이 바로 이 말이다. 당시 질문 내용은 다음과 같았다. "당신은 희망을 갖고 다가오는 새해를 맞이하십니까, 아니면 두려움을 갖고 다가오는 새해를 맞으십니까?" 한 해의 마지막에 사람들이 갖는 희망의 높낮이가 한 해 동안의 경제 성장에 반드시 상응하는 것은 아니었다. 그것은 오히려 이듬해의 경제 발전 전망과 관계 있었다(그림 23).

헤겔은 여론에 관한 그의 성찰에서 "백성들의 소리는 가축의 소리"라는 것과 "백성들의 말은 신성하다."는, 완전히 상반되는 두 진영을 왔다갔다한다.

여론은, 그러므로 경멸당해 마땅한 만큼이나 존경받아 마땅하다. 경

그림 23 새해를 맞이하면서 품는 희망은 경제 발전에 선행한다

A: 실제 국민총생산 증가율(1957-1983년)
B: 12월에 "당신은 희망을 갖고 새해를 맞이하십니까, 아니면 두려움을 갖고 새해를 맞으십니
까?"라는 질문에 "희망을 갖고 맞는다."라고 대답한 응답자의 비율(1958-1983년))

· ——— 국민총생산 증가율
· ••••• 12월에 보인 낙관적 견해

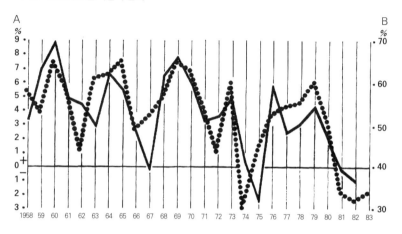

멸당할 만하다는 것은 여론의 구체적 의식과 표현 탓이고, 존경받을
만하다는 것은 그 구체적 표현 속에서 희미하게 빛나는 중요한 본질
때문이다. 여론 그 자체는 본래 식별의 기준도 갖고 있지 못하고 실질
적인 면을 정확한 지식으로 바꿔낼 능력도 없기 때문에, 여론으로부
터 독립하는 것은 학문에서든 인생에서든 뭔가 위대하고 합리적인 성
취를 하고자 한다면 우선적으로 갖춰야 하는 첫 번째 공식적인 조건
이다. 훌륭한 성취는 언제고 때가 되었을 때 필연적으로 여론이 받아
들이고, 인정하고, 그것을 스스로의 편견 가운데 하나로 이해할 때 확
인될 수 있다. 결론은 간단하다. 여론에는 모든 거짓된 것과 참된 것

이 다 포함되어 있다. 그러나 오직 위대한 사람만이 여론에서 참된 것을 찾아낼 수 있다. 자신이 속한 시대가 하는 말을 표현할 수 있고 자신의 시대가 원하는 것을 행할 수 있는 사람이 그 시대의 위대한 인물이다. 그는 그 시대가 필요로 하는 것, 그 시대 고유의 것을 행하고 그 것을 몸소 구현한다. 여기저기서 들려오는 온갖 여론을 흘려들을 줄 모르는 사람은 결코 이 위대함의 반열에 오르지 못할 것이다.

18세기가 끝나갈 무렵 독일에서는 빌란트로 인해 여론이라는 표현이 유행되었다. 여론과 관련한 그의 아홉 번째 밀담에서 두 명의 대화 참가자는 자신들의 대화를 다음과 같이 끝맺었다.

에그베르트: 모든 이성적 진술은 법과 같은 힘을 갖는 것이기에 그것이 먼저 여론이 되어야 할 필요는 없습니다.
시니발트: 차라리 이렇게 말씀하시는 건 어떨까요. 법과 같은 힘을 가져야만 하고, 그래서 그것이 다수의 여론이라고 선언되는 즉시 그 힘을 얻게 될 거라고요.
에그베르트: 그건 아마 19세기가 결정해야 할 문제인 것 같네요.

로타르 부허는 빌란트의 대화를 인용하면서 자신의 논문을 이렇게 끝맺고 있다. "시니발트와 에그베르트는 이성과 여론이 서로를 어떻게 대하는지를 고찰하면서 결론은 19세기의 몫으로 슬쩍 넘겨버렸다. 우리도 이 논의의 결론을 20세기에 넘겨주도록 하자." 자, 우리는 그럼 이제 21세기에 그것을 넘겨줄까?

여론에 대한 실증적 조사를 위한 조작적 정의들

—

여론에 대한 정의를 내리는 데 얼마나 오랫동안 얼마나 많은 노력을 기울였는지를 생각하면 이 책에서 내가 왜 여론에 대한 정의를 충분히 풀어놓지 않고 있는지 그 이유를 설명해야 할 것 같다. 하워드 차일즈는 여론의 특성, 형식, 기원, 기능, 내용 등을 수많은 범주로 나누어 50여 가지가 넘는 여론에 대한 정의를 제시한 바 있다. 그 정의의 과다함과 지나친 빽빽함이 나로 하여금 새로운 정의를 찾아보도록 이끌었다. 우리를 몹시 낙담하게 만든 잡다한 정의들과는 달리, 실증적인 분석을 가능케 하는 아주 간결하고 명확한 표현이 필요했다. 그 정의를 가지고 우리는 조사를 설계할 수 있어야 하고 그것을 이용해서 검사가 가능한 전제들을 도출해낼 수 있어야 했다. 그러한 목표는 마침내 나를 다음과 같은 정의로 이끌었다.

"여론이란, 우리가 스스로 고립되기를 원치 않는다면, 공공연히 〈표현해야 하는must〉 태도 혹은 행동이다. 논쟁이나 변화의 측면에서 보면, 여론이란 고립의 위험을 무릅쓰지 않고 사람들이 〈표현할 수 있는can〉 태도다."

이 정의는 대표 표본 추출에 의한 설문 조사 방식과 표본 분포 관찰로 검증될 수 있다. 그렇다면 이제 우리 시대는 모든 경고와 도덕, 전통이 마구 뒤흔들려서 이런 의미에서의 여론이라는 것은 존재하지도 않으며, 따라서 사람들은 스스로를 고립시키지 않고도 아무 말이나 아무 행동을 할 수 있을까? 마인츠 대학교에서 열린 한 세미나에서 우리는 이 문제에 대해 논의한 적이 있었다. 세미나의 한 참석자가 이렇게 말했다. "당신은 그저 빨간 양복을 입고 장례식장에 가면 됩니다. 그러면 오늘날에도 여론이라는 게 엄연히 존재한다는 걸 알게 될 테니까요." 또한 우리는 여러 가지 의견들과 행동 방식들을 설명한 다음, 당신은 이 중에 어떤 의견이나 행동 방식을 가진 사람과 한 집에 살거나 같은 직장을 다니거나 혹은 파티에서 만나기 싫을 것 같은지를 물어볼 수도 있다. 이 테스트의 결과로 알 수 있듯이 사람을 고립시킬 수 있는 행동과 태도는 아직도 수없이 많다.

우리는 실증적 연구를 통해서 검증 가능한 명제들을 도출할 수 있는데 그 연구의 출발점을 제공해 주는, 여론의 두 번째 정의는 다음과 같다.

"여론이란 정서와 가치가 실린 어떤 문제와 관련해서 기존 공동체 내의 사람들이 갖는 이해다. 여론은 정부뿐만 아니라 개인들 역시 고립되거나 설 자리를 잃어버릴 수 있다는 위협 아래, 자신들의 겉으로 드러난 행동을 최소한 절충하고 타협함으로써 반드시 존중해야만 하는 것이다." 이 두 번째 정의는 고립의 두려움과 여론의 상호 관계를, 즉 〈사회적 합의〉를 강조한다.

우리는 이 두 가지 정의 모두에서 말을 하거나 침묵을 지키는 것의 중요성에 관한 명제들과, 사람들을 관찰하는 인간의 직관적인 통계 능력과 그 능력의 일종인 언어적 단서를 관찰하는 능력에 관한 명제들을 도출해낼 수 있다. 사실 단서가 되는 언어에 관해서는 우리가 이미 직관적으로 이해하고는 있지만 체계적으로 풀어내야 하는 과제가 남아 있다. 안정기에는 무의식적이고 유사 통계학적으로 빈도를 측정하는 능력이 얼마나 퇴화하며, 변화가 계속되는 불안정한 시기에는 이 유사 통계 기관이 얼마나 예민해지는지를 이론적으로 정립할 수도 있을 것이다. 혹은 사회가 그 자체의 존립에 대해 느끼는 위험과 함께 개인이 고립의 위협을 느끼는 강도가 얼마나 증가하는지를 이론화할 수도 있을 것이다. 대중매체의 영향과 관련해서 대중의 관심이 어떻게 주어지고 어떻게 유보되는지, 어떤 주장이 어떻게 말로 표현되거나 혹은 형태를 얻지 못하는지에 대해서도 명제를 도출할 수 있다. 어떤 주장이 언어의 형태로 표현되지 못하면 이슈를 널리 퍼뜨리고 여론을 공론의 장으로 가져갈 수 있는 어휘가 부족해지는 결과로 귀결된다. 여론의 두 출처와 관련해서는 어떻게 그것이 이중적인 여론 분위기로 귀결되는지에 대한 명제를 유도할 수도 있다. 이러한 정의들에 기초하여 특정한 입장 혹은 행동과 연계된 고립의 정도를 측정하고 도구들을, 특히 설문 조사의 질문들을 개발하는 것이 가능해진다. 그 도구들은 바로 특정한 입장이나 행동과 관련한 고립의 정도와 영향의 정도, 동의와 거부의 정도를 측정하기 위한 것이며, 또한 관점을 받아들일 것이냐 혹은 침묵할 것이냐에 대한 대중의 자발성을 보여주는 신호들과 양극화의 정도를 측정하기 위한 것이다.

황제의 새 옷,
여론은 어떤 특정 시대 및 특정 장소와 연관된다
—

20세기 전반기에는 여론에 대한 정의들이 마치 덤불처럼 마구 뒤엉켜서 헤치고 들어가기 어려울 정도가 되자 여론이라는 개념이 쓸모

없어진 지 오래라며 이것을 폐기하자는 목소리들이 커졌다. 하지만 그런 요구가 있었다 뿐이지 실제로는 아무 일도 일어나지 않았다. 여론이라는 개념이 명확하지 않은 것은 사실이지만 그럼에도 불구하고 그 사용이 줄어들기는커녕 오히려 더 늘어났다. 이것은 1968년판『국제사회과학백과사전』에 실린 여론에 관한 논문에서 필립스 데이비슨이 놀라움을 표하며 내린 결론이었다.

1965년 12월에 나는 마인츠 대학교에서의 첫 강의를 다음과 같이 시작했다.

여론은 말입니다, 참 신기하게도 이 개념에는 사람을 흥분시키는 요소가 있습니다. 그와 동시에, 용감하게도 그 주제를 집어든 작가나 학자들은 독자와 청중을 번번이 실망시키게 되었습니다. 여론이라는 개념은 애초에 실체가 없으며 우리가 지금 다루고 있는 것은 허구일 뿐임을 그들이 입증해 보인다고 해도 그들의 말에는 별로 설득력이 없습니다. "여론이라는 개념은 한사코 소멸되기를 거부합니다." 도피파트는 이렇게 탄식했습니다……

여론이라는 개념이 가진 이 고집스러움은 무엇을 의미하는 것일까요? 그 정의들을 분석하려고 노력하면서 우리가 이런 실망감을 느끼는 이유는 뭘까요? 그것은 여론이라는 개념이 바로 우리의 현실을 반영한다는 것을 의미합니다. 개념적인 노력이 아직 포착하지 못하고 있는 현실을 말입니다.

현실의 반영. 이것은 우리에게 전혀 도움이 되지 않는다. 왜냐하면 우리는 그 현실을 규명해야만 하기 때문이다. 그러고 나서 갑자기 우리는 언어 전체에, 간단한 단어들 속에, 아무 의미 없는 말들 사이에 흩어져 있는 이 현실의 흔적들을 본다. 만일 우리가 민감한 사회적 피부를 더 많이 고려하지 않는다면, 만일 우리가 자아 이상ego ideal을 잠시 억누르고 우리 자신이 이성적인 사람이 되었다고 믿지 않는다면 이 말들은 아무 의미가 없다. 이런 말들에는 어떤 것들이 있는가? 예를 들어보자. 체면이 깎인다는 것, 그것은 세상의 이목이라는 공시성을 그 속에서 체면이 깎일 수 있고 웃음거리가 될 수 있고 과오를 저지를 수 있는 장으로 보는 것이다. 그 밖에도 어떤 일을 당혹스럽게 생각한다는 것, 누군가를 중상모략하는 것, 누군가에게 낙인을 찍는다는 것 등이 해당된다. 우리가 이런 현실을 바로 보지 않는다면 시인인 막스 프리쉬Max Frisch가 프랑크푸르트 도서전 개막 연설에서 언급했던 다음과 같은 말을 어떻게 이해하겠는가?

"대중의 주목, 그것은 고독을 거꾸로 뒤집은 것입니다."

개인이 있고, 그를 판단하는 익명이라는 보이지 않는 외투를 두른 다수가 있다. 이것이 바로 루소가 묘사했고 명명했던 여론이다.

우리는 여론의 실체를, 특정 공간에 묶이고 특정 시간에 얽매어 있는 이 피조물을 파악해야만 한다. 그렇지 않으면 황제(벌거벗은 임금님)가 새 옷을 입고 입장했을 때, 자기 같으면 주변의 모든 이들처럼 침묵을 지키지는 않았을 거라고 생각하며 스스로를 속이게 될 것이다. 이 안데르센 동화는 특정 배경을 지배하고 특정 장소에 만연되어 있는 여론에 관한 이야기이다. 만일 그 자리에 우연히 이방인이 들어왔다면 그는 놀라움을 감추지 못했을 것이다.

그리고 시간의 문제도 있다. 그 자리에 늦게 온 사람들처럼, 중세 사람들이 질병의 원인에 대해 잘못 생각했던 것 못지않게 부당하고 무지한 판단을 내릴 것이다. 우리는 과거의 말과 행동에 대해 마치 그것들이 우리 시대에 말해지고 행해진 것처럼 비난하겠지만 그렇게 함으로써 우리는 한 시대의 열정에 대해 아무것도 모르는 무식꾼이 될 것이다. 스웨덴 문화부 장관의 언론 담당 보좌관이 이런 말을 한 적이 있다. "우리는 손질이 잘된 잔디밭 같은 학교 시스템을 갖고 싶습니다. 우리는 여기저기서 제각각 불쑥불쑥 피어난 꽃을 원치 않습니다. 그보다는 모든 것이 잘 깎인 잔디밭처럼 보여야 합니다." 이것이 바로 리프먼이 말했던, 간단한 공식으로 축약된 시대정신이다. 리프먼은 또한 결국 이 공식은 힘없이 무너져서 훗날 사람들은 알아볼 수도 없게 된다는 말도 했다. 잘 손질된 잔디밭에 대한 저 문장조차도 언젠가 오랜 세월이 흐른 뒤에 보면 무슨 소린지 이해할 수 없을지도 모른다.

시대에 대한 감각을 연마하고 동시에 여론에 대한 사람들의 이해를 선명하게 하는 것은 우리가 힘써 도달할 가치가 있는, 그것을 위해 단련할 만한 가치가 있는 목표가 될 것이다. 동시대contemporary라는 말은 무엇을 의미하는가? 무시간성timelessness은 무슨 의미인가? 왜 헤겔은 "자기 시대가 말하고 있는 것을 표현할 수 있고 자기 시대가 원하는 것을 행할 수 있는 사람이 그 시대의 위인이다."라는 말로 시간이라는 요소를 절박하게 지적했던 것일까? 우리는 독일 작가 쿠르트 투홀스키가 했던 말의 이미를 이해해야 한다. 그는 이렇게 말했다. "스스로가 자신의 시대와 공개적으로 갈등 관계에 있음을 깨닫고

큰소리로 '아니오.'라고 말하는 것보다 더 어렵고 기개가 필요한 일은 없다." 또한 조너선 스위프트는 1706년에 자신의 글에서 이렇게 풍자했다.

"과거의 일들을 돌이켜보라. 전쟁, 협상, 당파 같은 것들 말이다. 우리가 그런 것들에 거의 관심을 두지 않기 때문에 어떻게 사람들이 그렇게 분주할 수 있는지, 그렇게 덧없는 것들 때문에 근심할 수 있는지 의아할 뿐이다. 현재를 보라. 역시 우스꽝스럽긴 하지만 전혀 의아하지는 않다. 목사의 말에 귀를 기울이는 사람은 아무도 없지만 시대의 소리는 듣는다. 그것은 어른들이 이전에 우리 머릿속에 주입하려고 애써왔으나 소용없었던, 생각의 단련과 사고의 전환을 우리에게 가져다준다."

1979년 10월, 노벨상 수상자인 마더 데레사 수녀의 다음과 같은 성명이 즉각적으로 전 세계로 퍼져나가며 유명해졌을 때 나는 우리 시대가 인류의 민감한 사회적 본성을 자각하고 존중하기 시작한 것이 아닐까 자문했다.

"세상에서 가장 나쁜 병은 나병도 아니고 폐결핵도 아닙니다. 그것은 누구에게도 존중받지 못한다는 느낌, 사랑받지 못한다는 느낌, 모두에게서 버림받았다는 느낌입니다."

그렇게 당연한 말이 왜 그토록 엄청난 반응을 불러일으켰는지, 그것을 지금부터 짧은 시간 안에 사람들이 이해할 가능성은 없을 것이다.

사회적 피부의 두 가지 의미

—

경멸의 대상이 되고 쫓겨난다는 것. 그것은 나병환자의 저주다. 사람은 여러 방면에서, 즉 육체적으로, 다른 사람들과의 정서적 관계에서, 그리고 사회적으로 나병환자가 될 수 있다. 우리가 좀 더 여론을 잘 이해하게 될수록 인간의 사회적 본성에 대한 이해도 향상된다. 사회적 나병환자가 되는 것을 두려워하는 사람들에게 동조에 대한 모든 압력을 견뎌내라고, 대중과 함께 가자는 모든 유혹을 물리쳐야 한다고 주장할 수는 없다. 아마도 그보다는 사회심리학자 마리 야호다처럼 이렇게 물을 수는 있을 것이다. 사람은 얼마나 독립적이어야 하는가? 정녕 우리는 훌륭한 시민이 얼마나 독립적이기를 원하는가? 만일 사람들이 다른 사람들의 판단에 전혀 신경을 쓰지 않는다면 그것이 사회를 위해 가장 좋은 일일까? 야호다는 철저히 독립적으로 행동하는 과격한 비순응주의자를 과연 정상이라고 할 수 있을지 묻는다. 우리는 그런 사람을 정신적으로 병든 사람이라고 간주해야 할까? 야호다는 그가 동조의 능력이 있음을 보여준 연후에야 비로소 그의 독립적이고 반획일적인 행동을 시민적 덕성으로 봐줄 수 있을 거라고 지적했다. 또한 사회 구성원들이 함께 떠받치고 있는 신념의 가치를 지키기 위해 거기서 벗어나는 개인에게 고립의 위협을 가한다고 해서 우리는 그 사회를 불관용적이고 반자유주의적이라고 간단하게 비난해서는 안 된다.

"여론은 곧 우리의 사회적 피부다." 이 말은 두 가지 측면을 모두 설명해 준다. 한편으로 그것은 여론이 마치 피부처럼 감싸고 보호하고 있는 우리의 사회를 가리킨다. 또 다른 한편으로 이는 개인들을 가리키는 말이기도 하다. 왜냐하면 여론의 손아귀에서 고통받는 이들은 자신들의 민감한 사회적 피부 때문에 고통받고 있는 것이기 때문이다. 여론이라는 개념을 현대의 언어에 도입한 루소는, 여론을 〈개인의 적이자 사회의 수호자〉라고 표현했을 때, 여론에 있어서 무엇이 더 중요한지를 사실상 이미 말하지 않았던가?

25

새로운 발견

로테르담의 에라스무스Erasmus가 마키아벨리를 알고 있었을까? 에라스무스의 이름은 1980년에 나온 『침묵의 나선』독일어판 초판에는 등장하지 않는다. 하지만 1989년 봄에, 시카고 대학교에서 강의 준비를 하는 동안에 나는 에라스무스가 마키아벨리를 알고 있었는지에 대해 조사를 해보기 시작했다.

역사적 관점

학자가 새로운 통찰력을 얻기 위해서는 명석한 것에서 그치지 않고 운도 따라주어야 한다. 침묵의 나선 이론을 연구하기 시작했을 때 나는 상당히 운이 좋았다고 해야 할 것이다. 마치 식물학자가 식물에 대해 묘사할 때만큼이나 토크빌이 침묵의 나선 현상에 대해 자세히 언급해 놓은 부분을 퇴니에스의 저서에서 인용문의 형태로 발견한 것은 순전히 행운이었다. 당시 알렌스바흐 연구소의 연구 조교였던 쿠르트 로이만이 고맙게도 존 로크의 『인간오성론』의 제2권 28장 〈그밖의 관계들에 대하여〉에 나의 관심을 환기시켜 주었다. 전문가 집단에서는 거의 주목하지 않고 그냥 지나쳤던 그 장에는 여론, 평판, 유행의 법에 대한 묘사가 담겨 있었다. 우리는 계속해서 우연과 운에 기대기보다는 이제는 체계적으로 중요 문헌들을 직접 찾아보기로 마음먹었다. 그래서 마인츠 대학교 저널리즘 연구소에서 우리는 인물보다 문헌에 초점을 맞춘 질문지를 만들었다. 여론에 대해 가능한 한 모든 것을 찾아내기 위해 마인츠 대학의 세미나 모임에서 이 질문지를 이용해 수년에 걸쳐 4백 명의 저술가들을 샅샅이 조사했다. 이렇게 해서 우리는, 예를 들어 1958년 프랑크푸르트 도서전 개막 연설에서 막스 프리쉬가 "대중과 대면한다는 것, 다수와 직면한다는 것, 그것은 외부를 향하고 있는 고독함입니다."라고 말했던 것을 찾아냈다. 이 말은 때로 대중 속에 서 있는 사람들을 꼼짝 못하게 하는 고립의 두려움에 접근하는 단서였다. 그로부터 여러 해가 지난 후 미하엘 할러먼이 사람들이 느끼는 당혹감에 대해 연구하기 시작하고 이런 감정은 대중의 규모에 비례한다는 사실을 입증해 보였을 때, 나는 막스 프리쉬의 말을 떠올렸고 글을 쓰는 사람들이 학자들보다 한 발 앞서는 경향이 있음을 깨달았다.

에라스무스로 돌아가보자. 우르슐라 키에르마이어는 1988년 여름 학기 동안 여론에 관한 질문지를 이용해 에라스무스의 저서 세 권을 분석했는데 그 중에는 1516년에 당시 17세였고 훗날 카를 5세가 된 부르고뉴의 카를 공을 위해 에라스무스가 집필한 『그리스도교 군주 교육론 *The education of christian prince*』도 포함되어 있었다. 에라스무스의 글에 대한 우르슐라 키에르마이어의 논평을 읽으면서 나는 에라스무스의 글이 마키아벨리의 저술과 비슷하다는 것에 깊은 인상을 받았다. 베르너 에케르트는 자신의 박사 학위 논문에서 같은 질문지를 이용해 마키아벨리의 저서들을 분석했다. 마키아벨리와 에라스무스는 자신들의 군주에게 〈여론을 거스르는 통치는 불가능하다〉는 조언을 했다는 점에서 공통점이 있었다. 4장에서 나는 셰익스피어의 희곡 『헨리 4세 *King Henry IV*』에 나오는 한 구절을 인용한 바 있다. "내가 왕관을 쓰도록 도와준 것이 바로 의견(당시에는 아직 여론이라는 표현이 없었다.)이었다." 나는 그가 여론을 심각하게 받아들이게 된 데는 마키아벨리의 영향이 컸을 거라고 짐작한다. 하지만 에라스무스의 글을 읽어본 결과 그가 통치자의 힘은 기본적으로 〈백성의 동의 consensus populi〉를 기반으로 한다고 생각했음을 알 수 있었다. "내 말을 믿으라. 백성들의 호의를 잃는 사람은 중요한 전우를 잃는 것이다." 마키아벨리와 에라스무스의 문장은 상세한 부분에까지 닮은 점이 매우 많다. 통치자에게 위협이 되는 것들을 열거할 때는 심지어 순서까지 똑같다. "처음엔 백성들의 증오가 오고 그 다음엔 그들의 경멸이 온다."

두 사람 모두 통치자에게 가장 중요한 것은 덕망 있고 위대하게 보이는 것임을 강조했다. 하지만 두 사람은 중요한 지점에서 차이가 있었다. 마키아벨리는 군주가 진정으로 덕을 갖춰야 할 필요는 없다고 생각했다. 단지 덕망이 있는 것처럼 〈보이기만〉 해도 족하다는 것이었다. 반면 독실한 그리스도교도였던 에라스무스는 그와 반대 입장을 취했다. 군주는 모든 덕을 갖춰야 하며 어떤 죄악도 범해서는 안 되지만 현실은 그것만으로 충분치 않기에 그 역시 자신의 신민에게 덕이 있게 〈보여야만〉 했다.

마키아벨리와 에라스무스가 서로를 알았을까? 그들이 서로의 저술에 대해 익히 알고 있었을까? 나는 두 사람이 거의 동시대에, 에라스무스는 로테르담에서 1466년 혹은 1469년에 태어났고 마키아벨리는 1469년에 피렌체 인근에서 태어났음을 알아냈다. 하지만 그들이 처한 상황은 완전히 달랐다. 수도사인 아버지와 의사의 딸인 어머니 사이에서 태어난 에라스무스는 평생 사생아라는 사실로 고통받았다. 그는 일찍이 부모를 여의고 젊어서 수도원에 들어갔다. 주교의 비서가 되면서 빠르게 입지를 구축했고 후에는 소르본 대학에서 학자로서의 명성을 쌓아갔다. 그는 박사 학위를 받기 위해 여러 대학의 문을 두드렸지만 그가 사생아라는 사실이 번번이 걸림돌로 작용했다. 그러다 결국 마키아벨리의 고향 피렌체에서 그리 멀지 않은 이탈리아 북부의 토리노 대학에서 박사 학위를 받았다.

여론의 위협을 다루었던 학자들은 누구나 사회적 고립을 경험했다.

여론의 압력에 대한 인식을 가지려면 어쩌면 이와 같은 경험이 필요했을 수도 있을 것이다. 인문주의자들의 제왕으로 유럽을 자유롭게 누볐던 에라스무스는 사회적 고립을 견디는 연습을 했다. 그는 다른 사람들을 필요로 하지 않는 자족적인 사람이라고 공격을 당하기도 했다. 그리고 마키아벨리는 피렌체의 고위 관료직에서 추락했고 반역에 가담했다는 혐의로 고문을 당했으며 결국 피렌체 바깥의 작은 마을에 있는 별장으로 추방되었다.

마키아벨리의 『군주론』과 에라스무스의 『그리스도교 군주 교육론』은 몇 년 차이로 집필되었다. 마키아벨리의 책이 출간된 것은 1532년이 되어서였지만 집필된 것(1513-14년)은 한참 이전이었다. 에라스무스는 1516년에 훗날 카를 5세가 된 부르고뉴의 카를 공을 위해 『그리스도교 군주 교육론』을 집필했는데 그에게 이 책을 헌정한 직후 바로 출간했다. 마키아벨리와 에라스무스는 공통의 출처를 갖고 있었는데 두 사람의 저작 모두 아리스토텔레스의 『정치학』을 바탕으로 하고 있다. 하지만 마키아벨리와 에라스무스 두 사람 사이의 묘한 유사점에 주목했던 다른 몇몇 저술가들, 나는 마치 먼 곳에 온 여행자가 자신보다 앞서 그곳을 다녀간 사람들의 자취를 발견하듯 연구 과정에서 그 저술가들과 맞닥뜨리게 되었는데, 그들에 의하면 그 두 사람은 결코 개인적으로 만난 적이 없었다.

그래서 나는 1159년에 자신의 저서 『정치가론』에서 여론(라틴어로 publica opinio 또는 opinio publica)이라는 표현을 두 차례 사용한 영국의 철학자 존 솔즈베리John of Salisbury에 대해 알게 되었을 때 그다지 놀랍지 않았다. 『정치가론』의 영국 편집자는 12세기의 저작에서 그 표현들이 사용된 것은 주목할 만한 일이라고 생각하겠지만, 존 솔즈베리 역시 초기 인본주의 시대의 옛 고전들을 읽었고 여론의 영향력에 대한 개념을 접했을 테니 이는 그리 놀랄 일이 아니다.

훌륭한 정치인은 여론에 친숙하다

—

구약성서에는 여론이라는 개념이 명확하게 설명되어 있지 않지만 다 윗 왕은 여론을 어떻게 다루어야 하는지에 대해 타고난 감각을 지닌 사람이었다. 그는 자신의 강력한 적수가 살해당한 것에 대한 애도를 표하기 위해 옷을 찢고 해가 질 때까지 단식을 했다. 실은 다윗 왕이 그를 살해하도록 부추겼거나 적어도 묵인했을 거라고 의심받는 게 당연한 상황이었지만 그의 이 같은 상징적인 행동은 여론을 자기편 으로 만드는 데 말보다 더 효과적이었다.

자신이 다스리던 두 왕국인 이스라엘 왕국과 유다 왕국의 평범한 성소를 부각시키기 위해 계약의 상자(Ark of the Covenant, 일명 성궤 또 는 언약궤)를 예루살렘으로 모셔오면서 다윗 왕이 함성과 나팔소리가 함께 울려퍼지는 엄청난 장관을 연출했던 것은 거장다운 통합의 행 동이었다. 하지만 여론에 대한 그의 접근법이 정교하고 복잡한 의식 에 그치는 것이 아니라 그 이상임을 보여주는 것은 그 자리에서 그가 했던 역할, 그러니까 남자들의 음부만 가리는 천 하나만 두른 채 뛰 고 춤추며 하나님 앞에 한없이 스스로를 낮추면서 그 행렬에 개인적 으로 참여했던 방식이었다. 사울 왕의 딸이자 그의 아내인 미갈은 이

광경을 보고 그를 업신여기며 조롱했다. "오늘 이스라엘의 왕이 마치 시정잡배들처럼 자기 신하의 여종들이 보는 앞에서 부끄러움도 없이 속살을 드러내고 나서니 참 꼴좋군요." 이에 다윗 왕은 사울의 딸에게 이렇게 대답했다. "나는 이보다 더 자신을 낮추고 내가 보기에도 더 미천하게 될 수 있소. 하지만 당신이 말한 그 여종들이 나를 존경하게 될 것이오."(사무엘 2서 6장 15절, 20절, 22절) 오늘날에는 그 의미가 다르게 사용되고 있기는 하지만 우리 시대의 정치 지도자들 또한 대중과 어깨를 나란히 하고 가깝게 어울리고 있다.

다윗 왕이 아내에게 한 대답은 자신이 무엇을 하고 있고 무엇을 성취하고자 하는지를 그가 확실히 알고 있었음을 보여준다. 다윗이 암몬 왕의 죽음에 애도의 뜻을 전하기 위해 보냈던 두 명의 사자에 대한 이야기는 여론이라는 맥락에서도 연구해 보아야 할 것이다. 새로이 암몬의 왕이 된 하눈은 두 사자가 실은 다윗이 보낸 첩자일 거라고 의심하고는, 그들을 붙잡아 수염을 반쯤 자르고 옷은 중간부터 엉덩이까지 찢어낸 다음 다시 돌려보냈다. 이야기는 계속된다. "그들이 이 사실을 다윗에게 고하매, 다윗은 그들이 크게 수치스러울까봐 사람을 보내 맞아오게 하면서 이렇게 말하였다. '그대들은 수염이 다 자랄 때까지 여리고에서 머물다가 돌아오도록 하라.'"(사무엘 2서 10장 4절, 5절) 다윗은 자신의 사자들이 멸시받고 웃음거리가 되어 돌아오는 모습을 보여주는 것, 군중 앞에서 어리석은 자로 비쳐 따돌림을 당하는 것이 어떤 영향을 가져올지 알고 있었다. 그는 이것이 그 사자들뿐만 아니라 그들을 암몬 왕에게 보냈던 자신의 명예에도 악영향을 미칠 것임을 알고 있었다.

구약성서에 나타난 여론과 대중의 시선에 대한 현상을 분석해 왔던 에리히 램프는 성서에서 묘사하고 있는 특정한 사건들의 의미에 대한 해석이 모두 일치하는 것은 아니라고 말한다. 그러나 여론에 대한 명확한 이론이 뒷받침되면 어떤 사건들은 새롭게 조명받게 될 것이고 이것이 그 사건에 대한 보다 나은 이해로 이어질 것이다. 다윗 왕이 그의 선왕인 사울 왕이나 그의 후계자인 솔로몬 왕에 비해―더구나 자신의 재위 동안 북이스라엘 왕국이 분리 독립되어 남유다 왕국만 남게 되었던 솔로몬 왕의 불운한 후계자 르호보암은 말할 것도 없고―여론을 얼마나 능숙하게 다루었는지는 실로 놀랍다. 경험 많고 존경받는 성공적인 정치 지도자들과 정치인들이 여론을 얼마나 정확하게 판단하고 있는지에 관해 연구해 보는 것도 가치 있는 일이 아닐까 싶다.

존 솔즈베리는 알렉산더 대왕에 대해 재미있는 말을 했다. 군사법정이 알렉산더 대왕에게 불리한 판결을 내렸을 때 그가 보여주었던 행동만큼 정치인으로서 그의 참모습에 확신을 갖게 해준 것은 없었다고 존 솔즈베리는 말한다. 알렉산더 대왕은 자신의 권력, 즉 원고의 권력보다 법적인 소신을 더 중시했던 재판부에 감사를 표했다. 존 솔즈베리는 또한 자신이 모든 로마의 이교도 황제들 가운데 왜 트라야누스를 가장 훌륭하다고 생각하는지를 설명했다. 트라야누스 황제는 백성들로부터 충분히 거리를 두지 않고 너무 가까이한다고 비난을 받자 그는 만일 자신이 아직 백성의 신분이라면 왕으로 모시고 싶었을 그런 왕이 되고 싶다고 대답했다. 이처럼 뛰어난 지도자와 여론의 관계에는 대조적인 두 가지 요소, 즉 카리스마와 친밀감이 혼합되어 있다.

율리우스 카이사르와 여론에 관한 연구에서 이스라엘의 역사학자 츠비 야베츠는 카이사르가 원로원과의 관계에서는 민감하고 화를 잘 내는 편이었지만 대중을 상대할 때는 얼마나 편안함을 느꼈는지에 대해 기술한다. 야베츠는 현대의 역사 연구가 엑시스티마티오ex-istimátio의 의미를 소홀히 취급해 왔다고 쓰고 있다. 그에 따르면 당시 로마인들은 엑시스티마티오—사전적으로는 명성, 평판으로 정의되는—라는 개념을 주로 요즘의 우리가 여론이라고 일컫는 의미로 사용했다. 이 엑시스티마티오는 또한 통계학적 추정을 생각나게 하는데, 이는 침묵의 나선 이론에서 말하는 유사 통계학적 능력과도 어느 정도 연관성이 있다.

나는 그간의 전문적 경험으로 훌륭한 정치인들은 조사 연구 방법의 도움을 받지 않고도 여론을 판단하는 뛰어난 능력을 갖고 있다고 믿게 되었다. 마인츠 대학교에서 세미나를 하면서 우리는 문헌에 대한 질문지를 사용해 정치인들의 저술을 분석하기 시작했다. 예를 들어 우리는 17세기 프랑스의 정치가 리슐리외에 대해 조사했다. 루이 13세를 위한 정치적 유언에서 그는 통치자의 권력을 네 개의 가지, 즉 군대, 세입, 고정 자산, 그리고 평판이 달린 나무에 비유했다. 그 중에서 네 번째 가지인 평판이 가장 중요한데 그 이유는 훌륭한 평판을 가진 지배자는 존경받지 못하는 지배자들이 군대를 동원해서 얻는 것보다 자신의 이름 하나로 더 많은 것을 성취할 수 있기 때문이라고 했다. 그는 자신의 관심은 사람들로부터 좋은 평판을 얻는 데 있음을 보여주었다. 지배자의 권력의 원천, 즉 그 나무의 뿌리는 그가 다스리는 백성들의 마음이라는 보물이다. 리슐리외는 또한 세상 사람들의 비웃음은 마땅히 피해야 하는 것이라고 경고하기도 했다. 그는 또한 결투 금지라든가 혹은 매관매직 금지와 같은 정치적 결정에 관해서는 찬반양론을 여론의 관점과 비교 검토한다. 또 도덕적 문제에 관해서는 이성적인 생각보다 세상 사람들의 비웃음에 더 무게를 실었다. 리슐리외는 언론이라는 최신 무기(1609년에 처음으로 등장한 신문)도 즉각 장악했다. 그는 《메르퀴르 프랑세스》를 통해 자신의 정적들과 싸웠고 훗날 스스로 《가제트 드 프랑스》라는 신문을 창간하기도 했다.

베른트 니더만은 마인츠 대학교의 세미나에서 리슐리외에 대한 발표를 다음과 같은 문장으로 끝맺었다.

"나폴레옹과 메테르니히, 그리고 비스마르크도 이 질문지를 사용해서 연구해 봐야 하겠습니다."

백성의 지지를 잃은 군주는
더 이상 군주가 아니다 (아리스토텔레스)
—

만일 카이사르가 여론에 대한 감각을 갖고 있었더라면 그는 살해당하지 않았을지도 모른다. 츠비 야베츠는 카이사르가 왜 자신의 스페인 호위병들을 돌려보냈는지 그 이유를 묻고 있다. 만일 그가 원로원에 나타났을 때 호위병들이 그를 지켰더라면 암살자들이 감히 그를 공격하지 못했을 것이다. 카이사르가 너무 많은 시간을 해외에서 보냈던 것일까? 그래서 여론을 파악하는 감각을 잃어버렸던 것일까?

원래 그가 암살을 당한 3월 15일로부터 사흘 뒤인 18일에 카이사르는 파르티아로 원정을 떠날 계획이었다. 에라스무스는 문득 어떤 생각이 떠올랐다. 그래서 그는 군주가 너무 장기간 해외에 체류해서는 안 된다고 경고했다. 에라스무스는 또한 군주의 오랜 부재는 백성들과 그를 너무나 동떨어지게 만들어 버릴지 모른다고 말하기도 했다. 성공적인 지배자는 자신과 백성 사이에 가족과 같은 느낌이 있느냐에 좌우된다. 에라스무스는 심지어 당시 왕조 간의 혼인정책에 대해서도 경고한 바 있다. 다른 나라의 지배층에서 아내를 데려오는 것이 군주를 백성들로부터 멀어지게 할 수 있다는 것이 그 이유였다. 만일 루이 16세가 오스트리아의 마리 앙투아네트 공주를 아내로 맞이하지 않았다면 프랑스 혁명이 조금 다르게 전개되었을 수도 있었을까? 백성들은 처음에는 거리로 나와 열렬히 그녀를 맞이했지만 그녀가 탄 마차가 가까이 오자 모두 그녀에게서 등을 돌렸다.

박장대소

—

자, 이제 조금 더 초기의 작품들, 그러니까 서양에서 가장 오래된 문학 작품으로 여겨지는 『일리아드』와 『오디세이』까지 거슬러 올라가 보자. 이것들은 여러 세대에 걸쳐 입에서 입으로 전해 내려오던 신화를 기원전 8세기에 호메로스가 글로 옮겨 쓴 것이다. 다음의 분석은 마인츠 대학교에서 만든 질문지를 이용해 『일리아드』를 연구 조사했던 타실로 짐머만의 석사 학위 논문을 토대로 하고 있다.

호메로스의 『일리아드』는 트로이 근처의 바닷가에서 벌어진 어떤 장면을 묘사하는 것으로 시작된다. 『일리아드』 제2권에서 아가멤논은 아카이아 군대의 회의를 소집해서 그들의 사기를 시험해 보려 한다. 그는 거의 9년을 끌어온 전쟁(트로이에 대한 포위 공격)을 그만 끝내고 집으로 돌아가기를 원하는 사람들의 온갖 주장들을 열거하며 그들을 자극한다. 그러자 병사들은 마치 갈까마귀 떼처럼 행동한다. 콘라트 로렌츠의 묘사에 의하면 갈까마귀들은 "숲으로!" "들판으로!" 가자고 까악까악 큰소리로 울며 이리저리 어지럽게 날다가 마침내 그 중 한 그룹이 우위를 점하면 모두 같은 방향으로 날아간다. 병사들은 기뻐서 야단법석이었다. 일부는 "배로 가자! 집으로 돌아가자!" 라고 소리쳤지만 다른 병사들, 특히 군 지휘관인 제론티안스는 이렇게 외친다. "멈추어라! 움직이지 말라! 앉아라!" 첫 번째 무리의 병사들이 배를 밀어서 바다에 띄우려고 기를 쓰자 혼란스러운 광경이 빚어진다. 그러자 오디세우스가 그 중에 목소리가 제일 큰 병사를 정면으로 마주하고 그를 흠씬 때려서 제압한다. 그는 이제 그만 전쟁을 끝내고 떠나자는 쪽에 선 지휘관들 중에 한 명인 테르시테스를 고립시키고 모든 이들의 분노가 온통 그에게 쏠리도록 만드는 데 성공한다. 테르시테스는 명백한 희생양이었다. "그는 추하고도 추한 사람이었다. 한쪽 다리는 안으로 심하게 휘고 한쪽 발은 절름거렸으며 두 어깨는 가슴 쪽으로 오므라져 있었다. 그리고 원뿔처럼 뾰족한 그의 머리통에는 듬성듬성 머리털이 돋아 있었다." 거기 있던 사람들 대부분은 테르시테스가 고함치고 욕설하는 내용과 속으로는 같은 생각을 하고 있었다. 하지만 오디세우스가 그를 조롱하기 시작하자 병사들 사이에 박장대소Homeric laughter가 번져갔고 테르시테스는 홀로 고립된 신세가 된다. 아카이아 병사들은 다시 자리에 앉고 포위 공격을 계속하자는 결정이 내려진다.

비록 호메로스는 여기서 여론에 대해 한마디도 언급하지 않았지만 고립의 위협을 만들어 내고 여론 형성 과정을 명확히 하는 데 있어 웃음이 어떤 역할을 하는지를 설명하고 있다. 프랑스의 중세 연구가인 자크 르 고프는 히브리어나 그리스어에는 공히 웃음을 뜻하는 서로 다른 두 개의 단어가 있는데 하나는 서로를 이어주는 긍정적이고 우호적인 웃음이라면, 다른 하나는 누군가를 소외시키는 부정적인 조소라고 지적한다. 언어가 그 정도까지 풍부하지 않았던 로마인들에게는 웃음을 뜻하는 단어가 하나밖엔 없었다.

그래서 우리는 고립의 위협이 어떤 수단에 의해 지각되는지를 찾아보기 시작했다. 자신이 여론의 합의로부터 멀어졌음을 개인들은 어떻게 깨닫게 되는가? 그가 우호적인 공동체로부터 쫓겨나고 고립되지 않으려면 다시 돌아와야 한다는 것을 어떻게 알 수 있는가? 이를 알아차릴 수 있게 해주는 많은 신호들이 있지만 웃음은 그 중에서도 특별한 역할을 한다. 이 문제에 대해서는 26장에서 다시 다루게 될 것이다.

불문율

—

그리스인들이 여론의 영향력을 당연한 것으로 여겼다는 것은 불문율

을 대하는 그들의 편견 없는 태도에서 명확히 드러난다. 다음의 논의
는 앤 재켈의 석사 학위 논문 「여론에 대한 사회심리학적 이론의 관
점에서 본 불문법」 2장을 바탕으로 한다.

지금까지 발견된 것 중에 불문법이 최초로 언급된 것은 투키디데스
의 『펠로폰네소스 전쟁사』에서다. 그것은 결국 아테네 멸망으로 귀결
되었던 전쟁이 일어난 첫 해(기원전 431-430년)에 페리클레스가 했던 연
설에서였다. 힘의 정점에 다다랐던 전성기 아테네의 위대함을 보여
주기 위해 투키디데스는 페리클레스의 입을 빌어 이렇게 말한다.

우리는 이처럼 사적인 교류에는 자유로운 마음을, 공적인 일을 행할
때는 경건한 마음을 가집니다. 법과 권위를 존중하는 것은 우리가 잘
못을 저지르지 않도록 막아줍니다. 또한 우리가 잘못을 행하지 않는
이유는 그것을 어기면 일반 정서에 의해 배척받게 되는 불문율은 물
론이고 피해 입은 자들을 보호하기 위해 마련된 법을 특별히 중시하
기 때문입니다.

불문율에 대해서는 그리스의 여러 다른 저술가들도 언급하고 있다.
하지만 페리클레스의 연설에는 말로 표현할 수 있는 모든 것이 담겨
있다. 불문율은, 존 로크가 법을 세 가지 종류로 분류하면서 발견했던
것과 마찬가지로, 성문법보다 강제성이 덜하기는커녕 오히려 더 강
력한 경향이 있다. 불문율이 단지 관습법을 의미하는 것은 아니다. 관
습 하나만으로는 행동을 강제할 힘이 없다. 존 로크가 기술했듯, 효과
가 있느냐 없느냐는 그것을 어기면 고통스러운 징벌이 따른다는 것

을 아느냐 모르느냐에 좌우된다. 징벌이 명시되어 있지 않다고 해서 효과가 떨어질 거라고 믿는 사람은, 존 로크에 따르면 인간 본성을 모르는 것이다. 페리클레스가 말하는 불명예, 즉 동료 시민들 사이에서 명예와 평판을 잃는 것은 우리에게 일어날 수 있는 일 중에 최악의 것에 속한다. 동료 시민들은 자신들이 공유하는 의견이 가진 모든 힘으로 이 징벌을 할당한다.

대중의 경멸은 불문율에 담겨 있는 도덕적 규범을 위반한 결과다. 플라톤은 성문법과 불문법의 관계는 육체와 정신의 관계에 견줄 수 있다고 말한다. 단지 성문법을 보완하는 것이라기보다 불문법은 곧 법의 기초이다.

니벨룽겐의 노래에 등장하는 여론

—

우리 세미나에 참여했던 학생들은 과거 수세기 동안에는 오직 소수 엘리트의 의견만을 여론에 포함시켜 왔고 그러므로 여론은 오직 상류 계층과만 연관성을 갖는다고 고집스럽게 믿어 왔다. 하지만 그 학생들이 읽었던 1588년판 몽테뉴의 『수상록』을 보면 이것이 사실이 아님을 알 수 있다. 앞서도 말했듯이 몽테뉴는 플라톤을 인용한 바 있는데, 플라톤은 남색에 대한 여론을 변화시키기 위한 전략을 개발했다. 그는 이 전략이 결국은 여자와 어린이, 노예들까지 포함하는 모든 사람들의 견해를 영원히 바꾸어 놓게 될 거라고 구체적으로 언급했다.

마인츠 대학교의 세미나에서 우리는 여론에 대해 언급하고 있는 고대 그리스의 저술들을 찾아냈을 뿐 아니라 호메로스 이후 거의 2천 년이 지나서야 글로 쓰였던 게르만 민족의 영웅 서사시인 『니벨룽겐의 노래*Das Nibelungenlied*』에서도 여론에 대한 내용을 발견할 수 있었다. 이 서사시에 대중이라는 단어는 딱 한 차례 등장하지만 이것이 정말 특별한 비극 작품으로 태어나게 된 것은 바로 그 배경 때문이었다. 이 서사시의 14번째 모험담에서, 크림힐트 여왕과 브륀힐트 여왕은 교회 문 앞에 서서 누가 먼저 들어갈 것인지를 놓고 다툰다. 두 여왕이 그곳에 오게 되면 오늘날에도 그렇겠지만 교회 광장은 사람들로 매우 북적인다. 많은 사람들이 보는 앞에서 크림힐트 여왕은, 브륀힐트 여왕이 결혼식날 밤에 남편인 군터가 아닌 지그프리트와 동침했다며 그녀를 비난한다. 이를 보면, 옛날에는 평판과 여론이 오로지 상류 계층에 의해서만 확립되었다고 누가 주장할 수 있겠는가?

1641년의 만화

—

데이비드 흄이 "정부는 오직 여론에 기초하여 세워진다."라고 말했을 때, 그는 아리스토텔레스가 2천 년 전에 했던 말, 그리고 아리스토텔레스의 『정치학』을 연구했던 마키아벨리, 에라스무스 같은 사람들이 했던 말을 그저 반복한 것에 지나지 않았다. 17세기에 두 차례에 걸친 영국의 혁명 기간 동안 일어났던 모든 일들을 보고난 흄은 여론의 지배를 당연한 것으로 받아들이게 되었다. "세상을 다스리고 지배하는 것은 여론이다."라는 제목의 영국 만화(옆 페이지 참조)가 1641년에

"세상을 다스리고 지배하는 것은 여론이다."

1641년 웬세스라스 홀라르의 판화 작품, 영국박물관 소장 풍자 판화.

등장했는데 이는 찰스 1세의 참수형보다 8년 앞선 것이다. 이 만화는 말하자면, 여론의 본질에 대해 당시 사람들이 얼마나 많은 것을 알고 있었는지를 보여준다.

"그대의 주먹 위에 있는 카멜레온은 무엇을 의미하는가? 그것은 흰 색만 빼고 모든 색깔을 띨 수 있구나."
나무 꼭대기에 올라앉아 있는 여론에게 젊은 귀족이 묻는다.
"여론은 자기가 바라는 대로 어떻게든 모습을 바꿀 수 있답니다. 다 만 진실과 올바름은 제외하고요." 여론이 대답했다.
"그리고, 여론이라는 나무는 그 뿌리에서부터 왜 그렇게나 많은 잔가 지들이 돋아나 있는가?"라고 귀족 청년이 묻는다.
"왜냐하면 하나의 여론은 많은 것을 고안해 내며 영원히 번식하니까 요." 여론은 그렇게 대답한다.
"그리고 여인이여, 아주 약한 바람에도 흔들려 떨어지는 이 나무의 열매들은 무엇인가? 그것은 마치 책과 신문들처럼 나를 즐겁게 하는 군. 비록 그대는 (눈이 가려져) 보이지 않는 것 같네만."

이 대답은 여론은 노예와 자유 시민, 여자와 어린이까지 모든 시민 을 포함한다는 플라톤의 지적을 확인해 준다. 여론의 열매인 신문과 책은 분명 상류 계층하고만 관련성을 갖는 것은 아니다. 그것은 거리 와 쇼윈도 어디에서나 볼 수 있다. 그리고 그들이 나눈 대화의 마지막 두 줄은 모든 가정에서, 모든 거리에서도 여론의 열매들을 발견할 수 있음을 강조한다.

그리고 그림 왼쪽에 있는 어리석은 바보는 왜 여론처럼 지대한 영향력을 가져올 것에게 물을 주고 있는가? 사실, 여론을 실생활로 가득 채워주는 것이 바로 그 바보다. 여론에 물을 주는 현대의 바보들이 어떤 모습일지 상상하는 것은 우리에게 달려 있다.

정치에 무관심한 독일에서는 여론이라는 개념이 부재했다

—

독일의 정치 문화는 지금껏 여론이라는 개념에 특별히 주목한 적이 없었다. 독일에 여론이라는 개념이 처음으로 등장한 것은 영국과 프랑스 혹은 이탈리아에 비해서도 훨씬 늦었고, 그나마도 프랑스의 opinion publique라는 말을 그대로 번역한 것이었다. 한동안 우리는 독일의 시인 클롭슈토크가 1798년에 내놓은 「여론에게An die öffentliche Meinung」라는 제목의 송시가 여론에 대한 최초의 언급이라고 생각했다. 『침묵의 나선』 독일어 초판이 완성된 1980년까지 우리가 찾아낸 최초의 사례는 1798년 빌란트가 쓴 『여론에 대하여 *Über die öffentliche Meinung*』였다. 하지만 우리는 그 후 독일에서 여론이라는 표현이 처음 사용된 것은 1777년에 요하네스 폰 뮐러에 의해서라는 사실을 알아냈다. 요하네스 폰 뮐러는 전문적인 역사학자로 오늘날이었다면 정치학자이자 언론인이라고 할 수 있을 것이다. 그는 독일 전역을 돌며 강연을 하고 정치 고문으로 초대되기도 했다. 아마도 그는 여론이라는 개념을 전파하는 데 주된 역할을 했던 것으로 보인다.

모두가 보고, 모두가 들을 수 있도록

—

1980년에도 그랬듯 오늘날에도 여전히 여론이라는 개념은 번역하는 데 문제가 있다. 개인이 모두에게 드러나고 평가되어 그의 평판과 인기가 위태로워질 수 있는 상황을 의미하는 public이라는 개념의 사회심리학적 관점을 정확히 포착하기가 어렵다는 것이 그 한 가지 이유다. public이라는 개념의 사회심리학적 의미는 그것의 언어적 사용을 통해서 간접적으로 이해할 수밖에 없다. 우리는 〈세상의 이목이 집중된 가운데〉 어떤 일이 일어난다는 말에 내포된 의미를 알 수 있다. 아무도 세상의 이목이 집중된 가운데 연주회가 있었다고는 말하지 않을 것이다. 〈여러 사람 앞에서 공공연히〉라는 뜻을 가진 coram publico라는 라틴어 표현 역시 이와 똑같은 연관성을 갖는다.

에라스무스와 동시대를 살았던 프랑스의 인문주의자이자 소설가인 프랑수아 라블레는 〈만인 앞에서〉, 〈온 세상이 보는 앞에서〉, 또는 〈공공연하게〉라는 말을 주저 없이 사용했다. 20세기에 들어서까지도 독일어의 in aller Öffentlichkeit(모든 사람들 앞에서) 혹은 publicquement(공공연하게)라는 단어를 영어로 번역하는 것이 거의 불가능하다는 사실을 알고 매우 놀라웠다. 나는 시카고에서 동료 및 학생들과 이야기를 나누면서 이 문제를 풀어보려고 몇 주를 보냈다. 하지만 헛수고였다. 그러던 어느 날 뉴욕에서 택시를 탔는데 기사가 뉴스를 듣고 있었다. 우연히 뉴스에 귀를 기울이던 나는 기자가 이런 말로 리포트를 끝내는 것을 들었다. "대중의 시선public eye에는 치러야 할 대가가 있습니다." 나는 등을 펴고 똑바로 앉았다. 그렇게 번역하면 될 것이었다. in aller Öffentlichkeit-public eye. 그 표현은 만인이 다 본다는 독일어 Öffentlichkeit(공공연함)가 갖는 사회심리학적 의미를 잘 포착해 냈다.

마인츠 대학교의 세미나에 참석했던 거너 샤노라는 학생은 이 표현이 1791년 에드먼드 버크에서 비롯되었음을 알아냈다. 버크는 세인의 이목, 즉 대중의 눈public eye뿐만 아니라 대중의 귀public ear도 함께 언급했다. 이는 독일어로는 vor aller Ohren(만인이 듣는 가운데)으로 번역되었다. 이 두 가지 표현 모두 정곡을 찌른 것이다. 버크가 이 표현을 사용한 맥락 또한 흥미롭다. 그는 타고난 귀족의 특징에 대해 논하면서 그 표현을 사용했다. 타고난 귀족의 특징은 이를테면 일찍부터 대중의 비판에 노출되는 상황에 익숙해지는 것, 대중의 주목을 받는 것 등이다. 버크는 또한 일찌감치 여론에 귀를 기울이는 것도 이에 포함된다고 말한다. 에라스무스와 마키아벨리는 대중으로부터 숨어서는 안 되고 항상 그들의 시선 안에 있는 법을 배워야만 한다고 군주들에게 조언한 바 있다.

월터 리프먼에게 영감을 준 니체

—

여론에 대해 그리고 인간의 사회적 본성에 대해 19세기 독일의 저술가들이 기술했던 내용들은 아직까지 별로 알려지지 않은 것처럼 보인다. 쿠르트 브라츠가 하우드 차일즈 교수의 책에서 독일에서는 완전히 잊혀진 19세기 중반 독일 저술가에 대한 언급을 찾아냈던 것은 우연이었다. 그는 20세기 전반 여론에 관한 가장 선두적인 이론가인 페르디난트 퇴니에스에 의해서도, 그리고 대표적인 역사가인 빌헬름 바우어에 의해서도 언급된 적이 없었다. 차일즈 교수가 언급한 사람은 바로 프로이센의 종신 상원 의원이자 철학 박사로 1846년에 『여론의 개념과 본질에 대하여. 하나의 시도』라는 책을 냈던 카를 에른스트 아우구스트 폰 게르스도르프 남작이었다. 차일즈 교수는 아마도 1930년대에 독일어를 공부하면서 그를 알게 된 것으로 보이지만 1960년대 중반에 『여론』이라는 책을 쓸 때까지도 단 한 번도 그를 언급한 적이 없었다.

그 이름이 니체의 친구이자 비서였던 카를 폰 게르스도르프의 이름과 비슷하다는 사실을 발견한 것은 순전히 브라츠가 니체에게 특별한 관심을 갖고 있었기 때문이었다. 연구 과정에서 브라츠는 특히 니체가 『반시대적 고찰』을 집필할 때 많은 도움을 주었던 폰 게르스도르프라는 청년이, 위에서 언급한 여론에 관한 책을 쓴 카를 에른스트 아우구스트 폰 게르스도르프의 아들이라는 사실을 발견하게 되었다. 니체가 그 책에 대해서나 혹은 그의 아버지에 대해 언급한 적은 한 번도 없지만 그가 바로 이 시기에 여론에 대해 관심을 갖기 시작하면서 자신의 책에서 여론을 자주 언급했다는 사실은 매우 놀랍다. 니체가 여론 현상에 대해 각별한 관심을 보였다는 것을 확인하기 위해, 브라츠는 니체의 개인 장서가 보관되어 있는 바이마르의 니체 기록 보관소에 서신을 보내 혹시 어떤 작가들의 작품 속에 나오는 여론에 관한 중요한 문구에 표시가 되어 있거나 여백에 뭔가 기록이 되어 있는지를 찾아봐 달라고 요청했다. 여론에 대한 니체의 언급들을 폰 게르스도르프 남작이 남긴 저술들과 비교해 보는 체계적인 연구에서 마침내 브라츠는 니체가 사회심리학 분야에서 폰 게르스도르프 남작의 사상을 많은 부분 받아들였음을 밝혀낼 수 있었다. 폰 게르스도르프 남작이 여론에 대해 기술한 것을 보면 오늘날 우리가 여론을 바라보는 방식과 유사하다는 것을 알 수 있다. 그는 이렇게 말했다.

"여론이란, 내가 보기에, 지적인 삶 속에 항상 존재해야 하는 것이다……. 인간이 사회생활을 영위하는 한 …… 이처럼 여론은 존재하지 않으려야 않을 수 없고, 부족할 수도, 파괴될 수도 없다. …… 그것은 항상, 도처에 존재한다. 그것은 주제에 따른 제약도 없으며 다음과 같이 일컫는 것이 가장 적절할 것이다. 〈여론은 한 나라 국민들이 그 시대의 사회적 문제에 부여하는 공동의 가치로서, 그것은 관습과 역사를 바탕으로 하며 삶의 갈등에 의해 창조되고 유지되며 변화된다.〉 덧붙여 여론이란, 전체 국민들의 공유 재산이라고 알려져 있다."(1836년, 폰 게르스도르프 남작)

폰 게르스도르프 남작은 여론의 힘이란 수많은 개인들의 두려움 가득한 침묵으로부터 나오는 것이 아닌가 생각한다. 그는 가치 판단을 조용히 자제하는 이유가 뭔지 조사해볼 것을 제안한다. 또한 여론 형성 과정은 이성적인 사고의 결과가 아니라 그보다는 오히려 정신인류학에 기원을 두고 있다고 분명히 말한다. 그는 갈바닉 전류(직류)에 대해 언급하고 있다. 현대의 여론 연구자들에게 있어 이것은 모든 지역, 모든 연령 집단, 모든 사회 계층을 막론하고 전 인구 집단에서 불과 몇 주 안에 어떤 태도의 변화가 일어나는 방식을 상기시켜 준다.

여론에 관한 니체의 사상을 연구하는 동안 브라츠는 『침묵의 나선』

초판 발행 당시에 내가 깨닫지 못했던 다양한 연결 고리들을 발견했다. 그는 사회적 통제라는 개념이 영국의 철학자 허버트 스펜서에 의해 1879년에 처음으로 사용되었고 뒤이어 에드워드 로스에 의해 사용된 바 있음을 밝혀냈다. 사회적 통제라는 개념이 사회과학의 테두리 내에서 규명된 것은 에드워드 로스 덕분이었다.

텍스트 비교를 해보면 월터 리프먼의 생각들이 많은 부분 아마도 니체에 의해 이미 예견되었던 것이라는 인상을 받을 수 있는데 그렇다고 해서 1922년에 나온 월터 리프먼의 『여론』이 갖는 그 방대한 스케일에 대해 우리가 갖는 감탄이 사그라드는 것은 아니다. 이는 관찰자의 관점이 관찰 대상의 형태를 만든다는 리프먼의 중요한 원칙뿐만 아니라 여론을 전파하는 매개체로서 고정관념의 역할에도 적용된다. 니체는 이렇게 쓰고 있다. "오직 하나의 특정한 관점으로 보는 것, 오직 특정한 관점으로 이해하는 것만이 존재할 뿐이다." 심지어 소문자 여론public opinion과 대문자 여론Public Opinion의 의미를 구분해 보려는 기이한 시도조차도 리프먼의 독자적인 생각이라기보다는 니체의 해석으로 거슬러 올라간다.

26

여론 이론에 대하여

1930년대 중반에, 그러니까 인구의 모집단을 정확하게 반영하는 대표적 표본에 의한 여론 조사 방식이 1936년 미국의 대통령 선거 결과를 정확하게 예측함으로써 스스로 그 가치를 입증해 보인 이후 여론 조사라는 분야에 대한 기대가 높아졌다. 선거가 있고 몇 달 후에는 《계간 여론》이라는 잡지가 발간되기도 했다. 잡지 서두에는 플로이드 올포트가 쓴 〈여론이라는 학문에 대하여〉라는 제목의 글이 실렸다. 20년이 지난 1957년에는 비슷한 내용을 담은 〈여론 이론에 관하여〉라는 제목의 허버트 하이만의 글 역시 《계간 여론》에 발표되었다.

그 다음으로 1970년에 이 핵심어가 리뷰 논문(어떤 주제에 대해 학계의 연구 동향을 소개, 정리 또는 평가하는 논문)에 등장했을 때는 조바심이 느껴졌다. 1970년에 열린 미국여론조사협회 제25차 연례 회의의 회보에는 〈여론 이론에 관하여〉라는 제목의 보고가 포함된 바 있었다. 기조 연설자는 시카고 대학교의 정치학 교수 시드니 버바와 심리학 교수 브루스터 스미스였다. 심리학자인 스미스는 "여론 조사는 아직 개인들의 의견이 사회적, 정치적 결과를 만들어 내는 것과 어떻게 맞물려 있는지 명료하게 규명해 내지 못하고 있다."면서, "여론을 하나의 사회적 사실로 보는 모든 개념이 안고 있는 이 명료화의 문제는 정치학과 사회학의 주요 의제이다."라고 주장했다. 정치학자인 시드니 버바는 다음과 같이 말했다. "대부분의 정치적 여론 조사는 대중의 태도 및 행동과 중요한 정치적 결과 사이의 관계를 다루는 거시 정치학 이론의 발전과는 무관하다. 그 주된 이유는 대부분의 여론 조사가 분석의 단위로서 개개인의 시민에게 초점을 맞추고 있기 때문이다."

기본적으로 두 기조 연설자는 같은 질문에 대한 해답을 찾고 있었던 셈이었다. 그 질문은 바로 이것이다.

"여론 조사에 의해 측정되는 각 개인들의 의견의 총합이 어떻게 여론이라고 알려진 어마어마한 정치권력으로 전환되는가?"

여론에 대한 몰이해
—

해답을 찾는 데 그렇게나 오래 걸렸던 이유는 여론이 그렇게 어마어마한 정치권력을 행사할 거라고는 아무도 예상하지 못했기 때문이었다. 4장에서 다룬 하우드 차일즈의 저서 『여론』의 그 유명한 2장을 보면, 그가 수집해 놓은 여론에 관한 50가지 정의들 가운데 단 하나도 〈여론의 힘〉에 대해 명확하게 초점을 맞추고 있지 않다. 오히려 몇 가지 정의는, 이를테면 기압과 날씨처럼 혼동하고 있다. "여론은 면담 조사(인터뷰) 상황에서 분명하게 표현된 문장이나 질문에 대한 사람들의 반응으로 이루어진다." "여론이란 어떤 것을 일컫는 이름이 아니라 수없이 많은 어떤 것들의 분류다. 즉, 우리의 주의와 관심을 요구하는 최빈값(가장 빈도가 높게 나오는 값)이나 빈도를 하나의 빈도 분포 상에서 통계 배열로 보여주는 것이다."

통계적으로 정리된 빈도 분포가 어떻게 한 정부를 뒤집어엎고, 한 개인에게 두려움을 가득 불어넣을 수 있을까?

침묵의 나선은 민주주의적 이상과 양립할 수 없다

—

1972년에 도쿄에서 열린 세계심리학회에서 침묵의 나선 이론이 처음으로 발표되었을 때나 이 책이 독일과 영국에서 각각 출간된 1980년과 1984년에는 이 이론이 여론에 관한 이론적 발전이라고 일컬어질 거라고 기대하지는 않았다. 민주주의 이론은 사실 식견 있고 책임 있는 시민들을 기반으로 하는데 침묵의 나선 이론에는 그들이 들어설 자리가 없었다. 여론에 대한 두려움은, 그것이 정부 입장에서 느끼는 두려움이든 개인이 갖는 두려움이든 간에, 전통적인 민주주의 이론에는 규정되어 있지 않다. 민주주의 이론은 인간의 사회적 본성, 사회심리학과 같은 주제들 혹은 사회에 응집력을 만들어 내는 것에 대해서는 다루지 않는다.

마인츠 대학교의 볼프강 돈스바흐와 채플힐에 있는 노스캐롤라이나 대학의 로버트 L. 스티븐슨으로 구성된 독일-미국 연구팀은 노스캐롤라이나 대학의 커뮤니케이션 연구소가 실시한 노스캐롤라이나 지역 여론 조사에서 침묵의 나선이라는 가설을 실험해 보았다. 이 실험에서 그들은 한편으로는 낙태를 합법화하는 논쟁적 문제에 대해 사람들이 침묵을 지키려는 경향이 있음을 확인할 수 있었다. 동시에 그들은 침묵의 나선 이론을 옹호하는 것에 대해서는 비판적이었다. 그들은 이 침묵의 나선 이론이 긴 사슬처럼 이어진 명제들, 즉 일련의 인과관계들로 이루어져 있다고 보고했다. 돈스바흐와 스티븐슨에 의하면 "그 사슬은 미시 사회학적 용어로는 고립에 대한 두려움이 갖는 사회심리학적 변수와 의견을 말하거나 침묵하려는 경향으로 시작되고, 거시 사회학적 용어로는 사회 통합으로 시작된다."

그 사슬의 모든 고리들 하나하나가 비판을 위한 요소가 된다. 침묵의 나선 이론은 또한 전통적으로는 별개의 것으로 여겨졌던, 다양하면서도 서로 다른 사회과학에서 나온 명제들, 말하자면 행동과 태도에 대한 가설들 그리고 커뮤니케이션 이론과 사회 이론에서 나온 명제들과도 연결되어 있다. 아마도 서로 다른 학문 분야 간의 경계를 준수하고 존중하는 데 있어 침묵의 나선 이론이 보여준 실패로 인해 이 이론이 불리한 입장에 놓였다는 돈스바흐와 스티븐슨의 주장이 옳을지도 모른다. 당시에는 학자들이 연관 분야와 대화하는 데에 그다지 관심이 없었다.

여론 분석을 위해 우리가 알아야만 하는 것

—

여론 이론의 발전은 여론이라는 개념에 대한 명확한 정의와 여론의 실증적 연구를 위해 어떤 조건들이 필요한지에 대한 이해가 있어야만 이루어질 수 있다. 이러한 노력을 용이하게 하기 위해 나는 기본적인 여섯 가지 질문 목록을 만들었는데, 아래에 나오는 이 여섯 가지 질문들에 대한 답이 침묵의 나선 이론을 테스트하는 데 필요한 최소한의 정보를 제공해 준다.

□ 첫째, 전체 모집단을 대표하는 표본에 대한 적절한 설문 조사 방식을 이용해 주어진 이슈에 대한 여론의 분포가 측정되어야 한다.

□ 둘째, 여론의 분위기, 즉 "대부분의 사람들은 어떻게 생각할 것 같습니까?"에 대한 개인들의 의견이 측정되어야 한다. 이것은 종종 완전히 새로운 상황으로 귀결된다.

□ 셋째, 논쟁적인 사안에 대해 대중이 어떻게 생각하느냐는 다음과 같은 질문으로 발전될 수 있다. "어떤 진영이 세를 얻고 어떤 진영은 잃을 거라고 생각하십니까?"

□ 넷째, 특히 남들이 보는 앞에서 특정 이슈에 대해 의견을 말하거나 침묵하려는 경향이 측정되어야 한다.

□ 다섯째, 문제의 사안에 감정적으로나 도덕적으로 강력한 요소가 내포되어 있는가? 그런 요소가 없다면 여론의 압력이 없고, 따라서 침묵의 나선도 없다.

□ 여섯째, 이 사안에 대한 미디어의 입장은 무엇인가? 영향력 있는

미디어가 어느 쪽을 지지하는가? 미디어는 사람들이 여론 분위기에 대한 나름의 판단을 추론하는 두 가지 원천 중 하나다. 영향력 있는 매체는 다른 언론인들에게 그리고 그 매체의 입장을 지지하는 사람들에게 적절한 표현과 주장을 제공하며, 여론 형성 과정에, 더 나아가서는 사람들이 자기 의견을 말하거나 침묵하고자 하는 경향에 영향을 미친다.

침묵하는 다수는
침묵의 나선 이론을 반박하지 않는다
—

침묵의 나선 이론을 실험해온 일부 연구자들은 자신들의 연구를 단순화하기 위해 적어도 초기에는 하나의 요인으로서의 미디어를 무시하는 방법을 제안했다. 그러나 이렇게 하면 미디어의 논조가 여론에서 크게 벗어나는 지점마다 침묵의 나선 이론이 잘못되었다고 논박을 당할 것이다. 침묵의 나선 현상이 일어나는 과정과 미디어에서 택하는 방향이 어긋난 경우는 단 한 번도 없었다. 자신의 의견이 미디어의 지지를 받고 있는지 아닌지를 아는 것은 개인이 의견을 말할 것인가 침묵할 것인가를 결정하는 데 중요한 요소이다. 독일에서는 공산주의자를 판사로 임용할 수 있느냐의 문제가 그 한 가지 사례가 될 수 있다. 공산주의자의 판사 임용을 찬성하는 측이 소수였고 자신들이 소수 의견 집단임을 알고 있었음에도 불구하고 찬성 의견을 가진 사람들은 다수보다 훨씬 더 기꺼이 자신들의 의견을 피력했다. 공산주의자의 판사 임용을 반대하는 다수는 자신들의 의견이 미디어의 뒷받침을 받지 못하고 있음을 인식했고 따라서 침묵하는 다수로 진화했다. 앞 장에서 소개한 바 있는, 1641년에 영국의 만화가가 신문과 잡지가 주렁주렁 달린 여론이라는 나무를 그려서 보여준 것은 이와 같은 이유에서였다. 다른 사안들도 그렇듯이, 공산주의자를 판사로 임용할 것인가를 따진다는 것은 10-20년이 지나자 거의 이해가 안 되는 일이 되어버렸다. 여론이 행사했던 압력은 먹구름이 온 데 간 데 없이 흩어지듯 완전히 자취를 감추었다. 심지어 세월이 흘러 노래진 당시 신문들을 자세히 읽어보아도 스스로 공산주의자라고 자인한 사람들의 공직 진출을 금하는 소위 급진주의자 훈령에 반대하는 미디어의 취지에 대해서 지금도 공감하는 마음을 갖기는 어려울 것이다.

이론의 전제들

—

앞에서 열거한 여섯 가지 질문의 도움으로 우리는 사례 연구를 고안하고 예측해볼 수 있다. 미디어의 확실한 입장과 미래 세대의 안전과 관련해 강력한 도덕적 요소가 뒷받침되는 핵에너지 같은 사안에 대해, 핵에너지에 반대하는 사람들은 남들 앞에서 더 기꺼이 자기 의견을 말하고자 할 것이고 여론 분위기상 찬성자들에 비해 세력이 더 강해 보일 거라고 기대할 수 있을 것이다. 이 같은 전제는 마인츠 대학교의 사빈 매스가 쓴 석사 논문에서 사실로 입증되었다. 핵에너지에 찬성하는 사람이 줄어들어 신념에 철두철미한 핵심 강경파만 남게 된 연후에야 비로소 그들은 반대자들보다 더 기꺼이 남들 앞에서 자신들의 의견을 피력할 용의를 드러낼 거라고 기대할 수 있다. (비타협적 골수분자에 대해서는 이 장 맨 뒷부분에서 논할 것이다.)

이러한 사례 연구 분석의 이면에 존재하는 이론은 무엇인가? 핵심적인 사항들을 간략하게 되짚어 보기로 하자. 침묵의 나선 이론은 사회가—비단 구성원들이 서로서로 잘 아는 집단뿐만 아니라—합의를 벗어나는 개인들에게 〈배제와 고립의 위협〉을 가한다는 전제를 바탕으로 한다. 그리고 개인들은 주로 잠재의식 속에 고립에 대한 두려움을 갖고 있으며 이는 아마도 유전적으로 그렇게 정해진 것처럼 보인다. 이 고립의 두려움이 사람들로 하여금 자신이 속한 환경에서 어떤 의견과 행동 양식이 승인되고 승인되지 못하며, 어떤 의견과 행동 양식이 강세이거나 약세인지를 끊임없이 살피게 만든다. 침묵의 나선 이론은 인간에게는 이와 같은 측정을 가능케 하는 유사 통계학적 감각 기관이 있다고 가정한다. 이 측정의 결과가 사람들의 일반적인 행동뿐만 아니라 남들 앞에서 기꺼이 자신의 의견을 말하고자 하는 의향에 영향을 미친다. 만일 자신의 의견이 사회적 합의와 일치한다고 믿으면 그들은 사적인 대화에서든 공적인 토론의 장에서든 자기 의견을 자신 있게 피력할 것이고, 예를 들어 자동차 스티커나 배지는 물론 입고 다니는 옷이나 남들 눈에 띄는 상징물을 통해서도 자신의 신념을 드러내 보일 것이다. 하지만 반대로 자신의 의견이 소수 의견이라고 느낄 때 사람들은 보다 조심스럽고 말이 없어지게 되고 이것이 약한 세력의 인상을 더욱 강화할 것이다. 결국에는 약한 쪽이 완전히 사라져버리게 되면서 이전의 가치들을 고수하는 골수층만 남거나 혹은 그 의견 자체가 금기가 될 것이다.

침묵의 나선 이론에 대한 테스트가 복잡한 이유는 이것이 네 가지 각기 다른 전제들은 물론 네 가지 전제들의 상호 관계를 다루는 다섯 번째 전제를 토대로 하고 있기 때문이다. 그 네 가지 전제는 다음과 같다.

□ 첫째, 사회는 일탈한 개인들에게 〈고립의 위협〉을 가한다.
□ 둘째, 개인들은 시시때때로 〈고립의 두려움〉을 느낀다.
□ 셋째, 이 고립의 두려움 때문에 개인들은 〈여론의 분위기〉를 끊임 없이 살피려 애쓴다.
□ 넷째, 이 측정 결과가 〈남들 앞에서의 행동〉에, 특히 자신의 의견 을 드러낼 것인지 감출 것인지에 영향을 미친다.

다섯 번째 전제는 위의 전제들이 서로서로 연결되어 여론의 형성과 유지, 변화에 대한 해석을 제공해 준다는 것이다. 이 전제들에 대한 모든 실증적 테스트는 면담 조사에서 기록으로 남길 수 있는 식별 가 능한 지표들로 전환할 필요가 있다.

고립의 위협에 대한 실험
—

여론이 고립의 위협을 행사하는가? 다수의 의견에서 벗어나는 의견 을 갖는 개인들로부터 스스로를 지키기 위해 여론은 그들에게 고립의 위협을 가하는가? 여론이 대중에게 받아들여지는 것은 고립의 위협을 통해서인가? 우리는 우리가 속한 사회를 자유 사회라고 여긴다. 자유라는 단어에 대해서는 52퍼센트의 독일 국민이 어감이 좋다고 생각하며, 관용은 오늘날 독일 부모 세대의 62퍼센트가 자신의 자녀들에게 불어넣고 싶어 하는 미덕이다.

다수의 지지를 받는 여론으로부터 벗어난 사람에게 위협을 가한다는 것은 분명 편협한 행동이다. 면담 조사에서 이 주제에 대해 질문을 하기가 너무나 어려운 것은 그런 이유 때문이다. 그럼에도 불구하고 우리는 1984년판 『침묵의 나선』에서는 고립의 위협이 취하고 있는 몇 가지 형태를 묘사할 수 있었다. 그 한 가지 예는 응답자가 지지하지 않는 정당의 범퍼 스티커를 부착한 차량의 타이어가 훼손된 것에 관한 설문이다. 우리는 또한 선거 여론 조사의 일부로 어떤 도시에서 낯선 사람이 차를 몰고 가면서 길을 물었을 때 지나가던 보행자가 그의 도움 요청을 거절하는 것과 관련된 질문을 사용했다. 이 질문은 다음과 같이 끝을 맺는다. "그런데 그 운전자가 재킷에 특정 정당의 배지를 달고 있었다는 말씀을 드려야겠군요. 당신이 생각하기에 그는 어느 당을 지지하는 배지를 달고 있었을까요?" 우리는 또한 어느 당의 벽보가 찢기고 훼손되는 피해를 가장 자주 입는다고 보느냐는 질문을 했다. 우리는 이것을 대중이 이 정당의 지지자들에게 가하고 있는 고립의 위협을 측정하는 수단이라고 간주한다(3장 참조).

마인츠 대학교에서 우리는 고립의 위협이 어떻게 작동하는지 그 문제를 깊이 있게 탐구하기 시작했다. 사빈 홀리키는 「고립의 위협, 커뮤니케이션 이론에서의 한 개념에 대한 사회심리학적 관점」이라는 제목으로 석사 논문을 썼다. 두 번째 석사 학위 논문은 안젤리카 알브 레히트가 쓴 「비웃음과 미소: 고립 혹은 통합?」이라는 제목의 논문이 었다. 우리는 스탠리 밀그램이 휘파람, 야유, 비웃음 같은 청각 신호 들을 고립의 위협을 나타내는 신호로 다양하게 사용한 바 있음을 상 기했다. 하지만 우리가 그렇게 오랫동안 찾았던 실험 방식이 불현듯 내 머리에 떠올랐던 것은 1989년이나 되어서였다. 사실 그것은 그 분 야의 문헌에서 묘사하고 있는 동조적 행동의 신호들과 사회심리학에 서 설명하는 웃음에 대해 연구하는 사람들을 계속 염두에 두었다면 가능한 일이었다. 비록 이들 사회심리학 연구에는 여론에 대한 언급 은 전혀 없었지만 말이다.

우리는 야유와 조소라는 지표를 이용하는 새로운 실험 방식을 핵에 너지 문제에 당장 적용해 보았다. 질문 내용은 다음과 같다. "핵에너 지에 관한 대규모 공청회에서 최근에 일어났던 사소한 사건에 대해 말씀드리고자 합니다. 두 명의 기조 연설자가 있습니다. 한 사람은 핵 에너지를 찬성하는 입장에서, 다른 한 사람은 반대하는 입장에서 연 설을 했습니다. 그 중 한 명은 청중들의 야유를 받았습니다. 당신은 핵에너지를 찬성하는 사람과 반대하는 사람 중에 어느 쪽이 야유를 받았을 거라고 생각하십니까?" 독일 응답자의 72퍼센트가 핵에너지 를 찬성했던 연사가 야유를 받았을 거라고 생각했다. 11퍼센트는 반 대자가 야유를 받았을 거라고 대답했다. 잘 모르겠다는 대답을 한 사 람은 17퍼센트에 불과했다(표 27).

고립의 위험은 분명 존재하며, 어떤 의견을 공개적으로 표명했을 때 고립을 자초할 위험이 크다는 것을 대중들이 알고 있다는 것 역시

표 27 독일과 영국에서 실시된 고립의 위험에 대한 실험: 핵에너지에 대하여

질문: "핵에너지에 관한 대규모 공청회에서 최근에 일어났던 사소한 사건에 대해 말씀드리고자 합니다. 두 명의 기조 연설자가 있습니다. 한 사람은 핵에너지를 찬성하는 입장에서, 다른 한 사람은 반대하는 입장에서 연설을 했습니다. 그 중 한 명은 청중들의 야유를 받았습니다. 당신은 핵에너지를 찬성하는 사람과 반대하는 사람 중에 어느 쪽이 야유를 받았을 거라고 생각하십니까?"

	1989년 2월, 서독 (퍼센트)	1989년 3월, 영국 (퍼센트)
핵에너지 찬성자	72	62
핵에너지 반대자	11	25
모르겠다	17	13
	100	100

의심의 여지가 없다. 우리의 실험에 바로 뒤이어서 영국에서도 같은 실험이 실시되었다. 우리의 동료 로버트 와이브로가 1천 명을 대상으로 한 대규모 면담 조사에 그 질문을 포함시켰고 결과를 즉각 알려왔다. 영국에서도 역시 정도의 차이는 있지만 여론의 분위기는 분명 핵에너지를 반대하는 입장이었다.

그렇게 적대적인 여론의 분위기는 분명 개인이 기꺼이 자신의 의견을 말할 것이냐 혹은 침묵할 것이냐에 영향을 미칠 것이다. 그러나 영국의 응답자들에게 이 실험의 질문을 했다는 사실이 중요하다. 여론에 대한 모든 이론은 전 세계적으로 어디에나 적용할 수 있어야 한다. 해당 국가에만 특정한 사항들이 포함될 수도 있겠지만 이 연구의 핵심적인 내용들은 세계적으로 통용될 수 있어야 한다.

이 같은 실험들은 또한 다양한 문화권에서도 적용 가능한 것이어야 한다. 나는 일본 사람들의 예의바른 태도를 감안한다면 그 문화에서는 고립의 위협을 실험하기에 적합한 새로운 방식이 있지 않을까 생각했다. 인기 없는 정당의 스티커를 부착한 차량의 타이어가 찢긴 것과 관련한 질문을 받았을 때 심지어 미국 학생들도 모욕당한 느낌을 받았기 때문이다. 시카고 대학교에서 내 세미나에 함께했던 일본 학생 히로아키 미나토에게 핵에너지에 관한 질문에 대해 얘기했을 때 그는 일본에서는 야유와 관련된 실험이 제대로 이루어질 가능성이 별로 없다고 말했다. 다양한 선택지들을 놓고 폭넓게 논의한 끝에 그가 말했다. "일본에서는 상황이 이렇게 되어야 할 것 같아요." 일본에 적용하기 위해 조금 고쳐본 질문은 다음과 같다. "이웃 모임에서 핵에너지에 대한 토론이 있었습니다. 한 사람은 핵에너지를 찬성하는 발언을 했고 다른 한 사람은 반대하는 의견을 폈습니다. 그 둘 중에 한 사람은 나중에 사람들이 뒤에서 그를 험담하더라는 얘기를 듣게 됩니다. 당신은 핵에너지를 찬성하는 사람과 반대하는 사람 중에 어느 쪽이 등 뒤에서 비난을 받았을 거라고 생각하십니까?"

고립의 두려움에 대한 실험

—

대다수의 미국인들은 애시와 밀그램이 실시한 고립의 두려움에 대한 실험을 당황스러워했다. 밀그램은 구도를 약간 수정해서 프랑스와 노르웨이에서도 같은 실험을 진행했는데 그렇게 한 이유는 미국에서보다 유럽에서 동조성 행동이 더 만연되어 있는지를 알고 싶었기 때문이었다.

내가 시카고 대학교에서 강의를 할 때 미국인들은 고립에 대한 두려움을 느낀다는 말을 하자 학생들은 너무나 기분이 상한 나머지 우르르 강의실에서 나가버린 적도 있었다. 면담 조사를 하면서 "당신은 고립에 대한 두려움을 갖고 있나요?"라고 물어본다는 것은 분명 불가능한 일이었다. 비록 미국에서 침묵의 나선을 실험하면서 실제로 같은 질문을 던져온 것이 사실이지만 말이다. 침묵의 나선 이론은 동조성에 대한 비합리적이고 감정적인 동기를 지나치게 강조한다는 느낌 때문에 종종 비판을 받았다. 물론 이것은 미국인들이 인간의 행동을 합리적으로 설명하기를 좋아하기에 유럽과 미국의 사회과학자들 사이에서 벌어지는 전통적인 논쟁의 영역이다.

고립의 두려움을 실험하는 한 가지 방법은 앞서 3장에서 설명한 바 있다. 위협 상황 실험에서, 어떤 사람이 화가 나서 "저는 흡연자들이 지독히도 배려심이 없다고 생각합니다. 담배를 피우는 것은 배려 없는 행동입니다. 남들에게 건강에 좋지도 않은 연기를 마시도록 강요하잖아요."라고 말하는 그림을 흡연자에게 제시하면 그는 위축된다. 하지만 실제로 고립의 두려움을 측정할 방법을 찾아내라는 미국 동료들의 요구를 만족시키기엔 우리는 아직 갈 길이 너무 멀다.

19세기의 찰스 다윈으로 거슬러 올라간 연구에 대해 살펴보면서 우리는 한 단계 도약을 경험했다. 그리고 이것은 집단 역학group dynamics으로 알려진, 1940년대와 1950년대에 번성했던 연구 분야로

이어졌다. 여기서 초점은 집단의 결속과 관련된 문제에 맞춰졌다. 한 집단이 토대로 하고 있는 안정성이란 무엇인가? 구성원이 규칙을 어기고 집단의 생존을 위협할 때 집단은 무엇을 하는가? 사빈 홀리키는 고립에 대한 위협과 두려움에 관한 자료들을 추적하면서 이 분야에 대한 연구와 우연히 맞닥뜨렸다. 그녀는 집단 역학 분야에 대한 실험이 3단계의 과정으로 이루어져 있음을 발견했다. 우선, 규범에서 벗어난 구성원 개인을 제자리로 돌아오도록 하기 위해 집단은 맨 먼저 친절하게 설득해 보는 방법을 쓴다. 만일 이 방법이 통하지 않으면 개인은 집단으로부터 배척당할 위협에 직면한다. 이것도 실패할 경우 집단에서는, 집단 역학에서 사용하는 표현 방식을 빌자면, 자신들의 경계를 재정립한다. 그것은 일탈한 개인을 그 집단에서 몰아낸다는 의미이다.

여기서 우리는 "구성원이 죽어서 사회 집단으로부터 떨어져 나갈 때까지."라고 했던 에드워드 로스의 표현을 떠올리게 된다. 그런데 한 가지 이상한 점이 있다. 집단 역학 분야의 연구자들은 집단이 어떻게 응집력을 유지하는지를 연구하는 것에서 그친다는 점이다. 그들은 왜 한 발 더 앞으로 나아가 무엇이 사회를 하나로 뭉치게 하는지를 탐구해 보지 않았던 것일까? 만일 그랬더라면 그들은 사회 통합의 도구로서의 여론 현상을 다루지 않을 수 없었을 것이다.

하지만 집단 역학과 관련해서는 결코 여론이라는 단어가 언급되지 않는다. 또한 어빙 고프만Erving Goffman의 저술들에도 여론은 등장하지 않는다. 1950년대와 1960년대에 이루어진 고프만의 체계적 연구는 몽테뉴가 350년 전에 멈췄던 데서부터 다시 시작되었다. 고프만에 의하면, 사람은 혼자 있다가 누군가와 함께 있게 되는 순간—많은 사람들이 함께 있다면 정도가 더 심할 것이고 심지어 딱 한 명이 더 있을 때조차도—그 사람들이 자신에 대해 어떤 의견을 형성해 나가고 있다는 인식이 그를 바꿔놓는다. 고프만은 사회심리학적 관점으로 대중에 초점을 맞추면서 이전까지 무시되어 왔던 분야를 밝게 조명했다. 『공적인 장소에서의 행동*Behavior in Public Places*』이라는 간결한 제목의 저서는 고프만이 남긴 선구적 저서들 중 하나였다. 1955년에서 1971년 사이에 출판된 그의 모든 저서들은 인간의 사회적 본성과 그것이 야기한 고통에 그가 얼마나 사로잡혀 있었는지를 보여준다.

인간성을 연구하는 과정에서 고프만은 여러 신체적 증상들에 대한 다윈의 묘사가 인간의 사회적 본성을 가리키는 것임을 발견했다. 사람들이 고립에 대한 두려움을 느낀다는 증거를 찾는 과정에서 우리 역시 다윈의 『인간과 동물의 감정 표현』을 유용하게 참고할 수 있었다. 이 책의 13장에서 다윈은 당혹스러움이라는 주제로 관심을 옮겨가면서 그와 관련된 신체적 증상들을 열거했다. 이를테면 얼굴이 붉어지는 것, 안색이 창백해지는 것, 땀 흘리는 것, 말을 더듬는 것, 초조한 몸짓, 떨리는 손, 갈라지는 음성, 비정상적으로 높거나 낮은 목소리, 부자연스러운 미소, 고개 돌리기 등이 이에 속한다. 이에 대해 다윈은 사람들이 시선 접촉을 줄임으로써 자신이 관찰되고 있다는 사실을 모른 척하려고 애쓰고 있는 것이라고 지적한다.

다윈은 인간 본성의 두 가지 측면을 구분하고 있는데, 하나는 외부를 향하고 있고 나머지 하나는 내면을 향하고 있다. 개인이 자기 자신을 외부에 맞출 때 그는 자신의 사회적 본성에 순응한다. 이것은 다른 사람들의 눈에 띄는 객관적 징후들로 확인될 수 있다. 이를테면 얼굴이 빨개지는 등의 징후는 동물들에게서는 찾아볼 수 없다. 다윈은 죄책감과 수줍음 그리고 당혹스러움을 구분했다. 사람은 사소한 거짓말에 대해 속으로 부끄럽게 생각할 때는 얼굴이 빨개지지 않을 수도 있지만 그 거짓말이 발각되었다고 생각되는 순간에는 얼굴이 빨개진다. 다윈은 수줍음을 느끼는 순간 얼굴이 붉어지는 것으로 이어진다고 말한다. 하지만 수줍음이란 다른 사람들이 우리를 어떻게 생각하느냐에 대한 민감한 반응일 뿐이다.

다윈은 결코 여론이란 용어를 사용하지는 않는다. 비록 고립의 두려움을 언급하고 있지는 않지만 그가 관찰을 통해 말하고자 했던 것은 사람들로 하여금 타인의 의견을 생각해 보게 만들고, 외부 세계에 자신이 어떻게 보일지를 숙고하게 하고, 겉으로 드러나게든 혹은 암암리에든 누구에게도 손가락질 받지 않기 위해 좋은 인상을 주려고 노력하게 만드는 것은 분명 인간의 사회적 본성이라는 것이다. 대다수의 사람들은 심지어 훌륭한 행동으로 대중의 관심을 받게 되는 것조차 당혹스러워한다.

어빙 고프만은 이와 반대로, 당혹스러움은 경미한 처벌의 한 형태로 이것이 사람들로 하여금 남들 앞에서 특정한 행동 규범들을 지키도록 만든다고 추정했다. 하지만 이러한 주장은 마인츠 대학교에서 박사 학위를 취득한 미하엘 할러먼에 의해 반박되었다. 할러먼은 심지어 누군가가 물에 빠진 아이를 구해주어 졸지에 영웅으로 세상의 주목을 받게 된다고 해도, 당혹스러움이란 사람이 자기 혼자라고 느끼는 어떤 상황에 대한 반응이라고 주장했다(표 28).

표 28 당혹스러운 상황에 대한 독일, 스페인, 한국의 문화 간 비교

질문: "이 각각의 카드에는 사람들이 때때로 처하게 될 수 있는 상황이 묘사되어 있습니다. 당신이 그 상황에서 당혹스러움을 느끼는지 아닌지에 따라 카드를 분류해서 이 종이 위에 올려놓으시겠습니까? 그 상황에 대해 별다른 의견이 없는 경우에는 카드를 옆으로 빼놓으십시오."("당혹스러울 것이다." "당혹스럽지 않을 것이다."로 칸이 나뉜 종이와 한 세트의 카드를 제시한다.)

"당혹스러울 것이다."	독일 (퍼센트)	스페인 (퍼센트)	한국 (퍼센트)
누군가가 남들 앞에서 당신을 찰싹 때린다	79	83	92
상점 점원이 당신에게 물건을 훔쳤다는 부당한 누명을 씌운다	78	89	88
당신이 백화점에서 실수로 넘어져 값비싼 크리스털 잔을 박살낸다	76	84	92
레스토랑에서 당신이 바지에 수프를 엎지른다	70	73	74
슈퍼마켓에서 카트에 물건을 잔뜩 싣고 계산대에 섰는데 돈이 하나도 없음을 알게 된다	69	65	84
극장에 왔고 당신은 감기에 걸렸는데 손수건이 없다	68	66	41
친구와 함께 콘서트를 보러 왔는데 친구가 잠이 들어 코를 골기 시작한다	63	59	63
당신이 한 무리의 사람들과 함께 서서 누군가에 대해 얘기하고 있는데 바로 그 당사자가 줄곧 듣고 있다가 그 무리에 끼어든다	56	51	64
누군가가 사람들이 보는 앞에서 당신을 놀린다	56	68	76
붐비는 도로 한복판에서 갑자기 미끄러져 얼굴이 땅바닥을 향한 채 엎어진다	56	76	75
열차 휴게실에서 당신이 화장실 문을 열었는데 누군가가 문을 잠그지 않은 채 앉아 있다	55	71	88
당신이 누군가의 이름을 틀리게 불렀다	52	37	65
당신이 친구네 집에서 방 문을 열었는데 누군가가 옷을 벗고 있는 중이었다	50	73	94
옛 친구와 우연히 같은 공간에 있게 되어 반갑게 인사를 하려는 순간 그가 당신 쪽을 쳐다보지도 않고 나가버린다	49	46	64
옛 친구를 만났는데 이름이 생각나지 않는다	45	41	66

작업을 하고 땀을 흠뻑 흘렸는데 샤워를 할 새도 없이 쇼핑을 하러 가야 한다	44	44	22
친구들과 휴가를 보낼 참이었는데 목적지에 도착해 보니 그곳이 누드비치다	43	59	–
열차 안에서 검표원이 당신에게 다가오는데 아무리 찾아봐도 차표가 없다	–	–	92
친구들에게 농담을 던졌는데 아무도 웃지 않는다	40	41	46
배관공이 왔는데 집 안이 엉망으로 어질러져 있다	36	43	36
빨래를 미루다가 너무 늦게 했더니 부활절까지 아직도 (한국의 경우 설날까지) 빨래가 빨랫줄에 널려 있다	33	17	28
공중전화에서 통화 시간이 보통보다 조금 길어질 것 같은 중요한 통화를 해야 하는데 당신 뒤에 두세 명이 줄을 서 있다	31	49	69
텔레비전 방송국 기자가 카메라를 들고 당신에게 다가온다	28	39	74
어쩌다가 물에 빠진 어린이를 구해 주게 된다. 기자가 당신 사진을 찍어 지역 신문에 싣겠다고 우겨댄다	27	37	62
주말에 마침 버터나 마가린이 딱 떨어져서 이웃집에 가서 조금만 빌려 달라고 해야 한다	27	27	40
정오가 다 되어서야 아직 신발을 빨아놓지 않았음을 깨닫는다	26	25	11
호텔방의 얇은 벽을 통해서 옆방에서 뭘 하는지 다 들린다	24	33	35
길에서 누군가와 마주쳤는데 인사를 해야 할지 잘 모르겠다	23	37	48
반쯤 자리가 비어 있는 열차 객실에서 여행객 중 한 사람이 갑자기 혼잣말을 하기 시작한다	15	31	23
전화를 거는데 번호를 잘못 눌러 다른 데가 나온다	12	16	26
누군가가 당신의 이름을 틀리게 부른다	12	18	28
	1343	1498	1766
응답자수＝2009		1499	352

– : 그 나라에서는 그 질문을 하지 않았다는 뜻이다.

설문 조사
독일: 1983년 8월, 알렌스바흐 연구소에서 16세 이상 인구를 대상으로 조사
스페인: 1984년 6월, DATA에서 15세 이상 인구를 대상으로 조사
한국: 1986년 9월, 토키노야에서 20세 이상 인구를 대상으로 조사

반 주렌은 당혹스러운 상황에 대해 자체 실험을 실시한 독일의 젊은 사회과학자 그룹을 보여준다. 예를 들어, 이 일단의 사회과학자들은 통행량이 많은 보행자 도로 한복판에 멈춰 서서 잡담을 하자 사람들이 화가 나서 못마땅한 표정으로 자신들을 쩨려보는 것이 어떤 느낌을 갖게 하는지를 경험했다. 또 그들은 손님이 별로 많지 않은 카페에서 두 사람이 앉아 있는 테이블에 합석을 하고는 불문율을 어긴 이같은 행위에 대한 그들 스스로의 반응을 관찰했다. 한 상점에 가서는 똑같은 물건을 짧은 시차를 두고 두 번 구입하기도 했다. 실험들 중에는 낯선 아파트에서 엘리베이터를 타고 맨 위층까지 올라가 그냥 둘러보기만 하는 것도 있었다. 실험 참가자 중에 한 사람은 만일 누가 자신에게 지금 거기서 뭐하는 거냐고 물으면 뭐라고 대답해야 할지 몰라 걱정되었다고 말했다. "핑크색 바지와 핑크색 블라우스를 입은 내 모습이 얼마나 괴상하게 보일지 문득 깨달았어요."

이 자체 실험은 우리 내면에는 고립의 위협을 예상하고 사회적 통제보다 먼저 스스로의 행동을 걸러내는 일종의 개인적 통제personal control가 있음을 보여주었다. 개인은 그것이 얼마나 불유쾌한 상황일지를 생각하는 것만으로도 대중의 합의에서 벗어나는 행동을 스스로 수정하게 되며 이는 집단이 외부로부터의 사회적 통제를 행사하기도 전에, 심지어는 집단이 그 의도된 일탈을 알아차리기도 전에 이루어진다. 실제로 독일에서의 실험에 참여했던 많은 수의 참가자들이 하기로 했던 행동을 끝까지 다하지 못했다. 이것은 시카고 대학의 조지 허버트 미드가 말하는 상징적 상호작용의 영역이다. 상징적 상호작용, 그러니까 남들이 어떻게 생각할지 혹은 어떤 반응을 보일지를 생각하는 것은 마치 현실과 똑같이 개인에게 영향을 미친다. 하지만 인간의 사회적 본성이 만들어 내는 두려움과 함께 우리 마음속에서 이루어지는 이 침묵의 논쟁이라는 분야는 미드와 동시대의 사회과학자들에게는 너무나도 낯선 것이어서 그는 두 번째 책을 내지는 못했다. 그의 주요 자료집 중 하나로 현재도 사람들이 읽고 여론을 주제로 한 세미나에서 사용하기도 하는 『1927년 사회 심리학 강좌』는 미드의 강의를 듣는 학생들이 수집하고 편집한 자료들을 바탕으로 쓰인 것이다.

당혹감은 인간의 사회적 본성이 표출된 것
—

개인은 고립의 위협을 어떻게 인지하는가? 그 신호들은 무엇인가? 또 개인은 어떻게 고립의 두려움을 느끼며 그것은 어떻게 측정될 수 있는가? 마인츠 대학교의 워크숍 세미나에 참여했던 일단의 학생들은 자체 실험을 계획했다. 마인츠 카니발은 독일 내에서 사회적 합의가 형성되었다고 볼 수 있을 만큼 중요한 행사다. 그 기간 중에 학생들은 붐비는 도로에 단을 설치하고 새로 설립된 단체를 알리기 위한 현수막을 내걸었다. 그 단체는 마인츠 카니발에 매년 돈을 낭비하는 것에 반대했다. 단 위에는 차라리 제3세계를 돕는 일에 그 돈을 쓰는 것이 더 가치 있다고 주장하는 내용의 인쇄물이 산더미처럼 쌓여 있었다. 학생들은 지나가는 사람들에게 그 인쇄물을 나눠주면서 그 운동에 찬성한다는 의미의 서명을 받고자 했다. 그리고 학생 한 명이 이웃 건물에서 그 행사 장면을 촬영해 겉으로 드러나는 사람들의 행동 유형을 분석할 수 있도록 했다. 심지어 근처의 상점 주인들도 그 실험에 한몫 끼어들었다. 그들은 이 학생들을 미쳤다고 생각한다는 것이 확연히 드러나는 몸짓으로 행인들로 하여금 학생들이 진을 치고 있는 테이블을 빙 돌아가도록 유도했다. 그가 접근하자 사람들이 쌩 돌아서거나 그를 피해서 갑자기 다른 길로 가버렸던 경험은 미하엘 할러먼에게 매우 강한 인상을 남겼고 그는 석사, 박사 학위 논문을 모두 이 주제에 대해 썼다.

알렌스바흐 연구소에서는 대표 표본 조사를 실시하면서 응답자들에게 그림을 하나 보여주었다. 남성 응답자들에겐 남성 두 명이 서 있는 그림을, 여성 응답자들에겐 여성 두 명이 서 있는 그림을 보여주었다. 각각의 그림에서 한 사람이 다른 한 사람에게 이렇게 말한다. "어제 저한테 무슨 일이 있었는지 아세요? 정말 어찌나 당황스러운지요. 제가 글쎄……."(그림 24, 25) 그런 다음 조사자가 이렇게 말한다. "여기 두 사람이 대화를 나누고 있습니다. 안타깝게도 중간에 말이 끊어져서 하려던 말을 마치지 못했습니다. 당신은 그 사람이 무슨 말을 하고 싶어 했을 거라고 생각하십니까? 그 사람에게 무슨 일이 있었던 걸까요?" 약 2천 명쯤 되는 응답자들의 답을 분석한 후 할러먼은 서른 가지 상황을 만들어 냈다. 그 다음에 실시된 조사에서는 조사자들이 응답자들에게 다음과 같은 질문이 적힌 각각의 카드들을 제시했다. 질문은 다음과 같다. "이 각각의 카드에는 사람들이 때때로 처할 수 있는 상황들이 묘사되어 있습니다. 당신이 그 상황에서 당혹스러움을 느끼는지 아닌지에 따라 카드를 분류해서 이 종이 위에 올려놓으시겠습니까?"

사람들이 당혹스러움을 느낄 수도 있는 다양한 상황들은 독일과 스페인, 한국에서의 조사 결과와 더불어 〈표 28〉에 열거되어 있다. 1989년 6월에도 연구자들은 같은 내용의 질문으로 다시 한 번 조사를 실시했다. 사람들이 당혹스러움을 느끼는 상황에는 거의 변화가 없는 것처럼 보였다. 두 번째 조사의 결과도 첫 번째 조사 때와 거의 똑같았다. 우리가 이 실험을 해보기 전까지는 사람들이 느끼는 당혹스러움은 문화적 전통에 크게 좌우될 것이며 따라서 나라마다 큰 차이가 있을 거라고 추정했다. 하지만 적어도 독일과 스페인, 한국에서는 사람들이 당혹스럽다고 여기는 상황이 놀라울 정도로 유사했다.

고프만은 만일 우리가 남성의 사회적 본성에 대해 더 알고 싶다면 그들이 당혹스러움을 느끼는 상황에 대해 연구해 보아야 한다고 말했다. 우리가 어떤 사람에게 대놓고 당신의 사회적 본성은 어떠냐고 물어볼 수는 없기에—대부분의 사람들은 자신의 사회적 본성을 무시하고 싶어 한다. 대다수의 독일인들은 이렇게 주장한다. "난 다른 사람들이 나를 어떻게 생각하는지 신경 안 써요."—우리는 에밀 뒤르켐이 『사회학적 방법의 규칙들 *Rules of Sociological Method*』에서 말했듯이 지표들을 조사해 보아야 한다. 그 지표들은 사람들이 찾던 것과 동일하지는 않지만 우리가 연구하고자 하는 분야에 대한 통찰력을 제공해 준다.

그림 24　당혹스러운 상황들에 대한 확인

이 면담 조사에는 문장 완성형 테스트가 사용되었다. 자신이 그림 속의 인물이 처한 상황에 놓여 있다고 상상해 보면서 문장을 완성하게 함으로써 응답자들은 보다 쉽게 당혹스러운 상황을 연상할 수 있다.

여성

"어제 저한테 무슨 일이 있었는지 아세요? 정말 어찌나 당황스러운지요. 제가 글쎄……."

고립의 두려움 측정하기

—

『침묵의 나선』이 출간되면서 까다로운 비판들이 수없이 제기되었다. 사회 조사는 1930년대 이래 집단 역학 분야에 초점을 맞추어 왔고, 침묵의 나선 이론이 중점을 두고 있는 그 의미가 명확하지도 않은 대중보다는 개인이 속해 있는 여러 집단의 영향력이 훨씬 더 크다는 것

그림 25　당혹스러운 상황들에 대한 확인

이 면담 조사에는 문장 완성형 테스트가 사용되었다. 자신이 그림 속의 인물이 처한 상황에 놓여 있다고 상상해 보면서 문장을 완성하게 함으로써 응답자들은 보다 쉽게 당혹스러운 상황을 연상할 수 있다.

"어제 저한테 무슨 일이 있었는지 아세요? 정말 어쩌나 당황스러운지요. 제가 글쎄……."

도 그 비판들 중 하나였다. 사람들은 익명의 대중 속에 흩어져 있는 낯선 사람들보다는 자신의 이웃, 동료, 같은 클럽의 회원, 혹은 준거 집단의 구성원이 말하고 생각하는 것을 더 중요하게 여긴다는 것이다.

　돈스바흐와 스티븐슨은 이와 같은 이의 제기를 논리적으로 반박하려고 노력했다. 그들은 침묵의 나선 이론은 고립에 대한 두려움 같은 한 가지 요인만을 붙잡고 오직 그것만이 개인의 행동을 결정하고 동일한 방식으로 모두에게 영향을 미친다고 생각하는, 결정론적인 이론이 아니라고 말했다. 대중 속에서 고립되는 것에 대한 두려움은 여론 형성 과정을 결정하는 몇 가지 요인들 중 하나일 뿐이다. 준거 집단들 또한 같은 역할을 한다. 돈스바흐와 스티븐슨은 독일의 학자 함타르트가 진행했던 연구를 인용하면서, 개인이 논쟁적 사안에 대해 자기 의견을 말할지 침묵할지를 결정하는 것은 1차적 준거 집단의 의견이 여론의 압력으로 더 강화되는지 혹은 그것과 맞서게 되는지, 그리고 개인이 속한 집단들이 소수 의견이라 할 수 있는 자신들의 견해를 계속 고수하는지의 여부임을 보여준다.

집단 역학 분야에서 수십 년에 걸친 성공적인 사회 조사 덕분에 여론 형성 과정에서의 집단의 역할은 명백한 것이 되었다. 하지만 집단 역학 분야의 연구자들은 자신들이 연구하고 있는 집단의 경계를 뛰어넘지 못했다. 그들은 대중이라는 요소를 고려하지 못했던 것이다. 그러므로 여론이라는 용어를 이해하는 열쇠가 되는 이 영역에 관심을 기울이는 것이 중요해 보였다. 인간의 사회적 본성에 대한 배심원으로서 대중이 갖는 의미를 명확하게 이해하지 못하고는 여론 현상을 파악하는 것은 불가능하다.

당혹스러움을 측정하기 위해 할러먼이 개발한 지표들을 사용함으로써 익명의 대중이 갖는 영향력은 입증될 수 있다. 당혹스러움을 느끼는 상황에 대해 자유롭게 얘기해 보라는 질문을 받으면 응답자들은 자신과 친한 소규모 집단과 관계된 상황은 거의 선택하지 않는다. 당혹스러움을 느끼는 상황 중 21퍼센트가 소규모 집단, 이때는 몇몇 낯선 사람들이 보는 앞에서 벌어진 상황이었고, 46퍼센트는 이름도 모르는 다수의 대중과 관계된 것이었다. 할러먼은 실험 조건들을 재구성해서 사적인 상황, 소규모 대중, 대규모 대중으로 다시 나누어 보았다. 결과는 대중의 규모가 크면 클수록 그 상황을 특히 당혹스럽다고 생각하는 사람들의 비중이 늘어난다는 것을 보여주었다.

지인들 사이에서의 불쾌한 상황이 다시 만날 일이 결코 없을 낯선 사람들, 즉 익명의 대중 속에 있을 때의 불쾌한 상황보다 더 당혹스러울 것이라는 주장은 완벽하게 타당한 것처럼 보인다. 하지만 결과는 이 논리를 반박한다. 지인들과 함께 있을 때의 당혹스러운 상황으로 인한 오명은 수정이 불가능한 최종적인 것이 아니다. 그 인상을 바로 잡을 기회가 항상 있게 마련이다. 하지만 익명의 대중과 관련된 상황에서는 의지할 수단도 없고 자신의 행동을 사과하거나 해명할 방법도 없다. 그때의 오명은 지워지지 않는다.

할러먼은 또한 고립의 두려움을 측정한다는 목표에 오늘날까지도 그 누구보다 가까이 접근했었다. 그는 한 개인이 당혹스럽다고 느끼는 상황들이 몇 가지나 되는지를 바탕으로 점수를 산출했다. 응답자가 갖고 있는 사회적 본성의 민감성 정도는 고립의 두려움을 느끼는 정도와 상응하며 이는 극히 예외적임, 예외적임, 보통임, 제한적임, 매우 제한적임, 이렇게 다섯 가지 등급으로 나뉘었다. 그런 다음 할러먼은 기꺼이 자기 의견을 말하거나 침묵하려는 응답자들의 경향을 조사했다. 그는 당혹스러운 느낌에 민감한 사람들이―우리는 여기에 고립의 두려움을 강하게 느끼는 사람들을 덧붙일 수도 있을 것이다―논쟁적인 문제에 대해 침묵을 지키려는 경향이 더 강하다는 것을 알아냈다. 논쟁적이지 않은 화제에 대해서는 이들도 다른 사람들

못지않게 기꺼이 대화에 참여할 용의를 보이는 것으로 보아 이것을 수줍음이나 내성적인 기질 때문이라고 할 수는 없었다.

유사 통계학적 감각에 대한 실험
—

여론 이론에서 설명한 바 있는, 유사 통계학적 감각 같은 것이 정말로 사람들에게 있을까? 사람들이 여론의 분위기를 가늠할 수 있을까? "대부분의 사람들은 어떻게 생각할까요?" 혹은 "이러저러한 문제에 대해 대부분의 사람들은 찬성할까요, 아니면 반대할까요?"라고 물었을 때 우리가 조사를 실시했던 모든 국가의 응답자들은 즉각적으로 답을 내놓았다. 어쩌면 사람들은 응답자들이 이렇게 대답할 거라고 예상할 것이다. "그걸 왜 저한테 물어보세요? 여론 조사원은 당신이잖아요!" 하지만 그들은 그런 식으로 대답하지 않았다. 여론을 가늠해 보라는 식의 이런 질문에 사람들이 기꺼이 대답한다는 것은 그들이 특정한 사안에 반대하는 측의 세력을 끊임없이 측정하려고 노력하고 있음을 보여주는 것이다.

　그러나 그 측정이 항상 정확한 것은 아니다. 영향력 있는 매체에서 지지하는 의견은 종종 실제보다 과대평가된다. 이런 현상을 요즘 흔히들 다원적 무지라고 일컫는다. 즉, "대중이 대중을 오판한다."는 것이다. 이 현상에 대해서는 플로이드 올포트가 자신의 저서 『사회심리학』에서 다루었고, 리처드 생크는 지역 사회를 연구하면서 이 현상을 광범위하게 분석했다. 올포트는 사람들이 대중들 사이에서 지배적인 의견과 견해를 추론할 수 있는 방법은 세 가지뿐이라고 지적했는데, 언론과 소문 그리고 사회적 투영social projection이 바로 그것이다. 사회적 투영은 사실 다른 사람들도 자기와 같은 생각을 갖고 있을 거라고 믿는 거울 반사 인식과 동일한 개념이다. 거울 반사 인식은 나중에 다원적 무지를 설명하기 위해 도입된 용어로, 사람들에게 유사 통계학적 감각이 있다는 가정과는 반대되는 것이다. 사실 그간의 실험은 거울 반사 인식을 한결같이 확인시켜 주었지만, 그와 동시에 개인의 관점과 상관없이 전체로서의 대중은 마치 날씨가 추워지거나 더워지는 것을 알아차리듯 어떤 의견이 세를 얻고 있고 어떤 의견이 세를 잃고 있는지를 알아차린다는 것을 보여주었다. 사람들이 빈도 분포를 감지하는 능력을 갖고 있는 게 아니라면 이를 대체 무엇으로 설명할 수 있겠는가? 사람들의 이런 지각 능력에 영향을 미쳐보려는 시도는 태곳적부터 있어 왔고 사회 조사에 의해 이 현상이 부각된 것은 비단 어제오늘 일이 아니다. 이는 올포트가 공동체의 우세한 의견을 파악하게 해주는 추가적인 원천이라고 말했던 미디어, 즉 언론이 1980년대 중반까지도 중요하게 여겨지지 않았다는 사실을 더욱 주목할 만한 것으로 만든다. 오늘날 우리는 개인이 자신의 주변 환경을 지속적으로 관찰하는 데 있어 가장 중요한 원천은 미디어라는 사실을 알고 있다. 어떤 문제에 대해 지배적인 의견의 빈도 분포가 대부분의 사람들이 그 문제를 어떻게 생각하느냐에 대한 대중의 측정 결과에서 벗어날 때마다 우리는 미디어의 영향이 연루된 것이라고 의심할 수도 있다. 다시 말해서 빈도 분포에 대한 인상은 미디어에 의해 전달된다.

기꺼이 의견을 표명할 것인지,
침묵을 지킬 것인지의 자발성에 관한 실험

—

안타깝게도 잘 발달된 철도망을 갖춘 나라가 그리 많진 않다. 『침묵의 나선』이 처음 출간되었을 때부터 열차 상황 테스트는 사람들이 자신의 의견을 말할 것인지 입을 다물 것인지의 자발성을 측정하는 데 사용되어 왔다. 하지만 침묵의 나선 이론이 전 세계에 퍼지면서 다른 나라들에서는 그 실험이 제대로 안 될 거라는 불만이 갈수록 늘어났다. 다섯 시간이나 걸리는 기차 여행을 응답자들에게 상상해 보라고 하기에는 그것이 다른 나라들에선 너무나 이례적인 상황이었다. 그래서 우리는 이를 대체할 실험을 개발했다. "당신이 다섯 시간 동안 버스를 타고 여행을 하는데 버스가 휴게소에 정차하고 그동안 승객들은 전부 차에서 내려 다소 긴 휴식 시간을 갖게 되었다고 상상해 보십시오. 한 무리의 승객들 중에 누군가가 우리가 과연 ……를 지지해야 하는지 혹은 아닌지에 대해 이야기하기 시작했습니다. 당신은 그 사람과 대화를 나누어 보면서 그의 관점을 보다 더 잘 알고 싶으십니까, 아니면 그러지 않는 편이 낫겠다고 생각하십니까?" 돈스바흐와 스티븐슨은 또한 텔레비전 기자가 거리에서 사람들에게 논쟁적인 사안에 대해 인터뷰를 요청하는 또 다른 질문을 고안해 냈다. 하지만 여기서는 대중의 규모가 너무 커진다. 할러먼은 고립의 두려움은 대중의 규모에 비례한다는 사실을 발견했다. 텔레비전 시청자는 오늘날 가장 최대 규모의 대중이라고 할 수 있다.

개인이 자신의 확신을 기꺼이 드러내 보일 의향을 공개적으로 표현하는 방법들은 수없이 많다. 미국과 유럽 모두에서 상징으로 활용하는 헤어스타일, 수염, 자동차에 부착하는 범퍼 스티커, 혹은 독일의 경우 교회에서 열리는 대규모 대회나 집회에의 참여를 상징하는 자주색 스카프 등이 그런 예다. 이것들은 모두 개인이 자신의 확신을 드러낼 것이냐 감출 것이냐를 감지하기 위한 실험 상황으로 옮겨볼 수 있을 것이다.

핵심 강경파: 돈키호테로부터의 응답

이 책이 처음 세상에 나와 시험대에 올랐을 때, 침묵의 나선 이론에 대해 일부 오해가 있었던 것은 부분적으로는 이단자들과 전위파를 다루었던 17장과 핵심 강경파를 다루었던 23장이 초판에서 너무 짧게 다루어진 데 기인했다. 오늘날에도 우리는 여전히 전위파에 대해서는 25장에서 플라톤이 가치관의 변화에 영향을 미치기 위해 시인들을 설득하려 했을 때 그가 알고 있던 것보다 더 많은 것을 알고 있지 못하다.

일부 시사평론가들은 핵심 강경파는 단순히 어떤 견해에 대해 특별한 확신을 갖고 있는 사람들 혹은 극단적으로 고정된 투표 행위를 하는 사람들로 이루어져 있다고 추정하기도 했다. 그리고 조사 결과가 침묵의 나선 이론에 부합하지 않을 때마다 빠져나갈 구멍으로 삼기 위해 내가 핵심 강경파라는 개념을 만들어낸 거라고 주장하는 비평가들도 있었다.

하지만 세르반테스의 『돈키호테』에 나타난 여론을 연구했던 마인츠 대학교 마리아 엘리사 줄리아-로드리고의 석사 학위 논문에는 이 핵심 강경파에 대해 보다 더 잘 정의되어 있다. 여론이라는 개념을 염두에 두고 『돈키호테』를 읽어보면 이 작품의 비극적인 면이 더 고조된다. 돈키호테는 기사도 이야기를 너무 많이 읽은 나머지 그 사회의 가치 체계에 완전히 물이 들어버렸다. 그는 결투를 벌이지 못해 안달이며 그 투쟁의 대가로 "세상 사람들이 자신을 존경과 영예의 대상으로 보아주기를" 갈망한다. 하지만 그가 하는 모든 행동, 그의 복장, 그가 지니고 다니는 괴상한 무기는 그의 시대보다 2백 년이나 앞선 세계에 존재했던 것들이다. 그는 자신이 소외되고, 비웃음 당하며, 패배했음을 깨닫지만 소설의 끝부분까지도 기사도 정신에 대해서는 진심을 버리지 않는다.

전위파에 속하는 사람들은 미래에 충실하며, 따라서 필요에 의해 고립을 택한 사람들이다. 자신들이 시대를 앞서간다는 신념이 그들로 하여금 고립을 견딜 수 있게 해준다. 반면에 핵심 강경파는 과거에 충실하며, 그들은 현재 고립으로 고통받으면서도 예전의 가치들을 그대로 고수하고자 한다.

개인들 의견의 총합이 어떻게 여론으로 전환되는가

—

1970년에 미국여론조사협회에서 개최한 회의에서 정치학자 시드니 버바는 정치적 여론 조사가 "분석의 단위로서 대체로 개인에 초점을 맞추고 있기 때문에" 여론 이론에 대해 어떠한 진전도 이루어지지 않고 있다고 주장했다. 나는 그 말에 동의하지 않는다. 여론 이론의 발전을 가로막는 것은 개개인을 분석 단위로 삼고 있어서라는 말은 사실이 아니다. 그것은 지금까지의 조사 연구들이 개인의 사회적 본성을 무시해 왔기 때문이다. 설문 조사의 질문들은 개인의 의견, 행동, 지식에 대해 묻는다. "당신은 ……를 좋아하십니까?" "당신은 ……에 관심이 있으십니까?" "당신은 ……에 대해 우려하십니까?" "당신은 ……를 선호하십니까?" 이런 식이다.

특히 선거 여론 조사에는 여론의 분위기를 묻는 질문들, 즉 "대부분의 사람들은 어떻게 생각할까요?" "누가 이길 것 같습니까?" "무엇이 대세이고 무엇이 한물가고 있나요?" "당신이 심지어 가장 친한 친구들과도 언쟁을 하게 만드는 문제는 무엇인가요?" "누가 야유를 받고 있나요?" "누가 무시를 당하고 있나요?"와 같은, 사회적 환경과 개인의 사회적 본성에 초점을 맞춘 질문들이 빠져 있다.

그렇다고 인간의 사회적 본성이 사회 조사에서 완전히 무시되어온 것은 아니다. 1949년에 나온 『여론의 심리학』이라는 저서에서 피터 R. 호프스태터는 이렇게 썼다. "하나의 의견이 공론화되려면 언뜻 보기에 그것만의 독특한 특징으로 보이는 어떤 것을 갖고 있어야 한다. 의견의 표명에는 집단 내의 다른 구성원들이 지지하는 의견들에 대한 불명확한, 심지어 잘못된 이해가 동반되게 마련이다. …… 개인이 가진 의견들의 빈도 분포라는, 여론에 대한 우리의 현대적 정의는 완전한 것이 아니다. 공공성이라는 측면은 표명된 관점들에 대해 추정되는 빈도 분포에 따라 그 이론 자체의 위치를 어딘가에 배치할 것을 요구한다." 하지만 여론 조사에서는 이 문제에서 어떠한 결론도 이끌어내지 못했다. 따라서 설문 조사에서 백분율로 표시되는 개인들의 의견의 총합에서부터 어떻게 여론이라고 알려진 이 강력한 구조가 발전되는지에 대한 중요한 질문에는 아직 대답이 되지 않았다. 정부를 떨게 만들고 두려워하게 만들며 그들로 하여금 정치적 행동을 취하게 하고, 심리학자 브루스터 스미스가 1970년의 회의에서 말했듯 사회적, 정치적 합의를 도출하게 하는 여론은 지금껏 무시되었다. 제임스 브라이스가 언급했듯이, 여론이 자신의 의견과 다를 때 개인들로 하여금 입을 다물게 만드는 힘 또한 무시되었다.

내가 아는 한 개인들의 의견의 총합이 여론으로 탈바꿈되는 것은 인간의 사회적 본성에 기인하는, 사람들 간의 끊임없는 상호작용 때문이다. 고립의 위협, 고립에 대한 두려움, 여론의 분위기에 대한 끊임없는 관찰, 서로 다른 진영의 상대적 세력에 대한 평가가 사람들로 하여금 자기 의견을 표명할지 침묵할지를 결정케 한다.

27

여론의 현재적 기능과
잠재적 기능

> 여론 이론이라는 마구 헝클어지고 엉겨 붙은 분야가 있다.
> 그곳은 한때 막강했던 이론적 특수주의로 어수선하며,
> 빽빽한 잡목들이 우거져 있는 가운데
> 용어에 대한 논쟁이라는 혼란스러운 가시덤불이 있고,
> 심리 묘사에 대한 무한 승차권이 있다.
> ― 윌리엄 알빅, 1939년

이 책을 마무리하면서 나는 다시 처음으로 돌아가 이런 질문을 던지고 싶다. 여론이란 무엇인가? 하우드 차일즈의 저서 『여론』 2장을 보면 여론에 대한 50가지 정의가 소개되어 있다. 혹은 필립스 데이비슨 교수는 1968년판 『국제사회과학백과사전』에 여론을 주제로 논문을 실으면서 첫 문장을 이렇게 시작했다. "여론에 대해 일반적으로 인정되는 정의는 없다." 차일즈가 인용한 50가지 정의 모두 여론에 대한 서로 다른 두 가지 개념에 기인하는 것처럼 보인다. 덧붙여 여론에 대해서는 그 성격상 기술적으로 도움이 되는 몇 가지 정의들이 있는데, 그 정의에서는 여론을 "여론 조사원들에 의해 수집된 개인들의 태도

의 총합"으로 정의하면서 여론 조사 결과와 동일시한다. 차일즈가 수집한 거의 모든 정의들은 다음의 두 개념과 연관성을 갖고 있다.

- 첫째, 〈합리성〉으로서의 여론.
  이것은 민주주의에서 여론 형성 과정과 의사 결정 과정에 도움이 된다.
- 둘째, 〈사회적 통제〉로서의 여론.
  이것의 역할은 사회적 통합을 증진시키고 행동과 결정의 토대가 되는 충분한 수준의 사회적 합의를 보장하는 것이다.

이 두 개념의 비교는 로버트 머튼이 자신의 저서 『사회 이론과 사회 구조Social Theory and Social Structure』에서 해놓았던 다음과 같은 유명한 구분을 상기시킨다.

- 현재적 기능manifest function은 그 기능의 객관적 결과가 사회 체계에서 참여자들에 의해 의도되고 인식되며, 사회의 조정과 적응에 기여하는 것들을 지칭한다.
- 잠재적 기능latent function은 상호 간에, 결코 의도되거나 인식되지 않는 기능들을 가리킨다.

여론의 첫 번째 개념은 인식되고 의도되는 현재적 기능이라고 볼 수 있고, 반면에 두 번째 개념은 인식되지도 의도되지도 않는 잠재적 기능을 내포한다.

여론에 대한 온갖 정의들 사이의 엄청난 차이 때문에 수많은 학자들이 적어도 학문적인 사용에서는 여론이라는 용어를 폐기할 것을 주장하기도 했다. 하지만 일찍이 고대부터 존재해 왔고 수세기 동안 사용되어온 것으로 보이는 그 용어를 폐기해서는 안 될 것이다. 여론이라는 개념, 다시 말해서 사회적 통제의 일정한 형태인 그 개념의 의미를 더욱 잘 전달할 수 있는 대체 용어를 발견하지 못하는 한 말이다. 만일 우리가 여론이라는 용어를 폐기한다면 우리는 여론의 잠재적 기능인 오래전부터 전해져 내려온 지식들, 그것을 통해 사회 내에서, 어쩌면 전 세계적으로 충분한 합의가 유지되는 지식들을 모두 잃게 될지도 모른다. 또 여론의 분위기, 시대정신, 평판, 유행, 금기처럼 서로 너무나도 다른 현상들 간의 연결점을 더 이상 인식하지 못할 것이고, 지식의 수준이 존 로크의 의견, 평판, 유행의 법 이전으로 되돌아갈지도 모른다.

앞으로 이어질 내용에서는 먼저 합리성으로서의 여론이라는 개념에 초점을 맞추어 논의를 진행할 것이고 이어서 사회적 통제로서의 여론이라는 개념에 대해 살펴볼 것이다. 마지막으로는 여론의 개념을 사회적 통제라는 잠재적 기능의 관점에서 보는 것이 더욱 효과적이라는 논점을 뒷받침하는 몇 가지 주장들을 소개할 것이다.

현재적 기능으로서의 여론: 민주주의에서 여론의 형성

—

20세기 말의 사고는 18세기 후반에 확립되기 시작한 여론에 대한 개넘이 여전히 지배하고 있다. 이 관점에 따르면 여론은 합리성을 특징으로 한다. 여기서의 합리성이란 이성을 통한 의식적인 지식의 습득, 그리고 그 지식을 바탕으로 하는 논리적이고 합리적이며 견실한 판단을 의미하는 것으로 여겨진다. 지식을 습득하고 판단을 내리는 것에는 논리적 변환과 추론의 과정이 포함된다. 합리성은 보다 큰 틀의 개념에 포함되어 있는, 명확하게 정의된 개념들과 함께 작동된다. 그러므로 합리성은 논리적으로 추론할 수 있는 각기 다른 대상의 영역들을 이해한다. 그런 영역에 맞춰지는 초점은 논리와 인과관계, 일관성에 의해 만들어진다. 합리적 사고의 결과는 명쾌하고 현명하며 상호 주관적으로 이해가 가능하다.

합리성에 근거한 여론 개념은 한스 스파이어가 다음과 같이 성공적으로 정의한 바 있다. "여론이란 자신들의 의견이 정부의 정책 결정, 인사 문제, 그리고 정부 구조에 영향을 미칠 권리가 있다고 주장하는, 정부 관계자가 아닌 사람들이 자유롭고 공개적으로 표현하는 국가 관심사에 대한 의견이다." 여기서 여론과 합리성의 관계는 직접적이다. 그 두 가지는 동일한 것이다. 실제로—만약 언론의 자유가 있다면—미디어에 공표되는 우세한 의견과 여론 사이에는 고도의 합의가 존재한다. 여론의 현재적 기능은 한스 스파이어의 정의에 포함되어 있다. 즉 여론은 정치와 관련이 있다. 이때 여론은 정치적 문제에 관해 의견을 형성하고 결정하는 정부를 떠받쳐준다.

여론을 공적 영역에서의 일종의 정치적 추론이며 정부와 상호 관계를 맺고 있는 것으로 보는 개념은 여론이라는 것이 18세기 계몽주의 시대에 처음 등장했다는 널리 퍼진 믿음 덕분에 특별히 더 설득력 있어 보였다. 심지어 오늘날에도 전 세계의 사전과 백과사전에서 이런 주장을 발견할 수가 있다. 이 용어는 종종 프랑스 혁명 바로 직전에 대중적 혼란이 점점 가중되는 상황에서도 정부의 재정 안정성을 유지하려고 애썼던 프랑스 재무장관 자크 네케르에 기인한다고 여겨진다.

여론이라는 용어를 설명하려는 최초의 시도는 19세기에 이루어졌다. 『미국의 공화정』이라는 자신의 저서에서 영국에서와 미국에서의 여론의 서로 다른 역할에 대해 다루었던 제임스 브라이스는 여론의 개념을, 민주주의 사회에서의 논쟁적인 정치 문제에 대한 합리적 논의로 한정했다. 20세기 초에 독일에서 공부하고 있던 로버트 에즈라 파크는 베를린 대학교에서 그의 지도교수였던 퇴니에스와 『서구의 몰락』을 쓴 오스발트 슈펭글러Oswald Spengler 사이에서 어느 쪽을 택할지 갈피를 잡을 수 없었다. 당시 퇴니에스 교수는 여론의 개념을 이론적으로 명확히 정리하려고 애쓰고 있었고, 역시 베를린 대학교에서 파크를 가르쳤던 슈펭글러 교수는 그에게 대중심리학이라는 분야를 소개한 사람이었다. 대중심리학은 당시만 해도 비교적 새로운 분야로, 19세기 말에 이탈리아의 범죄학자 스키피오 시겔레와 프랑스의 사회심리학자 구스타브 르 봉, 가브리엘 타르드에 의해 불과 2, 30년 동안에 확립된 학문 분야였다. 1972년에 『대중과 군중』이라는 제목으로 영어로 출간되기도 했던 그의 학위 논문에서 파크는 군중의 속성은 감정에, 여론의 속성은 이성에 있다고 하는 것으로 해결책을 찾으려는 시도를 한다. 여론은 그 안에서 다양한 관점들이 제시되고 결국에는 그 중 하나의 관점이 승자로 부상하고 나머지 상대들은 설득되기보다 진압되는 추론과 토론의 산물이라는 것이다.

프레이저와 가지아노라는 미국인이 쓴 논문에 따르면, 학위 논문을 쓰는 과정에서 파크는 완전히 기진맥진했고 낙담했다고 한다. 그런 상태에서 미국으로 돌아간 그는 시카고 대학에서 강의를 맡아 달라는 제안도 거절했다. 심지어 오늘날에도 여론과 합리성을 동일시하려고 애쓰는 학자들에겐 아마도 그와 비슷한 운명이 기다리고 있을지 모른다.

보통 여론이라는 개념을 검토하는 데 사용되는 방법은 프랜시스 G. 윌슨이 1933년에 《미국정치학회보》에 기고한 〈여론이라는 개념〉이라는 글에서 전형적으로 보여주고 있다. 그에 의하면 여론public opinion이라는 용어는 대중public과 의견opinion의 요소로 나뉘고, 그런 다음 의견과 대중의 관계, 대중과 정부의 관계, 의견과 정부의 관계로 분석된다. 이 관계들을 특징짓는 것은 〈참여〉라는 개념이다. 여기서 대중의 의미는 〈정부에 참여할 권리를 가진 사람들의 집합체〉로 한정된다. 이 여론의 압력이 정부에게 부담으로 작용한다고 여겨진다.

그로부터 약 30년 후 하우드 차일즈가 자신의 저서 『여론』의 2장에서, 앞서 인용했던 여론에 대한 정의들을 소개하면서 비슷한 접근법을 시도했다. 차일즈는 거기서 대중, 의견, 획일성의 정도를 일일이 검토하고 이어서 여론 형성 과정, 의견의 질, 누가 여론을 쥐고 있는지, 여론의 주제는 무엇인지 등을 다룬다. 그는 거기서 더 나아가 역사적 배경을 설명하면서 20세기를 10년 단위로 나누어 여론의 주제와 여론에 영향을 미치는 기법과 관련해서 각각의 특징을 기술하고 있다. 마지막으로 그는 1930년대부터 여론 조사를 통해서 정기적으로 여론을 측정하는 것이 얼마나 통상적이면서도 편리한 일이 되었는지를 설명한다. 그리고 이 지점에서 글을 끝맺는다.

여론에 대해 차일즈가 수집한 50가지 정의들 가운데 약 절반은 여론의 합리적인 개념에 뿌리를 두고 있다. 제임스 영은 여론을 "자의식이 강한 공동체가 보편적 중요성을 갖는 문제에 대해 합리적이고 공적인 논의 끝에 내리는 사회적 판단"이라고 일컫는다. 할쿰은 여론을 "합리적인 결정을 위해 요구되는, 상당 부분 사실에 기초한 의견들"이라고 정의한다. 그리고 사워바인은 다음과 같이 지적한다. "지적인 의미에서 현재 마치 엘리트 계층 외부에 여론이 존재하는 것처럼 가장하는 것은 다소 과장된 것이다." 그러나 동시에 저변에는 체념의 분위기도 느껴진다. 조르단은 1930년에 이렇게 말한다. "어쩌면 조금 가혹하게 들릴지 모르지만, 여론 같은 것은 아예 존재하지도 않는다. 그저 인간 본성에 대한 적당한 이해만 있어도 지적인 여론 같은 것은 불가능하다는 것을 알 수 있다."

합리성에 대한 서구 문명의 높은 평가는 여론이라는 개념을 합리성으로 보는 시각이 지금까지 어떻게 살아남을 수 있었는지를 설명해 준다. 그것은 또한 왜 일부에서 여론이라는 개념을 마치 기계 부품처럼 조각조각 분리해서 각각의 의미와 서로 간의 관계를 규명하는 것이 여론의 본질을 파악하는 데 도움이 될 거라고 느끼는지 설명해 준다.

기본적으로 여론이라는 개념은 예나 지금이나, 마치 그 개념 자체나 미래의 민주주의에서 여론이 담당해야 할 역할을 폐기할 것이냐 그대로 존속시킬 것이냐에 대해 임의로 결정할 수 있기라도 한 것처럼, 다소 고압적인 취급을 받아왔다. 이러한 경향은 이 주제에 관한 최초의 체계적인 논문인 로렌스 로웰의 「여론과 민주 정치」에서도 명백하게 드러난다. 로웰은 그가 느끼는 것이 진정한 여론이며 정부가 마땅히 주의를 기울여야 할 대상임을 분명히 하고 있다. 그는 철저한 논의에 따라 형성되어온 것이 여론이라고 생각한다. 그의 정의에 따르자면, 그 문제에 대해 생각을 해온 개인들의 의견만이 어느 정도의 중요성을 갖는다. 또한 한 발 더 나아가 여론을 오직 정부의 관할권 내에 있는 문제들에만 국한시킴으로써 그 정의에 경계선을 긋는다. 이렇게 함으로써 일례로, 종교는 배제된다.

  1930년대 초에 표본에 의한 여론 조사 방법이 등장하면서 여론이라는 용어는 더욱 널리 통용되기에 이르렀다. 사람들은 여론 조사에 대해, 1937년에 창간된 잡지 《계간 여론》에 대해 아무렇지 않게 얘기를 나눈다. 하지만 여론 조사에 의해 얻어진 결과들이 정말 소위 말하는 여론인가? 그때나 지금이나 조사자들은 여론 조사의 결과와 여론을 종종 동일시해 왔다. 방책은 여론 조사의 도구와 정제하지 않은 결과를 바탕으로 여론에 대해 기술적인 정의를 수립하는 것이었다. 예를 들면 이런 식이다. "여론은 면담 조사 상황에서 분명하게 표현된 문장이나 질문에 대한 사람들의 반응으로 이루어진다."(워너, 1937년) "여론이란 어떤 것을 일컫는 이름이 아니라 수없이 많은 어떤 것들을 분류하는 방식이다. 즉, 우리의 주의와 관심을 끄는 최빈수 혹은 빈도를 하나의 빈도 분포 내에서의 통계 배열로 나타낸 것이다."(베일, 1931년) "이제 여론 조사의 현실을 알게 되었음에도 우리는 분명 계속해서 사람들의 태도를 잘 분석해서 분류해 놓은 것을 여론이라고 일컬을 것이다."(라자스펠트, 1957년) 《계간 여론》의 창간 5주년 기념 논고에서 제임스 베니거는 알버트 골린이 했던 말을 인용하면서 "이제 도처에서 볼 수 있게 된 여론에 대한 정의는, 여론 조사원들에 의해 수집된 개인들의 태도의 집합이다."라고 했다.

이런 상황을 비판적인 눈으로 보았던 최초의 연구자는 허버트 블루머였다. 1948년에 썼던 「여론과 여론 조사」라는 논문에서 그는, "여론 조사에 관한 방대한 연구가 이루어지고 있음에도 불구하고 여론에 대한 일반화가 전혀 없는 것은 아니지만 그럼에도 부족한 것에 대해" 날카롭게 비판했다.

여론 조사를 연구하는 학생들에게 자신들이 연구하고, 기록하고, 측정하고자 하는 대상을 파악하기 위한 진지한 관심이나 노력이 확실히 부족해 보인다는 사실에 나는 깊은 인상을 받는다. 그들은 여론의 본질을 독자적으로 분석해 보고 자신들이 사용하는 기법을 적용하는 것이 그 본질에 적합한지를 판단하는 일에는 관심이 없다.

그런 문제를 의도적으로 외면하는 연구법에 대해 몇 가지 할 말이 있다. 내가 말하는 것은 여론 조사가 조사하는 것이 바로 여론이라는 협소한 조작주의자 입장(operationalist, 어떤 현상에 대해 구체적인 조작 절차를 거쳐 통계적으로 검증 가능하게 만드는 것을 중요시하는 관점)이다. 여기서는 신기하게도 연구 대상에 대한 지식에 뭔가 기여하는 것이 연구의 목적이 아니라, 그 조작적 과정을 통해 얻어진 결과들이나 조사 도구의 사용 자체가 목적인 것처럼 여겨진다. 조작 과정은 이제 더 이상 조사 대상에 도움이 되려는 목적으로 유도된 것이 아니다. 대신에 조작은 스스로의 목적을 결정한다. …… 내가 지적하고자 하는 것은 다만, 편협한 조작주의의 결과는 앞에서도 설명했듯이 그 결과가 무 엇을 의미하는지에 대한 질문만을 던지고 그냥 떠나버린다는 점이다.

이 강력한 비판에 이어 블루머는 민주주의 안에서 여론의 내용과 형성, 기능에 대한 조사 연구에 착수해 합리적인 여론의 개념과 더불 어, 민주주의 국가의 정치인들에게 사회 조직을 구성하는 기능 집단 들functional group의 태도에 대한 정보를 제공하는 현재적 기능의 윤 곽을 능수능란하게 보여준다. 그의 주요 관심은 조합, 경영협회, 농 업 위원회, 인종 집단 등의 이익 집단에 맞춰져 있다. 블루머는 왜 이 들 이익 집단과, 그들이 정치인에게 행사하는 압력을 여론이라고 부 를 수 있는지에 대해서는 말하지 않는다. 하지만 그는 이들 집단이 정 치인들에 대한 여론 형성에 어떤 역할을 담당하고 있는지 설득력 있 게 그려 보인다. 동시에 그는 이들 집단이 행사하는 압력에 어떻게 주 의를 기울여야 하는지도 보여준다. 물론 사회의 모든 구성원이 여론 형성 과정에서 똑같은 수준의 영향력을 행사하는 것은 아니다. 많은 개인들이 높은 지위와 특권, 높은 수준의 전문 지식을 향유한다. 그 들은 많은 것에 관심을 보이고 관여하며 다수의 타인들에 대해 상당 한 영향력을 갖는다. 반면에 이런 특성을 전혀 갖지 못한 사람들도 있 다. 하지만 대표 표본에 의한 여론 조사에서는 판단력과 영향력이 전 혀 다른 이 사람들을 동등하게 대한다. 앞서 소개한 주장으로 미루어 블루머는 여론 조사가 여론을 측정하는 적절한 방법이라고 생각하지 않는 것이 분명하다.

30년 후, 피에르 부르디외는 〈여론은 존재하지 않는다〉라는 제목의 글에서 기본적으로 같은 주장을 펼쳤다. 1991년 시카고에서 열린 미국중서부여론조사협회회의에서는 유럽에서의 여론 개념을 주제로 따로 회의 시간이 배정되었다. 회의 내용이 담긴 일련의 글들은 곧이어 발행된《국제 여론 조사 저널》에 실렸다. 그리고 여기에는 푸코, 하버마스, 부르디외에 의해 발전된 여론에 관한 이론들이 소개되었다. 세 사람의 이론 모두 여론 형성 과정은 합리적인 과정이라는 전제를 바탕으로 하고 있다.

정치학 분야에서 합리적 선택 이론에 대한 관심이 높아지면서, 그리고 심리학자들 사이에서 인지 과정에 매료된 사람이 늘어나면서 여론을 합리성과 동일시하는 경향은 20세기 말을 향해 가면서 더욱 견고해지는 것처럼 보인다. 예를 들어 제임스 베니거는 이런 흐름에 따라 새로운 패러다임이 부상할 거라고 예측했다. "만일 태도가 정서, 어쩌면 행동 성향뿐만 아니라 인지(지식과 도식)에 의해서도 좌우되는 것이라면, 오직 인지만을 변화시키는 대화는 정서적 요소들을 통한 대화 못지않게 태도 변화에 중요한 것일 수 있다. 실제로 신뢰할 만한 정보는 설득에 의한 호소에 비해 여론에 보다 지속적인 영향을 미칠 수 있음을 보여주는 자료들도 있다. 이런 종류의 여론 형성 과정과 변화를 더 잘 이해하기 위한 과정 지향 패러다임을 좀 더 정밀하게 다듬는 것이 남은 반세기 동안《계간 여론》에서 중요한 역할을 할 것으로 기대되고 있다."

잠재적 기능으로서의 여론: 사회적 통제

1970년에 열렸던 미국여론조사협회 제25차 연례 회의에서 시카고 대학 심리학과 교수인 브루스터 스미스는 〈여론 이론에 관하여〉라는 제목으로 진행된 회의에서 여론 조사는 아직 "개인들의 의견이 사회적, 정치적 결과를 만들어 내는 것과 어떻게 맞물려 있는지 명료하게 규명해 내지 못하고 있다."고 말했다.

문제가 풀리지 않았던 것은 여론이 압력을 행사할 수 있다고 보는 사람이 없었기 때문이었다. 여론의 합리적 개념은 여론이 정부와 시민들에게 어떤 영향력을 갖기 위해서는 압력을 행사할 수 있어야만 한다는 사실에 대해 설명해 주지 못한다. 합리적 추론은 계몽적이고 자극을 주고 흥미롭지만, 존 로크가 말했던 것처럼 만 명에 단 한 명도 견뎌내지 못할 압력을 행사할 수는 없다. 혹은 아리스토텔레스가 말했듯이 백성의 지지를 잃은 왕은 더 이상 왕이 아니다. 데이비드 흄은 또 이렇게 썼다. "정부는 오직 …… 여론에 기초하여 세워진다. 그리고 이 격언은 가장 자유롭고 인기 있는 정부뿐만 아니라 가장 독재적이며 군사적인 정부에까지 해당된다." 만일 여론을 사회적 통제로 본다면 그 힘을 설명하기가 어렵지 않다. 기원전 50년에 키케로는 자신의 친구 아티쿠스에게 여론의 영향으로 자신이 그릇된 의견을 가졌었노라고 털어놓는 편지를 보낸다. 그렇게 오래전으로 거슬러 올라간 사례에서조차 여론이라는 표현은 올바르고 합리적인 판단보다는 그 정반대의 의미로 사용되고 있다.

합리성을 특징으로 하는 여론에 대한 개념은 식견 있는 시민들이 합리적인 논의를 펼쳐서 건전한 판단을 내릴 수 있다는 생각에 기초한다. 이 개념은 정치적인 삶, 정치적인 논란들에 초점을 맞추고 있다. 이 개념을 옹호하는 대부분의 저술가들은 식견이 있고 관심이 있는 소규모의 집단만이 실제로 그런 논의와 판단에 참여한다는 사실을 인정한다. 반면 사회적 통제로서의 여론이라는 개념은 사회의 모든 구성원들에게 영향을 미친다. 고립될 가능성을 내포하고 있고 그에 대한 두려움을 촉발시키는 과정에 대한 참여가 자발적인 것이 아니기 때문에, 사회적 통제는 고립을 두려워하는 개인과 정부—정부역시 여론의 지지를 얻지 못하면 고립될 수 있고 전복될 수 있다—양쪽 모두에 압력을 행사한다. 남아프리카의 사례는 오늘날에는 한 국가 전체가 세계 여론으로부터 고립되어 급기야는 그 국가가 양보하지 않을 수 없는 지경에 이를 수 있음을 보여준다.

사회적 통제로서의 여론이라는 개념은 논의의 질과는 상관이 없다. 결정적인 요인은 두 진영 중에 어느 쪽이 상대에게 고립, 거부, 배척의 위협을 가할 정도로 세력이 우세하냐 하는 것이다. 상대 진영의 세력에 대한 사람들의 인식이 중요하다는 것은 이 책의 서두 부분에서 사례로 제시한 1965년과 1972년 독일 연방 선거에서의 막판 뒤집기 현상이 잘 보여주고 있다. 1940년에 라자스펠트도 미국 선거에서 비슷한 현상이 일어나는 것을 보았는데 그는 이것을 모든 사람이 승자의 편에 서고 싶어 한다는 밴드왜건 효과 같은 개인 심리학의 관점에서 설명한다. 하지만 이 현상은 사회심리학의 관점에서 보면 여론 이론에 의해 해석될 수 있다. 아무도 고립을 원치 않는다. 밴드왜건 기제와 침묵의 나선 두 가지 모두 사람들이 다양한 진영의 세력과 관련해서 주변의 신호들을 주시하고 있다는 공통의 가설을 기초로 한다. 차이는 그러한 관찰을 하는 동기에 있다. 나아가서 침묵의 나선 이론은 계속 진행 중인 사회적 과정에 기인하는 점진적이고 조금씩 증가해 가는 변화를 강조한다. 반면에 밴드왜건 효과는 누가 앞서고 있는지에 대한 새로운 정보를 바탕으로 한 지점에서 다른 지점으로 순식간에 건너뛰는 것을 의미한다. 하지만 이 두 가지 현상이 동시에 일어날 수도 있다.

여론 형성 과정에서의 승리나 패배가 옳고 그름에 달려 있지 않다는 것은 대부분의 학자들이 직관적으로 인식하고 있었다. 1883년에 독일의 법학자 예링은 이렇게 말했다. 다수 의견에서 벗어나는 사람을 벌주는 의미에서 대중이 그에게 보이는 반감에는 "논리적으로 잘못된 결론, 계산 문제를 푸는 과정에서의 실수, 성공적이지 못한 예술작품에 대한 비판 등에서 찾아볼 수 있는 〈합리성이 결여〉되어 있다. 오히려 그것은 공동체의 이익을 해치는 것에 대해 공동체가 의식적으로든 무의식적으로든 드러내 보이는 현실적인 반응이며 공동의 안전을 지키기 위한 방어 행위라고 볼 수 있다."고 지적했다. 다시 말해서 그것은 사회의 가치들에 대한 합의와 응집력의 문제이다. 그것만이 도덕적 가치 혹은 심미적 가치를 가질 수 있으며, 오직 이것들만이 고립의 위협과 고립에 대한 두려움을 촉발시킬 수 있는 정서적 요소들을 갖고 있기 때문이다.

여론에 대한 두 개념의 비교

여론에 대한 두 가지 서로 다른 개념을 비교함에 있어 그 개념들이 여론의 기능에 대해 꽤나 다른 전제를 바탕으로 하고 있음을 강조하지 않을 수 없다. 〈합리적 과정으로서의 여론〉은 공적인 문제에 대해 서로 다른 관점의 교환과 민주적인 참여에 초점을 맞추고 있다. 또한 이 개념은 정부가 이 의견들에 주의를 기울여야 한다는 요구, 여론 형성 과정이 국가와 자본의 힘에 의해, 대중매체와 현대의 기술에 의해 조작될지 모른다는 우려에 초점이 맞춰져 있다.

〈사회적 통제로서의 여론〉은 공동체의 가치와 목표에 대해 사회 내에서 충분한 수준의 합의를 보장하는 것에 초점이 맞춰져 있다. 이 개념에 따르면 여론의 힘은 너무나도 막강해서 개인이든 정부든 그것을 무시할 수가 없다. 이 힘은 일탈하는 개인들과 정부에게 사회가 가하는 고립의 위협, 인간의 사회적 본성에 기인하는 고립에 대한 두려움에서 나온다.

개인이 끊임없이 자신의 주변을 관찰하고 타인들의 반응을 살피는 것은 기꺼이 자신의 의견을 표명할 것이냐 침묵할 것이냐로 나타나며 이것이 개인과 사회의 연결 고리를 만들어 준다. 이러한 상호작용이 공동의 의식, 공동의 가치, 공동의 목표에 힘을 부여하며 이 가치와 목표에서 튕겨져 나가는 일탈자들에게는 고립의 위협을 가한다. 개인이 집단의 합의를 어겼을 때 느끼는 고립에 대한 두려움은 집단적 경험으로부터 얻어지는 들뜨고 유쾌한 흥분에서 파생되는 것이다. 연구자들은 이런 반응들이 인류의 발달 과정에서 진화해 인간 사회의 충분한 화합과 응집을 보장하게 된 것이라고 추정한다. EMS, 즉 경험 표본 방식experience sampling method은 이러한 가정을 뒷받침하는 실증적 증거들을 제공해 준다. 이것은 혼자 있다는 것은 대부분의 사람들에게 우울함, 의기소침과 연결되어 있음을 보여준다.

합리적 과정으로서의 여론과 사회적 통제로서의 여론이라는 개념이 갖는 가장 큰 차이점 중에 하나는 public이라는 단어에 대한 해석이다. 여론을 정치적 추론의 결과로 보는 민주주의 이론에 의한 개념은 여론이라는 주제가 담고 있는 내용의 관점에서 public을 바라본다. 반면 사회적 통제로서의 여론은 public을 〈대중의 시선〉이라는 의미에서, 즉 〈만인이 보는 앞에서〉, 〈모두가 볼 수 있도록〉으로 해석한다. 대중의 시선은 정부와 개인들에게 판결을 내리는 법정이다.

두 개념은 또한 opinion이라는 단어의 해석에 있어서도 차이가 있다. 민주주의 이론에 의한 개념에서 의견은 주로 개인들의 관점과 주장에 관한 것인 반면, 사회적 통제로서의 개념에서 의견은 훨씬 더 넓은 범위에, 사실상 남들이 보는 앞에서 표명되는 가치와 관련된 거의 모든 의견에 적용된다. 이것은 직접적으로 남들 앞에서 자기 확신을 밝히는 형태일 수도 있고 간접적으로는 단추, 배지, 깃발, 몸짓, 헤어스타일, 수염, 겉으로 보이는 상징들, 그리고 도덕적인 의미가 실린, 남들 앞에 드러내는 행동일 수도 있다. 이와 같은 여론의 개념은 심지어는 당혹스러움의 영역에도 적용될 수 있다. 그 연관성은 도덕적 성격을 띠는 모든 규칙에서부터 금기에까지 확장된다. 금기란 사회의 응집력이 위협받지 않도록 하기 위해 남들 앞에서 드러내서는 안 되는, 해결되지 않은 심각한 갈등의 영역이다.

민주주의 이론의 관점에서 여론을 바라보면 우리는 허버트 블루머, 부르디외, 그리고 그 밖에 이 관점을 지지하는 다른 많은 저술가들이 그랬던 것처럼 대표 표본에 의한 설문 조사라고 정의할 수 있는 여론 조사라는 용어의 사용에 비판적일 수밖에 없다. 왜냐하면 그런 여론 조사에서는 식견 있는 사람들의 의견과 그렇지 못한 사람들의 의견을 같은 무게로 다루기 때문이다. 그것은 현실을 제대로 반영할 수 없다.

사회적 통제의 개념으로 여론을 바라보면 사회의 모든 구성원이 여론 형성 과정에 참여한다. 여론 형성 과정은 부분적으로는 전통적 가치를 강화할 목적으로, 일부는 그것들을 폐기하고 새로운 가치와 목표로 대체하기 위한 목적으로 벌어지는 충돌이다. 대표 표본에 의한 여론 조사라는 방법을 이용해서 우리는 이 과정을 지켜볼 수 있다. 그러나 대부분 우리가 해결할 필요가 있는 문제들은 전통적인 여론 조사가 내포하고 있는 문제들과는 다르다. 응답자의 의견을 얻어내기 위해 고안된 질문에 덧붙여 〈여론의 분위기〉에 대한 질문들도 필요하다. 즉 "대부분의 사람들은 어떻게 생각할까요? 어느 쪽이 우세하고 어느 쪽이 열세일까요?"라는 질문과 함께 어떤 관점과 행동 양식이 인기가 없는지를 물어보는 고립의 위협에 대한 질문도 반드시 있어야 하고, 의견을 말할 용의가 있는지 혹은 침묵할 것인지에 대한 질문도 있어야 한다.

여론에 대한 이 같은 개념에 따르면 오늘날 여론 조사에 포함되는 수많은 질문들로는 여론을 얻어낼 수 없다. 질문은 가치가 부여된 견해들과 행동 양식을 다루는 것이어야 한다. 이 견해와 행동 양식을 통해 개인이 대중으로부터 고립되거나 혹은 스스로를 고립시킬 수도 있는 것이다.

1960년대 중반부터 지금까지 여론을 사회적 통제로 보는 개념을 되살리려는 시도들은 별 성공을 거두지 못했다. 이 점에 대해서는 매리 더글라스가 『제도는 어떻게 생각하는가?*How Institutions Think?*』라는 자신의 책에서 한 가지 해명을 내놓고 있다. "첫째로, 인지적 일관성의 원칙에 입각해서, 알려져 있는 것에 대한 대중의 레퍼토리 안에서 영원한 지위를 획득하고 있는 이론은 다른 종류의 이론들을 보증해 주는 과정과 서로 맞물려 돌아갈 필요가 있을 것이다." 이런 관점에서 여론을 합리성으로 보는 개념에는 아무런 어려움이 없다. 그것은 기존의 민주주의 이론에 연결될 수도 있고 합리적 선택 이론, 인지 행동 이론, 그리고 심리학의 인지 모델이라는 강한 매력에도 연계될 수 있기 때문이다. 반면에 여론의 사회심리학적 역학 개념은 뒷걸음질을 쳤다. 더글라스가 말하듯 "통제 모델에 대해서는 사회학자들 사이에 전문가적 혐오가 있다."

과학철학의 이론가들은 서로 경쟁하는 개념들의 특성을 시험하기 위해 다양한 기준들을 개발해 왔다. 예를 들면 이런 것들이다.

  □ 첫째, 실증적 적용 가능성
  □ 둘째, 그 개념으로 어떤 결과들이 설명되는가? 규명 가능성이 얼마나 큰가?
  □ 셋째, 복잡성의 정도. 다시 말해, 그것이 포함하는 영역의 규모 혹은 내포된 변수들의 수
  □ 넷째, 다른 이론들과의 양립 가능성

사회적 통제로서의 여론 개념은 이 중에서 적어도 세 가지 기준에 비추어볼 때 더 우월하다. 우선 그것은 실증적으로 검증이 가능하다. 그 이론이 요구하는 일정한 조건들이 충족되면—예를 들면 도덕적이고 심미적인 요소, 그리고 대중매체의 입장—개인의 행동(이를테면 의견을 말할 것인가 침묵할 것인가)에 대해서나 사회 내의 의견들의 분포에 대해 유효한 예측을 할 수 있다.

둘째로, 이 개념에는 설명하는 힘이 있다. 침묵의 나선 이론은 〈if-then〉(만일 이렇다면, 이렇게 될 것이다.) 문장으로 귀결된다. 즉 그것은 사회에는 일정한 규칙들이 있다고 규정하고 주장함으로써 관측 가능한 현상을 다른 현상과 연결해 준다. 여론의 합리적 개념을 이용하는 것으로는 1965년에 처음 관찰된 현상, 즉 줄곧 안정된 분포를 유지하던 여론과 완전히 독립적으로 전개되는 여론 분위기, 그리고 투표 의사에서의 막판 뒤집기 현상이 뒤따랐던 것을 설명하기가 매우 어려울 것이다. 또한 합리적인 여론 개념으로는 인구의 다양한 소집단 사이의 의견 분포에서 나타나는 차이가 왜 감지된 여론 분위기("대부분의 사람들은 어떻게 생각할 것인가?")에 대해 다양한 집단에 의한 측정치의 차이보다 훨씬 더 큰지를 설명하는 것도 어려울 것이다. 그리고 마지막으로, 합리적 여론 개념으로는 어떤 문제에 대해 최고의 식견을 가진 개인들, 즉 전문가들이 왜 종종 다수로부터 동떨어진 의견을 갖고 또한 여론의 대표자 격인 언론인들이나 그 전문가가 자신들과 대척점에서 공동으로 반대 입장을 취하고 있는 일반 대중들과 맞서고 있음을 발견하게 되는지를 설명하기는 특히 어려울 것이다. 이 상황에 대한 실증적 증거들은 스탠리 로스만을 비롯한 다른 연구자들이 제시한 바 있다.

셋째, 사회적 통제로서의 여론 개념은 고도의 복잡성을 지니고 있다. 그것은 개인의 수준을 사회의 수준과 연결시키며 비단 정치학뿐만 아니라 훨씬 더 다양한 학문 분야와도 연계된다.

이 개념은 다른 이론과의 양립성에 오면, 앞서도 지적했듯이 어려움에 봉착한다. 하지만 이 개념은 집단 역학에 관한 사회심리학의 성과와 연결될 수 있고 또한 당혹스러움과 오명에 관한 어빙 고프만의 사회심리학 이론에도 연결될 수 있다.

지금까지 이 책에서는 여론에 대한 두 개념의 역량을 비교해 왔지만 그렇다고 우리가 반드시 둘 중에 하나를 선택해야 하는 것은 아니다. 여론 형성 과정에서 합리적인 의견 교환 혹은 추론이 일정한 역할을 하고 있는 것은 의심할 수 없는 사실이다. 비록 그 문제에 대한 실증적 조사가 이루어진 적은 별로 없었더라도 말이다. 심지어 도덕적인 의미가 실린 가치들조차 여론 속에서 자기주장을 펼치기 위해서는 인지적 뒷받침을 필요로 한다.

만일 공청회 같은 공적 토론과 사회적 통제로서의 여론과의 관계를 설명해 주는 어떤 이미지를 찾는다면, 공적 토론은 역동적인 사회심리학의 일련의 과정 안에 새겨 넣어진 하나의 상감 장식이라고 볼 수 있을 것이다. 가끔은 그 장식이 과정을 이끌고 표현하기도 하지만 대개는 지적인 차원에 그대로 머물러 있으며 따라서 그것은 여론의 압력이 생겨나는 지점인 도덕적 정서에는 어떤 영향도 미치지 못한다. 머튼이 정의했듯이 여론의 현재적 기능은—대중에게 논점을 제시함으로써 결정을 이끌어내는—의식적이고 의도되며 승인된 것이다. 그러나 흔히 사람들은 정서적 차원에서는 설득당하지 않으며(즉 감동받지 않으며), 그리하여 의사 결정 기능에는 사회적 합의를 만들어 내고 이를 지키기 위해 요구되는 힘이 부족하다. 사회의 응집력을 유지하는 잠재적 기능을 충족시킬 수 있는 의견만이 대중에 의해 정서적으로 받아들여지고 승인된다. 이런 관점에서 공적 토론은 종종 여론 형성 과정에서 전부는 아니어도 일부를 담당한다.

현재적 기능은 명백한 기능이라고 부를 수도 있는 반면에 잠재적 기능은 실제적 기능이라 할 수 있다. 머튼은 호피 족의 그 유명한 기우제 춤을 예로 들어 이를 설명한다. 호피 족의 기우제는 가뭄의 시기에 비를 내리게 하는 명시된 기능이 있지만 그것의 잠재적이고 실제적인 기능은 공동체의 응집이 필요한 순간 그들에게 그 응집력을 제공해 준다는 것이다.

사회를 통합하고 충분한 수준의 합의를 보장해 주는 사회적 통제로서의 여론이 갖는 잠재적 기능은 의도되지도 않고 인식되지도 않는 것이기에 이것에 대해 종종 오해가 있다. 어쩌면 언젠가는 여론이 개인들에게 〈동조의 압력〉을 행사한다는 이 개념에 대해 지식인들이 체념을 하고 받아들일 날이 올지도 모른다. 그렇게 되면 여론의 잠재적 기능은 현재적 기능으로 바뀔 것이다. 다시 말해서 그것이 사회에 꼭 필요한 힘으로 받아들여지게 될 것이다.

이 책의 초판에서는 합리적 여론 개념이나 준거 집단과 집단 역학에 대한 조사 결과들은 다루지 않았다. 내 원래 목적은 사회적 통제로서의 여론의 역할, 우리가 이제야 제대로 인식하게 된 이 역할에 대한 발견으로 얻어진 새로운 관점을 기술하는 것이었다. 이 개정판에서 나는 로버트 파크, 허버트 블루머, 피에르 부르디외 같은 여론에 대한 중요한 학자들의 주장을 일부 포함시켰다. 그리고 사회적 통제로서의 여론의 사회심리학적 역동 개념과 공론 영역에서의 합리적 추론이라는 여론의 민주주의 이론 개념과의 관계를 명확히 하고자 노력했다. 앞으로 준거 집단과 집단 역학, 대중심리학, 그리고 사회적 통제로서의 여론의 상호작용을 밝히는 과제가 여전히 내 앞에 남아 있다.

대중의
불승인에 대한
두려움

2판에 새롭게 추가된 부분을 영어로 번역하는 작업을 맡아준 알렌스바흐 연구소의 영문 담당 마리아 마르찰, 패티 맥거티에게 감사의 말을 전하고 싶다. 또한 하버드 대학 졸업생으로 알렌스바흐 연구소에서 인턴 과정을 마친 매튜 레비에게도 영문 교정에 도움을 준 데 대해 감사하다는 말을 전하고 싶다. 덧붙여 원고를 편집하면서 영문으로 번역된 원고에 여전히 남아 있는 독일어만의 언어적 특수성의 흔적을 지워준 제이미 칼번에게 특히 감사의 뜻을 전하고 싶다. 그리고 연구와 집필로 바쁜 와중에도 시간을 내어 초판 영문판에서와 마찬가지로 2판에서도 원래의 독일어 원고와 영문 번역본의 내용을 비교해

주는 수고를 마다하지 않으셨던 시카고 대학교 심리학과의 미하이 칙센트미하이 교수님께도 특별한 감사를 표하고 싶다. 25장부터 27장까지 새로 추가된 장에서 독자 여러분이 만난 에리히 램프와 앤 재켈의 현명하고도 끈기 있는 연구에도 감사를 표하며, 마지막으로 오랫동안 나를 보좌해준 헴트루드 시튼에게도 감사를 전한다. 그녀가 아니었다면 나는 알렌스바흐 연구소와 마인츠 대학교에서 내가 해야 할 의무를 다하면서도 2판을 끝마치지는 못했을 것이다.

물론 우리는 지금까지도 연구를 계속해 왔고 가장 최근의 새로운 발견들이나 진전된 내용들이 바로 이 2판에 담겨 있다.

바로 얼마 전에 우리는 마인츠 대학교의 세미나에서 또 한 가지 놀라운 발견을 해냈는데, 영국의 유명한 정치가 윌리엄 템플(William Temple, 1628-1699년) 경이 여론에 대해 뭔가 얘기를 했던 것이다. 템플 경은 자신의 필생의 작업을 두 가지 차원으로 구분했는데, 하나는 자신에게 주어진 정치적 및 외교적 소임을 다하는 것이고, 다른 하나는 자신의 고향집 조용한 서재에서 철학과 인문학적 연구에 몰두하는 것이다. 백 년 전쯤에 살다간 몽테뉴가 그랬던 것처럼 말이다. 조너선 스위프트에게 감명을 받은 템플 경은 자기보다 거의 마흔 살이나 어린 스물두 살의 스위프트를 자신의 비서로 고용했고 두 사람은 거의 20년간 함께했으며, 스위프트는 네 권으로 된 템플 경의 작품집을 출간했다.

데이비드 흄보다 약 50년 이상을 앞섰던 윌리엄 템플의 작품에서 우리는 흄의 중심적 주제들을 발견했다. 정부가 더 이상 권위를 갖지 못할 때 정부가 전복되는 것이나 국민의 신망을 잃었을 때 실각하는 것이나, 템플에 따르면 결국 마찬가지라는 것이다. 제임스 매디슨보다 100년 앞선 템플의 작품에서 우리는 침묵의 나선 이론의 핵심을 이루는 견해를 발견했다. 사람은 "자신과 의견을 같이하는 사람이 전혀 없거나 거의 없을 때, 그리고 다른 사람들은 이미 받아들여진 견해를 옹호할 거라고 생각될 때, 감히 자신의 의견을 입 밖에 내어 말하지 않을 것이고 그럴 꿈조차 꾸지 않을 것이다."(윌리엄 템플, 1672년)

나는 전에 가르쳤던 제자로부터 부드러운 책망을 들은 적이 있는데, 그것은 내가 침묵의 나선이라는 개념의 출처를 탐구하는 데 지나치게 치중하고 내 연구의 성과는 너무 소홀히 취급했다는 이유에서였다. 내가 그렇게 열심히 과거의 저술가들과 작품들을 인용한 이유는 사회과학도로서 특별한 진실을 향해 나아가는 길에서 만났던 그 모든 사람들을 시대와 장소는 달라도 내 벗으로 생각하기 때문이다. 사빈 매스 같은 대학원생들을 내가 너무나 고맙게 생각하는 것도 바로 그래서이다. 그는 핵에너지의 사례를 연구하면서 대중매체와 여론의 상호작용에 영향을 미치는 수많은 요인들 사이의 관계를 규명하는 일에 열과 성을 다해 매달린 결과, 마침내 여론 형성 과정에서 서로 다른 그 요소들이 어떤 역할을 하는지를 거의 순서대로 밝혀낼 수 있었다. 미디어의 취지 혹은 그 취지의 변화는 여론 분위기의 측정에 나타나는 변화에 선행한다. 그리고 여론 분위기 측정에서 나타나는 변화는 개인들의 태도 변화에 선행한다. 행동—자신의 의견을 표명하고자 하는 자발성—은 자신들이 측정한 여론 분위기에 따라 조절되지만, 역으로 이것이 침묵의 나선 현상을 유발하는 피드백 과정에서 여론의 분위기 측정에 영향을 미치기도 한다.

한스 제터버그가 플라톤의 『피타고라스』에 내 관심을 환기시켜준 것은 하나의 선물 같은 것이었다. 신화에 대해 논하고 있는 대화편에서 제우스는 사람들 사이에서 재능은 공평하게 분배되어야 하며 또한 각자에게 서로 다른 재능을 줘야 한다고 선언한다. 예를 들어, 한 사람에게는 장인으로서의 손재주가 주어진다면 다른 사람에겐 음악을 만드는 재주나 병을 고치는 재능을 주어야 한다는 것이다. 마침내 헤르메스는 정치적인 재능, 정의감, 수치심 등을 분배하게 되었다. 다른 재능을 사람들에게 나누어주었던 것처럼 이것들도 똑같이 나눠줘야 할까, 아니면 모든 이에게 다 주어야 할까? "모두에게 다 주어라." 제우스가 말한다. "모두가 그것을 공유해야 한다. 만일 다른 재능들처럼 소수만 그런 재능을 갖게 한다면 도시국가가 생겨날 수 없을 것이다."

"수치심aidos은…… 어려운 개념이다." 『피타고라스』의 영어판 번역자들은 그렇게 말한다. "공동체의 구성원들이 그것을 지키지 않는다면 행위 규정을 합의하는 것은 아무 소용도 없다. 그러한 합의가 강제력을 갖는 것은 여론에 의해서이다. 공동체의 구성원들은 그 공동체에 속하는 다른 사람들의 감정에 깊은 관심을 갖는 경향이 있다. 수치심은 우리가 사회의 합의에 따라야 한다는 것을 확실히 보여주는 대중의 불승인에 대한 두려움을 상징한다."(허버드와 카노프스키 1982년, 1996년). 이것이 프로타고라스의 질문에 대한 대답이다.

"만일 국가라는 것이 아예 존재하지 않는다면 모든 시민들이 공유하는 것이 꼭 있어야만 할까?"

Albig, William. 1939. *Public Opinion*. New York: McGraw-Hill Book Co.

Altschuler, Bruce E. 1990. "Review of 'Political Culture and Public Opinion. Edited by Arthur Asa Berger.'" *American Political Science Review* 84:1369–70.

Albertini, Rudolf von. 1951. *Das politische Denken in Frankreich zur Zeit Richelieus*. Beihefte zum Archiv für Kulturgeschichte, no. 1. Marburg: Simons Verlag.

Albrecht, Angelika. 1983. "Lachen und Lächeln—Isolation oder Integration?" Master's thesis, Johannes Gutenberg-Universität, Mainz.

Allport, Floyd H. 1937. "Toward a Science of Public Opinion." *Public Opinion Quarterly* 1, no. 1:7–23.

Alverdes, Friedrich Wilhelm. 1925. *Tiersoziologie; Forschungen zur Völkerpsychologie und -soziologie*. Ed. Richard Thurn. Vol. 1. Leipzig: Hirschfeld.

Aristotle. 1986. *Politik*. Ed. and trans. Olof Gigon. Munich: Deutscher Taschenbuch Verlag. English: 1959. *Politics*. Trans. H. Rackham. London: Heinemann.

Asch, Solomon E. 1951. "Effects of Group Pressure upon the Modification and Distortion of Judgments." In *Groups, Leadership, and Men*, ed. H. Guetzkow. Pittsburgh: Carnegie. Reprinted 1953 in *Group Dynamics: Research and Theory*, ed. Dorwin Cartwright and Alvin Zander, 151–62. Evanston, Ill., and New York: Row, Peterson and Co.

———. 1952. "Group Forces in the Modification and Distortion of Judgments." In *Social Psychology*, 450–73. New York: Prentice Hall, Inc.

Bader-Weiss, G., and K. S. Bader. 1935. *Der Pranger: Ein Strafwerkzeug und Rechtswahrzeichen des Mittelalters*. Freiburg: Jos. Waibel'sche Verlagsbuchhandlung.

Bandura, Albert. 1968. "Imitation." In *International Encyclopedia of the Social Sciences*, ed. David L. Sills, 7:96–101. New York: Macmillan Co. & Free Press.

Barber, Bernard, and Lyle S. Lobel. 1953. "Fashion in Women's Clothes and the American Social System." In *Class, Status, and Power: A Reader in Social Stratification*, ed. Reinhard Bendix and Seymour Martin Lipset, 323–32. Glencoe, Ill.: Free Press.

Bauer, Wilhelm. 1914. *Die öffentliche Meinung und ihre geschichtlichen Grundlagen*. Tübingen: J. C. B. Mohr (Paul Siebeck).

———. 1920. "Das Schlagwort als sozialpsychische und geistesgeschichtliche Erscheinung." *Historische Zeitschrift* 122:189–240.

———. 1930. *Die öffentliche Meinung in der Weltgeschichte*. Wildpark-Potsdam: Akademische Verlagsgesellschaft Athenaion.

Beniger, James R. 1978. "Media Content as Social Indicators: The Greenfield Index of Agenda-Setting." *Communication Research* 5:437–53.

——. (1987). "Toward an Old New Paradigm. The Half-Century Flirtation with Mass Society." In *Public Opinion Quarterly* 51:46–66.

——. 1992. "The Impact of Polling on Public Opinion: Reconciling Foucault, Habermas and Bourdieu." *International Journal of Public Opinion Research* 4, no. 3.

Bentham, Jeremy. [1838–43] 1962. "The Constitutional Code." In *The Works of Jeremy Bentham*, ed. J. Bowring, vol. 9, bk. 1, chap. 8, "Public Opinion Tribunal," pp. 41–46. New York: Russell & Russell.

Berger, Arthur Asa. 1989. *Political Culture and Public Opinion*. New Brunswick and Oxford: Transaction Publishers.

Berlyne, D. E. 1969. "Laughter, Humor, and Play." In *Handbook of Social Psychology*, 2d ed., ed. Gardner Lindzey and Elliot Aronson, vol. 3, 795–852. Reading, Mass.: Addison-Wesley Publishing Company.

Beyle, Herman C. 1931. *Identification and Analysis of Attribute-Cluster-Blocs*. Chicago: University of Chicago Press.

Blake, Robert R., and Jane Suygley Mouton. 1954. "Present and Future Implications of Social Psychology for Law and Lawyers." *Journal of Public Law* 3:352–69.

Blumer, Herbert. 1948. "Public Opinion and Public Opinion Polling." *American Sociological Review* 13:542–47.

Boas, George. 1969. *Vox Populi: Essays in the History of an Idea*. Baltimore: The Johns Hopkins Press.

Bourdieu, Pierre. 1979. "Public Opinion Does Not Exist." In *Communication and Class Struggle*, ed. A. Mattelart and S. Siegelaub. New York: International General.

Braatz, Kurt. 1988. *Friedrich Nietzsche—Eine Studie zur Theorie der öffentlichen Meinung*. Monographien und Texte zur Nietzsche Forschung, no. 18. Berlin and New York: de Gruyter.

Bryce, James. 1888–89. *The American Commonwealth*. 2 vols. London: Macmillan.

Bucher, Lothar. 1887. "Über politische Kunstausdrücke." *Deutsche Revue*, no. 12:67–80.

Burke, Edmund. [1791] 1826. "An Appeal From the New to the Old Whigs." In *The Works of the Right Honourable Edmund Burke*, a New Edition, vol. 6, 73–267. London: Printed for C. and J. Rivington.

Carson, Rachel. 1962. *Silent Spring*. Boston: Houghton Mifflin Co. Reprinted 1977, New York: Fawcett.

Cartwright, Dorwin, and Alvin Zander, eds. [1953] 1968. *Group Dynamics: Research and Theory*. 3d ed. New York: Evanston, and London: Harper & Row.

Cicero, 1980. *Atticus-Briefe*. Ed. H. Kasten. Munich and Zürich: Artemis.

Childs, Harwood L. 1965. *Public Opinion: Nature, Formation, and Role*. Princeton, N.J., Toronto, New York, and London: D. van Nostrand.

Choderlos de Laclos, Pierre A. [1782] 1926. *Les liaisons dangereuses*. 2 vols. Paris: Les Editions G. Crès.

Chuliá-Rodrigo, Maria Elisa. 1989. "Die öffentliche Meinung in Cervantes' Roman 'Don Quijote von der Mancha.'" Master's thesis, Johannes Gutenberg-Universität, Mainz.

Conradt, David P. 1978. "The 1976 Campaign and Election: An Overview." In *Germany at the Polls: The Bundestag Election of 1976*, ed. Karl H. Cerny, 29–56. Washington, D.C.: American Enterprise Institute for Public Policy Research.

Csikszentmihalyi, Mihaly. 1992. "Public Opinion and the Psychology of Solitude." Paper presented at the Johannes Gutenberg University of Mainz, January 22, 1992.

Darwin, Charles. 1873. *The Expression of the Emotions in Man and Animals*. London: Murray.

Davison, W. Phillips. 1958. "The Public Opinion Process." *Public Opinion Quarterly* 22:91–106.

———. 1968, "Public Opinion: Introduction." In *International Encyclopedia of the Social Sciences*, ed. David L. Sills, 13:188–97. New York: Macmillan Co. & Free Press.

Descartes, René. [1641] 1964. "Meditationes de Prima Philosophia." In *Oeuvres*, ed. Charles Adam and Paul Tannery, vol. 7. Paris: Librairie Philosophique J. Vrin, English: 1931. "Meditations on First Philosophy." In *The Philosophical Works*, trans. Elizabeth S. Haldane and G. R. T. Ross, 2d rev. ed. Cambridge: At the University Press.

Dicey, Albert V. 1905. *Lectures on the Relations Between Law and Public Opinion in England During the Nineteenth Century*. London: Macmillan.

———. [1905]. 1962. *Law and Public Opinion in England*. London: Macmillan.

Dietze, Jörn. 1992. "Symbolischer Interaktionismus und öffentliche Meinung." Forthcoming Master's thesis, Johannes Gutenberg-Universität, Mainz.

Donsbach, Wolfgang, and Robert L. Stevenson. 1986. "Herausforderungen, Probleme und empirische Evidenzen der Theorie der Schweigespirale." *Publizistik* 31:7–34.

Douglas, Mary. 1986. *How Institutions Think*. Syracuse, N.Y.: Syracuse University Press.

Dovifat, Emil. [1937] 1962. *Zeitungslehre*. Vol. 1. Berlin: Walter de Gruyter & Co. (Sammlung Göschen. no. 1039).

Draper, Theodore. 1982. "Hume and Madison: The Secrets of Federalist Paper No. 10." *Encounter* 58. no. 2 (February).

Dulmen, Richard van. 1977. *Reformation als Revolution: Soziale Be-*

wegung und religiöser Radikalismus. Munich: Deutscher Taschenbuch-verlag (dtv-Wissensch. Reihe 4273).

Durkheim, Emile. [1895] 1958. *The Rules of Sociological Method.* Glencoe, Ill.: The Free Press.

Eckert, Werner. 1985. "Zur öffentlichen Meinung bei Machiavelli— Mensch, Masse und die Macht der Meinung." Master's thesis, Johannes Gutenberg-Universität, Mainz.

Eckstein, Harry. 1966. *Division and Cohesion in Democracy: A Study of Norway.* Princeton, N.J.: Princeton University Press.

Elder Seneca. 1974. *Controversae.* Trans. M. Winterbottom. Vol. 1. Cambridge, Mass.: Harvard University Press.

Erasmus of Rotterdam. [1516] 1968. *Fürstenerziehung. Institutio Principis Christiani. Die Erziehung eines christlichen Fürsten.* Ed. Anton J. Gail. Paderborn: Schöningh. English: 1986. "The Education of a Christian Prince. Institutio Principis Christiani." Trans. Neil M. Cheshire and Michael J. Heath. In *Collected Works of Erasmus,* ed. A. H. T. Levi, 199–288. Toronto and London: University of Toronto Press.

Ewen, Wolfgang, Wolfgang Heininger. Sabine Holicki, Axel Hopbach and Elmar Schlüter. 1981/82. "Selbstexperiment: Isolationsdrohung." Term paper, Johannes Gutenberg-Universität, Mainz.

Festinger, Leon. 1957. *A Theory of Cognitive Dissonance.* Evanston, Ill.: Row, Peterson.

Fields, James M., and Howard Schuman. 1976. "Public Beliefs about the Beliefs of the Public." *Public Opinion Quarterly* 40:427–48.

Frame, Donald M. 1965. *Montaigne: A Biography.* New York: Harcourt, Brace & World.

Frazier, Jean P., and Cecile Gaziano. 1979. *Robert Ezra Park's Theory of News, Public Opinion and Social Control.* Journalism Monographs 64.

Frentiu, Carmen. 1990. "Die öffentliche Meinung in den Essays 'Upon the Original and Nature of Government' (1672) and 'Of Popular Discontents' (1685) von Sir William Temple." Term paper, Johannes Gutenberg-Universität, Mainz.

Frey, Siegfried, H.-P. Hirsbrunner, J. Pool, and W. Daw. 1981. "Das Berner System zur Untersuchung nonverbaler Interaktion." In *Methoden der Analyse von Face-to-Face-Situationen,* ed. Peter Winkler. Stuttgart: Metzler.

Frisch, Max. [1967] 1979. *Öffentlichkeit als Partner.* 6th ed. Frankfurt/Main: Suhrkamp.

Fromm, Erich. 1980. *Greatness and Limitations of Freud's Thought.* New York: Harper & Row.

Funkhouser, G. R. 1973. "The Issues of the Sixties: An Exploratory Study in the Dynamics of Public Opinion." *Public Opinion Quarterly* 37:62–73.

Gallacher, S. A. 1945. "Vox Populi—Vox Dei." *Philological Quarterly* 24 (January).

Ganochaud, Colette. 1977–78. "L'opinion publique chez Jean-Jacques Rousseau." 2 vols. Doctoral diss. Université de Paris V, René Descartes. Sciences Humaines, Sorbonne.

Gehlen, Arnold. 1965. *Zeit-Bilder: Zur Soziologie und Ästhetik der modernen Malerei*. Frankfurt and Bonn: Athenäum.

Geldner, Ferdinand. 1930. "Die Staatsauffassung und Fürstenlehre des Erasmus von Rotterdam." *Historische Studien* (Berlin) 191.

Gerber, Christine. 1975. "Der Begriff der öffentlichen Meinung im Werk Rousseaus." Master s thesis. Johannes Gutenberg-Universität, Mainz.

Gersdorff, Carl Ernst August von. 1846. *Über den Begriff und das Wesen der oeffentlichen Meinung: Ein Versuch*. Jena: J. G. Schreiber.

Glanvill, Joseph. 1661. *The Vanity of Dogmatizing: or Confidence in Opinions: Manifested in a Discourse of the Shortness and Uncertainty of our Knowledge, And its Causes; With Some Reflexions on Peripateticism; and An Apology for Philosophy*. London: E. C. for Henry Eversden at the Grey-Hound in St. Pauls-Church-Yard.

Glynn, Carroll J., and Jack M. McLeod. 1985. "Implications of the Spiral of Silence Theory for Communication and Public Opinion Research." In *Political Communication Yearbook 1984*, ed. Keith R. Sanders, Linda Lee Kaid, and Dan Nimmo, 43–65. Carbondale, Edwardsville: Southern Illinois University Press.

Goethe, Johann Wolfang von. 1964. *Werke, Briefe und Gespräche*. Commemorative edition, ed. Ernst Beutler. Vol. 14, *Schriften zur Literatur*, "Weltliteratur, Homer noch einmal." Zurich and Stuttgart: Artemis.

Goffman, Erving. 1956. "Embarrassment and Social Organization." *American Journal of Sociology* 62:264–71.

———. 1963a. *Behavior in Public Places: Notes on the Social Organization of Gatherings*. New York: The Free Press.

———. 1963b. *Stigma: Notes on the Management of Spoiled Identity*. Englewood Cliffs, N.J.: Prentice-Hall.

Gollin, Albert E. 1980. "Exploring the Liaison between Polling and the Press." *Public Opinion Quarterly* 44:445–61.

Goodnight, Thomas. 1992. "Habermas, The Public Sphere and Controversy." *International Journal of Public Opinion Research* 4, no. 3.

Habermas, Jürgen. 1962. *Strukturwandel der Öffentlichkeit: Untersuchungen zu einer Kategorie der bürgerlichen Gesellschaft*. Neuwied: Hermann Luchterhand.

Hallemann, Michael. 1984. "Peinlichkeit als Indikator. Theorie der Peinlichkeit—demoskopische Analyse—Bezüge zur Publizistikwissenschaft unter besonderer Berücksichtigung des Phänomens Öffentlichkeit." Master's thesis, Johannes Gutenberg-Universität, Mainz.

———. 1986. "Peinlichkeit und öffentliche Meinung." *Publizistik* 31:249–61.

———. 1989. "Peinlichkeit: Ein Ansatz zur Operationalisierung von Isolationsfurcht im sozialpsychologischen Konzept öffentlicher Meinung." Dissertation, Johannes Gutenberg-Universität, Mainz.

Haller, William. 1965. *Tracts on Liberty in the Puritan Revolution 1638–1647*. Vol. 1, Commentary. New York: Octagon Books.

Harig, Ludwig. 1978. "Rousseau sieht das Weisse im Auge des Königs: Ein literaturhistorischer Rückblick." *Die Welt,* no. 71 (25 March).

Haviland, John Beard. 1977. *Gossip: Reputation, and Knowledge in Zinacantan.* Chicago: University of Chicago Press.

Hegel, Georg Wilhelm Friedrich. [1821] 1970. *Werke.* Vol. 7, *Grundlinien der Philosophie des Rechts.* Frankfurt/Main: Suhrkamp.

Heider, Fritz. 1946. "Attitudes and Cognitive Organization." *Journal of Psychology* 21:107–12.

Hennis, Wilhelm. 1957a. *Meinungsforschung und repräsentative Demokratie: Zur Kritik politischer Umfragen.* Recht und Staat in Geschichte und Gegenwart, no. 200/201. Tübingen: J. C. B. Mohr (Paul Siebeck).

———. 1957b. "Der Begriff der öffentlichen Meinung bei Rousseau." *Archiv für Rechts- und Sozialphilosophie* 43: 111–15.

Hentig, Hans von. 1954–55. *Die Strafe: Frühformen und kulturgeschichtliche Zusammenhänge.* Berlin, Göttingen, and Heidelberg: Springer.

Herbst, Susan. 1992. "Surveys in the Public Sphere: Applying Bourdieu's Critique of Opinion Polls." *International Journal of Public Opinion Research* 4, no. 3.

Hesiod. 1959. "Works and Days." In *The Homeric Hymns and Homerica,* trans. G. Evelyn-White, ed. T. E. Page et al. 2–65. Loeb Classical Library, 2d rev. ed. London: William Heinemann.

Hobbes, Thomas. [1650, 1889] 1969. *The Elements of Law: Natural and Politic.* London: Frank Cass & Co.

Hofstätter, Peter R. 1949. *Die Psychologie der öffentlichen Meinung.* Vienna: Wilhelm Braumüller.

Holcombe, A. W. 1923. *The Foundations of the Modern Commonwealth.* New York: Harpers.

Holicki, Sabine. 1984. "Isolationsdrohung—Sozialpsychologische Aspekte eines publizistikwissenschaftlichen Konzepts." Master's thesis, Johannes Gutenberg-Universität, Mainz.

Holtzendorff, Franz von. 1879, 1880. *Wesen und Werth der öffentlichen Meinung.* Munich: M. Rieger'sche Universitäts-Buchhandlung (Gustav Himmer).

Homer. 1951. *The Iliad of Homer.* Trans. with an Introduction by Richmond Lattimore. Chicago and London: The University of Chicago Press.

Hubbard, B. A. F., and E. S. Karnofsky. 1982. *Plato's Protagoras: A Socratic Commentary,* with a Foreword by M. F. Burnyeat. London: The Trinity Press.

Hume, David. [1739/1740] 1896. *A Treatise of Human Nature.* Reprinted from the original edition in three volumes. Ed. L. A. Selby-Bigge. Oxford: At the Clarendon Press.

——. [1751] 1962. *Enquiries Concerning the Human Understanding and Concerning the Principles of Morals.* Ed. L. A. Selby-Bigge. 2d ed. Oxford: At the Clarendon Press.

——. [1741/1742] 1963. *Essays Moral, Political, and Literary.* London: Oxford University Press.

Hyman, Herbert. 1957. "Toward a Theory of Public Opinion." *Public Opinion Quarterly* 21:54–60.

Ihering, Rudolph von. 1883. *Der Zweck im Recht.* Vol. 2. Leipzig: Breitkopf and Härtel.

Institut für Demoskopie Allensbach. 1952. "Die Stimmung im Bundesgebiet." October. Graph.

International Encyclopedia of Communications. New York, Oxford: Oxford University Press, 1989.

International Encyclopedia of the Social Sciences, ed. David L. Sills. New York: Macmillan Co. & Free Press, 1968.

Jäckel, Anne. 1988. "Ungeschriebene Gesetze im Lichte der sozialpsychologischen Theorie öffentlicher Meinung." Master's thesis, Johannes Gutenberg-Universität, Mainz.

Jahoda, Marie. 1959. "Conformity and Independence: A Psychological Analysis." *Human Relations* 12:99–120.

John of Salisbury [1159] 1927. *The Statesman's Book of John of Salisbury. Being the Fourth, Fifth, and Sixth Books, and Selections from the Seventh and Eighth Books, of the Policraticus.* Trans. and with an Intro. by John Dickinson. New York: Russell & Russell.

Jordan, E. 1930. *Theory of Legislation.* Indianapolis: Progress Publishing Company.

Kaiser, Joseph H. 1975. "Sozialauffassung, Lebenserfahrung und Sachverstand in der Rechtsfindung." *Neue Juristische Wochenschrift,* no. 49.

Kant, Immanuel. 1893. *Critique of Pure Reason.* Trans. J. M. D. Meiklejohn. London: George Bell & Sons.

Katz, Elihu. 1981. "Publicity and Pluralistic Ignorance: Notes on 'The Spiral of Silence.'" In *Öffentliche Meinung und Sozialer Wandel/ Public Opinion and Social Change.* Festschrift for Elisabeth Noelle-Neumann, ed. Horst Baier, Hans Mathias Kepplinger, and Kurt Reumann, 28–38. Opladen: Westdeutscher Verlag.

Kepplinger, Hans Mathias. 1975. *Realkultur und Medienkultur: Literarische Karrieren in der Bundesrepublik.* Alber-Broschur Kommunikation, vol. 1. Freiburg and Munich: Karl Alber.

——. 1979. "Ausgewogen bis zur Selbstaufgabe? Die Fernsehberichterstattung über die Bundestagswahl 1976 als Fallstudie eines kommunikationspolitischen Problems." *Media Perspektiven,* no. 11:750–55.

——. 1980a. "Optische Kommentierung in der Fernsehberichterstattung über den Bundestagswahlkampf 1976." In *Politikfeld-Forschung 1979*, ed. Thomas Ellwein. Opladen: Westdeutscher Verlag.

———. 1980b. "Kommunikation im Konflikt. Gesellschaftliche Bedingungen kollektiver Gewalt." *Mainzer Universitätsgespräche*, Mainz.

———. 1983. "Visual Biases in Television Campaign Coverage." In *Mass Communication Review Yearbook*, ed. Ellen Wartella, D. Charles Whitney, and Sven Windahl, 3:391–405. Beverly Hills: Sage.

———. 1987. *Darstellungseffekte: Experimentelle Untersuchungen zur Wirkung von Pressefotos und Fernsehfilmen*. Alber-Broschur Kommunikation, vol. 15. Freiburg and Munich: Karl Alber.

———. 1988. "Die Kernenergie in der Presse: Eine Analyse zum Einfluß subjektiver Faktoren auf die Konstruktion von Realität." *Kölner Zeitschrift für Soziologie und Sozialpsychologie* 40:659–83.

———. 1989a. *Künstliche Horizonte. Folgen, Darstellung und Akzeptanz von Technik in der Bundesrepublik Deutschland*. Frankfurt/Main: Campus.

———. 1989b. "Nonverbale Kommunikation: Darstellungseffekte." In *Fischer Lexikon Publizistik—Massenkommunikation*, ed. Elisabeth Noelle-Neumann, Winfried Schulz, Jürgen Wilke, 241–255. Frankfurt/Main: Fischer Taschenbuch-Verlag.

Kepplinger, Hans Mathias, and W. Donsbach. 1982. "The Influence of Camera Angles and Political Consistency on the Perception of a Party Speaker." Paper presented to the 5th International Conference on Experimental Research in TV Instruction, St. Johns, Canada, 28–30 June.

Kepplinger, Hans Mathias, and Michael Hachenberg. 1979. "The Challenging Minority: A Study in Social Change." Lecture at the annual conference of the International Communication Association, Philadelphia, May 1979.

Kepplinger, Hans Mathias, and Herbert Roth. 1979. "Creating a Crisis: German Mass Media and Oil Supply in 1973/74. *Public Opinion Quarterly* 43:285–96.

Klapp, Orrin E. 1954. "Heroes, Villains, and Fools as Agents of Social Control." *American Sociological Review* 19, no. 1:56–62.

König, René. 1967. "Das Recht im Zusammenhang der sozialen Normensysteme." *Kölner Zeitschrift für Soziologie und Sozialpsychologie*, special issue 11, Studien und Materialien zur Rechtssoziologie, 36–53.

Lamp, Erich. 1988. "Öffentliche Meinung im Alten Testament: Eine Untersuchung der sozialpsychologischen Wirkungsmechanismen öffentlicher Meinung in Texten alttestamentlicher Überlieferung von den Anfängen bis in babylonische Zeit." Dissertation, Johannes Gutenberg-Universität, Mainz.

Landecker, Werner S. 1950. "Types of Integration and Their Measurement." *American Journal of Sociology* 56:332–40. Reprinted 1955 in Paul F. Lazarsfeld and Morris Rosenberg, eds., *The Language of So-*

430

cial Research: A Reader in the Methodology of Social Research, 19–27. New York and London: Free Press and Collier-Macmillan.

LaPiere, Richard T. 1954. *A Theory of Social Control*. New York, London, and Toronto: McGraw-Hill.

Lawick-Goodall, Jane van. 1971. *In the Shadow of Man*. Boston: Houghton Mifflin.

Lazarsfeld, Paul F. 1957. "Public Opinion and the Classical Tradition." *Public Opinion Quarterly* 21, no. 1:39–53.

Lazarsfeld, Paul, Bernard Berelson and Hazel Gaudet. [1944] 1948, 1968. *The People's Choice: How the Voter Makes Up His Mind in a Presidential Campaign*. 2d ed. 1948; 3d ed. 1968. New York: Columbia University Press.

LeGoff, Jacques. 1989. "Kann denn Lachen Sünde sein? Die mittelalterliche Geschichte einer sozialen Verhaltensweise." *Frankfurter Allgemeine Zeitung*, no. 102 (3 May 1989): N3.

Lenau, Nikolaus. 1954. *Stundenbuch für Letternfreunde: Besinnliches und Spitziges über Schreiber und Schrift, Leser und Buch*. Ed. Horst Kliemann. Berlin and Frankfurt.

Leonhardt. R. W. 1965. "Der Kampf der Meinungsforscher. Elisabeth Noelle-Neumann: 'Ich würde mich gar nicht wundern, wenn die SPD gewänne.'" *Die Zeit*, 17 September.

Lersch, Philipp. 1951. *Gesicht und Seele: Grundlinien einer mimischen Diagnostik*. Munich and Basel: Reinhardt.

Lewin, Kurt. 1947. "Group Decision and Social Change." In *Readings in Social Psychology*, ed. Theodore M. Newcomb and Eugene L. Hartley, 330–44. New York: Henry Holt and Company.

———. (1935–1946) 1948. *Resolving Social Conflicts: Selected Papers on Group Dynamics*. A Publication of the University of Michigan Research Center for Group Dynamics, ed. Gertrud W. Lewin. New York: Harper.

Limmer, Wolfgang. 1976. "Wem schrei ich um Hilfe?" *Der Spiegel*, no. 41:236–39.

Lippmann, Walter. [1922, 1954] 1965. *Public Opinion*. New York: Macmillan—Paperback edition 1965, New York: Free Press.

Locke, John. 1824. *The Works of John Locke*. Frederic Ives Carpenter Memorial Collection, 12th ed.

———. [1690] 1894. *An Essay Concerning Human Understanding*. Drafted in 1671. Historical-critical edition. Ed. Alexander Campbell Fraser. 2 vols. Oxford: At the Clarendon Press.

Lorenz, Konrad. 1966. *On Aggression*. Trans. Marjorie Kerr Wilson. New York: Harcourt, Brace & World.

Lowell, A. Lawrence. 1913. *Public Opinion and Popular Government*. New York.

Luhmann, Niklas. 1971. "Öffentliche Meinung." In *Politische Planung:*

Aufsätze zur Soziologie von Politik und Verwaltung, 9–34. Opladen: Westdeutscher Verlag. First published in 1970 in *Politische Vierteljahresschrift* 11, no. 1:2–28; reprinted 1974 in *Zur Theorie der politischen Kommunikation*, ed. Wolfgang R. Langenbucher, 27–54, 311–17; Munich: R. Piper & Co.; and 1979 in *Politik und Kommunikation: Über die öffentliche Meinungsbildung*, ed. Wolfgang R. Langenbucher, 29–61. Munich and Zurich: R. Piper & Co.

Machiavelli, Niccolò. [1532] 1971. "Il Principe." In *Tutte le Opere*, ed. Mario Martelli. Florence: Sansoni. English: 1950. *The Prince and the Discourses*. Trans.: Luigi Ricci, E. R. P. Vincent, and Christian Detmold. New York: Random House.

Madison, James. [1788] 1961. "The Federalist No. 49." In *The Federalist*, ed. Jacob E. Cooke, 338–47. Middletown, Conn.: Wesleyan University Press.

Malraux, André. 1972. *Felled Oaks: Conversation with DeGaulle*, Trans. Irene Clephane. New York: Holt Rinehart & Winston.

Mathes, Sabine. 1989. "Die Einschätzung des Meinungsklimas im Konflikt um die Kernenergie durch Personen mit viel und wenig Fernsehnutzung." Master's thesis, Johannes Gutenberg-Universität, Mainz.

McCombs, M. E., and D. L. Shaw. 1972. "The Agenda-Setting Function of Mass Media." *Public Opinion Quarterly* 36:176–87.

McDougall, William. 1920, 1921. *The Group Mind*. Cambridge: At the University Press.

McLeod, J. M., L. B. Becker and J. E. Byrnes. 1974. "Another Look at the Agenda-Setting Function of the Press." *Communication Research*, no. 1:131–66.

Mead, George Herbert. 1934. *Mind, Self, and Society: From the Standpoint of a Social Behaviorist*. Chicago: University of Chicago Press.

———. 1982. "1927 Class Lectures in Social Psychology." In *The Individual and the Social Self*, ed. David L. Miller. Chicago: University of Chicago Press.

Mead, Margaret. 1937. "Public Opinion Mechanisms among Primitive Peoples." *Public Opinion Quarterly* 1 (July): 5–16.

Merton, Robert K. [1949] 1957. *Social Theory and Social Structure: Toward the Codification of Theory and Research*. New York: Free Press.

Milgram, Stanley. 1961. "Nationality and Conformity." *Scientific American* 205:45–51.

Molcho, Samy. 1983. *Körpersprache*. Munich: Mosaik-Verlag.

Montaigne, Michel de. [1588] 1962. "Essais." In Oeuvres complètes, ed. Maurice Rat and Albert Thibaut. Paris: Gallimard. English, 1908. *The Essayes of Michael Lord of Montaigne*. Trans. John Florio. 3 vols. London: Grant Richards.

Moores, Kaaren Marita. 1990. "Die öffentliche Meinung im Werk Montesquieus." Master's thesis, Johannes Gutenberg-Universität, Mainz.

Moreno, Jacob L. [1934] 1953. *Who Shall Survive? Foundations of Sociometry, Group Psychotherapy and Sociodrama*. Rev. ed. Beacon, N.Y.: Beacon House.

Moscovici, Serge. 1991. "Silent Majorities and Loud Minorities. Commentary on Noelle-Neumann." In *Communication Yearbook* 14, ed. James A. Anderson. Newbury Park: Sage.

Mreschar, Renate I. 1979. "Schmidt war besser im Bild als Kohl: Universität analysierte Kameraarbeit bei der TV-Berichterstattung vor der Bundestagswahl 76." *Frankfurter Rundschau*, no. 255 (1 November 1979): 26.

Müller, Johannes von. [1777] 1819. "Zuschrift an alle Eidgenossen." In *Sämmtliche Werke*, ed. Johann Georg Müller, pt. 27, 24–50. Tübingen: J. G. Cotta'sche Buchhandlung.

Murie Adolph. 1944. *The Wolves of Mount McKinley*. Washington: U.S. National Park Service, Fauna Series, no. 5.

Nagler, Johannes [1918] 1970. *Die Strafe: Eine juristisch-empirische Untersuchung*. Aalen: Scientia. Reprint of the Leipzig edition of 1918.

Neumann, Erich Peter, and Elisabeth Noelle. 1961. *Umfragen über Adenauer: Ein Portät in Zahlen*. Allensbach and Bonn: Verlag für Demoskopie.

Neumann, Gerd-Heinrich. 1981. *Normatives Verhalten und aggressive Aussenseiterreaktionen bei geselliglebenden Vögeln und Säugern*. Opladen: Westdeutscher Verlag.

Newcomb, Theodore. 1950. *Social Psychology*. New York: Dryden.

Nibelungenlied, Das. 1965. Trans. Felix Genzmer. Stuttgart: Reclam.

Niedermann, Anne. 1991. "Ungeschriebene Gesetze: Ein sozialpsychologischer Ansatz zur Beschreibung des Spannungsfeldes zwischen öffentlicher Meinung und Recht." Dissertation, Johannes Gutenberg-Universität, Mainz.

Niedermann, Bernd. 1991. "Öffentliche Meinung und Herrschaft am Beispiel des erfolgreichen Politikers Kardinal Richelieu." Master's thesis. Johannes Gutenberg-Universität Mainz.

Nietzsche, Friedrich. 1967. "Zur Genealogie der Moral. Dritte Abhandlung: was bedeuten asketische Ideale?" In *Werke*. Kritische Gesamtausgabe, vol. 6, pt. 2, ed. Giorgio Colli and Mazzino Montinari. Berlin and New York: de Gruyter.

Noelle, Elisabeth. 1966. *Öffentliche Meinung und Soziale Kontrolle*. Recht und Staat, no. 329. Tübingen: J. C. B. Mohr (Paul Siebeck).

Noelle-Neumann, Elisabeth. 1971. "Öffentliche Meinung." In *Publizistik: Das Fischer Lexikon*, ed. Elisabeth Noelle-Neumann and Winfried Schulz. Frankfurt/Main: Fischer.

———. 1973. "Return to the Concept of Powerful Mass Media." *Studies of Broadcasting*, no. 9 (March 1973): 67–112.

———. 1974. "Die Schweigespirale: Über die Entstehung der öffentlichen Meinung." In *Standorte im Zeitstrom: Festschrift für Arnold Gehlen zum 70. Geburtstag am 29. Januar 1974,* ed. Ernst Forsthoff and Reinhard Hörstel, 229–30. Frankfurt/Main: Athenäum. Reprinted 1977, 1979, in Elisabeth Noelle-Neumann, *Öffentlichkeit als Bedrohung: Beiträge zur empirischen Kommunikationsforschung,* 169–203. Alber-Broschur Kommunikation, vol. 6. Freiburg and Munich: Karl Alber. English: 1974. "The Spiral of Silence: A Theory of Public Opinion." *Journal of Communication* 24:43–51.

———. 1977a. "Turbulences in the Climate of Opinion: Methodological Applications of the Spiral of Silence Theory." *Public Opinion Quarterly* 41:143–58.

———. 1977b. "Das doppelte Meinungsklima: Der Einfluss des Fernsehens im Wahlkampf 1976." *Politische Vierteljahresschrift* 18, nos. 2–3:408–51. English: 1978. "The Dual Climate of Opinion: The Influence of Television in the 1976 West German Federal Election." In *Elections and Parties,* ed. Max Kaase and Klaus von Beyme, 137–69. German Political Studies, vol. 3. Beverly Hills: Sage.

———. 1978. "Kampf um die öffentliche Meinung: Eine vergleichende sozialpsychologische Analyse der Bundestagswahlen 1972 und 1976." In *Entscheidung ohne Klarheit: Anmerkungen und Materialien zur Bundestagswahl 1976,* ed. Dieter Just and Peter Röhrig, 125–67. Bonn: Schriftenreihe der Bundeszentrale für politische Bildung, vol. 127.

———. 1979. "Die Führungskrise der CDU im Spiegel einer Wahl: Analyse eines dramatischen Meinungsumschwungs." *Frankfurter Allgemeine Zeitung,* no. 72 (26 March 1979): 10.

———. 1981. "Das Bundesverfassungsgericht und die ungeschriebenen Gesetze—Antwort an. Ernst Benda." *Die Öffentliche Verwaltung* 35:883–88.

———. 1984. *The Spiral of Silence: Public Opinion—Our Social Skin.* Chicago/London: University of Chicago Press. German edition (1980): *Die Schweigespirale: Öffentliche Meinung—unsere soziale Haut.* Munich/Zurich: Piper. Revised and enlarged edition (1989): *Öffentliche Meinung: Die Entdeckung der Schweigespirale.* Frankfurt/Main/Wien/Berlin: Ullstein.

———. 1985. "The Spiral of Silence: A Response." In *Political Communication Yearbook 1984,* ed. Keith R. Sanders, Linda Lee Kaid, and Dan Nimmo, 66–94. Carbondale, Edwardsville: Southern Illinois University Press.

———. 1989a. "Advances in Spiral of Silence Research." *KEIO Communication Review* 10:3–34.

———. 1989b. "Die Theorie der Schweigespirale als Instrument der Medienwirkungsforschung." *Kölner Zeitschrift für Soziologie und Sozialpsychologie,* special issue 30, Massenkommunikation, 418–40.

———. 1991. "The Theory of Public Opinion: The Concept of the Spiral of Silence." In *Communication Yearbook 14,* ed. James A. Anderson, 256–87. Newbury Park: Sage.

Nosanchuk, T. A., and Jack Lightstone. 1974. "Canned Laughter and Public and Private Conformity." *Journal of Personality and Social Psychology* 29:153–56.

O'Gorman, Hubert, and Stephen L. Garry. 1976. "Pluralistic Ignorance—A Replication and Extension." *Public Opinion Quarterly* 40: 449–58.

Oncken, Hermann, 1914. "Politik, Geschichtsschreibung und öffentliche Meinung." In *Historisch-politische Aufsätze und Reden* 1:203–43. Munich and Berlin: R. Oldenbourg.

Osgood, Charles E., George J. Suci, and Percy H. Tannenbaum. [1957] 1964. *The Measurement of Meaning.* Urbana, Ill.: University of Illinois Press.

Ostertag, Michael. 1992. "Zum Wirkungspotential nichtsprachlicher Äußerungen in politischen Sendungen. Der Einfluß offensiver und defensiver Verhaltensstrategien auf das Erscheinungsbild von Politikern und Journalisten in Fernsehinterviews." Dissertation, Johannes Gutenberg-Universität, Mainz.

Palmer, Paul A. [1936] 1950. "The Concept of Public Opinion in Political Theory." In *Reader in Public Opinion and Communication,* ed. Bernard Berelson and Morris Janowitz, 3–13. Glencoe: Free Press.

Park, Robert E. [1972] 1975. *The Crowd and the Public and Other Essays.* ed. Henry Elsner, Jr., and trans. Charlotte Elsner. Heritage of Sociology series. Chicago: University of Chicago Press.

Peer, Limor. 1992. "The Practice of Opinion Polling as a Disciplinary Mechanism: A Foucauldian Perspective." *International Journal of Public Opinion Research* 4, no. 3.

Petzolt, Dieter. 1979. "Öffentlichkeit als Bewusstseinszustand: Versuch einer Klärung der psychologischen Bedeutung." Master's thesis, Johannes Gutenberg-Universität, Mainz.

Plato. 1900. "The Republic" In *Works,* vol. 2, trans. Henry Davis. London: George Bell & Sons.

Pound, Roscoe. 1930. "Public Opinion and Social Control." *Proceedings of the National Conference of Social Work.* 57th annual session held in Boston, Mass., June 8–14, 1930. Chicago: University of Chicago Press.

Pribram, Karl. 1979. "Sehen, Hören, Lesen—und die Folgen im Kopf: Informationsverarbeitung im Gehirn." Lecture given at the joint meeting of specialists of the German Society for Reading, the foundation In Medias Res, and the German Society for Communication Research: "The Ecology of the Media—a Future Problem of Our Society: On the Way Toward Cable-Connected Illiterates?" on 27 April 1979, in Mainz.

Priscillianus. 1889. *Opera. Priscilliani quae supersunt.* Maximem partem nuper detexit adiectisque commentariis criticis et indicibus primus edidit Georgius Schepss. Pragae, Vindobonae: F. Tempsky. Lipsiae: G. Freytag.

Rabelais, François. 1955. *Œuvres complètes*. Texte établi et annoté par Jacques Boulenger. Rev. ed., ed. Lucien Scheler. Paris: Gallimard.

Raffel, Michael. 1984. "Der Schöpfer des Begriffs *öffentliche Meinung*: Michel de Montaigne." *Publizistik* 29, no. 1.

———. 1985. "Michel de Montaigne und die Dimension Öffentlichkeit: Ein Beitrag zur Theorie der öffentlichen Meinung." Dissertation, Johannes Gutenberg-Universität, Mainz.

Reiwald, Paul. 1948. *Vom Geist der Massen: Handbuch der Massenpsychologie*. Internationale Bibliothek für Psychologie und Soziologie, vol. 1. Zurich: Pan Verlag.

Renaudet, Augustin. 1954. *Erasme et l'Italie*. Geneva: Librairie E. Droz.

Richelieu, Armand du Plessis Cardinal de. [1688] 1947. *Testament Politique*. Ed. Louis André; preface by Leon Noel. Paris: Robert Lafont.

Richter, Horst E. 1976. *Flüchten oder Standhalten*. Hamburg: Rowohlt.

Roegele, Otto, B. 1979. "Massenmedien und Regierbarkeit." In *Regierbarkeit: Studien zu ihrer Problematisierung*, vol. 2, ed. Wilhelm Hennis, Peter Graf Kielmansegg, and Ulrich Matz, 177–210. Stuttgart: Klett-Cotta.

Ross, Edward Alsworth. [1901, 1929] 1969. *Social Control: A Survey of the Foundations of Order*. With an introduction by Julius Weinberg, Gisela J. Hinkle, and Roscoe C. Hinkle. Cleveland and London: The Press of Case Western Reserve University. First published by Macmillan in 1901.

Rossow, Kenneth. "Sociodemographic Characteristics, Perceived Normative Threat, and Response Falsification for Survey Topics with High Social Desirability." Lecture presented at AAPOR annual meeting, May 1983.

Rousseau, Jean-Jacques. [1762] 1953. "The Social Contract." In *Political Writings*, ed. and trans. Frederick Watkins. London: Nelson.

———. [1762] 1962a. "Du Contrat Social." In *Du Contrat Social ou Principes du Droit Politique*. Paris: Garnier.

———. [1762] 1962b. "Lettre à M. D'Alembert." In *Du Contrat Social ou Principes du Droit Politique*. Paris: Garnier.

———. [1744] 1964a. "Depêches de Venise. XCI." In *Oeuvres complètes*, vol. 3. La Pléiade. Paris: Gallimard.

———. [1750/55] 1964b. "Discours sur l'origine et les foundements de l'inégalité parmi les hommes." In *Oeuvres complètes*, vol. 3. La Pléiade. Paris: Gallimard. English: 1964. *The First and Second Discourses*. Ed. Roger D. Masters, trans. Roger D. and Judith R. Masters. New York: St. Martin's Press.

———. [1761] 1964c. "La nouvelle Héloise." In *Oeuvres complètes*, vol. 2. La Pléiade. Paris: Gallimard.

———. [1762] 1964d. "Émile ou de l'éducation." In *Oeuvres complètes*, vol. 4. La Pléiade. Paris: Gallimard. English: 1957. *Émile*. Trans. Barbara Foxley. London: J. M. Dent & Sons.

———. [1762] 1967. *Lettre à d'Alembert sur les Spectacles.* Paris: Garnier-Flammariche. English: 1960. *Politics and the Arts.* Trans. Allan Bloom. Glencoe, Ill.: Free Press.

———. [1766–70] 1968. Les Confessions. Paris: Garnier-Flammarion. English: 1945. *The Confessions of Jean Jacques Rousseau.* New York: Random House.

Rusciano, Frank L. [n.d.] "Passing Brave: Elite Perspectives on the Machiavellian Tradition." Master's thesis, Department of Political Science, University of Chicago.

Rusciano, Frank L., and Roberta Fiske-Rusciano. 1990. "Towards a Notion of 'World Opinion.'" *International Journal of Public Opinion Research* 2, no. 4:305–22.

Salmon, Charles T., and F. Gerald Kline. 1985. "The Spiral of Silence Ten Years Later: An Examination and Evaluation." In *Political Communication Yearbook 1984,* ed. Keith R. Sanders, Linda Lee Kaid, and Dan Nimmo, 3–30. Carbondale, Edwardsville: Southern Illinois University Press.

Sauerwein, J. A. 1933. "The Moulders of Public Opinion." In: *Public Opinion and World Politics,* ed. Quincy Wright. Chicago: University of Chicago Press.

Schanck, R. L. 1932. "A Study of a Community and Its Groups and Institutions Conceived of as Behaviors of Individuals. *Psychological Monographs* 43.

Schlarb, Armin. 1984/85. "Die Beziehung zwischen öffentlicher Meinung und symbolischem Interaktionismus." Term paper, Johannes Gutenberg-Universität, Mainz.

Schlegel, Friedrich. 1799. *Lucinde.* Berlin: Heinrich Frölich.

Schöne, Walter, 1939. *Der Aviso des Jahres 1609.* Published in facsimile with an afterword. Leipzig: Otto Harrassowitz.

Schulman, Gary I. 1968. "The Popularity of Viewpoints and Resistance to Attitude Change." *Journalism Quarterly* 45:86–90.

Schulz, Winfried. 1976. *Die Konstruktion von Realität in den Nachrichtenmedien: Eine Analyse der aktuellen Berichterstattung.* Alber Broschur Kommunikation, vol. 4. Freiburg: Karl Alber.

Sherif, Muzafer. [1936] 1965. *The Psychology of Social Norms.* New York: Octagon Books.

Smend, Rudolf. 1928. *Verfassung und Verfassungsrecht.* Munich: Duncker & Humblot.

———. 1956. "Integrationslehre." In *Handwörterbuch der Sozialwissenschaften,* 5:299–302. Stuttgart, Tübingen, and Göttingen: Gustav Fischer, J. C. B. Mohr (Paul Siebeck), and Vandenhoeck & Ruprecht.

Smith, Brewster M. 1970. "Some Psychological Perspectives on the Theory of Public Opinion." *Public Opinion Quarterly* 34:454–55.

Snyderman, Mark, and Stanley Rothman. 1988. *The IQ Controversy: The Media and Public Policy.* New Brunswick: Transaction Books.

Speier, Hans. 1950. "Historical Development of Public Opinion." *American Journal of Sociology* 55, no. 4:376–88.

Spencer, Herbert. (1879) 1966. "The Data of Ethics.: In *The Works of Herbert Spencer*, vol. 9, *The Principles of Ethics*, part 1, 1–303. Osnabrück: Otto Zeller.

Staatslexikon. Recht—Wirtschaft—Gesellschaft. Freiburg, Basel, Vienna: Verlag Herder, 1988.

Streller, Siegfried, ed. 1978. *Hutten—Müntzer—Luther: Werke in zwei Bänden*. 3d ed. Vol. 1. Berlin and Weimar: Aufbau-Verlag.

Stross, Brian. 1978. "Gossip in Ethnography." *Reviews in Anthropology*, 181–88.

Sturm, Hertha, Ruth von Haebler and Reinhard Helmreich. 1972. *Medienspezifische Lerneffekte: Eine empirische Studie zu Wirkungen von Fernsehen und Rundfunk*. Schriftenreihe des Internationalen Zentralinstituts für das Jugend- und Bildungsfernsehen, no. 5. Munich: TR-Verlagsunion.

Swift, Jonathan. [1706] 1965. "Thoughts on Various Subjects." In *Prose Works*, vol. 1, *A Tale of a Tub*. Oxford: Basil Blackwell.

Taine, Hippolyte. [1877] 1916. *Les origines de la France contemporaine, III. La Révolution l'Anarchie*. Vol. 1. Paris: Hachette.

Tarde, Gabriel. 1890. *Les lois de l'imitation*. Paris. English: 1903. *The Laws of Imitation*. New York: Holt.

———. 1898. "Le public et la foule." *La Revue de Paris*, vol. 4.

———. 1969. *Gabriel Tarde on Communication and Social Influence: Selected Papers*. Ed. with intro. by Terry N. Clark. Chicago and London: University of Chicago Press.

Taylor, Garth. 1982. "Pluralistic Ignorance and the Spiral of Silence: A Formal Analysis." *Public Opinion Quarterly* 46:311–35.

Temple, Sir William. [1672] 1964. *An Essay Upon the Original and Nature of Government*. The Augustan Reprint Society, Publication no. 109. Los Angeles: University of California.

T'Hart, Harm. 1981. "People's Perceptions of Public Opinion." Paper presented to the International Society of Political Psychology. Mannheim.

Thucidides. 1981. *Geschichte des Peleponnesischen Krieges*. Ed. and trans. Georg Peter Landmann. Munich: Deutscher Taschenbuch Verlag. English: 1881. *The History of the Peleponnesian War*. Trans. B. Jowett. Oxford: At the Clarendon Press.

Tischer, Angelika. 1979. "Der Begriff 'Öffentliche Meinung' bei Tocqueville." Master's thesis, Johannes Gutenberg-Universität, Mainz.

Tocqueville, Alexis de. [1835/40] 1948. *Democracy in America*. Ed. Phillips Bradley, trans. Henry Reeve. 2 vols. New York: Alfred A. Knopf.

———. [1856] 1952. "L'Ancien régime et la révolution." In *Oeuvres complètes*, vol. 2. Paris: Gallimard, English: 1955. *The Old Régime and the*

French Revolution. Trans. Stuart Gilbert. New York: Doubleday, Anchor.

Tönnies, Ferdinand. 1922. *Kritik der öffentlichen Meinung*. Berlin: Julius Springer.

Trotter, Wilfred. 1916. *Instincts of the Herd in War and Peace*. London: T. Fisher Unwin.

Tucholsky, Kurt. 1975. *Schnipsel*. Ed. Mary Gerold-Tucholsky and Fritz J. Raddatz. Reinbek: Rowohlt.

Turnbull, Colin M. 1961. *The Forest People: A Study of the Pygmies of the Congo*. New York: Simon and Schuster.

Uexküll, Thure von. 1963, 1964. *Grundfragen der psychosomatischen Medizin*. Reinbek: Rowohlt.

Van Zuuren, Florence J. 1983. "The Experience of Breaking the Rules." Paper presented at the "Symposium on Qualitative Research in Psychology" in Perugia, Italy, August 1983. Department of Psychology, University of Amsterdam, Revesz Report no. 47.

Veblen, Thorstein, [1899] 1970. *The Theory of the Leisure Class: An Economic Study of Institutions*. London: Unwin Books.

Verba, Sidney. 1970. "The Impact of the Public on Policy." *Public Opinion Quarterly* 34:455.

Warner, Lucien. 1939. "The Reliability of Public Opinion Survey." *Public Opinion Quarterly* 3:376–90.

Weiland, Jan Sperna, et al., eds. 1988. *Erasmus von Rotterdam: Die Aktualität seines Denkens*. Hamburg: Wittig.

Wiese, Leopold von. [1924–28] 1955. *System der Allgemeinen Soziologie als Lehre von den sozialen Prozessen und den sozialen Gebilden der Menschen (Beziehungslehre)*. Berlin: Duncker & Humblot.

Wilson, Francis. G. 1933. "Concepts of Public Opinion." *American Political Science Review* 27:371–91.

―――. 1939. "James Bryce on Public Opinion: Fifty Years Later." *Public Opinion Quarterly* 3, no. 3:420–35.

Yavetz, Zvi. 1979. *Caesar in der öffentlichen Meinung*. Schriftenreihe des Instituts für Deutsche Geschichte, Unversität Tel Aviv, no. 3. Düsseldorf: Droste.

Young, James T. 1923. *The New American Government and Its Work*. New York: Macmilllan Co.

Zimen, Erik. 1981. *The Wolf: A Species in Danger*. Trans. Eric Mosbacher New York: Delacorte Press.

Zimmermann, Tassilo. 1988. "Das Bewußtsein von Öffentlichkeit bei Homer." Master's thesis, Johannes Gutenberg-Universität, Mainz.

Zippelius, Reinhold. 1978. "Verlust der Orientierungsgewissheit?" In *Recht und Gesellschaft: Festschrift für Helmut Schelsky zum 65. Geburtstag*, ed. Friedrich Kaulbach and Werner Krawietz. Berlin: Duncker & Humblot.

찾아보기

옮긴이 김경숙

서울에서 태어나 이화여자대학교 영문과를 졸업하고 현재 전문 번역가로 활동 중이다. 『화에 대하여』, 『서드 에이지, 마흔 이후 30년』, 『미친 뇌가 나를 움직인다』, 『경제가 성장하면 우리는 정말로 행복해질까』 등을 우리말로 옮겼다.

침묵의 나선

1판 1쇄 찍음   2016년 3월   5일
1판 1쇄 펴냄   2016년 3월 10일

지은이   엘리자베스 노엘레 노이만
옮긴이   김경숙
펴낸이   권선희
펴낸곳   사이
출판등록 제313-2004-00205호
주소 121-819 서울시 마포구 동교동 198-24 재서빌딩 501호
전화 02-3143-3770
팩스 02-3143-3774

ISBN 978-89-93178-63-0 03300

값 18,000원

• 잘못된 책은 구입하신 서점에서 교환해 드립니다.